Peter Höh

Rügen und Hiddensee

W0011219

„Das Meer ist doch eine Verschönerung aller Landschaften,
und in so origineller Art, wie es sich von Rügen zeigt,
wüßte ich es nirgendwo anders gesehen zu haben."

Karl Friedrich Schinkel am 1.9.1821

Impressum

Peter Höh
REISE KNOW-HOW Rügen und Hiddensee

erschienen im
REISE KNOW-HOW Verlag Peter Rump GmbH
Osnabrücker Str. 79, 33649 Bielefeld

© Peter Rump 1998, 2001, 2003, 2006, 2009, 2010
**7., neu bearbeitete und komplett aktualisierte
Auflage 2013**
Alle Rechte vorbehalten.

Gestaltung
    Umschlag: G. Pawlak, P. Rump (Layout);
      Barbara Bossinger (Realisierung)
    Inhalt: G. Pawlak (Layout), B. Bossinger (Realisierung)
    Karten: Catherine Raisin, Bernhard Spachmüller
    Fotonachweis: der Autor (ph),
      Ralf Wallkötter (rw, S. 173)
    Titelfoto: www.fotolia.de © olafler

Lektorat: Caroline Tiemann
Lektorat (Aktualisierung): Barbara Bossinger

Druck und Bindung: Media-Print, Paderborn

Anzeigenvertrieb:
KV Kommunalverlag, GmbH & Co. KG,
Alte Landstraße 23, 85521 Ottobrunn,
Tel. 089 928096-0, info@kommunal-verlag.de

ISBN 978-3-8317-2317-1
Printed in Germany

Dieses Buch ist erhältlich in jeder Buchhandlung
Deutschlands, der Schweiz, Österreichs, Belgiens
und der Niederlande.
Bitte informieren Sie Ihren Buchhändler
über folgende Bezugsadressen:
Deutschland
    Prolit GmbH, Postfach 9, D-35461 Fernwald (Annerod)
    sowie alle Barsortimente
Schweiz
    AVA Verlagsauslieferung AG,
    Postfach 27, CH-8910 Affoltern
Österreich
    Mohr Morawa Buchvertrieb GmbH
    Sulzengasse 2, A-1230 Wien
Niederlande, Belgien
    Willems Adventure, www.willemsadventure.nl

Wer im Buchhandel trotzdem kein Glück hat,
bekommt unsere Bücher auch über unseren
Büchershop im Internet: www.reise-know-how.de

Wir freuen uns über Kritik, Kommentare
und Verbesserungsvorschläge, gern auch
per E-Mail an info@reise-know-how.de.

Zanamivir

A. Patienten, die unter Dauertherapie mit inhalativen bronchodilatierenden AM stehen, sollten diese vor der Inhalation von Z. anwenden.

D. **Postexpositions-Prophylaxe:** (so früh wie mgl. u. innerhalb 36 h nach Kontakt mit einer infizierten Person): 1 × tgl. 2 ED Pulver (zu 5 mg) inhalieren über 10 d;
saisonale Prophylaxe: 1 × tgl. 2 ED (zu 5 mg) inhalieren über einen Zeitraum bis 28 d
Therapie: (so früh wie möglich, innerhalb 48 h, bei Kdr. innerhalb 36 h, nach Einsetzen der Symptome): 2 × tgl. 2 ED Pulver (zu 5 mg) inhalieren über 5 d

H. Z. ist zur Therapie der Influenza A und B bei Erw. u. Kdr. > 5 J. bestimmt, wenn typische Influenza-Symptome (Fieber > 39 °C, Schüttelfrost, Gliederschmerzen u. Erkältungssymptome) auftreten u. die Influenza in d. Region zirkuliert. Z. ist kein Ersatz für eine Grippeschutzimpfung. Patienten mit Atemwegserkr. in d. Anamnese sollten über das Bronchospasmus-Risiko informiert werden u. einen schnell wirkenden Bronchodilatator zur Verfügung haben.

KI. Keine ausreichenden Erfahr. in Schwangerschaft/Stillzeit sowie bei schweren chron. Atemwegserkr., bei Pat. mit instabilen chron. Erkr. o. bei immunsupprimierten Pat.

NW. Bronchospasmus u./o. Verminderung der Lungenfunktion (s, bei Atemwegserkr. in d. Anamnese) – Z. absetzen u. umgehend Arzt aufsuchen

Zolmitriptan

Migränetherapeutikum, Serotonin-Rezeptoragonist, 5HT$_1$-Agonist

A. So früh wie mgl. nach Beginn des Migräne-Kopfschmerzes, Z. ist aber auch zu einem späteren Zeitpunkt, dann aber weniger, wirksam

D. **Oral/NS:** 2,5(-5) mg; falls nach erstem Ansprechen auf Z. wieder Migräne-Symptome auftreten, kann eine 2. Dosis eingenommen werden (mind. 2 h Abstand zur 1. Dosis); max. 10 mg/24 h; nicht mehr als 2 ED/24 h

H. Bei Nichtansprechen auf Z. keine 2. Dosis, sondern mit ASS, Paracetamol o. Metoclopramid weiterbehandeln; Z. ist nicht zur Migräneprophylaxe geeignet

KI. Herzerkr., arterielle Verschlusskrankheit, nach transitorischer ischämischer Attacke o. Schlaganfall in der Anamnese, Hypertonie, Nierenfunktionsstör.; Komb. mit Ergotamin, Ergotamin-Derivaten (einschließlich Methysergid), Sumatriptan, Naratriptan oder anderen 5HT$_1$-Agonisten; strenge Indikationsstellung in d. Schwangerschaft; Stillen bis 24 h nach A. vermeiden
Keine Erfahr. bei Kdr. u. Jgl. u. Patienten > 65 J.

NW. Palpitationen (h), M/D-Beschw. (h), zentralnervöse Stör. (h), Myalgien u. Muskelschwäche (h); bei heftigen Schmerzen im Brustkorb, Engegefühl mit Ausstrahlung in den Halsbereich sofort Arzt informieren

WW. Johanniskraut (NW.↑), Ergotamin (Gefahr von Koronarspasmen↑) – Z. frühestens 24 h nach ergotaminhaltigen AM bzw. ergotaminhaltige AM frühestens 6 h nach Z. anwenden; Moclobemid u. Cimetidin u. Fluvoxamin u. Chinolone, z.B. Ciprofloxacin (Z.↑ – max. 5 mg Z./24 h), SSRI (Risiko Serotoninsyndrom↑); Sumatriptan s. KI.

Zolpidem

Hypnotikum

A. Als Hypnotikum erst unmittelbar vor dem Schlafengehen einnehmen

D. **Pat. < 65 J.:** max. 10 mg/d
Pat. > 65 J., geschwächte Pat. u. Pat. mit Leberfunktionsstör: max. 5 mg/d
Ausschleichende D., Therapiedauer sollte 4 Wo. nicht übersteigen
Berechnet als Zolpidemtartrat

H. Sturzgefahr bei älteren Patienten, Überhangeffekte am Morgen nach abendlicher Gabe mgl., Grapefruitsaft kann die W. verstärken.
Cave: Abhängigkeit, Entzugssyndrom

KI. Kdr. u. Jgl.; Myasthenia gravis, schwere Leberfunktionsstör., schwere Atemfunktionsstör., Schlafapnoe-Syndrom; keine ausreichenden Erfahr. in Schwangerschaft/Stillzeit

NW. Anterograde Amnesie (h), Benommenheit am folgenden Tag u. Schwindel u. Kopfschmerzen (h), Sehstör. (Doppeltsehen: h); paradoxe Reakt.

WW. Alkohol↑ (Z.↑), zentral dämpfende AM↑ – auch Antiallergika, z.B. Diphenhydramin – (Z.↑), Narkoanalgetika (beschleunigte Abhängigkeitsentwicklung); Muskelrelaxanzien (Sturzgefahr!), CYP-3A4-Inhib.[1] (Z.↑), CYP-3A4-Induk.[1] (Z.↓)

---

[1] s. S. XIII

Zopiclon

A. Als Hypnotikum erst unmittelbar vor dem Schlafengehen einnehmen

D. 1 × tgl. 3,75 bis 7,5 mg
Ausschleichende D., Therapiedauer sollte 4 Wo. nicht übersteigen

H. Sturzgefahr bei älteren Patienten
Überhangeffekte am Morgen nach abendlicher Gabe mgl.
Cave: Abhängigkeit, Entzugssyndrom

KI. Kdr. u. Jgl.; Myasthenia gravis, schwere Leberfunktionsstör., schwere Atemfunktionsstör, Schlafapnoe-Syndrom; Stillzeit; keine ausreichenden Erfahr. in d. Schwangerschaft

NW. Bitterer Geschmack, Benommenheit am folgenden Tag, Schwindel, Kopfschmerzen, Sehstör. (Doppeltsehen), anterograde Amnesie, Muskelschwäche, paradoxe Reakt.

WW. Alkohol↑ (Z.↑), zentral dämpfende AM↑ – auch Antiallergika, z.B. Diphenhydramin – (Z.↑), Narkoanalgetika (beschleunigte Abhängigkeitsentwicklung); Muskelrelaxanzien↑, CYP-3A4-Inhib.[1] (Z.↑)

---

[1] s. S. XIII

Diese Angaben sind nicht vollständig – beachten Sie bitte die Erläuterungen und Hinweise in Kapitel 2

5 Literatur

ABDA – Datenbank

Ammon HPT (Hrsg). Arzneimittelneben- und -wechselwirkungen. 4. Aufl., Wissenschaftliche Verlagsgesellschaft, Stuttgart 2001

Braun R, Schulz M. Selbstbehandlung. Beratung in der Apotheke. Hrsg. von der Bundesapothekerkammer-Arzneimittelinformationsstelle der ABDA. Grundwerk einschließl. Ergänzungs-Lieferung, Govi-Verlag, Eschborn 2007

Fachinformationen und Packungsbeilagen der Pharmazeutischen Industrie

Feldmeier H, Haupt E, Bock S. Die Piktogrammkarte, ein Bild-Wort-Kurzmanuskript für das Patientengespräch. Pharm. Praxis, 34: 69, 1979

Framm J, Koch D, Mehrwald A, Peters E, Schoof K, Siegert M. Über Auswahl und Differenzierung von Informationen für die Arzneimittelabgabe und Nutzung der Rostocker Piktogrammkarten. Pharm. Praxis, 39: 187, 1984

Haefeli WE, Seibert-Grafe M, Gleiter CH. 4. Arzneimittel-Kombinationstherapie. Komm.-Verlag M. Itschert, Gardez, St. Augustin 2002

Heydel E, Reinecke C, Richter H, Richter J. Taschenbuch Arzneimittelsicherheit. 2. Aufl., Verlag Volk und Gesundheit, Berlin 1986

Mutschler E, Geisslinger G, Kroemer HK, Ruth P, Schäfer-Korting M. Arzneimittelwirkungen. Lehrbuch der Pharmakologie und Toxikologie. 9. Aufl., Wissenschaftliche Verlagsgesellschaft mbH, Stuttgart 2008

Rote Liste. Hrsg. vom Bundesverband der Pharmazeutischen Industrie. Editio Cantor, Aulendorf

Smečka V, Neuwirth O, Baumann D. Das Piktogramm in der Arzneimittelinformation zur Erhöhung der Arzneimittelsicherheit. Pharm. Praxis, 34: 33, 1979

Dr. Martin Anschütz
Jahrgang 1953. Studium der Pharmazie (Approbation 1977) und Medizin (Approbation und Promotion 1984) an der Freien Universität Berlin.
Fachapotheker für Offizinpharmazie und Leiter einer Apotheke in Bovenden.

Almut Framm
Jahrgang 1973. Studium der Pharmazie in Halle. Approbation 2001. Fachapothekerin für Allgemeinpharmazie. Sie ist in zwei Apotheken in Schwerin und Wismar tätig.

Dr. Joachim Framm
Jahrgang 1944. Studium der Pharmazie in Rostock und Jena, Approbation 1969. Promotion 1973 an der Universität Halle-Wittenberg. Fachapotheker für Allgemeinpharmazie und Leiter einer Apotheke in Wismar von 1978–2009.

Dr. Erika Heydel
Jahrgang 1935. Studium der Pharmazie in Rostock. Von 1961 bis 2000 in der Universitätsapotheke Rostock tätig, ab 1986 als stellvertretende Leiterin, von 1993 bis 1995 als Leiterin. Fachapothekerin für Arzneimittelversorgung/Klinische Pharmazie. Ernennung zum Pharmazierat 1977, 1981 Promotion an der Universität Halle-Wittenberg.

Anke Mehrwald
Jahrgang 1942. Studium der Pharmazie in Bratislava. Approbation 1966. Von 1966–1973 Leiterin der Apotheke in Satow, ab 1973 Apothekerin in Rostock, wissenschaftliche Referentin und Informationsapothekerin. Fachapothekerin für Allgemeinpharmazie. Leiterin einer neu gegründeten Apotheke in Rostock von 1991–2007.

Grit Schomacker
Jahrgang 1971. Studium der Pharmazie an der Humboldt-Universität in Berlin. Approbation 1995. Sie ist in einer Apotheke in Wismar tätig.

Dörte Stranz
Jahrgang 1970. Studium der Pharmazie in Greifswald, 1995 Abschluss als Diplom-Pharmazeutin und Approbation. Sie ist in einer Apotheke in Wismar tätig.

Peter Höh

RÜGEN UND HIDDENSEE

Vorwort

„Als uns der liebe Herrgott gab / Das holde Heimatglück, / Ward uns vom schönen deutschen Land / Das allerschönste Stück!", lautet die erste Strophe des „Rügenlieds". Auch wenn Heimatlieder ihrem Daseinsgrund entsprechend stets zur lyrischen Überhöhung der heimatlichen Scholle neigen, dem „Rügenlied" sind Übertreibungen nur schwerlich zu unterstellen. Denn wer die nordische See, ihre Natur und ihre Menschen schätzt und liebt, der findet in, auf und um Deutschlands größte Insel herum tatsächlich mit „das allerschönste Stück". Dass an der vorpommerschen Küste Wasser, Wind und Wellen ein ganz besonderes Kleinod von Küstenlandschaft geschaffen haben, bezeugt der große Baumeister *Karl Friedrich Schinkel*: „Das Meer ist doch eine Verschönerung aller Landschaften, und in so origineller Art, wie es sich von Rügen zeigt, wüsste ich es nirgendwo anders gesehen zu haben".

Seit der Rügener Privatgelehrte *Johann Jacob Grümbke* 1805 seine „Streifzüge durch das Rügenland" niederschrieb und wenig später der Greifswalder Maler *Caspar David Friedrich* Impressionen seiner Rügenwanderungen in Landschaftsbildern festhielt, verbreitete sich die Kunde von der mannigfaltigen Insel ebenso schnell, wie die Zahl ihrer Besucher und Bewunderer anwuchs.

Mit seinen verschiedenen Inselteilen ist Rügen eigentlich eine ganze Inselwelt. Denn kein Teil gleicht dem anderen, jeder hat seinen ganz individuellen Charakter und Charme. Ist Rügen allein schon mehr als nur eine Insel, wird es durch die beiden seiner Küste vorgelagerten Inselchen Hiddensee und Vilm zu einem einmaligen Archipel. Das „söte Länneken", die autofreie Insel Hiddensee, ist nicht von ungefähr Bestandteil des Nationalparks Vorpommersche Boddenlandschaft. Und auf dem winzigen Vilm, in den Jahren der DDR die hermetisch abgeschottete Privatinsel von Honecker und Co., wurde seit 1538 kein Holz mehr eingeschlagen!

Trotz nunmehr 200 Jahren Fremdenverkehr sind Rügens und Hiddensees Natur und ihre Bewohner zwar nicht unberührt, aber in höchst erstaunlichem Maße unbeschädigt geblieben. Die insgesamt zum Naturpark Rügen erklärte Insel umfasst gleich zwei Nationalparks, ein Biosphärenreservat und viele größere und kleinere Natur- und Landschaftsschutzzonen, die die einmalige Inselwelt für die kommenden Generationen bewahren. Die großartigen Buchenwälder des Nationalparks Jasmund wurden 2011 von der UNESCO in die Liste des Weltnaturerbes aufgenommen.

Und was der Mensch dem „allerschönsten Stück" im Laufe der Zeit an Bauwerken und Kultur beigefügt hat, ist, abgesehen von der architektonisch kaum als stilbildend zu bezeichnenden Zeit der DDR, meist ebenso verlockend wie die Küste. In Feldern, Wäldern und Wiesen ragen in großer Zahl steinzeitliche Großsteingräber, bronzezeitliche Grabhügel und slawische Wallburgen auf. In kleinen Dörfchen und winzigen Weilern finden sich mittelalterliche Dorfkirchlein aus Backstein, in den mondänen Seebädern prachtvolle Bäderarchitektur aus vergangenen Epochen. Alter Landadel ließ imposante Herrenhäuser und

Schlösser zurück, arme Fischer geduckte Reetkaten, die heute das maritime Postkartenidyll perfekt machen.

Schon am Eingang zu Rügens Inselwelt wartet ein kulturhistorisches Kleinod: Die altehrwürdige Hansestadt Stralsund mit ihrer fast geschlossenen mittelalterlichen Altstadt, die mit ihren mächtigen Stadtkirchen, prachtvollen Patrizierhäusern, schmucküberladenen Schaufassaden, Speichern, Kontoren, Klöstern und Hospizen vom einstigen Reichtum der Hafenstadt zeugt. 2002 wurde Stralsund von der UNESCO zum „Weltkulturerbe der Menschheit" erklärt.

Rügen ist immer eine Reise wert. Nicht nur zur Sommerzeit, wenn sattes Grün, blauer Himmel und türkis schimmerndes Meer zum sonnigen Vergnügen an seine Strände locken. Wunderschön ist der Frühling, wenn die linden Lüfte die Natur zu neuem Leben erwecken und sich die Wiesen in endlose Blütenmeere verwandeln. Ebenso der Herbst, wenn Stürme über Kap Arkona einfallen und die aufgewühlte See wütend gegen die steilen Kliffe anrennt. Schließlich der Winter, wenn glitzernder Schneekristall und klirrendes Eis die Natur bedecken und das wogende Schilf wie helle gläserne Glöckchen erklingen lässt.

„Ein Bild soll nicht erfunden, sondern empfunden werden", war der Grundsatz *C. D. Friedrichs.* Nicht anders ist es mit der Insel Rügen. Wer mit offenen Sinnen das Rügenland durchstreift, der wird die letzte Strophe des „Rügenliedes" sicher bestätigen können. „Fürwahr, als Gott uns zugewandt / Der Heimat heilig Glück, / Gab er mit Dir uns, Rügenland, / Das allerbeste Stück."

Peter Höh, im Januar 2013

Inhalt

Karten

> Wie ein Werk des Impressionismus –
Naturwiese auf Jasmund

Exkurse

367h.ph

Highlights
Die Tipps, die zu Beginn der Kapitel als Highlights genannt werden, erkennt man im Buch an der gelben Hinterlegung im Text.

Zu den Preisangaben der Unterkünfte
Die in den Ortsbeschreibungen genannten Unterkunftspreise beziehen sich auf **eine (!) Person im DZ** inkl. Frühstück bei Doppelbelegung in der Hauptsaison. Gewähr kann für die Angaben jedoch nicht übernommen werden! Sie sollen als Orientierungs- und Vergleichsgröße dienen. Deshalb sollte man vor der Buchung stets telefonisch die zurzeit gültigen Preise erfragen.

Wegweiser zu den Highlights

Das Mönchgut (S. 88)

Der Südosten Rügens ist in mehrfacher Hinsicht außergewöhnlich und anders. Zum einen sind in der einst durch einen Wassergraben von Rügen abgetrennten „Mönchsrepublik" Kultur und Traditionen besonders gut erhalten. Das **Mönchgut-Museum** (S. 96) erzählt davon. Mit seinen endlosen Bilderbuch-Stränden an der Außenküste, seiner malerisch zerlappten Binnenküste und den **Zicker Berge** (S. 104) ist es landschaftlich besonders reizvoll. In diese eingestreut liegen malerische Dörfchen wie **Groß-Zicker** (S. 104) mit seinem Pfarrwitwenhaus. Ganz am Südende des Mönchguts liegt der alte Lotsenort **Thiessow** (S. 107), der wegen seiner schönen Wellen am malerischen **Südperd** (S. 107) besonders bei Surfern und Kitern beliebt ist.

Die Granitz (S. 60) und Seebad Binz (S. 72)

Weithin sichtbar thront inmitten der sanft hügeligen und von Rügens größtem Wald bedeckten Granitz das **Jagdschloss Granitz** (S. 66) auf dem Tempelberg. Kaum ein Rügenurlauber versäumt es, den Panoramablick von seinem Turm zu genießen. Ebenso viel besucht ist das mondäne **Seebad Binz,** das mit seiner Bäderarchitektur, dem Kurhaus und der Strandpromenade auch als „Rimini der Ostsee" bezeichnet wird. Besonders sehenswert ist die bildhübsche, nach historischem Vorbild wieder errichtete **Seebrücke** des **Seebads Sellin** (S. 68).

Die Halbinsel Jasmund (S. 110)

Sie ist der Hochaltar Rügens, jene gewaltige Kreideplatte, der der Jasmund seine weltberühmten Kreidefelsen mit dem **Königsstuhl** (S. 127) verdankt. Der schönste Weg zu Rügens Wahrzeichen zu gelangen, ist eine Wanderung auf dem **Hochuferweg** (S. 122). Er beginnt in der **Hafenstadt Sassnitz** (S. 115) und führt entlang der malerischen Steilküste. Am Königsstuhl erwartet den Besucher das lehrreiche **Nationalpark-Informationszentrum** (S. 128). In den Wäldern verstecken sich zahlreiche vor- und frühgeschichtliche Stätten wie die slawische **Herthaburg** (S. 129) am romantischen Herthasee.

Schmalspurbahn „Rasender Roland" (S. 64)

Ein Muss für jeden, der Rügen bereist, ist eine Fahrt mit der historischen Schmalspurbahn „Rasender Roland". Das Puppenstubenzüglein rumpelt seit 1895 auf einer Strecke von 24 Kilometern mit der gemütlichen Höchstgeschwindigkeit von 30 km/h fauchend, rauchend und tutend von der **„Weißen Stadt" Putbus** (S. 30) quer durch die besonders reizvolle Natur der Granitz über die traditionsreichen Seebäder Binz, Sellin und Baabe bis ins **Seebad Göhren** (S. 93).

Seebäder Binz (S. 72), Sellin (S. 68), Baabe (S. 91) und Göhren (S. 93)

Die Urlaubsziele schlechthin sind für die meisten Rügenurlauber die traditionsreichen Seebäder an der windgeschützen Ostseite der Insel. Das größte ist das **Seebad Binz,** das mit seinen zahlreichen Shops und Läden, Cafés und Restaurants schon einen städtischen Charakter besitzt. Die schönste Seebrücke besitzt das **Seebad Sellin.** Das kleinste ist das **Seebad Baabe.** Schließlich das **Seebad Göhren:** Besonders schön ist hier der Wanderweg rings um das **Nordperd** (S. 93).

Die Strände der Schmalen Heide (S. 80) und der Schaabe (S. 139)

Die schönste Gelegenheit für Badevergnügen, aber auch für lange Strandspaziergänge, bieten die beiden Nehrungen Schmale Heide und Schaabe. Fast 10 Kilometer lang und überbreit ist der Strand der **Schmalen Heide,** der bei Binz beginnt und bei Mukran auf Jasmund endet. Im Kiefernwald hinter dem Stand versteckt sich der „Koloss von Rügen", das ehemalige **KdF-Seebad Prora** (S. 84) mit einer Länge von 4,5 Kilometern. Gänzlich unbebaut und naturbelassen ist die **Schaabe,** die ebenfalls fast 10 Kilometer Sandstrand besitzt.

Künstlermekka Insel Hiddensee (S. 182)

Seit dem 19. Jahrhundert ist das kleine Eiland vor Rügens Westküste Treffpunkt für Künstler und Kreative. Besonders anziehend ist nicht nur Hiddensees wunderschöne wildromantische Natur: Steilküste erwartet den Besucher am windzerzausten Dornbusch, auf dessen höchstem Gipfel der besteigbare **Leuchtturm** (S. 203) aufragt. Bei **Kloster** (S. 196) beginnt der endlos lange feine Sandstand, der sich bis zur **Luchte** (S. 211), dem Leuchtturm ganz am anderen Inselende hinzieht. Zwischen den Dörfchen **Vitte** (S. 204) und **Neuendorf** (S. 210) dehnt sich die herrliche **Dünenheide** (S. 207) aus. Exklusiv ist Hiddensee auch deshalb, weil es autofrei ist.

Hansestadt Stralsund (S. 214)

Die Hanse- und Hafenstadt Stralsund ist ein Perle der mittelalterlichen Backsteinkunst und deshalb **UNESCO-Weltkulturerbe.** Da praktisch jeder, der nach Rügen reist, von Stralsund aus über den alten Rügendamm oder die neue spektakuläre **Rügenbrücke** (S. 17) die Insel erreicht, sollte man einen Halt einplanen. Stralsunds Altstadt glänzt nicht nur mit Backsteinarchitektur, sondern auch mit einer breiten und bunten Palette von Kulturangeboten. Herausragend sind das **Meeresmuseum** und das neue **Ozeaneum** (S. 233). Auch der Alte Hafen lockt mit seinen Seemannskneipen und dem historischen **Großsegler Gorch Fock 1** (S. 231). Wer die wunderschöne Skyline der Stadt in ihrer ganzen Pracht betrachten möchte, der sollte mit der kleinen Personenfähre über den Strelasund hinüber nach **Altefähr** (S. 18) fahren.

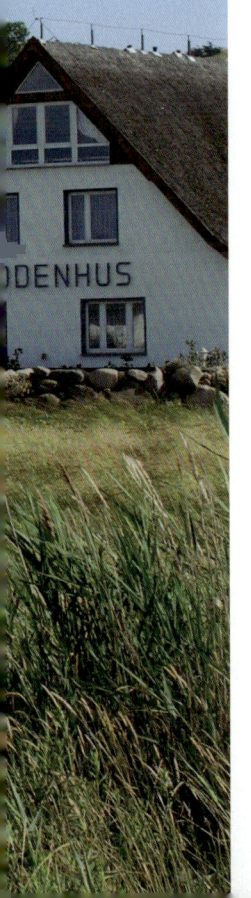

Rügen –

auf den Spuren der deutschen Romantik

Rügen

zu den berühmten Kreidefelsen, mondänen

Seebädern und Bilderbuch-Badeparadiesen.

〈 Rügen für Romantiker – Fischerdorf Gager am Bakenberg

SÜDRÜGEN

382/h ph

Der Süden Rügens ist stilles, vom Tourismus noch kaum berührtes Bauernland. Weite Wiesen und wogende Felder, eingesprenkelt darin kleine Moore und steinzeitliche Hügelgräber und eine handvoll kleiner Dörfchen, die sich mit ebenso alten wie malerischen Backsteinkirchen schmücken. Auch sein Küstenstrich am Strelasund kann nicht mit Strandparadiesen aufwarten, dafür mit Aussichten auf den Sund und die großen und kleinen Schiffe, die auf ihm der Hansestadt Stralsund entgegen streben. Südrügen ist ein Land für Freunde der Muße und Ruhe, der Angler, Naturfreunde, Wanderer und Radler.

Überblick

„Unbekanntes Mesoboddamien" nennen Spötter oft das Land zwischen den Bodden. Der südliche Teil der Insel, der vom Kubitzer und vom Rügischen Bodden begrenzt wird, nimmt rund ein Viertel des **Muttlandes,** wie die Einwohner den Hauptinselkern nennen, ein. Das Gebiet wird weitgehend landwirtschaftlich genutzt, besitzt keine anziehenden Badestrände und hat relativ wenige klassische Sehenswürdigkeiten vorzuweisen. Deshalb ist der Südteil Rügens auch prak-

tisch **unberührt vom Besucherstrom,**
der über den Rügendamm und die Glewitzer Fähre herüberkommt und schnell
zu den Seebädern Richtung Außenküste
weitereilt. So sind die einzigen größeren
Straßen auch die beiden Rennpisten, die
über Putbus bzw. Bergen an die Süd-
und Ostküste führen.

Südrügens Reize sind stiller Natur.
Wogende Felder und bunte Wiesen, aus
denen Hügelgräber wie bewaldete Inseln
aufragen, wellige Hügel, pappelgesäumte
Weiden mit brombeerumrankten klei-

⌃ Ländliches Südrügen

HIGHLIGHTS

➡ Der **Panoramablick** von Altefähr
auf die Stralsunder Altstadt | 18

➡ Eine **Spazier- oder Radtour**
entlang des Ufers
des Strelasunds | 22

➡ Eine Tour zu den malerischen
mittelalterlichen **Backstein-
kirchen** der Region | 20 und 24

➡ Im **Ernst-Moritz-Arndt-Museum
in Garz** Leben und Werk von
Rügens großem Sohn
kennenlernen | 24

➡ Ein **Strandpicknick** am
„Gelben Ufer" auf Zudar | 29

**Diese Tipps erkennt man im Buch an
der gelben Hinterlegung im Kapitel.**

nen Teichen und kleine träge Bäche, die sich durch torfige Niederungen schlängeln, prägen sein Gesicht. Die paar kleinen Dörfchen, winzigen Weiler und verstreuten einzelnen Gehöfte sind mit der Außenwelt größtenteils durch miserable Holper- und Betonpisten verbunden.

Ursprünglich und kaum berührt zeigt sich auch die abgeschiedene, nur schwerlich zu erreichende **Küste am Strelasund** mit ihren Halbinseln Drigge,

Prosnitzer Schanze und Zudar. Kein Hotel oder Strandrummel stört hier die ländliche Ruhe. Außer einheimischen Bauern wird man hier auch im Sommer kaum jemandem begegnen.

Südrügen ist das bescheidene und unspektakuläre, das übersehene Rügen. Wer aber beim Gesang der Lerche durch die blühenden Felder wandert, zur Brotzeit in eine ruhige Dorfschänke einkehrt oder vom einsamen Ufer aus die großen

Übernachtung
3 Campingplatz

Einkaufen
1 Bauernmarkt
2 Natur-Molkerei

Der Rügendamm und Rügenbrücke

1936 wurde die unsichere und zeitraubende Fährverbindung zwischen Stralsund und Altefähr mit der Eröffnung des Rügendamms überflüssig.

Über 70 Jahre lang war der Rügendamm, der an einer besonders schmalen Stelle des Strelasunds das Festland mit Südrügen verbindet, die einzige Landverbindung der Insel. Ideal war diese Stelle schon von alters her, weil an dieser Stelle in der Mitte des Sundes die kleine schützende **Insel Dänholm** liegt, die beim Bau des Rügendamms in die Querung mit einbezogen wurde. Einst hieß sie Strela. Das änderte sich 1429, als hier die dänische Flotte ankerte, um sich auf den Angriff auf die mächtige Hansestadt vorzubereiten. Den eigentlich weit unterlegenen Stralsundern gelang es jedoch, die Dänen im überraschenden Handstreich zu besiegen. Zum Gedenken an diesen Sieg wurde das Eiland von Strela in *Dänholm* (Däneninsel) umbenannt.

Um den chronischen Engpass Rügendamm endlich aufzulösen und dem Verkehr und der Entwicklung Rügens freie Fahrt zu geben, wurde nach der Rekordbauzeit von nur drei Jahren im Oktober 2007 die insgesamt 4,2 km lange **neue Rügenbrücke** dem Verkehr übergeben, die parallel zum Rügendamm in elegantem Bogen den Sund überspannt und täglich 23.000 Fahrzeuge von und nach Rügen bringt.

und kleinen Schiffe beobachtet, die den Strelasund durchfahren, wird die unaufdringliche Schönheit dieses Teils von Rügen schnell entdecken.

Einige **Attraktionen** gibt es aber doch: Da ist Garz, die älteste Stadt der Insel mit ihrer Slawenburg Charenza und dem Ernst-Moritz-Arndt-Museum. Und da ist vor allem das Kuriosum Putbus, die **Weiße Stadt am Meer,** die sich Fürst *Malte* planmäßig auf die Wiese stellte.

Altefähr

Stralsund genau gegenüber liegt „Oll-fähr", wie der einstmals blühende Fähr-ort früher genannt wurde. Erstmals 1240 schriftlich erwähnt, gehörte der Ort bis ins 17. Jh. zu Stralsund. Mit der Eröff-nung des Rügendamms geriet das Dorf völlig ins Abseits und verharrt dort selbst bis heute, denn es liegt etwas ab-seits des Dammes und der Hauptstraße. Kaum ein Rügenfahrer biegt in die holp-rige Pflasterstraße ein, die zur „Alten Fähre" führt.

Dabei gibt es wenigstens zwei gute Gründe, dies zu tun. Von Altefähr eröff-net sich ein **grandioser Panoramablick über den Strelasund auf die Altstadt von Stralsund.** Eine bessere und schönere Sicht auf die historische Stadtsilhouette gibt es von keinem anderen Platz. „Jeder, der nur einmal jenseits des Strelasunds gestanden und dies Bild in sich aufge-nommen", so der Stralsunder Heimatfor-scher *Otto Dankwart*, „wird sich hieran immer wieder erinnern müssen".

Der zweite Grund ist die **Dorfkirche St. Nikolai** aus dem 15. Jh. Sie fällt durch ihre **seltsame Turmuhr** auf, deren zwei Zifferblätter nicht, wie gewöhnlich, in des Turmes Mitte sitzen, sondern ganz auf die Ecken geschoben sind, so dass sie sich berühren. Der Vorläufer des Turms – die heutige Form stammt von 1912 –

war im Jahre 1803, just als der schwedi-sche König *Gustav IV.* in Altefähr zu Be-such weilte, vom Sturm beschädigt vor dessen Augen zusammengebrochen.

Ein kleiner Ausflug von Stralsund nach Altefähr organisiert sich leicht, da in der Saison eine kleine **Personenfähre** über den Sund verkehrt (s.u.).

Berühmtester Wahl-Altefährer war der exzentrische **Schauspieler** und „Ent-decker" Hiddensees **Alexander Etten-burg,** der hier zwölf Jahre lang wohnte, bevor er nach Hiddensee übersiedelte. Ettenburg kam aus gesundheitlichen Gründen an die See und errichtete mit seinem Erbe das Pensionat *Villa Alexan-der.* In die Annalen Altefährs ging Etten-burg ein, als man ihm anfänglich die Schankkonzession verweigerte und er daraufhin alles gratis ausschenkte. Da er häufig das ganze Dorf zu sich einlud und noch dazu von seinen Angestellten skru-pellos betrogen wurde, musste er, schließlich bankrott, die Villa Alexander zum Spottpreis verkaufen, wobei er sein Vermögen verlor (siehe auch Exkurs Alexander Ettenburg – der „Entdecker Hiddensees").

Info

■ **Vorwahl:** 038306
■ **Fremdenverkehrsverwaltung,** Am Fährberg 5, 18573 Altefähr, Tel. 7 50 37, Fax 7 54 25, www. altefaehr.de. Okt.–März Mo–Fr 8–16 Uhr, April–Sept. Mo–Fr 8–19 Uhr, Sa/So 8–10 und 17–19 Uhr.

Unterkunft

■ **Hotel Sundblick,** Fährberg 8b, Tel. 71 30, Fax 71 31, www.hotel-sundblick.de. Kleine Herberge, ru-

▷ Die Dorfkirche in Altefähr

054h.ph

hige Lage nahe Hafen, Blick auf Stralsund; Dachterrasse, Schwimmbad; Ü/F 32–38 €.

● **Sund-Camp,** Am Kurpark 1, Tel. 7 54 83, Fax 6 03 06, www.sund-camp.de. Ganzjährig geöffnet, Lage am Ortsrand neben Kurpark, Fahrradverleih, eigene Fischräucherei.

Gastronomie

● **Strandhaus Altefähr,** Strandpromenade 10, Tel. 6 24 50, www.strandhaus-altefähr.de. Tolle Lage direkt am Badestrand mit hauseigenen Strandkörben. Von der Sonnenterrasse zauberhafter Blick über den Sund auf die Kulisse der Altstadt von Stralsund. Gute und preiswerte Hausmannskost. Gut für Langschläfer: Frühstück bis 14 Uhr!

● **Gaststätte Grahlerfähre,** Grahlerfähre 1, Tel. 7 50 13, www.grahlerfaehre.de. Seit über 90 Jahren wird hier direkt am Strelasund gegenüber von Stralsund Familientradition gepflegt. In ruhiger Lage und abseits der Verkehrswege laden Liegewiese und flaches Ufer besonders Familien zum längeren Verweilen ein. Zwei FeWos werden vermietet.

Aktivitäten

● **Surf- und Segelschule:** *Sail & Surf,* Am Fährberg 8, Tel. 3 03 60, www.segelschule-ruegen.de.

● **Personenfähre Stralsund–Altefähr:** Info-Tel. (03831) 26 81 38. 1. Mai–Ende Okt. täglich 7x, Fahrtdauer 15 Minuten.

Rambin

Fährt man von Altefähr auf der B 96 Richtung Bergen/Sassnitz, kommt man durch das Dorf Rambin. Es besitzt eine sehenswerte **mittelalterliche Dorfkir-**che. Ältester Bauteil ist der Chor aus dem 13. Jahrhundert, in dessen Fußboden eine Grabplatte von 1355 eingelassen ist. Das Schiff wurde Mitte des 14. Jahrhunderts, das hölzerne Tonnengewölbe um 1700 errichtet.

Bemerkenswert ist auch die **Kapelle** des ehemaligen Klosters und Hospitals St. Jürgen am östlichen Ortsausgang. Das Spital wurde 1799 zum Altersheim umgebaut. Den ehemaligen Klostergarten zieren heute einige Skulpturen, die Backsteinkapelle wird vom Rügener Kunstverein für wechselnde Ausstellungen genutzt.

Anziehungspunkt ist der große **Rügener Bauernmark**t in der Alten Pommernkate an der Durchgangsstraße, in dem man vielerlei regionale Produkte kaufen und danach im Café entspannen kann.

Südöstlich von Rambin liegen nahe der B 96 in den Feldern die **Neunberge,** neun sagenumwobene Hügelgräber aus der Bronzezeit, denen *Ernst Moritz Arndt* in seinem Märchen „Unter den neun Bergen bei Rambin" ein Denkmal gesetzt hat.

Unterkunft

● **Die Insel auf Rügen,** im OT Götemitz 27, Tel. (038306) 61 10, Fax 6 11 33, www.die-insel-auf-ruegen.de. Ein Geheimtipp für Genießer! Das kleinste Hotel Rügens des Berliner Architekten und Künstlers *Yadegar Asisi* bietet nicht nur „7 weltferne Doppelzimmer" im malerischen Reetdachkaten, sondern neben Ruhe, Stille und Sonnenterrassenidylle auch ausgezeichnetes Essen und einen bemerkenswerten Weinkeller; Ü/F 20–38 €.

Gastronomie

■ Sicher eines der ungewöhnlichsten Lokale auf Rügen ist das in einem alten, ehemaligen Katen und Schweinekoben beheimatete **Zur Kaffeetasse** von *Dagmar* und *Klaus Hanitzsch* Neben Kaffee und Kuchen, Eis und leckeren Speisen (köstliche Bratkartoffeln!) in üppigen Portionen zu angenehmen Preisen in schönem Biergarten, bietet der „Erste Rügener Kunstgarten" ein buntes, teils skurriles Sammelsurium aus Kunst, Kitsch und Krempel. Die „Kaffeetasse" ist Kult, vorbeischauen macht Spaß und schmeckt! Rothenkirchen 4 a, ca. 1 km nach Rambin, nahe der B 96 Richtung Samtens, Tel. (038306) 2 17 03, Mi–So 10–24 Uhr.

Einkaufen

■ **Rügener Fayencen,** im OT Götemitz, Tel. (038306) 13 61, www.dolacinski.de. Von Meister *Dolacinski* handgefertigte Fayencen (Keramiken) mit kobaltblauer Bemalung, täglich 9–19 Uhr (mit Pension).
■ **Rügener Bauernmarkt,** Hauptstr. 2, Tel. (038306) 6 26 30, täglich 8–19 Uhr, www.altepommernkate.de.

Samtens

Der nächste Ort an der B 96 Richtung Bergen ist Samtens. Das Dorf ist heute das **landwirtschaftliche Zentrum** Südrügens. Die **Dorfkirche** aus dem 15. Jh. birgt drei sehenswerte, aufwendig gestaltete Epitaphien. Sie stammen von der Familie *Von der Osten* aus der Zeit des 15.–17. Jahrhunderts.

Ein Besuch lohnt auch das erste **Technik-Modell-Museum** in Deutschland, das im alten Gutshaus Modelle von Autos, Flugzeugen, Schiffen, Eisenbahnen u.a. zeigt.

■ **Technik-Modell-Museum,** Muhlitzer Str. 3, Tel. 0172 3 83 89 86, www.technik-modell-museum.de, April–Okt. täglich 14–17 Uhr, Nov.–März auf Anfrage.

Unterkunft

■ **Hotel Jagdhof,** in Negast, Hauptstr. 60, Tel. (038327) 6 06 40, Fax 6 56 50, www.jagdhof-negast.de. Sehr ruhig am Borgwallsee gelegener Neubau, mit Landgasthof; Ü 30–40 €, Frühstück 9,50 €.
■ **Störtebeker Sporthotel Rügen,** Bergener Str. 1, Tel. (038306) 22 20, Fax 2 22 15, www.stoertebeker-sporthotel.de. Kegeln, Tennis, Squash, Sauna, Billard, Wellness in modernem Stahl-Glaskomplex; Ü/F ab 44–57 €.

Gustow

Biegt man hinter dem Rügendamm rechts in Richtung Putbus/Binz ab, erreicht man über eine schmale, von Alleebäumen gesäumte Straße (sie ist Teil der Deutschen Alleenstraße) den kleinen 650-Seelen-Ort Gustow.

Das 1314 erstmals erwähnte Dörfchen hat eine sehenswerte **gotische Dorfkirche.** Ihr Chor stammt aus dem 14. Jahrhundert. Die 1935 bei Renovierungsarbeiten freigelegten figürlichen Wandmalereien datieren um 1420. Erwähnenswert ist sicher auch die Triumphkreuzgruppe aus dem 15. Jahrhundert und die Mordwange von 1510, die auf dem angrenzenden kleinen Friedhof steht.

Unterkunft

■ **Gasthof/Pension Zum Milchhäuschen,** Dorfstr. 13, Tel. (038307) 4 01 04. Hübsches Häuschen mit nur vier Zimmern in ruhiger Lage; Gasthof mit schöner Terrasse, Ü/F 35 €

Halbinseln Drigge und Prosnitz

Historisch interessant ist die **Halbinsel Prosnitz** im Strelasund (kurz vor Gustow rechts abbiegen, schlechte Straße). Weit in den Strelasund hinausreichend, war die Landzunge strategisch ideal gelegen, um die Durchfahrt von und nach Stralsund zu kontrollieren und gegebenenfalls abzuriegeln. Auf einer schon von *Wallenstein* angelegten **Schanze** ließ *Napoleon* 1812 von zur Zwangsarbeit genötigten Insulanern das **Fort Napoleon** anlegen. Die viereckige Redoute war durch dreifache, bis zu 10 m hohe Erdwälle gesichert.

Noch miserabler ist die Zufahrt zur **Halbinsel Drigge,** die zusammen mit der Prosnitzer und dem zwischen beiden liegenden Gustower Wiek als **Landschaftsschutzgebiet Mittlerer Strelasund** unter Schutz steht. Von jeweils einem abgeschiedenen Weiler abgesehen, sind die beiden Halbinseln unbesiedelt und laden zu ausgedehnten Spaziergängen oder Radtouren ein.

Unterkunft

■ **Hotel Gutshaus Kajahn,** Prosnitz 1, Tel. (038307) 4 01 50, Fax 4 01 69, www.gutshaus-kajahn.de. Historisches Gutshaus in absolut idyllischer Alleinlage auf 30.000 m² parkartigem Grundstück, Minigolf, Fahrradverleih, organisierte Wanderungen, 1 km bis zu malerischem kleinen Sandstrand, Ü/F 33–43 €.

Poseritz

Zwischen Gustow und Garz an der Deutschen Alleenstraße liegt das Dorf Poseritz. Das 1313 erstmals urkundlich erwähnte Dorf besitzt ebenfalls eine **mittelalterliche Dorfkirche.** Das sehr reizvoll auf einer kleinen Anhöhe gelegene gotische Bauwerk stammt aus dem 14. Jh. Der Turm wurde Ende des 15. Jh. hinzugefügt. Die im bäuerlichen Stil gearbeitete Rokokokanzel entstand 1755. Bemerkenswert sind noch zwei Kreuzigungsgruppen aus dem 15. Jh.

Schloss Üselitz

Unweit von Poseritz liegt auf einer flachen Insel in einer Niederung das Schloss Üselitz. Um die Mitte des 16. Jh. war der Ort landesherrlicher Besitz und ging 1562 an die Familie von Zuhme über. 1664 erhielt das Haus Putbus das Gut als Gnadenlehen von der schwedischen Regierung. Ende des 17. Jh. ging Üselitz an die Familie von Normann, 1706 an die Familie von Langen. Heute ist das Renaissance-Schloss eine romantisch anmutende, in einen verwilderten Park eingebettete Ruine. Info: www.ueselitz.de.

Praktische Tipps

Unterkunft

■ **Hotel Lindenkrug,** Lindenstr. 27, Tel. (038307) 2 51, Fax 3 54, www.lindenkrug-poseritz.de. Zweckbau in ruhiger Lage, im Restaurant mit Sommergarten gute „regionale Esskultur", Ü/F 27–38 €.

■ **Hof Wiersbin,** Datsow Nr. 11, Tel. (038307) 4 01 14. Malerischer rohrgedeckter Bauernhof in stiller Einzellage, umgeben von Wiesen und Bäumen; viele Tiere, Reitpferde und Spielplatz, toll für Kinder.

Aktivitäten

■ **Reiten:** *Reiterhof Groß Stubben,* im OT Groß Stubben, Haus Nr. 3, Tel./Fax (038307) 2 62, www.reiterurlaub-auf-ruegen.de.

Einkaufen

■ **Molkerei, Naturprodukte:** Poseritz Hof 15, Tel. (038307) 4 04 29, www.ruegener-inselfrische.de, täglich Quark, Frischkäse, Joghurt u.a. aus frischer Milch von kleinen Höfen der Umgebung.

■ **Kunsthandwerk:** Keramikwerkstatt *E. Zürn,* Poseritz, Mellnitz 4, Tel. (038307) 3 68.

Garz

Auf halbem Wege zwischen Altefähr und Putbus liegt die **älteste Stadt Rügens.** Schon 1319 wurde Garz das Stadtrecht verliehen. Etwas, das gemeinhin als städtisch bezeichnet wird, lässt sich in der Stadt jedoch nicht entdecken. Sie hat einen ausgesprochen **ländlichen Charakter.** Man kann auch sagen, Garz ist eines der großen Dörfer Rügens, das den Bewohnern der umliegenden Dörfer und Weiler Einkaufsgelegenheit bietet. So beschränkt sich das Städtische an Garz auf seine Durchgangsstraße, an der eine Reihe von kleinen Landhandels- und Lebensmittelgeschäften für gemächliches Leben sorgen.

„Garz ist Rügens älteste Stadt, / Garz vor Alter zittert. / Garz auch einst ein Pflaster hat' / Garz – jetzt ist's verwittert!" (Rügener Knittelvers). Das war nicht immer so. Früher spielte Garz die zentrale Rolle auf Rügen. Während der **Slawenzeit** war die Wallburg das Verwaltungszentrum der Insel, und der Ort hat regen Handel betrieben. So stellte *Witzlaw I.* auf der Garzer Burg 1234 die Urkunde aus, die Stralsund das Stadtrecht verlieh.

Einst soll die Stadt sogar einen Hafen besessen haben, vermuten manche. Früher habe es einen schiffbaren Wasserarm zum Puddeminer Wiek gegeben, dessen letzter Rest die stark verlandende Garzer See sei. Das Aus für Garz kam mit dem Dreißigjährigen Krieg. Durch Brandschatzungen kam es „gänzlich in Verfall, die Einwohner verarmten, und so sank die Stadt zu ihrer jetzigen Unbedeutenheit herab" *(Grümbke).*

Burgwall Charenza

Ein paar Spuren aus glanzvolleren Zeiten haben sich erhalten. Die bedeutendste ist der mächtige Burgwall am Südrand des Ortes. Die Festung diente den Ranenfürsten hauptsächlich als Verwaltungszentrum. Aber in ihr standen auch Tempel dreier, wenn auch zweitrangiger, so doch nicht unbedeutender Götter. Auf Charenza wurden Rugiavit (sieben-

köpfig, mit sieben Schwertern im Gürtel
und für Krieg zuständig), Porevit (fünf-
köpfig und für das Wetter verantwortlich) und Porenut (viergesichtig und für
die Unterabteilung Donner eingeteilt)
verehrt. 1168 ergab sich die Burg mit seinem Svantevit-Tempel kampflos den
Dänen. 1199 wurde sie von den Pom-
mernherzögen Bogislaw/Casimir zerstört.

Ernst-Moritz-Arndt-Museum

Durch eine kleine Grünanlage vom
Burgwall getrennt, steht ein kleines hübsches Backsteinhaus. Es ist das **alte
Schulhaus,** in dem das älteste Rügener
Museum, das Ernst-Moritz-Arndt-Museum untergebracht ist. Es zeigt Leben
und Werk des in Groß Schoritz bei Garz
geborenen Dichters, Politikers und Pa-
trioten.

■ **Ernst-Moritz-Arndt-Museum,** In den Anlagen 1, Tel. (038304) 1 22 12, Mai–Okt. Di–Sa 10–
16 Uhr, Nov.–April Di–Sa 11–15 Uhr.

St.-Petri-Kirche

Erwähnenswert ist auch der spätgotische
Backsteinbau der St. Petri Kirche aus
dem 14. Jh. Ältestes Ausstattungsstück
ist ein Granittaufbecken aus dem 13. Jh.
Die Kanzel stammt von 1707, die Ausmalung der Innenräume aus dem Jahre
1956.

Praktische Tipps

Unterkunft

■ **Hotel Am Wiesengrund,** Am Wiesengrund 23,
Tel./Fax (038304) 3 47, www.ruegen-hotel-am-
wiesengrund.de. Neubau in ruhiger Lage, im Restaurant mit Terrasse gutbürgerliche Küche; Ü/F
27,50–35 €.
■ **Pension Forsthaus,** ca. 2 km westlich in Klein
Stubben 1, Tel. (038304) 4 09 21, Fax 4 18 12, www.
forsthaus-garz.de. Paradiesisch stille Alleinlage mit
Wald und klarem Waldsee, mit Liegewiese, Spiel-
und Grillplatz; Ü/F 22–29 €.
■ **Gasthaus & Pension Zur Post,** Lange Straße
12, Tel. (038304) 3 33, Fax 1 26 63, www.ruegen-
gasthaus-zur-post.de. Gastfreundliches Haus mit
preiswerten Zimmern in zentraler Ortslage. In der
Bauernstube serviert Frau *Schultz* handfeste Bauernküche, Ü/F 32 €.

Aktivitäten

■ **Fahrradverleih:** *Gehrke,* Bergener Str. 30, Tel.
(038304) 4 18.
■ **Kunsthandwerk:** *Keramik R. Putbrese,* Polten-
busch 2, Tel. (038304) 1 20 17.

Groß Schoritz

Fährt man von Garz, vorbei am Garzer
See, Richtung Zudar, kommt man nach
wenigen Kilometern an eine Kreuzung,
an der ein schmucker Wegweiser Groß
Schoritz anzeigt, das Dorf, in dem Rügens berühmtester Sohn, *Ernst Moritz
Arndt,* geboren wurde.

Ernst Moritz Arndt

„Versuch einer Geschichte der Leibeigenschaft in Pommern und Rügen" war der Titel des Buches, das Arndt schlagartig bekannt machte. Die verheerenden Auswirkungen dieses unmenschlichen Systems konnte der junge Arndt täglich vor seiner Haustür studieren. **1769 geboren,** wuchs er zwischen den **leibeigenen Bauern** in Groß Schoritz und den umliegenden Weilern auf, die in elendsten Verhältnissen vegetierten. Sein Vater war kurz vor seiner Geburt aus der Leibeigenschaft des Fürsten Malte von Putbus entlassen worden.

Nach seinem Studium in Stralsund, Jena und Greifswald, wo er sein **theologisches Examen** ablegt, wird er Hauslehrer im Pfarrhaus Altenkirchen auf Wittow bei der Familie Kosegarten (s. auch „Altenkirchen"). Mehrere Bildungsreisen führen ihn nach Österreich, Ungarn, Italien und Frankreich, wo gerade der 10. Jahrestag des Sturmes auf die Bastille (1789) begangen wird.

Tief beeindruckt und geprägt von den **Idealen der französischen Revolution** und den Schriften des Philosophen Rousseau, kehrt er zurück und lehrt an der Universität Greifswald. Nach der Veröffentlichung von „Versuch über die Leibeigenschaft" 1803, der bei Fürsten und Landadel wenig Begeisterung auslöst, weicht er für ein Jahr nach Schweden aus.

Nach der Niederlage der preußischen Armee bei Jena und Auerstedt und der anschließenden Besetzung des Landes durch die siegreichen napoleonischen Truppen kämpft er mit patriotischen Reden und Schriften **gegen das Joch der Fremdherrschaft.** Erneut muss er sich nach Schweden absetzen. Nach seiner Rückkehr feiert ihn das preußische Militär als „die neue Stimme Preußens".

Als Napoleon nach der verlorenen Völkerschlacht bei Leipzig aus den befreiten Königreichen, Fürsten- und Herzogtümern gejagt wird, engagiert sich Arndt vehement dafür, diese vielen kleinen Staaten zu einem Staat zu vereinen. „Was ist des Deutschen Vaterland? Das ganze Deutschland soll es sein". Unter diesem Motto Arndts sammelt sich die fortschrittliche **Einigungsbewegung.**

1817 geht er nach Bonn und lehrt an der dortigen Universität. Nach der Revolution 1848 zieht er als **Abgeordneter der Deutschen Nationalversammlung** in die Paulskirche in Frankfurt am Main ein.

Neben seinem politischen Leben betätigt sich Arndt auch als **Schriftsteller und Dichter.** Er schreibt und sammelt Märchen seiner Heimat Rügen, nach der er sich zeitlebens wehmütig sehnt.

91-jährig stirbt Arndt am 29.1.1860 in Bonn und wird dort beigesetzt.

Ernst-Moritz-Arndt-Geburtshaus

Am Ende der Dorfstraße trifft man auf ein Gutshaus mit Freitreppe. Es ist das Geburtshaus E.M. Arndts, der hier am 26.12.1769 das Licht der Welt erblickte. Das frisch renovierte, weiß getünchte Herrenhaus hebt sich heute noch krass von den Behausungen ringsum ab, in denen zu Arndts Zeit die Leibeigenen ihr Dasein fristeten. In dem Geburtshaus hat heute die Ernst-Moritz-Arndt-Gesellschaft ihren Sitz, die sich der Bewahrung des Erbes und Erforschung des Lebens und Wirkens von *Ernst Moritz Arndt* verdient macht. Sie veranstaltet in dem Haus, das eine kleine **Arndt-Bibliothek mit Lesecafé** beherbergt, monatlich (meist Sa 15 Uhr) „Begegnungen mit Arndt". Darüber hinaus kümmert sie sich um die aufwendige, möglichst originalgetreue Restaurierung des Guts und des historischen Gutsparks.

■**Ernst-Moritz-Arndt-Gesellschaft,** Dorfstraße 22, 18574 Groß Schoritz, Tel. (038304) 5 15, Fax 5 24, www.ernst-moritz-arndt-gesellschaft.de.

Praktische Tipps

Einkaufen

■**Kunsthandwerk:** *Emaille-Gestaltung S. Tolk-Ninnemann,* Silmenitz 2, Tel. (038304) 5 56, www. email-kunst-ruegen.de. Mit charmanter Ferienwohnung über drei Etagen im Reetkaten (40–50 €/Tag), für die Kids gibt es einen ausgebauten Bauwagen für 10 €/Nacht.

Halbinsel Zudar

Weit ins Land hinein drängen sich Schoritzer und Puddeminer Wiek und schnüren die 18 km^2 große Halbinsel Zudar bis auf einen schmalen Landstreifen vom Festland ab. Auf diesem Streifen, der früher bei Sturmflut oft überschwemmt wurde, liegt das Dorf Zudar.

Die Halbinsel Zudar ist flach, weitgehend waldlos und wird hauptsächlich landwirtschaftlich genutzt. In den wei-

306n ph

ten Feldern liegen eine Reihe von **Hügelgräbern,** deren Namen wie *Hexen-* oder
Düwelsberg zeigen, was die Menschen
von diesen Erdhügeln hielten.

Zudar

Es war die Dorfkirche St. Laurentius aus
dem 14. Jh., die den Ort Zudar für kurze
Zeit aus seiner Bedeutungslosigkeit er-
löste und zum vielbesuchten **Wall-
fahrtsort,** ja zu einer Art rügenschem
Lourdes, erhoben hat. Ganze Schiffsla-
dungen von Besuchern pilgerten zu dem
hübschen Kirchlein, in dem ein **Marien-
bild** aufbewahrt wurde, das angeblich
wundertätige Kräfte besaß. Zudar war
nicht so weit weg wie das päpstliche
Rom und zweimal Zudar wog als Sün-
denerlass ebenso schwer wie eine Wall-
fahrt in die heilige Stadt.

☑ Wallfahrtskirche in Zudar

Die Karriere Zudars als Pilgerort fand jedoch ebenso abrupt ihr Ende wie sie begonnen hatte. Als 1372 eines der Pilgerschiffe bei „wedder und groth storm" im Sund kenterte und dabei alle 90 Passagiere ertranken, fielen die Menschen vom Glauben an die wunderwirkende Heilige ab. Man nahm ihr einfach übel, dass sie nicht schnell ein Wunder getan hatte und die armen Menschen, die ja schließlich ihretwegen überhaupt nur die gefährliche Reise angetreten hatten, errettete.

Unterkunft

■**Herrenhaus Poppelvitz,** Poppelvitz 8, Tel. (038304) 62 98 06, Fax 6 28 19, www.natururlaub-ruegen.de. 4 Fewo in einem charmanten Gutshaus, das 1894 von der Familie *von Normann* errichtet und in einen weitläufigen, parkähnlichen Garten eingebettet ist. Fewo mit 2 Pers. belegt: 45–90 €, weitere Person: 7,50 €.

Losentitz

Dort, wo die Straße von einer schönen Lindenallee gesäumt ist, liegt der Ort Losentitz. Das **Gut Losentitz** gehörte einst einem Freund und Gesinnungsgenossen *Arndts,* dem Rügener **Moritz Carl Ulrich von Dycke.** Als Rittmeister hatte dieser in Schweden freie Bauern kennen gelernt, während auf seiner Heimatinsel noch die Leibeigenschaft herrschte. Zurück in Losentitz, **entließ** er 1802 seine **Untertanen in die Freiheit** und versuchte, mit seinen „Ratschlägen für vernünftige Bauern und Einliegerfrauen" aus ihnen selbstständige Menschen zu

machen. Das Gut wurde zum Teil in Einzelhöfe zerlegt und die Dienste der Bauern in Geldpacht umgewandelt. Von Dycke ließ darauf eine Schule, ein Armenhaus und eine Weberei bauen.

Für sich selbst legte er an seinem Herrenhaus einen **Park** an, in dem er mehr als 130 verschiedene Baumarten anpflanzte. Der über Jahrzehnte verwahrloste und verwilderte Landschaftspark des alten Gutshauses wurde rekonstruiert und ist zu begehen – ein Fleckchen, an dem sich ein Stopp lohnt. Das renovierte Gutshaus beherbergt nun Ferienwohnungen.

Unterkunft

■**Altes Gutshaus Losentitz,** in Losentitz, Dorfstr. 11, Tel. 0160 90 56 25 58, www.gutshaus-losentitz. de. FeWo im Gutshaus und adrettem Neubau idyllisch ruhiger Lage in parkartiger Umgebung, mit Terrasse und Liegewiese; 35–65 €/Tag für 2 Personen.

Glewitz

Das einzige, was auf Zudar den Namen Straße verdient, führt quer durch die Halbinsel nach Glewitz. Ihren für diese einsame und verlassene Gegend überraschend guten, weil neu ausgebauten Zustand verdankt sie der **Fährverbindung,** die bis 1936 zwischen Glewitz und Stahlbrode auf dem Festland existierte und jetzt wieder aufgenommen wurde.

■**Glewitzer Fähre:** täglich ab 6 Uhr, Mai–14. Sept. bis 21.40 Uhr, April sowie 15. Sept.–26. Okt. bis 20.10 Uhr jeweils im 20–30 Min.-Takt, bei Bedarf Pendelverkehr, Info-Tel. 0172 7 52 68 36.

Badestrände

Einen kleinen, aber schönen Sandstrand findet man am Gelben Ufer beim Campingplatz. Einen weiteren, stillen Badeplatz gibt es bei Grabow am **Palmer Ort.** Zufahrt über eine miserable Betonplattenpiste.

Praktische Tipps

Unterkunft

■ **Camping Pritzwald,** Zudar, Tel. (038304) 82 91 14, www.ruegen-campingplatz-pritzwald.de, April– Okt.; kleiner sehr stiller Platz im Kiefernwäldchen mit 700 m Strand, Gaststätte, besonders bei Anglern beliebt.

■ **Camping Stahlbrode,** Tel. (038328) 8 07 02, Fax 8 07 03, www.naturcamping-stahlbrode.m-vp. de; Mai–Okt.; sehr kleiner Platz auf dem Festland nahe Fähranleger; Ferienhausvermietung, Boots-, Fahrradverleih.

Schloss Karnitz

So berühmt das Jagdschloss Granitz ist, so unbekannt ist das Schloss Karnitz einige Kilometer **nördlich von Garz.** Es wurde zur gleichen Zeit wie jenes und ebenfalls als Jagdschloss errichtet, aber nicht von Fürst *Malte von Putbus,* sondern von Graf *Guido von Usedom,* dessen Familie das Gut Karnitz seit Mitte des 18. Jh. besaß.

Das bildschöne **neogotische Schlösschen** mit den beiden achteckigen, zinnengekrönten Ecktürmen und seinem spitzbogigen Eingangsportal wurde in der DDR-Zeit als Gaststätte und Wohnhaus genutzt. 2006 kaufte die Heilpraktikerin und Psychotherapeutin *Gertraud Strotkamp* das Schloss und nutzt es nun privat und als Praxis.

Die benachbarte 106 ha große **Golfanlage Schloss Karnitz** hat außer dem Namen nichts mit dem Schloss gemeinsam.

Besonders reizvoll ist die Landschaft um Karnitz mit ihren stillen Gewässern, von denen der unter Naturschutz stehende **Kniepower See** mit 12 ha der Größte ist. Um den See führt ein ca. 7 km langer **Wanderweg,** der mehrere Bäche quert, und den Schwarzen See und den Katharinensee berührt, die ebenfalls zum Naturschutzgebiet gehören.

Aktivitäten

■ **Golfclub Rügen,** Schloss Karnitz e.V., Tel./Fax (038304) 8 24 70, www.inselgolf-ruegen.de. 18-Loch-Turnierplatz, Par 72 mit einer Länge von 6 km, und 9-Loch-Platz mit Par 6.

PUTBUS

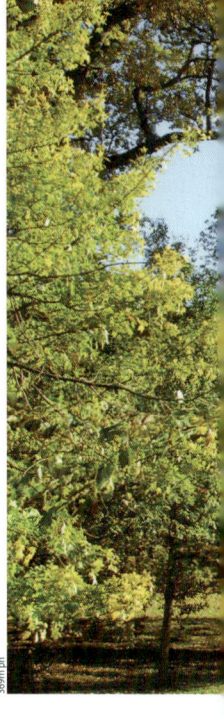

Auf halbem Wege zwischen Garz und Binz liegt Putbus, die **„Weiße Stadt am Meer".** Wer einen typisch rügenschen Ort erwartet, sieht sich gründlich getäuscht. Nicht geduckte, schilfrohrgedeckte Feld- oder Backsteinhäuschen bestimmen das Bild, sondern hochherrschaftliche **klassizistische Villen** leuchten aus der grünen Landschaft, streng geometrisch geordnet und ausgerichtet. Rechteckig der Marktplatz, kreisrund der Circus, miteinander verbunden durch eine schnurgerade, von Linden gesäumte Straße. Ein wahrlich irritierender Anblick.

Schöpfer dieser Anlage war **Fürst Malte von Putbus.** Der Adelsmann war ein wahrer Tausendsassa, an dessen Hinterlassenschaften kein Rügenbesucher vorbeikommt. Sei es die „Weiße Stadt", oder das Seebad Binz, der Arndt-Turm in Bergen oder das Jagdschloss Granitz, das Badehaus Goor oder der Rasende Roland, all diese heutigen Attraktionen

sind entweder das Werk von Malte oder er hatte seine Finger entscheidend im Spiel.

Geschichte

Hervorgegangen ist der Name der Stadt wie der des bedeutendsten rügenschen Adelsgeschlechts aus der slawischen Bezeichnung *pod buss* (beim Walde). Durch einen Erbvergleich fiel Rügen 1239 an die Freiherren von Putbus. 1727 wird der Freiherr von Kaiser *Karl* in den Grafenstand erhoben. 1807 geht es erneut eine gesellschaftliche Stufe nach oben, als *Gustav Adolf von Schweden* den Grafen *Malte von Putbus* in den Fürstenstand versetzt.

Ein Fürst braucht einen **repräsentativen Sitz**, hat sich der so geehrte Malte gedacht und denselben höchstpersönlich auf dem Reißbrett entworfen. Mit einem Aufruf in der Zeitung suchte er Bewohner für seine neue Stadt. „Sollten einige Handwerker und andere Genüge haben, sich hierselbst niederzulassen, so können ihnen Hausplätze unter annehmlichen Bedingungen zugewiesen wer-

⌃ Auch ohne Schloss ein beliebtes Ausflugsziel – der Schlosspark in Putbus

HIGHLIGHTS

➡ Für Kulturfans – eine Aufführung in Rügens Musentempel, dem prachtvollen klassizistischen **Theater der „Weißen Stadt"** | 35

➡ Um den **Goor** spazieren und die Natur und Aussicht auf den Bodden genießen | 40

➡ Vom Hafen **Lauterbach** mit dem Boot auf die kleine Insel **Vilm** | 40

➡ Für Leckermäuler – frischer **(Räucher-)Fisch** mit Bier im Hafen Lauterbach | 41

➡ **Abendmusiken** in der Hof- und Begräbniskirche des Fürstengeschlechts von Putbus in Vilmnitz | 41

Diese Tipps erkennt man im Buch an der gelben Hinterlegung im Kapitel.

Putbus

0 ―――――― 200 m © Reise Know-How 2013

■ Übernachtung
1 Gasthaus Krimvitz
3 Hotel Wreecher Hof
6 Hotel Koos

■ Essen und Trinken
2 Jägerhütte
4 Orangerie Café
4a Rosencafé
7 Am Zuckerhut

■ Sonstiges
5 Fahrradverleih
   Deutschmann

Bergen

Bergerstraße

Bahnhof

Schmalspurbahn
Rasender Roland

Berger Landstraße

August-Bebel-Straße

Marien straße

Binz, Göhren

Wiesenweg

Obelisk

Binzer Str.

Circus

Kronprinzen-
palais

Historium

Bahnhofstraße

Güstelitzer Straße

Markt

Theater

Schlustraße

Historisches Uhren- und
Musikgeräte-Museum

Orangerie
(Galerie)

Villa
Löwenstein

Alleestraße

Mausoleum

Lauterbacher Allee

Schloss
Park

Schlosskirche

Malte I.-
Denkmal

Kirchallee

Kastanienallee

Tierpark

Garz

ehem. Schloss/
Terrasse

Marstall/
Alte Schmiede

Wreechener Weg

Pirateninsel,
Ⓜ Museum
Putbus,
Lauterbach

Schloss-
Park

Affenhaus/
Puppen- und
Spielzeugmuseum

Schwanen-
teich

Wreechen

den", so die Anzeige. Nicht einer meldete sich – wohl der Einschränkung wegen, dass nur „Personen unterhandelt werden können, die hinlängliche Beweise eines ordentlichen und stillen Betragens beybringen können".

Nach mehreren Aufenthalten Maltes und seiner Gemahlin im ersten deutschen Seebad Doberan/Heiligendamm entschloss sich der unternehmungslustige Fürst, auch auf Rügen ein solches zu eröffnen. 1808 wurde mit dem Bau der Anlage begonnen, und die „Weiße Stadt" **Heiligendamm** diente **als Vorbild.**

Putbus wurde zum „Fürstenbad" und zur **Sommerfrische der Schönen und Reichen.** Da es den geschützten Ufern des Rügischen Boddens jedoch „ganz

und gar an Wellenschlag" mangelte und „die Oberfläche des Wassers so glatt ist wie ein Teich", fehlte es dem Fürstenbad an „diesem geheimnisvollen, über alles gesuchten Etwas eines Seebades", woraufhin Fürst Malte auf seinen Besitzungen an der Außenküste, am Strand von Binz, die ersten Badekarren aufstellen ließ.

Sehenswertes

Heutiger zentraler Punkt der Anlage ist der weiträumige kreisrunde **Circus,** auf dem sternförmig alle Durchgangsstraßen zusammenlaufen. In seiner Mitte erhebt sich ein 19 m hoher **Obelisk,** auf den wiederum acht von Eichen gesäumte Wege zulaufen. Eingefasst wird der Rundplatz von zwei- oder dreigeschossigen klassizistischen Gebäuden. Platz wie Gebäude machen jedoch einen eigentümlich unbelebten, verlorenen Eindruck, was einfach daran liegt, dass der imposanten Anlage sozusagen das „Hinterland" fehlt. Das Ganze wirkt tatsächlich wie auf die grüne Wiese gestellt, unvollendet und vergessen. Von diesem viel zu groß geratenen „Zentrum" geht die schnurgerade Alleestraße zum etwa 500 m entfernten Marktplatz ab.

Schlosspark

Auf ihrer unbebauten Seite dehnt sich der 75 ha große Schlosspark aus. Auch wenn der Name des 1810–25 nach dem Vorbild englischer Landschaftsgärten angelegten Parks es verspricht, ein Schloss ist dort nicht zu finden. Das ideologisch störende Gebäude wurde 1962 wegen angeblicher Baufälligkeit abgetragen. An die einstige Größe und Pracht erinnert heute nur noch die in der Alten Schmiede direkt neben dem Marstall beheimatete **Ausstellung „Das verschwundene Schloss".** Allein die **Treppenanlage** am Schlossteich vermittelt einen Eindruck von der einstigen Lage und Größe des fürstlichen Schlosses.

Doch auch ohne Schloss ist der Schlosspark eine wunderbare Oase der Ruhe, in der sich beim Spaziergang allerhand entdecken lässt. Er ist einer der schönsten und abwechslungsreichsten Gärten Mecklenburg-Vorpommerns und birgt eine Vielzahl der unterschiedlichs-

ten **Bäume und Sträucher,** die Malte von allen Ecken der Welt herbeischaffen ließ. Von sibirischer Goldesche, japanischer Stachelfichte, Zedern aus dem Libanon über Mammut- und Tulpenbäume bis zur Sumpfzypresse aus Missouri ist hier alles versammelt.

In der ausgedehnten Anlage findet sich eine Anzahl von erhalten gebliebenen Gebäuden. An der Straße vom Circus zum Markt erblickt man die **Orangerie** (1816–18). Sie dient heute als Ausstellungszentrum, das Werke und Produkte rügenscher Künstler und Kunsthandwerker sowie Ausstellungen historischer Herkunft zeigt. Und ein reizvolles Orangerie-Café lädt vor oder nach dem Parkspaziergang zum erholsamen Verweilen ein.

Nur wenige Meter östlich der Orangerie liegt etwas verborgen das **Mausoleum,** ein gotischer Zentralbau von 1829. Ein kurzer Fußweg führt von der Orangerie sanft abfallend zum großen **Schwanenteich,** an dem sich einst das Schloss erhob. Eine Terrasse zeigt den alten Standort an. Von ihr erblickt man in östlicher Richtung das **Fürst-Malte-Denkmal,** dem jeder Rügenliebhaber eigentlich seine Aufwartung machen sollte. Spaziert man am See entlang, kommt man am neu sanierten **Marstall** (1821–24) vorbei. Er dient dem u.a. Putbus-Festival, das seit 2000 regelmäßig stattfindet, als Spielstätte.

Nur ein wenig vom Marstall entfernt liegt am Südufer des Schwanenteichs an der Kastanienallee das **Affenhaus,** das nun das **Rügener Spielzeug- und Puppenmuseum** und ein sehr hübsches Café beherbergt. Weiter auf dem Weg um den See herum erreicht man die **Schlosskirche.** 1844–46 als Kurhaus errichtet, wur-

055 rm ph

de der spätklassizistische Bau 1892 zur Kirche umgestaltet.

Dahinter schließt sich ein 8 ha großer **Tierpark** an den Landschaftspark an, „wo schöne Hirsche in bequemer Gefangenschaft ihr Leben verträumen", wie bereits 1837 *Heinrich Laube* feststellte. Mit dem Gaumen kann man dieselben in der **Jägerhütte** genießen, welche man auf der seeabgewandten Seite des Wildgeheges findet. Das Restaurant ist ganz im Forsthausstil gehalten. Geweihe und ausgestopfte Tiere, ein offener Kamin und Fenster mit Motiven aus Wald und Flur schmücken sein Inneres und sollen waidmännische Atmosphäre vermitteln.

Jüngstes Glied von Putbus als Kulturzentrum Rügens ist das **Historium,** das 2010 zur 200-Jahr-Feier der Stadt eröffnet wurde und mit seinen Ausstellungen die Zeitspanne anschaulich illustriert. Ihm angeschlossen ist das ursprüngliche „Museum zum Anfassen" der ehemaligen Museumsmeile Prora, das nun als **Welt der Experimente** in Putbus einen neuen Standort gefunden hat.

■**Rügener Puppen- und Spielzeugmuseum,** im Affenhaus, Kastanienallee, Tel. (038301) 6 09 59, www.puppenmuseum-putbus.de, tägl. 10–18 Uhr.
■**Galerie,** in der Orangerie, Alleestr. 35, Tel. (038301) 4 31, Mai–Okt. täglich 10–17 Uhr, Nov.–April Di–Sa 10–17 Uhr.

■**Stadt- und Parkführungen:** April–Okt. Di und Do, Treff: 11 Uhr Orangerie, Dauer ca. 2–3 Std., Tel. 4 31.
■**Alte Schmiede,** im Schlosspark neben dem Marstall, Tel. (038301) 89 83 36, Mai–Okt. täglich 11–17 Uhr.
■**Museum Putbus: Welt der Experimente und Historisches Museum Putbus,** Lauterbacher Straße 9a, Tel. (038301) 89 83 36, www.museumprora.de. Ein Jahrhundert des Wissens mit den Sinnen erleben. Anfassen ist ausdrücklich erwünscht. Multivisionsschau zu „200 Jahren Putbus". April–Okt. täglich 10–18 Uhr, Nov.–März 10–16.30 Uhr.

Villa Löwenstein

Jenseits der schnurgeraden Kastanienallee, die den Park durchschneidet, liegt nahe der Bahnhofstraße die Villa Löwenstein (heute besser bekannt als **Rosencafé**). In dieser einst als Gärtnerhaus errichteten Villa weilte 1866 *Bismarck*, um die Verfassung des Norddeutschen Bundes auszuarbeiten. Der denkmalgeschützte, lange Jahre leer stehende Bau empfängt nun unter altem Namen wieder Gäste.

Theater

Der Orangerie schräg gegenüber erstreckt sich am Marktplatz das klassizistische Theater, dessen Eingang ein Säulenportikus mit einem Fries ziert, der den Gott *Apoll* im Kreise der Musen zeigt. Dem Theater verdankt Putbus seinen Ruf als kulturelles Zentrum Rügens. Das Theater verdankt Putbus wiederum dem Maltefreund Graf *von Hahn*, der auf seinem Mecklenburger Gutsschloss eine eigene Theatergruppe unterhielt.

☐ Das Malte-Denkmal im Schlosspark

Auf sein Drängen ließ Meister Malte 1819 das Theater errichten, in dem *von Hahns* Ensemble dann zur Sommerzeit spielte.

Zu DDR-Zeiten fühlte sich das Haus besonders dem Werk *G. Hauptmanns* verpflichtet, der es von seinem Wohnsitz Hiddensee aus immer wieder besuchte und in seinem Roman „Im Wirbel der Berufung" aus dem Putbuser Theaterleben erzählt. Heute werden u.a. auch mehrmals täglich Führungen durch das prachtvoll restaurierte Haus angeboten.

Dem Theater schließt sich der **Marktplatz** an, der mit seiner Weitläufigkeit ähnlich überdimensioniert und verloren wirkt wie der Circus.

■ **Theater Putbus,** Markt 13, Theaterkasse Tel. 80 83 30, www.theater-putbus.de, Ticketservice Di–Fr 10–18 Uhr.

Uhren- und Musikgeräte-Museum

Wenige Schritte vom Marktplatz hat das **Historische Uhren- und Musikgeräte-Museum** seinen Sitz. In dem Privatmu-

061rh ph

Fürst Malte wohl nicht. Die unter Denkmalschutz stehende **Schmalspurbahn** verkehrt, von niedlichen historischen Dampfloks gezogen, regelmäßig **zwischen Lauterbach und Göhren** (siehe auch Exkurs „Der Rasende Roland"). Maltes Idee war es, Gäste mit der Bahn bequem und schnell in sein verkehrstechnisch abgelegenes Seebad Binz bringen zu lassen. Die Einweihung der Bahn erlebte er allerdings nicht mehr.

Praktische Tipps

Info

■ **Vorwahl:** 038301
■ **Putbus-Information,** Orangerie/Alleestr. 35, 18581 Putbus, Tel. 4 31, Fax 6 09 63, www.putbus. de, Mai–Okt. täglich 10–17 Uhr, Nov.–April Di–Sa 10–17 Uhr.

Unterkunft

seum kann man unter sachkundiger Führung des Sammlers und Besitzers *Franz Sklorz* in sieben Räumen über 1000 Exponate bestaunen.

■ **Historisches Uhren- und Musikgeräte-Museum,** Alleestr. 13, Tel. 6 09 88, www.uhrenmuseum-putbus.de, Nov.–April täglich 11–16 Uhr, Mai–Okt. täglich 10–18 Uhr.

■ **Hotel Koos,** Bahnhofstr. 9, Tel. 2 78, Fax 8 11 45, www.hotel-auf-ruegen.de. Mit Sauna, Kegelbahn und Restaurant; Ü/F 25–37,50 €.
■ **Hotel Wreecher Hof,** im OT Wreechen, Kastanienallee, Tel. 8 50, Fax 8 51 00, www.wreecherhof.de. Sieben rohrgedeckte Häuser in schöner Gar-

Rasender Roland

Auch eine der bekanntesten und beliebtesten Attraktionen Rügens gäbe es ohne

◁ Rügens Musentempel – das klassizistische Theater in Putbus tenanlage, Restaurant, Terrasse, Schwimmbad, Sauna, Solarium; Ü/F 40–60 €.

■ **Gutshaus Krimvitz,** in Krimvitz, Dorfstr. 4, Tel. 64 12 64, Fax 64 12 24, www.krimvitz.de. Restauriertes Gutshaus in stiller, idyllischer Lage, Reitmöglichkeit, Ü/F 36–41 €, Frühstück 6,50 €.

Gastronomie

■ **Orangerie Café,** in der Orangerie, Tel. 8 86 53. Wintergarten mit Schlossparkblick.
■ **Jägerhütte,** am Wildgehege, Tel. 5 10, www. jaegerhuette-ruegen.de. Wildspezialitäten, schöner Sommergarten, DZ 25–35 €, Frühstück 5 €.
■ **Am Zuckerhut,** in Kasnevitz, Dorfstraße 25. Einladende Kneipe mit handfester Küche, öfter mal Tanzveranstaltungen.

Aktivitäten

■ **Putbus-Festspiele,** Dorfstr. 6, 18581 Lauterbach, Tel. 8 81 81, www.putbus-festspiele.com.
■ **Fahrradverleih:** *Deutschmann,* Bahnhofstr. 7, Tel. 4 29.
■ **Pirateninsel,** Lauterbacher Straße 10, Tel. 89 83 66, www.pirateninsel-ruegen.de. Mo–Fr 13–19 Uhr, Sa/So 10–19 Uhr. Indoorspielplatz auf 2000 m² mit Funpark, Trampolinanlagen, E-Karts, Kletterberg, Kleinkindbereich, Gastronomie, u.s.w.

Lauterbach

Von Putbus führt eine wunderschöne Lindenallee zur Küste in den Hafenort Lauterbach am Rügischen Bodden. Vater des 3 km von der Residenzstadt entfernten Ortes ist ebenfalls Fürst *Malte*, der zu seinem Aushängestädtchen auch

ein Ostseebad haben wollte, wie das damals gerade in Mode kam. Der Ort selbst besteht hauptsächlich aus einem großen Hafenbecken, um das sich eine Handvoll Häuser gruppiert.

⌂ Einst Fürst Maltes Badetempel, jetzt ein elegantes Vier-Sterne-Hotel – das Badehaus Goor

Der **Hafen** ist Stützpunkt einer Fischereigenossenschaft. Das verschafft dem Besucher die Möglichkeit, an der Mole malerische Kutter aus der Nähe zu betrachten, den Fischern bei der Arbeit zuzusehen und vor allem frischen, marinierten und geräucherten **Ostseefisch zu erwerben** oder einen Imbiss zu nehmen.

Vom Hafen aus fährt das Boot hinüber zu dem in Sichtweite liegenden Naturjuwel **Insel Vilm.** Hier startet auch ein Ausflugsboot, welches das unter strengem Naturschutz stehende Vilm umrundet. Anlegen und Betreten auf eigene Faust sind streng verboten!

An der Straße, die zum Badehaus Goor hinausführt, weist ein Schild auf den *Semkors* hin. Das gut erhaltene **Großsteingrab** aus der Jungsteinzeit liegt ca. 300 m von der Straße entfernt im Buschwerk an der Bahnlinie.

Einen Abstecher sollte man auch in die reizenden **Nachbarorte** Neuendorf, Wreechen und Neukamp machen, alles malerische alte Fischerdörfchen. Hinter Neukamp ragte bis 1990 eine 17 m hohe **Granitsäule** in den Himmel. Das Denkmal, das derzeit in Putbus auf seine Restaurierung wartet, erinnert an die Landung preußischer Truppen 1678, die die Schweden erfolgreich aus ihren dortigen Schanzen vertrieben.

Badehaus Goor

Fürst Maltes beeindruckender Badeort liegt außerhalb des Ortes an der Goor am Rande eines Buchenwaldes, der die Ufer der kleinen Steilküste bedeckt. Zu Ehren des Königs ließ er an dessen Geburtstag am 3.8.1817 den Grundstein legen und taufte es *Friedrich-Wilhelm-Bad*. Das repräsentative, klassizistische Bauwerk ist 50 m lang. Seine Front wird von 18 dorischen Säulen getragen.

Das Badehaus brauchte man deshalb, weil zu Maltes Zeiten die Badesitten noch etwas anders geartet waren. Man sprang nicht einfach ins Wasser – das wäre wohl zu obszön gewesen – sondern pumpte das Meerwasser mittels hölzerner Leitungen in **Badewannen,** die im Badehaus standen. In den Wannen aus Carrara-Marmor wurde das Wasser auf die gewünschte Temperatur gebracht, und los ging der Badespaß. Nach jahrzehntelangem Verfall wurde der Prachtbau von Raulff Hotels, die auch das Schlosshotel Ralswiek betreiben, umfassend restauriert und 2007 als Luxushotel wiedereröffnet.

Nicht entgehen lassen sollte man sich einen **Spaziergang über die Goor** hinter dem Badehaus mit seinem uralten Buchenwald. Dies ist wahrlich eine Ecke zum besinnlichen Lustwandeln. Von ih-

rem Hochufer aus eröffnen sich reizvollste Aussichten über den Bodden hinüber zur Insel Vilm und zum Mönchgut.

Praktische Tipps

Unterkunft

■ **Hotel Badehaus Goor,** Fürst-Malte-Allee 1, Tel. 8 82 60, Fax 8 82 63 00, www.hotel-badehaus-goor.de. Exklusives 4-Sternehotel im historischen Badehaus in großartiger Alleinlage. Die Zimmer sind jedoch einem modernen Anbau, der sich hinter dem Badetempel versteckt. Ü/HP NS 45–72 €, HS 69–82 €.

■ **Hotel Nautilus,** Dorfstr. 17, in Neukamp, Tel. 8 30, Fax 6 08 60, www.ruegen-nautilus.de. Hotelneubau; sein Clou: Das Restaurant ist Käpt'n Nemos U-Boot Nautilus aus dem Roman von *Jules Verne* originalgetreu nachgebaut. Serviert werden Spezialitäten aus Nemos Kombüse; NS 36–39 €, HS 43 €.

■ **Hotel Viktoria,** Dorfstraße 1, Tel. 64 60, Fax 64 62 00, www.hotels-auf-ruegen.de. Direkt am Hafenbecken gelegenes Hotel; Ü/F NS ab 26 €, HS ab 40 €.

Aktivitäten

■ **Vilm-Rundfahrt/-Exkursion:** *Reederei Lenz,* Chausseestraße 9a, Tel. 6 18 96, Fax 6 18 74, www.vilmexkursion.de. Mit *MS Julchen* Exkursionen auf der Insel Vilm (nur nach Voranmeldung, max. 30 Pers./Tag), mit *MS Sebastian* Rundfahrten um die Insel Vilm (ohne Landgang!).

■ **Wassersport:** *Im-Jaich Wasserferienwelt,* am Jachthafen, Tel. 80 90, www.im-jaich.de, Surfen, Segelboote, Segelschule, Jachtcharter, Seekajak, Angeln, schwimmende Ferienhäuser.

■ **Segeln:** *Segelschule Goor,* Vilmnitzerweg 16, Tel. 88 27 80, www.segelschule-goor.de.

■ **Reiten:** *Pferdehof Prehl,* Dorfstr. 3 in Altkamp, Tel. 6 17 30, www.pferdehof-altkamp.de.

■ **Frisch-/Räucherfisch:** *Räucherschiff Berta,* im Hafen (nur 1.5.–10.10.), Tel. 0171 4 41 31 18, frischer (Räucher-)Fisch und frisch gezapftes Bier vom Kutter.

Vilmnitz

Etwa 2 km östlich von Putbus liegt das Dörfchen Vilmnitz. Überaus malerisch steht die kleine mittelalterliche **Kirche Maria Magdalena** auf einem Hügel. Sie wurde im 13. Jh. als **Hof- und Begräbniskirche** für die Fürstenfamilie *Putbus* errichtet. In der Familiengruft unter ihrem Chor liegt nicht nur Rügens Wirbelwind Fürst *Wilhelm Malte I.* begraben, dem eigentlich jeder Rügenfahrer seine Ehre erweisen sollte, sondern weitere 26 Familienmitglieder in Prunksärgen. Wer sich näher für Kirche und Dorf interessiert: Im Pfarramt von Vilmnitz gibt es die „Chronik zu Vilmnitz 1249–1999". Gottesdienst So 10 Uhr.

Besonders lohnend ist ein Besuch der **Abendmusiken,** die in dem Kirchlein seit vielen Jahren im Sommer (25.6.–24.9.) veranstaltet werden (Do um 19.30 Uhr). Im Programm sind auch Orchester und Chöre, die nicht nur sakrale Musik aufführen. Näheres in der Putbus-Information oder unter Tel. (038301) 4 36, **www.kirche-putbus.de.**

Unterkunft

■ **Landhotel Ulmenhof,** Chausseestr. 5, Tel. 8 82 80, Fax 88 28 88, www.landhotel-ulmenhof.de. Ruhige Lage, spezielle Radlerangebote, Ü/F NS 32–48 €, HS 60–65 €.

Robben-Watching auf Rügen

Die Robben sind zurück! Früher gab es sie in großer Zahl, dann waren sie fast 100 Jahre durch Jagd und zunehmende Wasserverschmutzung am Rande der Ausrottung – nun haben sich vor Rügen wieder Kegelrobben angesiedelt. Einst betrachtete man sie als Plage, und der Deutsche Seefischerei-Verein zahlte für jede erlegte Robbe eine Prämie von 5 Mark; heute sind die bis zu drei Meter langen und 320 Kilogramm schweren Tiere eine Sensation und stehen unter strengem Schutz. Um auch Rügenbesucher an dieser erfreulichen Entwicklung teilhaben zu lassen, startet zwischen Mai und September einmal pro Woche unter der Leitung der Meeresbiologin *Silke Steiner* vom Hafen Lauterbach (Zubringerboot ab Baabe Bollwerk) ein Boot zu den Robben-Sandbänken im Greifswalder Bodden. Während der Fahrt wird mittels Multimediatechnik viel Interessantes aus dem Leben dieser possierlichen kugelköpfigen Meeresbewohner vermittelt. Die Robbenbeobachtungsschiffe bieten max. 150 Passagieren Platz. Voranmeldung ist deshalb zu empfehlen. Unbedingt ein gutes Fernglas mitnehmen. Auf dem Schiff werden auch Ferngläser ausgeliehen.

■ **Info:** *Discover Rügen,* Haus Strandeck, Strandstraße 12, 18586 Göhren, Tel. (038308) 66 66 24, Fax 66 66 13, www.discover-ruegen.org.
■ **Anmeldung/Tickets:** bei der *Weissen Flotte,* Tel. (03831) 2 68 10, www.weisse-flotte.de oder direkt am Schiff im Hafen Lauterbach bzw. Zubringer Baabe Bollwerk. Preis: 19,90 € Erwachsene, 12 € Kinder bis 12 Jahre, Dauer: ca. 3 Std.

INSEL VILM

Vor der Küste von Lauterbach bei Putbus liegt in Sichtweite die kleine Insel Vilm im Rügischen Bodden. Auf Karten ist sie mit der Anmerkung „NSG: Anlegen und Betreten Verboten" versehen. Seit Jahrzehnten schon ist das Eiland völlig gesperrt.

Die geheime Vergangenheit

Der Vilm war bis zur Wende **Privatinsel von Honecker und Co.,** die man als Naturschutzgebiet tarnte. Niemand durfte sich dem Eiland nähern. Selbst die Putbuser Offiziellen, deren Verwaltung die Insel eigentlich unterstand, durften sie nicht betreten. Nur einem Verwalter und dem Stasi-Servicepersonal wie Gärtnern, Köchen und Putzfrauen war der Zugang gestattet.

Eine derartige Totalabschottung ist natürlich enorm fantasieanregend. So war es nicht verwunderlich, dass gleich nach dem Sturz der Herren 1989 eine wahre Völkerwanderung zum Vilm einsetzte. Jeder wollte das Allerheiligste und die darin vermuteten Schätze mit eigenen Augen sehen, einmal auf dem Strand stehen, an dem Erich, der jedoch insgesamt nur fünf Tage auf Vilm weilte, seinen Bauch in die Sonne gestreckt hatte.

Naturschutz

Diese Öffnung war nur von kurzer Dauer. Das NSG Vilm bleibt weiterhin **nicht frei zugänglich.** Es kann nur nach vorheriger Anmeldung und mit Führung betreten werden. Der heutige Grund: die Natur des Vilms ist tatsächlich von so einzigartiger Schönheit und Ursprünglichkeit, dass sie bei einem unkontrollierten Zugang schlicht totgetrampelt würde. Keine Privilegien oder Böswillig-

⌂ Wild und unberührt – Naturufer auf dem Vilm

➡ Ein **geführter Rundgang** um die seit 1936 unter Naturschutz stehende wildromantische Insel (nur nach Anmeldung möglich!) | 47

Diesen Tipp erkennt man im Buch an der gelben Hinterlegung im Kapitel.

HIGHLIGHTS

Insel Vilm

0 ▬▬▬▬ 400 m   © Reise Know-How 2013

Gr. Haken

Kochufer

Karkenufer

DER GROSSE VILM

Schnakenwerder

▲ Knirkberg

Waschstein

Kl. Haken

Am Ruptin

DER KLEINE VILM

Die Scheibe

Schneider

■ Wald, Gebüsch
■ Grasland
— Steilufer

keiten stecken also hinter dem Verbot, sondern verantwortliches Handeln für den Erhalt dieses zauberhaften kleinen Paradieses. Auch wenn es schwer fällt, die Reglementierung zu akzeptieren, man sollte Verständnis und Einsicht haben. Wer den Vilm einmal mit eigenen Augen gesehen hat, wird es verstehen.

Landschaft

Die Insel ist nur knapp 100 ha groß und besteht aus dem **Großen** und dem **Kleinen Vilm.** Die beiden Moränenhügel sind durch einen schmalen Streifen

Schwemmland verbunden. Die Hügel sind bewaldet, ihre Hochufer fallen steil ins Meer ab. Das Material, das das Meer an den Kliffen abnagt, wird am Großen und Kleinen Haken angelandet und lässt diese ständig wachsen.

Das kleine Eiland besitzt einfach alles, was sich an Landschafts- und Küstenformen in der Ostseeregion finden lässt. Wie bei einem Modell, an dem der Schöpfer alle denkbaren Möglichkeiten *en miniature* ausprobiert hat, sind hier auf engstem Raum die verschiedensten Naturausprägungen auf das Harmonischste vereint.

Es ist unmöglich, die **urwüchsige Natur** auch nur annähernd zu beschreiben. Damit dieses Paradies, das die Jahrhunderte unbeschadet überstanden hat, auch weiterhin erhalten werden kann, sind die **strengen Schutzregelungen** für den Vilm unbedingt nötig.

Geschichte

Der **Name Vilm** leitet sich entweder vom slawischen Wort ilium, (Ulme) ab oder von vilime, was soviel bedeutet wie „Holm mit altem Holzbestande". Letztere Erklärung erscheint angesichts der sagenhaft alten Bäume des Vilms einleuchtender.

Anfang des 14. Jh. errichteten die Fürsten von Putbus, denen der Vilm damals gehörte, eine **Kapelle** auf dem Eiland und siedelten drei Brüder an, die ein Gehöft betrieben. Der Hof war das einzige Haus und diente den wenigen Besuchern als Anlaufpunkt.

Ende des letzten Jahrhunderts, als Künstler die Ostseeküste für sich entdeckten, kamen die **ersten Landschaftsmaler** auf das paradiesische Eiland und waren angesichts seiner fantastisch wilden und unberührten Natur völlig hingerissen.

Damit begann auch für den Vilm die **Ära des Fremdenverkehrs.** 1886 errichtete man ein Logierhaus. Schnell zeigte sich aber, dass die einzigartige Flora und Fauna solch eine Nutzung nicht unbeschadet verkraftete. Auf Betreiben der Greifswalder Professoren *Leik* und *Mattik* wurde der Vilm schließlich am 2.12.1936 unter Naturschutz gestellt.

Baumriesen aus dem Mittelalter

Besonders beeindruckend ist die einmalige **Bewaldung** der Insel – wahrlich ein „Holm mit altem Baumbestande". Bis zu **700 Jahre alt** sind die fantastischen Knorren. **Seit 1527** wird auf dem Vilm kein Holz mehr eingeschlagen. Damals hatte die Gräfin von Putbus, die „edle Frau Agatha", für 400 Mark zum letzten Mal dem „bescheidenen Achim Monßlick, zum Sunde wohnend" das Holzschlagrecht verkauft – mit der Einschränkung: „an Holz sollen sie stehen lassen 60 alte Hegebäume". Die meisten davon stehen heute noch.

Anfang des 19. Jh., als die Franzosen und *Wallenstein* die Wälder auf Rügen niedermachten, sollte auch der märchenhafte Wald auf dem Vilm den Soldaten zum Opfer fallen. Nur mit Mühe gelang es damals dem Fürsten von Putbus, das drohende Unheil abzuwenden. Wie so vieles andere auf Rügen hat man *Malte* also auch diese uralten Baumriesen zu verdanken.

Nach dem 2. Weltkrieg nahm die Gemeinde Putbus das Tourismusgeschäft wieder auf. Auf den Vilm wurde eine Gaststätte eröffnet und eine regelmäßige Fährverbindung eingerichtet. Im Sommer 1959, nach einem Besuch *Otto Grotewohls,* wurde Putbus die Zuständigkeit für die Insel entzogen und zum angeblichen Schutz der Vogelwelt nur noch einer begrenzten Zahl von Erholungssuchenden der Zutritt erlaubt. Die schützenswerten Vögel und die begrenzte Zahl war in Personalunion der **Ministerrat der DDR.**

„Die Naturschutzforderungen werden vom Büro des Ministerpräsidenten akzeptiert", hieß es im alten offiziellen Sprachgebrauch. Die Herren taten es mitnichten. Man baute ein ganzes Rohrdachdörfchen als **ministerliches Feriendomizil.** Weithin sichtbar überragte ein Antennenmast die Insel, damit die Herren auch all die schönen, scharfen Westprogramme gucken konnten. Sumpfige Niederungen erhielten Entwässerungsgräben, damit da keine Stechfliegen herauskriechen und die Herrschaften pieken könnten. Der kleine Sandstrand wurde mit Strandtoilette und Strandtelefon versorgt und täglich geharkt. Das, was man „unaufdringlich den Naturgegebenheiten angepasste Ruhehütten" nannte, waren Schutzhütten für die Stasiwachen, die Tag und Nacht an den Ufern nach Eindringlingen Ausschau hielten.

Im Herbst 1989 protestierte die Gemeinde Putbus gegen ihre Aussperrung und forderte in einem offenen Brief an den Genossen *Modrow* die Öffnung der Insel und „die Schaffung gleicher Fernsehempfangsbedingungen für die Stadt Putbus wie auf dem Vilm". Am 27.12.

wurde die Insel der Gemeinde Putbus zur Verfügung gestellt. Im Herbst 1990 zog die **Internationale Naturschutzakademie** in die Häuser ein, die als Forschungs- und Begegnungsstätte für Umweltinitiativen der Ostseeanrainerstaaten dient.

◿ Der Vilm ist nur nach Voranmeldung mit dem Boot vom Hafen Lauterbach zu erreichen

Exkursionen

Die Besichtigung der Insel ist nur im Rahmen einer fachkundigen Führung nach vorheriger Anmeldung möglich. Um die Natur zu schonen, gibt es nur einmal am Tag eine Führung für eine Gruppe von höchstens 30 Personen. Die Exkursion dauert rund drei Stunden und schließt einen ca. 3 km langen Rundwanderweg um die Insel ein. Festes Schuhwerk ist erforderlich, Voranmeldung obligatorisch. Hunde verboten. Die Putbus-Information kann keine Vilmbesuche vermitteln. Wer auf den Vilm will, sollte den gebührenfreien Parkplatz der Insel in der Vilmstraße benutzen (hinter Hotel Viktoria rechts rein). Am Hafen stehen nur wenige, kostenpflichtige zur Verfügung.

■ **Info und Anmeldung:** *Reederei Lenz*, Chausseestraße 9a, 18581 Putbus, Tel. 6 18 96, www.vilmexkursion.de oder am Infokiosk (nur April–Okt. täglich 10–17.30 Uhr) im Hafen Lauterbach. Überfahrt und Führung kosten für Erwachsene 16 €, für Kinder 9 €.

BERGEN

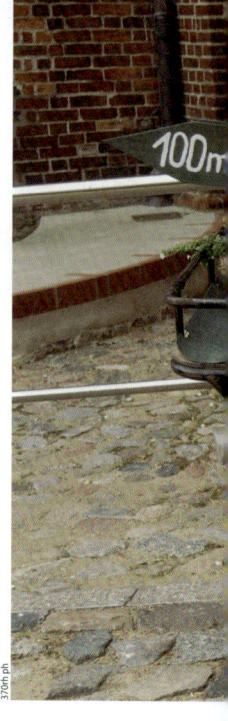

Die **Inselhauptstadt** Bergen liegt ziemlich genau im geografischen Mittelpunkt Rügens am Übergang zwischen dem flachen Süden und der kuppigen Endmoränenlandschaft Ostrügens. Die Stadt ist an den Hang des **Hügels Rugard** gebaut und ist, vielleicht zusammen mit Sassnitz, der einzige Ort auf der Insel, der etwas städtischen Charakter hat.

Überblick

Bergen hat rund 14.000 Einwohner und ist wirtschaftliches und politisches **Zentrum der Insel.** Diese Stellung verdankt es seiner zentralen Lage. Strahlenförmig laufen alle Verkehrswege auf Bergen zu und machen es zum Verkehrsknotenpunkt. Von hier aus fahren die Überlandbusse bis in die letzten Winkel. Und aus allen Ecken Rügens wie auch von Hiddensee kommen die Menschen zum Einkaufen und in die Amtsstuben der Stadt. Nirgends sonst gibt es größere und mehr Supermärkte, Möbelhäuser, Baumärkte, Tankstellen und andere Shoppingzentren als im in den letzten Jahren aus dem Boden gewachsenen „Speckgürtel" am Stadtrand. Viel mehr Gründe darüber hinaus gibt es allerdings auch für den Besucher nicht, den Weg in die Inselhauptstadt anzutreten.

Geschichte

Nahezu 800 Jahre alt ist die Stadt Bergen schon. *Gora,* (Berg) nannten die slawischen Siedler ihren Ort, der neben der 1170 von *Jaromar I.* erbauten Marienkirche und dem 1193 gegründeten Zister-

⌃ Der malerische Klosterhof lockt mit Stadtmuseum, Schauwerkstatt und kleinen Läden

Bergen

Stadion

2 Nonnensee, Sagard

B 96

Waldstraße

Ringstraße

Bahnhof

Friedensstraße

Bahnhofstraße

Raddasstr.

ZOB, Bus nach Schaprode, Hiddensee B

Gruner Berg

Ringstraße

Schützenstr.

Parkstraße

Rathaus

Calandstr.

Arkonastr.

3

Markt

Benedix-Haus

Marktstr.

Kirchstr.

Marienkirche

Schauwerkstatt

4

Tourismuszentrale Rügen

Teichstr.

Breitsprecherstr.

Arkonastr.

Stadt-museum M

Joachimsberg

Feldstraße

Sportplatz

Sundstraße

Stralsunder Str.

Dammstr.

Schulstr.

5

Billrothstr.

Ringstraße

Karlstraße

Billroth-Geburtshaus

Hosangweg

Stralsunder Str.

Südstraße

Gartenstraße

Störtebeckerstraße

Am Friedhof

Stralsunder Chaussee

Ringstraße

Neuer Weg

B196

Stralsund

0   400 m   © Reise Know-How 2013

Freilicht-
bühne ★

Rugardstr.

Rugardstraße

6

7

Stedar Weg

P

P

Rugardweg

8

Ernst-Moritz-
Arndt-Turm

R u g a r d

Am Burgwall

Am Burgwall

Vieschstr.

Am Fischersteig

Camper Weg

Mühlenstr.

Am Mühlenheck

Granitzblick

Am Tannengrund

Königsstraße

Clemensstr.

Panoramablick

9

Teteler Landweg

Gadmundstr.

Teteler Landweg

Boddenblick

Wasserstr.

Weidenstr.

Weidenstr.

Königsstr.

10

Binz, Göhren,
Buschvitz

B196

Übernachtung
3 Romantik Hotel
   Kaufmannshof
8 Hotel Am Rugard
10 Hotel Sonnenhaken

Essen und Trinken
3 Kontor
4 Tüffelhus

Sonstiges
2 Haflinger Hof
5 Fahrradverleih
   Kresse
6 Inselrodelbahn
7 Kletterwald
9 Go-Kart- und
   Buggybahn

zienserkloster entstand. Mit ihrem heutigen Namen wurde die Siedlung erstmals 1232 erwähnt. Der Fürst selbst bewohnte – allerdings nur zeitweise – die **Wallburg Rugard,** die sich damals auf dem Gipfel des gleichnamigen 91 m hohen Hügels befand. Die slawischen Fürsten pflegten nämlich das System der wandernden Hofhaltung. Das heißt, der ganze Hof wanderte zwischen der Wallburg in Garz und der in Bergen hin und her, um die Lasten für die Bewohner, denen der Unterhalt für Burg und Hofstaat abverlangt wurde, zu verteilen. Die unwirtlichen Wintermonate aber verbrachte er in Dänemark, zu dessen Territorium Rügen nach dem Fall der Arkonaburg 1166 gehörte.

Dank seiner zentralen Lage entwickelte sich Bergen schnell. Handwerker, Bauern und Kaufleute zogen zu und machten es zur wirtschaftlichen Drehscheibe. Regelmäßig fanden zentrale **Märkte** statt, auf denen alle Produkte und Waren Rügens feilgeboten wurden. Auf dem Marktplatz wurde bei Verkaufsbeginn eine Fahne aufgestellt und solange sie wehte, durfte kein *Butenberger,* wie die außerhalb der Stadt lebenden Menschen genannt wurden, auf dem Markt einkaufen. Das sollte sicherstellen, „dass der Armoth ere Notdorfft vor dem Fremden bekäme", dass die armen Bergener Bürger vor den Auswärtigen einkaufen können.

Das alte Verwaltungszentrum Garz verlor durch diese Entwicklung nach und nach seine zentrale Bedeutung und musste seine Rolle schließlich ganz an Bergen abgeben. **1613** wurde Bergen von Herzog *Julius II.* das **Stadtrecht** verliehen.

Größtes Problem der aufstrebenden Stadt war ein chronischer **Mangel an Wasser,** das bekanntlich auf einem Berg eher rar ist. Verheerende Stadtbrände in fast gesetzmäßiger Folge waren das Ergebnis. Fünf Mal, 1445, 1538, 1563, 1621 und 1690, wurde sie durch Feuerstürme in Schutt und Asche gelegt.

Sehenswertes

„In Bergen selbst ist nichts merkwürdiges", stellte schon 1769 der bekannte Forscher *Wilhelm von Humboldt* bei einem Besuch fest. Selbst einer ihrer Söhne, der Heimatforscher *Grümbke,* beschrieb seine Heimatstadt 1805 folgendermaßen: „Holprige abschüssige Wege, schiefe, schlecht gedämmte, zum Teil ungepflasterte Straßen und Durchgänge, für Menschen und Vieh gleich unbequem zu passieren, schmutzige Winkel, kleine, mitunter schlechte, höchstens mittelmäßige Häuser, die ohne Ordnung bald hierhin, bald dorthin gesetzt sind ... Selbst der Marktplatz ist ungestaltet und schiefwinklig". Grund für das wenig erfreuliche Stadtbild Bergens waren und sind die großen Brände, deren regelmäßige Wiederkehr die Menschen offensichtlich veranlasste, billig und provisorisch zu bauen, da ja der nächste Brand sowieso alles wieder vernichten würde. Nur einige wenige historische Bauten überstanden die Feuersbrünste.

Marienkirche

Der älteste und wichtigste von ihnen ist die Marienkirche, die schon 1170 der Rügenfürst *Jaromar I.* erbauen ließ. Sie

„Die Minute von Bergen"

Dass in Bergen die Uhr(en) anders gehen als anderswo auf der Welt, beweist die Turmuhr der **Kirche St. Marien.** Denn wer genau hinsieht, stellt erstaunt fest, dass ihr Zifferblatt an der Nordseite in der ersten halben Stunde **31 Minuten** zeigt. Als 1963 bei einem Sturm das Zifferblatt schwer beschädigt wurde und ausgetauscht werden musste, bemerkten die damit betrauten Handwerker beim Bohren der Minutenlöcher, dass sie bis zur 30-Minuten-Marke ein Loch zu viel gebohrt hatten, die halbe Stunde also 31 Minuten zählte. Das Loch war drin, was also tun? Ohne weiter Worte zu verlieren, sparten sie in der nächsten halben Stunde die Sekunde wieder ein. So dass am Ende doch die richtige Zahl von 60 Minuten für die volle Stunde steht. Lange blieb die „Minute von Bergen" das **Geheimnis** von wenigen Eingeweihten, bis bei einer erneuten Wartung der Uhr die überflüssige Minute ans Licht kam.

ist die **älteste Kirche auf Rügen.** Der Bau, im Laufe der Zeit mehrfach erweitert und umgebaut, zählt zu den bedeutendsten Denkmälern der **dänisch-norddeutschen Backsteinarchitektur.**

Das älteste Bauteil des gotischen Hallenbaus ist noch heidnischen Ursprungs: Neben dem Hauptportal zeugt ein in die Außenmauer eingelassener slawischer Grabstein, der so genannte **Svantevitstein,** von der ranischen Kultur und Religion, die bis zum Fall der Jaromarsburg auf Rügen herrschte. *Jaromar I.* begann danach im Auftrage der siegreichen christlichen Dänen sofort mit der Christianisierung der Insel und ließ Kirchen und Klöster errichten. Die Marienkirche war der erste Sakralbau, der im Zuge dieser Kampagne entstand. In der Kirche ist das Standbild dieses ersten christlichen Slawenfürsten zu sehen.

Bemerkenswert sind auch ein Taufstein aus dem 14. Jh. und die Barockkanzel. Chor und Querhaus zieren romanische Wandmalereien. Jüngeren Datums ist die Bemalung des Gewölbes und der Pfeiler. Sie wurde erst um 1900 angebracht.

■ **Marienkirche,** Tel. 25 35 24, Mai–Okt. Mo–Sa 10–18 Uhr, sonst Schlüssel im Kirchenverwaltungsamt gegenüber holen, Führungen nach Vereinbarung.

Klosterhof/Stadtmuseum

Das **ehemalige Zisterzienserinnen-Kloster** bei der Kirche wurde 1945 aufgelöst. Im Klosterhof hat das **Stadtmuseum** Unterkunft gefunden, das mit seinen Sammlungen aus der Geschichte des Klosters und der Stadt erzählt. Sehr interessant sind die Schautafeln zu den slawischen Gottheiten. Zusammen mit dem historischen **Pfarrhaus** bilden die Marienkirche und das Kloster ein malerisches Ensemble.

Neben dem Museum kann man in einer **Schauwerkstatt** nicht nur den

Handwerkern über die Schultern sehen, sondern im kleinen einladenden Café frisch gebackenen Kuchen essen.

Von April bis Oktober findet an jedem zweiten Mittwoch im Klosterhof ein bunter **Floh- und Handwerkermarkt** statt.

■ **Schauwerkstatt,** Klosterhof/Billrothstr. 20a, Tel. 82 83 56; April–Okt. Mo–Fr 10–18 Uhr, Sa 10–16 Uhr, Nov.–März Mo–Fr 10–16 Uhr, Sa 10–13 Uhr.

■ **Stadtmuseum,** Klosterhof/Billrothstr. 20a, Tel. 25 22 26; Mai–Okt. Di–Sa 10–18 Uhr, Nov.–April Di–Fr 11–15 Uhr, Sa 10–13 Uhr.

Marktplatz

Nur wenige Schritte von der Marienkirche entfernt öffnet sich der Marktplatz. Dort steht das **Benedix-Haus,** das älteste Haus Bergens und ganz Rügens. In dem aufwendig restaurierten Schmuckstück sind heute die Stadt-Information und das Standesamt untergebracht. An einem Querbalken des schönen Fachwerkhauses weist ein eingekerbter Schriftzug darauf hin, dass das Haus nach dem großen Stadtbrand „anno MDXXXVIII" (1538) erbaut wurde. Um den Marktplatz herum stehen das **Rathaus** und einige weitere Bürgerhäuser.

◁ Relikt aus vorchristlicher Zeit – der Svantevitstein in der Marienkirche

Rugard

Geht man an der Oberseite des Marktes die Vieschstraße hinauf, erreicht man nach etwa 10 Minuten den **Gipfel** des Rugard. Diesen kurzen Spaziergang sollte man sich keinesfalls entgehen lassen. „Der Hochaltar des Landes ist allein schon würdig, dass Reisende auf ihm der Natur ein Opfer bringen", meinte auch der Bergener Inselchronist *Grümbke*. Denn: „Man kann keinen besseren Stand finden, um nach allen Richtungen hin die eigentümlichen Herrlichkeiten zu übersehen, womit die Insel ausgestattet ist".

Heute so wahre Worte wie damals, zumal sich auf dem Gipfel inmitten des slawischen Burgwalls der **Ernst-Moritz-Arndt-Turm** erhebt. Vom oberen Kranz des 27 m hohen Gedenkturmes hat man bei gutem Wetter einen einmaligen Panoramablick über ganz Rügen bis nach Sassnitz und Stralsund. Der Grundstein des Gedenkturmes wurde 1868 zu Arndts 100. Geburtstag gelegt. Zur Finanzierung wurde eigens ein „bürgerschaftliches Kollegium" gegründet, das mit einem „Aufruf an das deutsche Volk" Geld sammelte. „Patriotische deutsche Architekten" wurden aufgefordert, Vorschläge einzureichen. Erst plante man, Arndt eine Ruhmeshalle in Form eines überdimensionalen Hünengrabes zu errichten. Schließlich entschied man sich dann aber für den Entwurf des Berliner Architekten *Eggert*. Nachdem Geld und Entwurf vorhanden waren und der umtriebige Fürst *Malte von Putbus* Land und Ziegelsteine zur Verfügung gestellt hatte, konnte mit dem Bau begonnen werden. Die Fertigstellung verzögerte sich mangels Geld je-

doch mehrmals. Schließlich brachte aber eine eigens für den Arndt-Turm initiierte Lotterie genügend Kapital zusammen, so dass er 1877 endlich fertiggestellt werden konnte.

Nach der Turmbesteigung kann man den Rugard auf einem 2,5 km langen **Naturlehrpfad** umrunden, auf dem Schilder die Flora und Fauna erläutern (Dauer ca. 2 Stunden). Der Pfad führt auch an der **Freilichtbühne** vorbei, die auf der stadtabgewandten Hangseite des Rugard liegt.

Einige Schritte entfernt findet man die **Rodelbahn** sowie die **Go-Kart- und Buggybahn.**

Direkt neben der Rodelbahn hat auf 16.000 m² Fläche Rügens zweiter und größter **Kletterwald** eröffnet. Auf mehreren Parcours mit insgesamt 90 Ele-

menten kann man sich so richtig austoben, u.a. mit einem 18-m-Tarzansprung.

■ **Ernst-Moritz-Arndt-Turm,** Tel. 2 01 90, Mai–Okt. täglich 10–18 Uhr, Nov.–April täglich 10 Uhr bis Einbruch der Dunkelheit (im Winter Schlüssel an der Rezeption im Hotel Am Rugard nebenan).

Buschvitz

Wer noch weiter spazieren will, dem sei die schöne Route hinunter in das kleine ehemalige **Fischerdorf** Buschvitz am Ufer des Kleinen Jasmunder Bodden empfohlen. Buschvitz war einst der Hafen von Bergen. Dass hier einmal große Segelschiffe anlegten, mag man heute kaum mehr glauben. Der Bau des Straßendamms bei Lietzow, der den Kleinen vom Großen Jasmunder Bodden trennt und die Zufahrt nach Buschvitz unterbrach, bedeutete das Ende des Hafens.

Nonnensee

Unweit der Stadt liegt nahe der Straße Richtung Schaprode/Trent der 75 ha große Nonnensee. Der eiszeitliche Schmelzwassersee ist einer der bedeutendsten Flachwasserseen in Mecklenburg-Vorpommern. 1970 wurde der See künstlich entwässert und ausgetrocknet. Als 1993 das Schöpfwerk abgestellt wurde, entstand der See neu. Vor allem im Spätsommer und Herbst nutzen viele **Vögel** den See als Rast- und Schlafplatz. Der rund um den See angelegte, ca. 5 km lange **(Rad-)Wanderweg** bietet mit seinen zwei Beobachtungstürmen faszinierende Einblicke in diese ständig wechselnde Naturlandschaft.

⌊<⌋ Panoramablick über die ganze Insel – der Ernst-Moritz-Arndt-Turm

Praktische Tipps

Info

- **Vorwahl:** 03838
- **Touristen-Information,** Markt 23, 18528 Bergen, Tel. 81 12 06, Fax 81 11 27, www.stadt-bergen-auf-ruegen.de, Mo–Fr 10–18 Uhr, Juli/Aug. auch Sa 10–13 Uhr.
- **InfoThek am Busbahnhof (RPNV)** (Auskunft, Fahrscheine), Friedensstraße 24, Tel. 20 29 55, Fax 20 29 56, www.rpnv.de. Mo–Fr 9–12.45 Uhr und 13.15–17 Uhr.

Unterkunft

- **Romantik Hotel Kaufmannshof,** Bahnhofstr. 6–8, Tel. 80 45 50, Fax 80 45 45, www.kaufmannshof.com. Zentral in der Altstadt gelegen, mit historischem Interieur wie das Restaurant *Kontor* mit alter Kaufmannsladeneinrichtung; Ü/F 45–65 €.
- **Hotel Am Rugard,** Rugardweg 10, Tel. 2 01 90, Fax 20 19 19, www.rugard.de. Sehr reizvoll und still nahe dem Arndt-Turm gelegenes Haus mit 18 komfortablen Zimmern, empfehlenswertem Hausrestaurant und idyllischem Biergarten mit alten Eichen und Arndt-Turm-Blick. Ü NS 29–38 €, HS 47 €, Frühstück 10 € p. P.
- **Hotel Sonnenhaken,** in Buschvitz, Grüner Weg 9, Tel. 82 10, Fax 82 11 99, www.sonnenhaken.de. Mit herrlichem Blick auf Jasmunder Bodden, im Restaurant sehr gute regionale Küche; Ü/F NS 25–37 €, HS 43–60 €.

Gastronomie

- **Kontor,** Bahnhofstr. 6, Tel. 8 04 50. Geschmackvoll mit historischen Interieurs ausgestattetes Hotelrestaurant mit gehobener regionaler Küche, Wintergarten und im Sommer mit Biergarten um die schattenspendende Hoflinde.
- **Tüffelhus,** Bahnhofstraße 72, Tel. 25 02 79. Kleines, gemütliches Restaurant mit frisch zubereiteter Hausmannskost zum anständigen Preis mit sehr schöner Sommerterrasse. Vom kundigen Wirt gibt es bei Bedarf allerlei gute Tipps für den Rügenurlaub.

Aktivitäten

- **Fahrradverleih:** *Kresse,* Dammstr. 31, Tel. 25 66 20.

■ **Go-Kart- und Buggybahn:** an der Straße Richtung Buschvitz, Tel. 20 94 85, www.ruegenkartbahn.de. Rennkarts auf Asphaltrundkurs, Buggys auf Geländekurs, Elektroautos für Kleinkinder; mit Gaststätte, Sommer täglich 10–19 Uhr, Herbst und Frühjahr täglich 10–18 Uhr, Winter täglich 10–16 Uhr.

■ **Reiten:** *Haflinger Hof,* Stadthof 3 (am Nonnensee), Tel. 0174-4 52 89 68.

■ **Inselrodelbahn:** Rugardweg 7, Tel. 82 82 82, www.inselrodelbahn-bergen.de. 700 m lange Sommer- und Winterrodelbahn, Juli/Aug. 10–19 Uhr, April–Juni sowie Sept./Okt. 10–18 Uhr, täglich Nov.–März 13 Uhr bis Einbruch der Dunkelheit.

■ **Kletterwald Rügen:** Rugardweg 9, Tel. 0176 62 21 21 70, www.kletterwald-ruegen.eu. Ganzjährig geöffnet, Mai–Okt. täglich 10–19.30 Uhr, Nov.–April 10 Uhr bis Einbruch der Dämmerung.

⌂ Marktplatz von Bergen

DIE GRANITZ

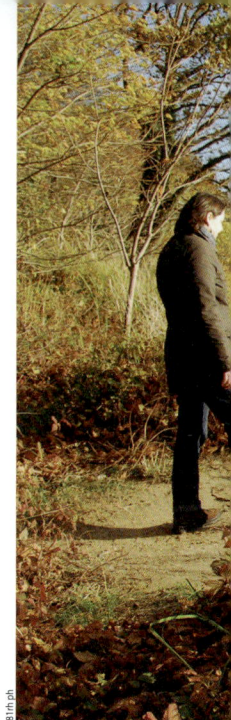

V on der Ausdehnung vegleichsweise klein, ist die Granitz dennoch Rügens touristisches Epizentrum. Es lockt das mondäne Seebad Sellin mit seiner wunderhübschen Seebrücke und das bunte Badeleben an seinen Bilderbuchstränden, vor allem aber die herrlichen Wälder und grünen Täler, die das sanfte Hügelland bedecken und durchziehen und die Granitz zum Wanderparadies machen. Häufiges Ziel ist das weithin sichtbar auf dem höchsten Hügel aufragende Jagdschloss Granitz, von dessen Turm der Blick über halb Rügen bis hinüber zum Festland und den Kirchtürmen der Hansestadt Greifswald streift. Die große Attraktion, die wohl kein Rügenreisender auslassen wird, ist der „Rasende Roland", die historische Schmalspurbahn, die dieses bevorzugte Stück Rügen aus seiner Fahrt von Putbus nach Göhren durcheilt.

Überblick

„Ich kann nicht anders, denn mir sind Herrlichkeiten erschienen, die ich nie nach Würden werde preisen können und welche ich allem, was Rügen mir Schönes gezeigt hat, vorziehe, Pulitz und Stubbenkammer ausgenommen".

Dieser Lobgesang *Grümbkes* galt dem herrlichen, sanfthügeligen Waldgebiet der Granitz, das sich **im Osten** Rügens in etwa zwischen Prorer Wiek, Stresower Bucht und dem Kleinen Jasmunder Bodden ausdehnt. Ein schmaler, verschilfter Wassergraben zwischen Sellin und Baabe bildet die Grenze zum angrenzenden Mönchgut. Die Granitz ist fraglos eine der landschaftlich schönsten Regionen Rügens – vielseitig und abwechslungsreich, voller Kontraste und Sehenswürdigkeiten.

◹ Hochufer bei Sellin

Granitz

Seebad Binz

Schmachter See

Zirkow

Schwarzer See

B196

★ *Badehaus „Goor",*
Lauterbach, Vilmnitz

Rasender Roland (Schmalspurbahn)

Alt Süllitz

G R A N I T Z

*Jagdschloss
Lancken-Granitz*

Seebad
Sellin

Viervitz

Rasender Roland (Schmalspurbahn)

Nistelitz

B196

Lancken-
Granitz

Neuensieener
See

Selliner
See

Nadelitz

Groß Stresow

Zehnmorgen

Seedorf

Moritzdorf

Baabe

★ *Badehaus „Goor",*
Lauterbach, Vilmnitz

Muglitz

Neu Reddevitz

H a v i n g

Alt Reddevitz

Middelkagen

Rügischer Bodden

0 ——— 1 km   © REISE KNOW-HOW 2013

Bis zu 107 Meter steigt das hügelige Moränengebiet an. Die **schattigen Buchenwälder,** die die größte zusammenhängende Bewaldung auf Rügen bilden, werden von sanften Wiesentälern durchbrochen. Ein Netz gut markierter Wege durchzieht das Gebiet und macht es zum **Wanderparadies.**

Auf ihrem höchsten Gipfel thront herrschaftlich Rügens berühmtestes Schloss, Fürst *Maltes* **Jagdschloss Granitz.**

Zu Füßen des Schlosses schnauft heftig qualmend und tutend der nostalgisch-romantische **Rasende Roland** durch Wälder, Wiesen und Felder.

An der Außenküste, dort, wo das tiefe Grün der Wälder auf das blaugrün schimmernde Meer trifft, liegen die charmanten alten **Seebäder Binz und Sellin,** deren prächtige Villen und Logierhäuser die mondäne Aura der Kaiserzeit ausstrahlen. Damals wie heute locken die puderfeinen, kilometerlangen Sandstrände Sommerfrischler in großer Zahl an und erfüllen die Bilderbuch-Badeparadiese mit buntem, fröhlichem Trubel. Entspannung und Ruhe findet man an den stillen Wassern des Rügischen Boddens.

Zirkow

An der Straße von Lancken-Granitz nach Bergen liegt am Rande des Biosphären-Reservats Südost-Rügen das kleine Dorf Zirkow. Die meisten eilen achtlos daran Dorf vorbei. Doch der Abstecher in die kleine Landoase lohnt.

Optisch ragt die mittelalterliche Backsteinkirche heraus, die im 15. Jh. entstand. Als Ausflugsziel bedeutend ist aber der wunderhübsche **Museumshof.** Die museale Anlage zeigt ein originalgetreues Gehöft aus der Zeit um 1720. Es umfasst Wohnhaus, Stallungen, Scheune und Geräteschuppen und bietet interessante Einblicke in das bäuerliche Alltagsleben auf Rügen in den vergangenen Jahrhunderten.

■**Museumshof Zirkow,** Binzer Str. 43, Tel. (038393) 3 28 24, April–Okt. Mo–Fr 10–16 Uhr.

Neben dem Museumshof wartet in einem nicht minder musealen, sogenannten Kübbungsdielenhaus, die **Confiserie Schokolat** mit süßen Verführungen auf Kunden. Von der Ingwertafel bis zum Schokotrüffel – gefüllt mit Champagner oder Cointreau, Johannisbeere oder Kirsche, aus Minze oder Marzipan reicht die Produktpalette.

Weitab von der Küste bietet die neue **Wasserskianlage** in Zirkow feuchtes Vergnügen.

Unterkunft

■**Pension Alte Schule,** Putbuser Straße 15, Tel. (038393) 3 24 70, Fax 13 38 34, www.alte-schule-zirkow.de; in der ehemaligen alten Dorfschule, 4 FeWo 30–70 €.

Einkaufen

■**Confiserie Schokolat,** Binzer Straße 50, Tel. (038393) 66 59 19, www.schokolat.de. Mai–Okt. Mi–Sa 11–17 Uhr, Sa ab 15 Uhr Kaffeerunde mit selbstgefertigten Torten.

Aktivitäten

■**Reiterhof Viervitz,** Reitschule Einhorn, Viervitz 3a, Tel. (03838) 30 94 02, www.hof-viervitz.de.
■**Wassersportcentrum,** Am Kapellenberg 1, Tel. (038393) 13 14 70, www.wasserskiruegen.de. April–Okt. Mi–Fr 15–19 Uhr, Sa/So 14–20 Uhr, Juni–Aug. 11–20 Uhr.

Groß Stresow

Kommt man von Putbus her in die Granitz, biegt rechts ein kleines Sträßchen hinunter zur Stresower Bucht ab, an dessen Ufer der Ort Stresow liegt. Die Bucht ist ein besonders geschützter Teil des **Biospährenreservats Südost-Rügen** und für Sportboote gesperrt.

Von Groß Stresow lassen sich Spaziergänge und Wanderungen durch die besonders stille, kaum besuchte Natur unternehmen. Schöne Ziele sind z.B. die **Ziegensteine,** die Großsteingräber bei Burtevitz, der weit in den Bodden vorspringende **Gobbiner Haken** bei Neu Reddevitz oder das **Naturschutzgebiet Muglitzer Ort.**

Nahe beim Dorf und der Straße nach Lancken-Granitz ragt das **Friedrich-Wilhelm-Denkmal** auf. Das eiserne Denkmal erinnert an die Landung des Preußen 1715 bei Stresow mit 24.000 Mann, um die Schweden erfolgreich zu vertreiben. Derzeit ist nur das bereits restaurierte Podest des Denkmals zu sehen. Die Säule selbst wurde wie die von Neukamp 1991, abgebaut und wartet mit dieser zusammen in Putbus auf ihre Restaurierung.

Lancken-Granitz

An der Straße von Sellin nach Bergen liegt am Fuße des Tempelberges das Dorf Lancken-Granitz mit sehenswerter mittelalterlicher **Dorfkirche.**

Hünengräber

Doch der Ort kann mit einer Reihe weit älterer Bauwerke aufwarten. Knapp 1 km dahinter liegen in den Feldern und Wiesen wie an einer Schnur aufgereiht sieben **steinzeitliche Großsteingräber** aus der Zeit von etwa 2300 v. Chr. Das in Ost-West-Lage ausgerichtete Gräberfeld ist das am besten erhaltene und sehenswerteste von den 54 auf Rügen noch erhaltenen Hünengräbern. Bei manchen kann man durch schmale Schlitze in die Grabkammer hineinkrabbeln und die kühle Stille genießen. Man ist versucht, an diesem schattigen, besinnlichen Örtchen ein Nickerchen zu machen.

Kurz hinter dem Ortseingang in die Straße Richtung Dummertevitz abbie-

Der Rasende Roland – mit 30 km/h durch durch Granitz und Mönchgut

Letztes Überbleibsel von Rügens einst 106 km langem Schmalspurnetz ist die 24 km lange Strecke des Rasenden Rolands, der **zwischen Lauterbach und dem Seebad Göhren** gemächlich durch die schönen Landschaften der Granitz und des Mönchguts zockelt.

Entstanden waren die Kleinbahnen einerseits, um den Rittergutsbesitzern den Abtransport ihrer landwirtschaftlichen Produkte zu erleichtern, andererseits aber auch von Beginn an aus **touristischen Erwägungen.** Beim Bau der Kleinbahn hatte wie überall Fürst *Malte* seine Finger im Spiel. Nachdem er 1830 bei Binz die ersten Badehütten aufstellen ließ, hatte er Interesse an einer schnellen, sicheren und bequemen Verbindung zu seinem neuen Seebad.

1893 wurde mit den Bauarbeiten begonnen. Die Streckenführung gestaltete sich schwierig, weil einige Gutsbesitzer einen eigenen Bahnhof wollten, andere aber um die Gesundheit ihrer Kühe fürchteten und mit deren Weigerung rechneten, Milch zu geben, sollte der fauchende Zug über ihre Weiden fahren. Am 22. Juli 1895 konnte die Teilstrecke Putbus – Binz eingeweiht werden. Bis Oktober 1899 war dann die gesamte Strecke bis Göhren fertiggestellt.

Seither verkehrt der Rasende Roland, so benannt wegen seiner Spitzengeschwindigkeit von 30 km/h, tagtäglich rund ums Jahr fahrplanmäßig zwischen den beiden Orten und befördert dabei rund 700.000 Passagiere. Zum Einsatz kommen **historische Waggons und Dampf-loks.** Die älteste der acht Lokomotiven stammt aus dem Jahr 1914.

Eigentlich sollte die Strecke 1975 **stillgelegt** werden. Es ist dem Einsatz des Modelleisenbahnverbands der DDR zu verdanken, dass das heute unter Denkmalschutz stehende Bähnchen auch gegenwärtig noch Gäste durch die Landschaft der Granitz kutschiert.

Nach der Wiedervereinigung plagten die Schmalspurbahner schwere Sorgen. Die marode Reichsbahn, der der Rasende Roland gehörte, war in argen Geldnöten und wollte ihn deshalb stilllegen. Nun ist die Bahnlinie in den Besitz des Landkreises Rügen übergegangen. Von 1996 bis 2007 wurde die Bahn von der *Rügenschen Kleinbahn GmbH (RüKB)* betrieben. 2007 kündigte der Landkreis die Verkehrsverträge mit der *RüKB*. Die Ausschreibung entschied die sächsische *Pressnitztalbahn GmbH* für sich, konnte jedoch den Betrieb nicht aufnehmen, da die unterlegene *RüKB* das rollende Material, also Züge und

Waggons als ihr Eigentum reklamierte. Um Ostern wenigstens einen Notverkehr anbieten zu können, wurden per Tieflader Loks und Waggons von der Fichtelbergbahn aus Sachsen nach Rügen geschafft und der Sitz von Putbus nach Göhren verlagert. Seit Sommer 2008 verkehrt der Rasende Roland wieder regulär.

Ein **Tipp für Fotofreunde:** Wenn Sie den Roland in voller Fahrt durch die Landschaft ablichten wollen, stellen Sie sich beim Haltepunkt Garftitz in die Wiese und warten Sie den Zug von Göhren ab. Aus Richtung Putbus kommt die Lok nämlich immer rückwärts daher.

■ **Rügensche BäderBahn (RüBB) „Rasender Roland",** Gartenstraße 5, 18528 Bergen auf Rügen, Tel. (03838) 81 35 94, www.ruegenschebaederbahn.de. Putbus – Binz einfach 3,60 € (Kinder 1,80 €), Putbus – Göhren einfach 9 €/ Kinder 4,50 €), Sellin Ost – Jagdschloss Granitz, 1,80 € (Kinder 0,90 €, Fahrrad 2,50 €), Tageskarte 20 € (Kinder 10 €).

gen. Nach etwa 1 km parken und ausgeschilderten Weg gehen. Die Gräber sind von der Straße nicht zu übersehen (auf kleine Baumgruppen im Feld achten).

Praktische Tipps

Info

- **Vorwahl:** 038303
- **Tourist-Information,** Dorfstr. 8, 18586 Lancken-Granitz, Tel./Fax 8 72 15, lancken-granitz@ruegen.de, 15. April–15. Okt. Mo, Mi, Sa 8–12 Uhr.

Unterkunft

- **Hotel-Pension Jägerhof,** Dorfstr. 37, Tel. 8 59 63, Fax 8 74 09, www.jaegerhof-ruegen.de. Neubau mit Blick auf den Neuensiener See; Solarium, Minigolf, Spielplatz; Ü/F 27–37 €.
- **Pension Alte Mühle,** Dorfstr. 15, Tel. 8 68 28, Fax 9 08 51, www.alte-muehle-ruegen.de. In ruhiger Lage am Ortsrand mit Liegewiese, Fahrradverleih, Ü/F NS 18–33 €, HS 23–35 €.

Jagdschloss Granitz

Auf der Granitz höchstem Hügel, dem **106 m hohen Tempelberg,** lugt das stolze Jagdschloss Granitz keck aus den Baumkronen hervor. Es ist ein herrliches Ziel für einen kleinen Ausflug zu Fuß, mit dem Fahrrad oder mit der Schmalspurbahn Rasender Roland.

Das schmucke Jagdschloss mit seinen vier Ecktürmen und dem zentralen Hauptturm verdanken wir wiederum dem umtriebigen Fürst *Malte zu Putbus.* Er ließ es 1835/46 vom Berliner Architekten *Steinmeyer* unter maßgeblicher Mitwirkung von *K. F. Schinkel* errichten. Die ehemalige Innenausstattung – Waffen, Gemälde, Marmorskulpturen und andere Kostbarkeiten – wurde 1945 ausgelagert und ist seitdem verschollen oder zerstört. Das kleine, burgartige Schloss wurde in den letzten Jahren umfassend restauriert und saniert und als **Museum** wiedereröffnet, zu dem u.a. die Ausstellung „Hirsche der Welt" gehört, eine einmalige Sammlung aller Hirscharten der Welt.

Für die jährlich 300.000 Besucher ist jedoch der **Turm des Schlosses** der Hauptanziehungspunkt. Von ihm bietet sich ein überwältigender **Panoramablick** über ganz Rügen bis nach Stralsund und Greifswald. Auf den 38 m hohen Turm führt eine wunderschöne, 154 Stufen lange **Wendeltreppe.** Sie ist aus Gusseisen und filigran durchbrochen, was den Blick in die Tiefe freigibt und für nicht ganz Schwindelfreie ein gewisses Problem darstellt.

Wer mit dem Auto anreist, stellt seinen Wagen auf dem großen Parkplatz an der Straße von Serams nach Binz ab. Von hier steigt man durch die schattigen Bu-

> Nur für Schwindelfreie – die gusseiserne Wendeltreppe des Aussichtsturms im Jagdschloss Granitz

chenwälder zum Schloss hinauf. Vom Parkplatz aus besteht auch die Möglichkeit, sich von einem Pendelzug oder einer Pferdekutsche zum Jagdschloss bringen zu lassen.

Am besten reist man aber gleich mit dem „Rasenden Roland" an. Am Fuß des Tempelbergs liegen die Stationen Jagdschloss und Garftitz, von denen man zum Schloss hinaufspazieren kann.

■ **Jagdschloss Granitz,** Tel. (038393) 22 63, www.granitz-jagdschloss.de, Mai–Sept. täglich 9–18 Uhr, Okt.–April Di–So 10–16 Uhr.

Gastronomie

■ **Alte Brennerei,** im Jagdschloss, Tel. (038393) 3 28 72, www.alte-brennerei.com. Ritterlich-rustikales Gewölbe mit ebensolcher Speise- und Getränkekarte. Zu Landsknechtbroten, Bärentatzen oder Weltumseglers Schlemmertopf wird herber Gersten- und edler Rebensaft gereicht.

Seebad Sellin

Sellin ist der zweite traditionsreiche Badeort der Granitz neben Binz. Der Name *Sellin* hat slawische Wurzeln und bedeutet soviel wie „grüner Ort", und der ist Sellin auch heute noch. Es liegt, von den dicht bewaldeten Höhenzügen der Granitz gegen kühle Winde geschützt, auf einer schmalen Landzunge zwischen der

▷ Nach historischem Vorbild wieder auferstanden – die Seebrücke Sellin

Ostsee und dem Selliner See. Zu Sellin gehören die Ortsteile Altensien, Neuensien, Moritzdorf und Seedorf.

Repräsentative **alte Villen und Logierhäuser** im Bäderstil zeugen von den Besuchen betuchter Kurgäste. Auch das aus dem Wald über der <mark>Steilküste</mark> wie ein Wahrzeichen herausragende **Cliff-Hotel** wurde nicht für den Arbeiter und Bauern errichtet. Hier logierten einst streng abgeschirmt vom Volke diejenigen, die ununterbrochen die klassenlose Gesellschaft im Munde führten, die Politprominenz der SED.

Das Seebad Sellin ist ruhiger und beschaulicher als das benachbarte Binz. Seine Flaniermeile ist die von zahlreichen zauberhaften alten Villen gesäumte Wilhelmstraße. Der breite Boulevard führt pfeilgerade und schnurstracks bis zum Steilufer, wo die **Himmelsleiter,** eine steile und 99 Stufen lange Freitreppe hinab zum Hauptstrand führt. Neben der Treppe steht ein Aufzug zur Verfügung. Der Strand besitzt nun wieder seine alte, bildschöne ==Seebrücke,== die dem historischen, 508 m langen und 1942 vom Eis zerstörten Vorbild mit Palmengarten, Kaiserpavillon und Balticsaal originalgetreu nachempfunden wurde.

Neueste Vergnüglichkeit ist die **Tauchgondel** an der Seebrücke, mittels der auch der Wasserscheueste trockenen Fußes zum Meeresgrund fahren kann.

Leider weniger gelungen als die Seebrücke ist der **Seepark Sellin,** ein großes Ferienwohnungsareal in einer Art postmodernem Bäderstil, den man auf der Boddenseite aus dem Boden gestampft hat. Beim Seepark liegt eine weitere Attraktion Sellins, das **Inselparadies,** ein Erlebnisbad mit 600 m² Wasserfläche drinnen und draußen.

Having

Auch die an der Having, einer tief ins Land drängenden Bucht im Rügischen Bodden, liegenden Ortsteile ==Seedorf== und ==Moritzdorf== sind besonders schöne Ausflugsziele. Von dort hat man eine betörend schöne Aussicht über die Meeresbucht auf das Reddevitzer Höft. Zu den stillen und romantischen Dörfchen gelangt man am besten per pedes oder Fahrrad am Ufer des Selliner Sees entlang. In beiden erwarten einen empfehlenswerte Restaurants.

Praktische Tipps

Info

■ **Vorwahl:** 038303

■ **Kurverwaltung,** Warmbadstr. 4, 18586 Sellin, Tel. 1 60, Fax 1 62 00, www.ostseebad-sellin.de, Mai–Sept. Mo–Fr 8.30–18 Uhr, Sa/So 10–18 Uhr, Okt. Mo–Fr 8.30–17 Uhr, Sa 10–14 Uhr, Nov.–April Mo–Fr 8.30–16.30 Uhr, Sa 10–14 Uhr.

Unterkunft

■ **Hotel Moritzdorf,** Dorfstr. 15, OT Moritzdorf, Tel. 1 86, Fax 1 87 40, www.hotel-moritzdorf.de. Kleines, rohrgedecktes Hotel in einmalig stiller und schöner Lage an der Having, im Restaurant mit Terrasse traditionelle regionale Küche; Ü/F NS 27–40 €, HS 43–67 €.

■ **Pension Ingeborg,** Wilhelmstr. 18, Tel. 8 72 91, Fax 9 56 40, www.pensioningeborg.de. Wunderschöne alte Villa, Ü/F NS 27–35 €, HS 42–45 €.

■ **Pension Tatjana,** Wilhelmstr. 28, Tel. 14 50, Fax 8 56 93, www.pension-tatjana.de. Russland auf Rügen; selbstgemachte original russische Speisen, Gebäck und Getränke, Teestube und Sauna, betrieben von einer entzückenden russischen Dame; Ü/F NS 28–38 €, HS 33–39 €.

■ **Haus Borussia,** Wilhelmstr. 37, Tel. 13 51 35, Fax 13 51 00, www.ruegen-und-meer.de. Villa im Bäderstil mit einfacher Ausstattung mit Etagendusche, dafür sehr günstige Preise; Zimmer mit Kochnische, Gästeterrasse, Gruppenräumen, Sauna, 3 Minuten zum Strand; Ü ab 18 €, Frühstück 7,50 €, Ferienwohnungen ab 36 €/Tag.

■**Pension Seeblick,** OT Neuensien, Tel. 8 65 97, Fax 8 72 54, www.ferienpension-seeblick.de. Idyllisch direkt am Ufer des Neuensiener Sees gelegenes Rohrdachhaus in Alleinlage mit eigenem Ministrand und Café, Ü/F NS 27–36 €, HS 37–41 €.

■**JH Sellin,** Kiefernweg 4, Tel. 9 50 99, Fax 9 50 98; Ü/F inkl. Bettwäsche ab 23,50 €, im DZ ab 33,80 €.

Gastronomie

■**Moritzburg,** im OT Moritzdorf, Tel. 9 58 84, www.moritzburg-ruegen.de. Ausflugsrestaurant, Terrasse mit großartiger Aussicht über das Mönchgut.

■**Fischerhütte,** im OT Moritzdorf, Tel. 0173 7 22 11 78, www.fischerhütte-moritzdorf.de. Gepflegte Atmosphäre im Fischerambiente, gute Küche.

■**Binnen & Buten,** OT Seedorf, Tel. 8 74 36, www.bub-seedorf.de. Direkt am Fischerhafen.

Aktivitäten

■**Mühlenpark Altensien:** Jeden Donnerstag und Freitag wirft Müllermeister *Ehrke* im **Mühlenpark von Altensien** seine nach historischem Vorbild originalgetreu rekonstruierte kleine Bockwindmühle in Altensien an, um (bei geeignetem Wind) Korn zu Mehl zu mahlen, und daraus nach alten pommerschen Rezepten im Holzofenhäuschen köstliches Brot zu backen. Das duftende Brot kann man, mit Schmalz bestrichen, gleich in der Mühle genießen. Auch Eintopf, Kaffee und frische Streusselschnecken sind im Angebot. Die besondere Leckerei sind „Mühlenzungen" mit Schmand und Speck gebacken. Dazu trägt der Ortschronist Herr *Parchow* Geschichten und Anekdoten vor. Anfang Juni wird regelmäßig das große Mühlenfest gefeiert, Mai–Sept. Do und Fr ab 14 Uhr.

■**Fahrradverleih:** *Fahrradverleih Rehnig,* Granitzer Straße 45, Tel. 9 55 77.

■**Bernstein Museum,** Granitzer Str. 34, Tel. 8 72 79, www.bub-seedorf.de, Mo–Fr 10–12 und 14–17 Uhr, Sa 10–12 Uhr.

■**Kinder- und Jugendfreizeitzentrum:** Siedlung am Wald, Tel. 8 60 35. Billard, Tennis, Computer, Basteln, Modelleisenbahn, Feste u.a., Mo–Sa 13.30–19.15 Uhr.

■**Wasserrutsche:** am Südstrand

■**Tauchgondel,** Seebrücke 2, Tel. 92 77, www.tauchgondel.de. Täglich Juni–Aug. 10–21 Uhr, Mai, Sept., Okt. 10–18 Uhr, Nov.–April Mi–So 11–16 Uhr, 30–40 Minuten.

■**Badelandschaft:** *Inselparadies,* Badstraße 1, Tel. 12 30, www.inselparadies.de. Weitläufige Bade-, Sauna- und Wellnesslandschaft, Mai–Okt täglich 9–22 Uhr, Nov.–April täglich 10–22 Uhr.

■**Reiten:** *Green Valley Ranch,* im OT Altensien, Tel. 8 79 39.

■**Bowling:** *Bowlingcenter Woge,* Ostbahnstraße 21, Tel. 78 51 70.

■**Bootsverleih:** Ruderboote am Bollwerk Sellin, Tretboote/Kajaks am Südstrand.

Kunst und Kunsthandwerk

■**Zum Katen,** Granitzer Str. 11, Tel. 8 66 89. Mit Bernstein- und Keramikwerkstatt.

■**Galerie Hartwich,** Schulstr. 5, Tel. 8 67 25, www.galerie-hartwich.de. Überregional bekannte Künstler im alten Feuerwehrhaus.

SEEBAD BINZ

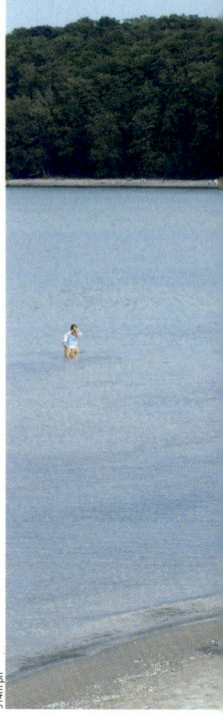

Unangefochtene Königin der Seebäder Rügens ist das Seebad Binz, das
in den 1920er Jahren gar als „Sorrent"
oder „Nizza des Nordens" gerühmt wurde. Heute betrachtet man die Kurprome-
nade als „verlängerten Ku'damm mit ita-
lienischem Flair", was dem Autor nach
gründlicher Inaugenscheinnahme doch
etwas zu hoch gegriffen scheint.

Überblick

Dass Binz der mit Abstand **meistbe-
suchte Urlaubsort auf Rügen** ist, ist un-
bestreitbar und kommt nicht von ungefähr. Vor Westwinden geschützt, liegt
Rügens Rimini touristisch ideal zwischen der Ostsee, dem Schmachter See,
den Wäldern der Granitz und der
Schmalen Heide mit ihrem endlosen,
breiten Sandstrand. Verantwortlich für
den Aufstieg der kleinen Fischersiedlung
Byntze zum mondänen Seebad ist wiederum unser alter Bekannter Fürst *Malte
zu Putbus*. 1830 ließ er am Strand die
ersten Badekarren aufstellen und ver-
mietete sie. Das gute Geschäft, das sich
damit machen ließ, erkannten auch die
Berliner Bankiers *Friedländer* und *Som-
merfeld,* die 1888 die *Actiengesellschaft
Ostseebad Binz* gründeten, welche im
großen Maßstab Hotels, Villen und Pensionen bauen ließ.

Die Zahl der Badegäste stieg in demselben atemlosen Tempo, wie neue Hotels und Pensionen aus dem Boden schossen. Fanden sich 1880 gerade 140 Gäste ein, waren es 1890 bereits 3300. Im Jahre 1900 kletterte die Besucherzahl auf

Binz italophil – allabendliche Strandpassegiata

Seebad Binz

Übernachtung
3 Hotel Villa Salve
6 Jugendherberge Binz
8 Hotel Im Schwedischen Hof
10 Hotel Kurhaus Binz
11 Hotel Villa Meeresgruß
13 Pension Villa Seefrieden
14 Pension Villa Sola Bona

Essen und Trinken
5 Restaurant Königsstuhl,
  Rugards Gourmet
7 Poseidon
9 Ristorante Mamma Rosa
15 Strandhalle
16 Fischräucherei Kuse

Aktivitäten
1 Fahrradverleih
  Deutschmann
2 Wanderreiten
  Friesen
  auf Rügen
4 Erlebnisbad
  Vitamar
12 Kid's Club
   Binz

10.000, um sich in den folgenden Jahrzehnte weiter zu vervielfachen, bis 2009 schließlich 2,3 Millionen Gäste gezählt wurden. Aus der elitären Sommerfrische wurde ein massentouristisches Familienbad, eine Entwicklung, die nicht bei jedermann auf Gegenliebe stieß.

„Freigelassne Bäuche und Popos / stehn und liegen kreuz und quer im Sande. / Dicke Tanten senken die Trikots und sehn aus wie Quallen auf dem Lande", mokiert sich *Erich Kästner* in seinem köstlichen Gedicht „Selbstmord im Familienbad" über das Getümmel. „Wütend stürzt man über tausend Leiber, / bis ans Meer, und dann sogar hinein / doch auch hier sind dicke Herrn und Weiber. / Fett schwimmt oben. Muss denn das so sein?" Doch keine Bange: Im schmucken Seebad Binz tummeln

Seebad Binz

Auch für das **After-Beach-Vergnügen** hat Binz eine besonders breite Palette von Möglichkeiten. Zahlreiche Geschäfte und Boutiquen, Restaurants, Cafés und Bars beleben das Seebad. Ausnehmend gut und tatsächlich fast italienisch lässt sich's auf der schönen, 3,5 km langen Strandpromenade flanieren, die an der Seebrücke und dem **historischen Kurhaus** beginnt.

Ein ausgedehnter Bummel durch den Ort führt vorbei an zahlreichen Beispielen der **Bäderarchitektur** der vorigen Jahrhundertwende mit filigran geschnitzten Holzveranden, Wintergärten, Türmchen und Erkern.

Am Ufer des malerischen Schmachter Sees entstand der Park der Sinne. Auf dem Gelände warten zahlreiche Attraktionen wie Rosen-, Irr- und Duftgarten, Aussichtsturm, Grillplatz und Teehäuschen, ein Spielplatz zum Thema Wasser, einladende Seeterrassen und vieles mehr.

Praktische Tipps

Info

■ **Vorwahl:** 038393
■ **Kurverwaltung,** 18609 Binz, Heinrich-Heine-Str. 7, Tel. 14 81 48, Fax 14 81 45, www.ostseebad-binz.de, Febr.–Okt. Mo–Fr 9–18 Uhr, Sa/So 10–18 Uhr, Nov.–Jan. Mo–Fr 9–16 Uhr, Sa/So 10–16 Uhr.
■ **Fremdenverkehrsverein,** Zimmervermittlung, Paulstr. 2, Tel. 66 57 40, Fax 66 57 50, www.gastgeber-binz.de, Mai–Sept. Mo–Fr 9–18 Uhr, Sa 12–18 Uhr, So 12–16 Uhr, April/Okt. Mo–Fr 9–17 Uhr, Nov.–Febr. Mo–Fr 10–16 Uhr.

sich ebenso durchtrainierte „Adonisse" und äußerst knapp bedeckte Bikinischönheiten.

Die Attraktion von Binz ist sein bilderbuchartiger **Strand,** der sich Kilometer um Kilometer über die Schmale Heide bis nach Mukran auf Jasmund hinzieht. Ein absolutes Badeparadies, das alles bietet, was ein erfülltes Strandleben braucht.

Deutsche Badekultur – vom Badekarren zum FKK-Strand

Das **erste deutsche Seebad** wurde **1793** unter Herzog Friedrich Franz I. an der mecklenburgischen Küste in Heiligendamm bei **Bad Doberan** eröffnet. Gedacht war es als ein Heilbad, angeregt durch den Rostocker Mediziner *Dr. Samuel Vogel* und den bekannten deutschen Arzt *Christoph Wilhelm Hufeland*. Der mecklenburgische Herzog hatte allerdings mehr ein repräsentatives Bad zum Vergnügen der Fürsten und Adelskreise im Sinn. So war denn beim damaligen Badebetrieb das Baden selbst nur Nebensache. Im Mittelpunkt standen Vergnügungen, Spiel und Zeitvertreib für die exklusivsten Kreise der herrschenden Schicht.

Etwa ab der Mitte des 19. Jh. entstanden entlang der Ostseeküste und auf Rügen und Usedom in schneller Folge weitere Seebäder. In vielen Küstendörfern wurden Fischerei und Landwirtschaft allmählich zum Nebenerwerb, und man lebte mehr und mehr vom **Fremdenverkehr.** Zu den Sommergästen, wie die Einheimischen die Besucher der Badeorte nannten, zählten jetzt vor allem die Schichten des **gehobenen Bürgertums:** Kaufleute, Bankbeamte, Fabrik- und Gutsbesitzer, Kommerzien- und Geheimräte.

Der Badebetrieb gestaltete sich damals freilich gänzlich anders als heute. **Herren- und Damenbad** waren räumlich weit voneinander getrennt und mit Bretterwänden gegen fremde Blicke abgeschirmt. Den männlichen Badegästen war das Betreten von Wegen, die am Damenbad entlangführten, streng verboten.

Vielerorts wurden auch **Badekarren** benutzt, über die es in einem zeitgenössischen Bericht heißt: „Auf einer kleinen Treppe steigt der Entkleidete ins Bad – und auch die züchtigste der Frauen darf sich nicht scheuen, sich brav sol-

chen Badekarrens beim Bade zu bedienen, denn außer, dass solcher an den Seiten bekleidet ist, auch die Eingangstür verschlossen werden kann, ist dafür gesorgt, dass durch einen seewärts niederzulassenden Vorhang der Badende sich dem Blicke jedes Lauschenden gänzlich entziehen kann."

Zu Beginn des 20. Jh. wurde das erste Familienbad eingerichtet. Aber auch hier herrschte eine strenge Kleiderordnung, Einzelpersonen war der Zutritt untersagt und das Mitbringen von „Ferngläsern und photographischen Apparaten" verboten.

Doch bereits zur gleichen Zeit entwickelte sich auch eine im wörtlichsten Sinne **freiere Bade- und Körperkultur;** allerdings nicht an der Küste, sondern in der meerfernen Großstadt Berlin. 1905 wurde dort die „Deutsche Luftbadegesellschaft" gegründet, der erste Nacktbadeverein, und in den Schrebergärten von Neukölln verborgen entstand der erste Nacktsportplatz. Leiter und damit Vater der Freikörperkultur war *Fedor Fuchs,* der bald ein Wald- und Heidegelände an einem kleinen Baggersee außerhalb der Stadt erwarb, aus dem das bekannte **Freisonnland** hervorging.

Dass die Bewegung der Freikörperkultur gerade in der Großstadt Berlin ihren Anfang nahm, erklärt sich dadurch, dass eben in diesem Häusermeer mit seinem Mangel an frischer Luft und Sonne das Bedürfnis danach naturgemäß am größten war. Außerdem war Berlin damals eine fortschrittliche und weltoffene Metropole voller Reformer und neuer Ideen. Als die Zahl der FKK-Anhänger in Freisonnland wuchs, kam es zu einem Exodus. 1920 wurde eine Sanddüne am Motzener See entdeckt, ein ideales Sonnenparadies, das den Namen Neusonnland erhielt und

313th ph

als drittes Nacktkulturgelände in die FKK-Geschichte einging. Wenige Jahre später entstand auf einer daran angrenzenden Heidefläche das Gelände Birkenheide und im Kiefernwald daneben später das FKK-Gelände Jungborn.

In den verschiedenen Bünden, Vereinigungen und Arbeitskreisen der Freikörperkultur waren recht unterschiedliche Menschen und Gruppen vereinigt. Gemeinsam war ihnen jedoch allen das Streben nach einer der **Natur angepassten Lebensweise,** mit Gymnastik, rhythmischen Übungen, Ballspielen und kameradschaftlichem Gemeinschaftserlebnis. Alkoholische Getränke, Tabakgenuss, Kartenspiel, Lärm und Rohheit waren verpönt.

Die Sturmbraut z.B., deren Name auf einen Romantitel zurückgeht, war eine Vereinigung, die sich zwanglos auf den oben genannten FKK-Geländen zusammengefunden hatte und Wochenendfahrten zu den märkischen Seen unternahm. Sie trug den Beinamen Arbeitskreis

rhythmussuchender Menschen und betrachtete sich als eine Gruppe, die in geistiger Arbeit und praktischer Ausübung versuchte, Rhythmus im Leben, in der Natur und in der kameradschaftlichen Freundschaft zu finden.

In der überaus **kleinbürgerlichen DDR** entwickelte sich eine ausgesprochen **breite Nacktbadekultur.** Anfänglich versuchte die prüde Partei, dieses Treiben zu unterbinden, musste jedoch schnell die Erfolglosigkeit ihrer Bemühungen einsehen. Nicht zuletzt, weil das Nacktbaden eine Möglichkeit des stillen Protestes gegen die Führung und eine der wenigen Möglichkeiten für die eingesperrten Bewohner war, sich frei zu fühlen, hat das Baden ohne alles breite Schichten erfasst und sich an allen Ufern im Osten Deutschlands **flächendeckend etabliert.** Daran haben auch Wiedervereinigung und verklemmte Wessis nichts geändert und werden dies hoffentlich auch in Zukunft nicht tun.

Unterkunft

■**Hotel Kurhaus Binz,** Strandpromenade 27, Tel. 66 50, Fax 66 55 55, www.travelcharme.com/ho tels/kurhaus-binz. Mit 5-Sterne superior das erste Haus am Platze im traditionsreichen, bildschön und aufwendig restaurierten Kurhaus direkt gegenüber der Seebrücke. Hochkarätige Ausstattung und Service von Wellnessbereich über Gastronomie bis Kultur im liebevoll restaurierten historischen Kursaal, Ü/F 84–167 €.

■**Hotel Villa Salve,** Strandpromenade 41, Tel. 22 23, Fax 1 36 29, www.ruegen-schewe.de. Exklusive Herberge in restaurierter Jugendstilvilla, exzellente Küche und hippe Cocktailbar; Ü/F NS 35–70 €, HS 60–80 €.

■**Hotel Im Schwedischen Hof,** Sonnenstr. 1, Tel. 25 49, Fax 3 23 15, www.im-schwedischen-hof.de. Kleines, von einer Malerin geführtes Komforthotel mit Galerie-Café, 2009 modernisiert und neu ausgestattet, von der Chefin geleitete Malkurse; Ü/F NS 30–45 €, HS 50–65 €.

■**Hotel Villa Meeresgruß,** Margarethenstr. 19, Tel. 38 20, Fax 3 82 40, www.villa-meeresgruss.de. Bildschöne Villa im Bäderstil; Ü/F NS 22–35 €, HS 38–55 €.

■**Pension Villa Seefrieden,** Schmachtersee Str. 4, Tel. 3 23 10, Fax 3 23 11, www.villaseefrieden.de. Idyllisch am Schmachter See gelegen, 5 Min. zum Strand; Ü/F NS 27,50–32,50 €, HS 42,50–50 €.

■**Pension Villa Sola Bona,** Bahnhofstr. 34, Tel./Fax 3 06 19, für Binzer Verhältnisse sehr preiswerte Unterkunft, Ü/F NS ab 34 €, HS ab 38 €.

■**JH Binz,** Strandpromenade 35, Tel. 3 25 97, Fax 3 25 96, http://binz.jugendherbergen-mv.de, Ü/F inkl. Bettwäsche ab 21,90 €, im DZ ab 26,90 €.

Gastronomie

■**Poseidon,** Lottumstr. 1, Tel. 26 69. Sehr beliebtes, weil ebenso gutes Fisch- und Wildspezialitätenrestaurant in alter Villa, in der HS Tisch reservieren.

■**Restaurant Königsstuhl,** Strandpromenade 62, Tel. 5 60. Panorama-Restaurant unter Glas im 6. Stock des Rugard Strandhotels mit exklusivem Traumblick aufs Meer, der bei gutem Wetter bis zu den Kreidefelsen reicht. Im 5. Stock ist das elegante Gourmet-Restaurant **Rugards Gourmet** mit qualitativ und preislich gehobenem Angebot.

■**Strandhalle,** Strandpromenade 5, Tel. 3 15 64, www.strandhalle-binz.de. Leckere Fischgerichte im bezaubernden Ambiente der Jahrhundertwende. Das Motto von „cheffe" *Toni:* „Feinbürgerliche Küche mit großbürgerlichen Portionen zu kleinbürgerlichen Preisen".

■**Ristorante Mamma Rosa,** Wylichstr. 13, Tel. 66 38 86. Angenehmes italienisches Restaurant mit für Binz zivilen Preisen.

■**Fischräucherei Kuse,** Fischerstrand, Tel. 29 70 Eine Institution in Binz. Die Fischerfamilie *Kuse* offeriert seit nunmehr vier Generationen täglich ab 9 Uhr leckeren Fisch frisch und geräuchert zum anständigen Preis.

Aktivitäten

■**Museum Ostseebad Binz,** Bahnhofstraße 54 (im Kleinbahnhof), Tel. 12 97 93, April–Okt. täglich 10–17 Uhr, Nov.–März Di–So 10–16 Uhr.

■**Fahrradverleih:** *Zweiradhaus Deutschmann,* Dollahner Str. 17 (am Bhf.), Tel. 3 24 20, www.zwei rad-deutschmann.de.

■**Erlebnisbad:** *Vitamar,* Strandpromenade 74, Tel. 9 20 70, 1500 m² große Wasserlandschaft mit Palmen, 46-m-Wasserrutsche, Wildwasser-, Strömungskanal, Wasserfall, Erlebnisgrotten, Babymulde, Rutschhügel, Saunalandschaft, Poolbar.

■**Segeln/Surfen:** *Rügener Segel- und Surfschulen,* Tel. 0179 5 30 39 33.

■**Schiffsausflüge:** von der Seebrücke aus Rügenrundfahrt, Kreidefelsen, Usedom und Bornholm u.a.

■**Wanderreiten:** *Friesen auf Rügen,* Dünenstraße 64 a, Tel. 0173 4 22 93 01, www.ruegen-wanderrei

Wanderrouten ab Binz

Schmachter See

Der **Rundwanderweg** führt wegen des beantragten Schutz-Status' weiträumig um den See herum. Er verläuft vom Einfluss der Ahlbeck in Richtung Heizwerk, dann weiter zum Dörfchen Schmacht und schließlich nach Pantow. Man folgt der Straße Richtung Serams, geht dort durch das Dorf und auf dem alten Feldweg in Richtung Binz. Am Granitz-Hof angelangt, führt der Weg entlang der Gartenanlage in Richtung Kleinbahn, weiter zum Potenberg und wieder zum Schmachter See.

Hochuferweg

Besonders reizvoll ist auch eine Wanderung am Hochufer entlang zum **Nachbarort Sellin.** Der malerische, allerdings teilweise beschwerliche Fußweg (weiß-gelb-weiße Markierung) führt am Ende von Promenade und Strand am **Silvitzer Ort** eine steile Treppe hinauf zum Aussichtspunkt Kieköver. Als nächstes erreicht man den **Granitzer Ort,** der ebenfalls herrliche Aussichten bietet. Über **Schanzenort** und **Falkenberg** erreicht man nach gut 6 km Sellin. Zurück über den Nordweg oder mit dem „Rasenden Roland".

Nordweg

Unbeschwerlich und deshalb für Jung und Alt geeignet ist der Nordweg (gelbe Markierung). Er beginnt am Parkplatz Klünderberg. Vorbei an einer Schutzhütte oberhalb der Piratenschlucht führt er durch einen herrlichen Laubwald zum **Hochmoor Große Wiese** und weiter zur nächsten Schutzhütte Kreuzeiche. Etwas abseits des Weges liegt der **Schwarze See.** Der kurze Abstecher dorthin ist sehr lohnenswert. Auf dem dunklen, stillen Waldsee blühen, silbernen Sterntalern gleich, Teichrosen, im flachsfarbenen Schilfgürtel quaken die Frösche. Rings um den Märchensee wuchert üppiger Farn. Vorbei am Falkenberg (Abstecher, gute Aussicht) geht es bis zum Endpunkt an der Kirche von Sellin. Die einfache Strecke ist ca. 7 km lang. Zurück kann man mit dem „Rasenden Roland" fahren.

ten.de. 3½ oder 8-Tages-Wanderritte auch mit eigenem Pferd.

■ **Jagdschlossexpress,** Minibahn im ca. Stundentakt, ab Seebrückenvorplatz zum Jagdschloss Granitz, Tel. 3 38 80, www.jagdschlossexpress.de, Dauer hin ca. 40 Min., zurück 20 Min., Erwachsene 7,50 €, Kinder 4 €.

■ **Varieté:** Varieté Boddenbarsch, im Kurhaus-Saal, Tel. 66 55 23 (0,29 € pro Anruf), Juni–Aug. und Weihnachten bis Neujahr.

■ **Kid's Club Binz,** Zeppelinstr. 7, Tel. 5 04 17, www.kids-club-binz.de, tägl. 9–22 Uhr. Kreative Beschäftigung unter pädagogischer Betreuung vom Turnen, Bogenschießen, Bobby-Car fahren, Rollschuhlaufen, Kindertheater oder Mini-Legoland bis zu Kinderkochkursen alles was Kids von 3–13 Spaß macht.

Kunsthandwerk

■ **Glasbläserei:** Schillerstr. 11, Tel. 3 14 95, www.glasblaeserei-malente.de, April–Sept. Mo–Sa 9–13 und 14–19 Uhr, So 10–17 Uhr, Okt.–März Mo–Sa 10–13 und 14–18 Uhr, Sa 10–13 Uhr.

■ **Fotografie/Malerei:** *Galerie Robert Denier,* Strandpromenade 29, Tel. 14 74, www.robert-denier.de.

■ **Keramik:** *Narrenkeramik,* Margaretenstr. 22, Tel. 3 37 26, www.narrenkeramik.de.

SCHMALE HEIDE

Seine Attraktivität als Seebad hat Binz vor allem der Schmalen Heide zu verdanken. Die **Nehrung,** die die Granitz mit Jasmund verbindet, entstand im Laufe der Jahrtausende durch Anschwemmungen feinsten Sandes, die den Kleinen Jasmunder Bodden von der Ostsee abtrennten.

Die so entstandene Landbrücke ist das **Badeparadies** schlechthin. Entlang ihrer gesamten, **10 km langen Außenküste** zieht sich ein durchgehender, breiter, feiner, weißer Sandstrand, wie er schöner kaum sein könnte. Dem Strand schließt sich landeinwärts ein breiter **Dünengürtel** mit Kuhlen und Sandverwehungen an, die bei Wind geschützte Kuschelnester zum Sonnenbaden abgeben. Unmittelbar hinter dem Dünenwall folgt dann ein Streifen lichter **Kiefernwald.**

Doch das Strandparadies hat mehr als nur bilderbuchschönen Badestrand. Auf ihm verbergen sich gleich zwei herausragende Einzigartigkeiten, wie es sie sonst nirgends im Lande noch einmal gibt: **Prora,** das längste Gebäude Europas, und das Naturphänomen **Feuersteinfelder.**

Prora

Eine Begegnung der anderen Art ist Prora, das längste Haus Europas. Von der Straße über die Schmale Heide aus nicht zu sehen und trotz seiner gigantischen Ausmaße eher schwierig aufzufinden, versteckt sich das **Kolossalgebäude** im

Kiefernwald. Sagenhafte **4,5 km lang**
zieht es sich parallel zum Strand über die
Nehrung.

Bis 1936 war Prora nur eine bewaldete
Anhöhe desselben Namens. Dann kam
die nationalsozialistische Massenorgani-
sation **Kraft durch Freude** und wollte
hier den Prototyp einer **Ferienanlage
für 20.000 Volksgenossen** errichten, wie
sie einmal baugleich auch an anderen
Orten im Deutschen Reich entstehen
sollte. Das lindwurmartige Hausmons-

⌂ Rügens Badeparadies ist 10 km lang –
der Strand der Schmalen Heide

HIGHLIGHTS

➥ Auf dem spektakulären 1250 Meter
langen **Baumwipfelpfad**
die Aussicht genießen | 83

➥ Nazi-Größenwahn zum Anfassen –
das **ehemalige KdF-Seebad Prora**
ist mit 4,5 Kilometern das
längste Gebäude der Welt | 84

➥ Mit Spaß zur Erkenntnis – das
„verrückte Labor" der **Experimenta**
fordert ausdrücklich zum Anfassen
und Mitmachen auf | 85

➥ Das **Eisenbahn- und
Technikmuseum** mit seiner
eindrucksvollen Sammlung
historischer Großtechnik | 85

**Diese Tipps erkennt man im Buch an
der gelben Hinterlegung im Kapitel.**

Schmale Heide (Nordteil)

0 [————] 800 m   © Reise Know-How 2013

Sassnitz

96
E22
E251

Großer
Wostevitzer-
teich

Dubnitz

196b

Kleiner
Wostevitzer-
teich

Galgenberg

Staphel

Neu-
Mukran

Lietzow

Bakenberg

196a

Klaipeda (Litauen),
Bornholm (Dänemark),
Trelleborg (Schweden),
St. Petersburg (Russland)

P

K l e i n e r

J a s m u n d e r

B o d d e n

NATURSCHUTZ-
GEBIET
FEUERSTEIN-
FELDER

P r o r e r
W i e k

Strand

THIESSOW

2

Eisenbahn- und
Technikmuseum

Bahnhof
Prora Nord

Dokumentations-
zentrum Prora

Prora

Seilgarten

★ Experimenta

ehem. KdF
Gelände

KulturKunstStatt
Prora

Bahnhof
Prora-Ost

3

196a

Karow, Bergen

Binz

Übernachtung
1 Wohnmobilstellplatz
  Königslinie
2 Wohnmobil Oase
3 Jugendherberge und
  Jugendzeltplatz

ter, dessen gewaltige Ausmaße sich nur aus der Vogelperspektive wirklich erschließen, wurde jedoch nie fertiggestellt.

Eigentlich hatte sich *Wernher von Braun* die Schmale Heide als Standort für seine Raketenproduktion ausgeguckt, da man von hier weit über die offene See schießen konnte und die Nehrung völlig unbewohnt war. Doch die *KdF* war ihm wenige Tage zuvorgekommen und hatte das Gelände erworben. Daraufhin zog die so genannte Heeresversuchsstelle nach Peenemünde auf der Nachbarinsel Usedom.

Zu DDR-Zeiten wurden Teile des Komplexes von Prora als Kaserne genutzt und waren streng abgeschirmt. Seit der Wende und dem Abzug des Militärs ist die **Ratlosigkeit** groß, was mit dem Bau nun geschehen soll. Zahlreiche, teilweise skurrile Ideen und Konzepte für seine Nutzung wurden von den hilflosen Erben, dem Bundesvermögensamt, bereits diskutiert. Immer wieder wurden neue Beschlüsse verkündet, um dann nicht realisiert zu werden. 2005 wurde Block 3 von der Inselbogen GmbH ersteigert, die aus ihm eine 2-Sterne-Hotelanlage machen will und dafür den Museen „Museum zum Anfassen", „Wasserwelt", „Historisches Prora-Museum", „Planet DDR", der Grafikausstellung „Der zweite Blick" und dem sehr preiswerten One World Camp gekündigt hat.

Derzeit existiert noch das **Dokumentationszentrum Prora** im Zentrum der Anlage neben dem ehemaligen Theaterbau und die **KulturKunstStatt Prora.** Diese vereint das KdF-Museum, das NVA-Museum, das Rügen-Museum, die DDR-Motoradwelt sowie eine Bilderga-

lerie mit Werken von Rügerner Künstlern und wechselnde Technik-Ausstellungen unter einem Dach. In der 5. Etage bietet das *Wiener Kaffeehaus* Gelegenheit zur Pause.

■**Dokumentationszentrum Prora,** Objektstraße, Block 3/ Querriegel, Tel. (038393) 1 39 91, www.proradok.de; täglich März–Mai, Sept./Okt. täglich 10–18 Uhr, Juni–Aug. 9.30–19 Uhr, Nov.–Feb. 11–16 Uhr, Führungen (Dauer ca. 60 Min.) 11.45 und 14.30 Uhr.
■**KulturKunstStatt Prora,** Objektstr. Block 3/TH 2, Tel. (038393) 3 26 96, www.kulturkunststatt.de; Mai–Sept. täglich 9–19 Uhr, Okt.–April täglich 10–17 Uhr.

Wirklich spektakulär ist der neue 1250 Meter lange **Baumwipfelpfad** (Eröffnung Sommer 2013), der im Proraer Wald durch die Baumkronen führt und vom 82 Meter hohen Adlerhorst eine sensationelle Aussicht bietet.

Seilgarten Prora

Neben dem Parkplatz am Dokumentationszentrum Prora bietet der neu eröffnete Seilgarten großen und kleinen Tarzans (Kinder ab 8 Jahren) Gelegenheit, sich durch die Baumgipfel zu schwingen. In dem 40.000 m² großen Gelände bieten 13 Höhenparcours mit 80 Übungen abwechslungsreiche Kletterabenteuer über den Stranddünen. Für die ganz Kleinen steht ein schöner 100 m² großer Spielplatz mit Betreuung zur Verfügung.

■**Seilgarten Prora,** Objektstraße TH 52/Block 3, Tel. (03831) 3 56 94 73, www.seilgarten-prora.de; April/ Mai/Okt. Di–So 10–17 Uhr (in Ferien auch Mo), Juni/Sept. tägl. 10–18 Uhr, Juli/Aug. 10–19 Uhr.

Prora – der Koloss von Rügen

„Ich will, dass dem Arbeiter ein ausreichender Urlaub gewährt wird und dass alles geschieht, um ihm diesen Urlaub sowie seine übrige Freizeit zu einer wahren Erholung werden zu lassen. Ich wünsche das, denn nur mit einem Volk, das seine Nerven behält, kann man wahrhaft große Politik machen", so der Original-Wortlaut eines Führerbefehls. Die Organisation **Kraft durch Freude** (KdF) war nach der Zerschlagung der freien Gewerkschaften 1933 entstanden und gehörte zur Deutschen Arbeitsfront. Ideologische Zielsetzung war, die **Kontrolle über die Arbeiter auch während ihrer Freizeit** sicherzustellen. Ab sofort sollte jeder Volksgenosse seine freie Zeit lückenlos in der KdF-Gemeinschaft verbringen. Nur der Schlaf sollte noch als unkontrollierte Freizeit gewährt werden. Schnell stieg die KdF zum größten Reiseveranstalter der Welt auf, der allein von 1934 bis 1937 rund 7 Mio. Urlaubsreisen veranstaltete.

„Diese Anlage muss das Schönste werden, was man sich denken kann, und der schöpferischen Fantasie des Baukünstlers werden bei dieser Aufgabe keine Grenzen gesetzt", erklärte der KdF-Reichsleiter *Robert Ley* 1936. Im Juni 1935 wurde beschlossen, **fünf Seebäder** zu bauen, in denen jeweils 1,5 Mio. Menschen jährlich für zehn Tage Unterkunft finden können. Nach Prora sollten u.a. in Kolberg, am Timmendorfer Strand und in Ostpreußen **baugleiche Komplexe** errichtet werden.

Den Wettbewerb von 1936 gewann der von Hitler zum Professor ernannte Kölner Architekt *Clemens Klotz*. Sein Entwurf sah vor, parallel zur Küste in einem riesigen Kreisbogen ein **4,5 km langes, sechsgeschossiges Gebäude** zu errichten. Die Hauptfront sollten die Bettengebäude bilden, aufgeteilt in zwei jeweils 2 km lange

Abschnitte südlich und nördlich des zentralen 400.000 m² großen Festplatzes. Jeder Abschnitt untergliederte sich in vier Blöcke von je 500 m. Zwischen den Blöcken waren seeseitig vorgebaute Trakte vorgesehen, die Küchen, Speisesäle und Restaurants aufnehmen. Alle Zimmer sollten zum Meer hin angeordnet sein, 2,20 x 4,75 m groß und mit 2 Betten, 1 Kleiderschrank, 1 Tisch mit Stühlen, 1 Polsterliege und 1 Waschtisch ausgestattet. Außerdem waren eine Festhalle mit 20.000 Sitzplätzen geplant, ein 250 m hoher Turm mit Höhencafé, eine Schwimmhalle mit künstlichen Wellen, eine Großgarage für 3.000 Autos und vieles mehr. Zeitweise stand gar eine U-Bahn für den Transport der Besuchermassen zur Diskussion.

Akribisch wurde ausgerechnet, wie viel Strand jedem Volksgenossen einmal zur Verfügung stehen würde: „Der Strand ist 8 km lang und hat eine Tiefe von ungefähr 500 m. Jeder der (20.000 vorgesehenen) Badegäste hat also eine Strandfläche von 5 m² zur Verfügung". Angesichts der kolossalen Dimensionen regte sich vom benachbarten Seebad Binz **Widerstand gegen das proletarische Megabad.** Auch Kritik von Seiten der **Naturschützer** wurde laut, so dass sich der Völkische Beobachter gezwungen sah, zu erklären: „Völlig abwegig ist es, von ‚Hochhäusern an der Ostsee' zu sprechen." Das Projekt Prora fand gar internationale Anerkennung und wurde 1937 auf der Weltausstellung in Paris mit dem Grand Prix ausgezeichnet.

Am **2. Mai 1936** begann mit der Grundsteinlegung „die große Bauschlacht in der Prora". Mit einem gigantischen Aufwand an Mensch und Material, der ohne den soeben eröffneten Rügendamm so nicht möglich gewesen wäre, stampften die acht größten deutschen Bauunternehmen (darunter Hochtief, Dyckerhoff, Holzmann AG, Siemens) die Blöcke im Rekordtempo aus dem Sand der Schmalen Heide. Im Oktober 1938 war der erste Block im Rohbau fertig. Am **1.9.1939** wurden alle Arbeiten **abrupt beendet** und die Arbeiter samt Baugerät nach Peenemünde und an den Westwall verlegt.

Während des Krieges wurden die Rohbauten von russischen Zwangsarbeitern mit Dächern versehen und not**dürftig ausgebaut,** um Evakuierte, Ausgebombte und Flüchtlinge aus dem Osten darin unterzubringen.

1950 begann der **Neuaufbau** von Prora, das nun als militärische Anlage für **Rote Armee** und **Nationale Volksarmee** dienen sollte. Nach und nach wurde praktisch die gesamte Nehrung zum Sperrgebiet erklärt und die Straße von Binz nach Sassnitz gesperrt. Nach dem Abzug der Russen wurden die 15.000 Mann starke 8. Motorschützendivision und die einzige Fallschirmjägereinheit der DDR in Prora stationiert. Anfang der 1980er Jahre wurden zum Bau des Fährhafens Neu Mukran 800 zu einer Baubrigade zusammengefasste Wehrdienstverweigerer einquartiert.

Der Koloss wurde 1994 unter **Denkmalschutz** gestellt.

4 von 5 nutzbaren Blöcken à 550 m Länge wurden inzwischen verkauft. In Block 5 wurde 2011 eine **Jugendherberge** mit 400 Betten eröffnet. Block 1 und 2 werden von einer Investorengruppe zum Hotel und zu Eigentumswohnungen umgewandelt. Im Block 3 ist ein Jugendsport- und Ferienhotelkomplex geplant. 2009 haben die Bauarbeiten begonnen. Nach ihrem Abschluss werden in Prora rund 3000 neue Gästebetten zur Verfügung stehen.

Experimenta

Neu eröffnet hat das Experimenta – **Das „verrückte" Labor,** das Phänomene des täglichen Lebens und der Natur anschaulich demonstriert. Anfassen, Mitmachen und Ausprobieren ist ausdrücklich erwünscht!

■ **Experimenta,** Tel. (038393) 13 13 18, www.museum-zum-anfassen.de, April–Juni und Oktober täglich 10–17 Uhr, Juli/Aug.10–18 Uhr, Sept. und 18. Dez.–2. Jan. 10–16 Uhr.

Jugendherberge und Jugendzeltplatz Prora

Nachdem bereits vor einiger Zeit der dem DJH angegliederte Jugendzeltplatz Prora eröffnete, nahm im Juli 2011 die mit 400 Betten größte und längste Jugendherberge der Welt ihren Betrieb auf. Alle Zimmer haben Meerblick.

■ **JH Prora,** Mukraner Straße, Gebäude 15, 18609 Prora, Tel. (038393) 6 68 80, Fax 66 88 22, http://prora.jugendherbergen-mv.de. Ü/F ab 23,50 €. Geschlossen 24.12.–26.12.
■ **Jugendzeltplatz Prora,** Mukraner Str. 12, 18609 Prora, Tel. (038393) 13 38 80, Fax 13 39 95, http://jugendzeltplatz-prora.de. Großer Zeltplatz in Toplage direkt am Strand mit modernen Sanitäranlagen. April–Okt., Ü/F ab 13,90 €.

Eisenbahn und Technikmuseum

Spannend ist das Eisenbahn- und Technikmuseum Rügen, das beim Bahnhof

Prora zu finden ist. Auf 10.000 über-
dachten Quadratmetern und einem großen Freigelände ist eine eindrucksvolle
Sammlung alter Lokomotiven, Lastwa-
gen, Feuerwehrautos, Straßenbahnen
und anderen automobilen Großgeräts zu
bestaunen. Raritäten wie eine **Dampf-
schneeschleuder von 1930** werden Old-
timerfreunden das Herz höher schlagen
lassen.

■ **Eisenbahn- und Technikmuseum,** am Bahnhof, Tel. (038393) 23 66, www.etm-ruegen.de,
April–Okt. täglich 10–17 Uhr.

Praktische Tipps

Unterkunft

■ **Mobil-Camp Meier,** Proraer Chaussee, Tel.
(038393) 20 85, Fax 3 26 24, www.camping-meier-
ruegen.de. Windgeschützte Waldlichtung, Fahrradverleih, 800 m zum Strand, 1,5 km nach Binz,
April–Okt.
■ **Wohnmobil-Oase Rügen,** Proraer Chaussee
60, Tel. 01577 4 28 37 15, www.wohnmobilstell
platz-ruegen.de; 4 ha großer, 2009 eröffneter Platz
für ca. 90 WoMos. Hunde ausdrücklich willkommen.
Wenige Fußminuten zum Strand, gute Bus- und
Bahnanbindung nach Binz. Mit Kiosk, Radverleih,
WoMo/Nacht 10–13 €, Strom 0,55 €/kWh, Trinkwasser, Entsorgung, Dusche jeweils 1 €, April–Okt.

038eh ph

> Die Feuersteinfelder auf der Schmalen Heide

Naturschutzgebiet Feuersteinfelder

Am Nordende der Schmalen Heide liegt
das NSG Feuersteinfelder, ein in Europa
einzigartiges Naturphänomen. Auf einer Länge von 2 km und einer Breite von
400 m haben sich hier 14 hintereinander
liegende, parallel zur Küste verlaufende
Wälle aus Feuersteinknollen gebildet.
Die Entstehung der bis zu 1 m hohen
„Wellen" ist bis heute noch nicht wirklich
geklärt. Man vermutet jedoch, dass eine
Reihe schwerer Sturmfluten vor rund

4000 Jahren die Wälle aufgeschüttet haben. Zu dieser Zeit lag der Wasserspiegel der Ostsee etwa 1 bis 1,5 m über dem heutigen Stand, der Kleine Jasmunder Bodden war also eine Meeresbucht. Die Steinwälle kamen erst nach dem Absinken des Wassers zum Vorschein. 1840 wurde die kahle Nehrung mit Kiefernwald bepflanzt.

Seit 1935 steht das Gebiet unter Naturschutz und bildet zusammen mit dem Heidemoor und der Blomer Weide ein reizvolles unberührtes und wildreiches Refugium. Neben **Rot- und Schwarzwild** kann man auch auf **Mufflons** treffen, die in den 1970er Jahren hier ausgesetzt wurden, um das langsame Über-

wachsen des Steinmeeres zu verhindern. Vielerlei Vogelarten und Reptilien wie Schlingnatter und Kreuzotter fühlen sich hier wohl, ebenso seltene und geschützte Pflanzen wie Sonnentau, Knabenkraut oder Krähenbeere. Das Gebiet darf nur auf ausgewiesenen Wegen betreten werden, Hinweistafeln stehen auf dem Parkplatz am Nordende der Schmalen Heide.

Ein zweckdienlicher Hinweis: Im Sommer leben in dem teils sumpfigen Gebiet auch Heerscharen von **Moskitos.** Ohne ein wirksames Schutzmittel kapituliert so mancher vor den zudringlichen Plagegeistern und kehrt vorzeitig wieder um.

DAS MÖNCHGUT

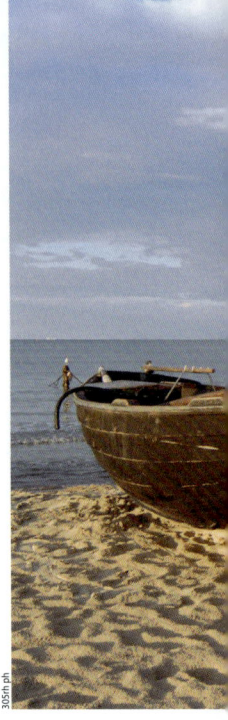

M ax Dreyer schrieb 1924 über das Mönchgut: „Nur ein Gestade gibt es auf der ganzen Welt, das diesem ähnlich ist, so zerklüftet, mit so wunderbar wechselnden weichen und scharfen gerissenen Linien, und eben solche Zwiesprache hält mit dem Himmelslicht: die griechische Küste." Der Landzipfel, der sich südlich der Granitz anschließt, ist in vielerlei Hinsicht eine besondere Region. Von ihren Ausmaßen eher klein – noch nicht einmal 30 km² ist sie groß – bietet die Halbinsel dennoch eine Fülle von natur- und kulturgeschichtlichen Sehenswürdigkeiten und Eigentümlichkeiten.

Überblick

Die **extrem zergliederte Küstenlinie** verleiht der niederschlagsärmsten Region Rügens ein ganz besonderes Gesicht. *Ferdinand von Schill,* der es 1842 besuchte, meinte voller Begeisterung, dass „auf den Höhen von Groß Zicker eine Seelandschaft sich darstellt, wie sie die gerühmtesten Küsten des südlichen Italien nicht haben".

Weit vorspringende Landzungen, tief ins Land reichende Boddenbuchten, sanft ansteigende holderbuschbestandene Höhenrücken, knapp über dem Meeresspiegel liegende Salzwiesen und sumpfige Schilffelder, kilometerlange weiße Sandstrände und schroffe Klippen verleihen der Mönchguter Landschaft ihr ganz besonderes Flair. Seine Regenarmut beschert ihm eine Vegetation, wie man sie sonst auf Rügen an keiner anderen Stelle findet. Ginsterheiden, Hutungen und anspruchslose, aber intensiv duftende Trockenrasenhügel sind vorherrschend.

So verschieden die Natur, so anders sind auch **Kultur und Brauchtum der Bewohner.** Dank seiner abgeschiedenen Lage konnten sich hier Eigenheiten herausbilden und länger lebendig bleiben als anderswo.

Ein malerisches Motiv –
Fischerboote am Strand von Baabe

HIGHLIGHTS

➡ Im **Schulmuseum von Middelhagen** eine historische Schulstunde erleben | 99

➡ An der äußersten Spitze des **Reddevitzer Hövts** in die Gaststätte „Having-Hof" einkehren | 101

➡ Sich am **endlosen Sandstrand** zwischen Lobbe und Thiessow hüllenlos von den Ostseewellen umspülen lassen | 103

➡ Streifzug über die Heidelandschaft der **„Zicker Alpen"** mit Rast auf dem 66 m hohen Bakenberg | 104

➡ Rundgang durch das romantische Bilderbuchdorf **Groß Zicker** mit **Pfarrwitwenhaus** und seinem blühenden Bauerngarten | 104–105

Diese Tipps erkennt man im Buch an der gelben Hinterlegung im Kapitel.

Mönchgut

0 ———— 1 km   © Reise Know-How 2013

Seedorf

Seebad Baabe

B196

Nordperd

Neu Reddevitz

Having

Alt Reddevitz

Middelhagen

Seebad Göhren

Größer Lobber See

REDDEVITZER HÖFT

Hagensche Wiek

Lobbe

O S T S E E

Gager

ZICKERSCHES

Bakenberg ▲ *66 m*

Groß Zicker

HÖFT

Klein Zicker

Greifswalder Bodden

Seebad Thiessow

Südperd

Endhaken

Gefördert wurde die Andersartigkeit des Mönchguts durch den Umstand, dass es jahrhundertelang **klösterlicher Besitz** war – daher der Name – und die Mönche den Verkehr mit der „Außenwelt" auf das Notwendigste reduzierten. 1252 hatte der Rügenfürst *Jaromar II.* das Reddevitzer Land für 30 Mark an das Kloster Eldena bei Greifswald verkauft. Bis 1360 konnte der Zisterzienserorden nach und nach den ganzen Landzipfel erwerben. Die Grenze zu Reddevitz

gen bildete der **Mönchgraben,** der an der schmalen Landbrücke zwischen Sellin und Baabe die Ostsee mit dem **Selliner See** verbindet. Der alte Mönchgraben ist in Teilen noch heute zu sehen. Kurz vorm Bahnhof Baabe zieht er sich als Sumpfgraben mit baumbestandenem Wall zum Bodden hin und wird durch ein großes, die Straße überspannendes hölzernes Eingangstor markiert.

Die **Ordensregeln** schränkten die Kontakte nach außen stark ein. Handel mit den anderen Teilen Rügens durfte nur mit ausdrücklicher Genehmigung des Klosters getrieben werden. Der Zuzug Fremder wurde nach Möglichkeit ganz verhindert. Während das restliche Rügen noch weitgehend slawisch war, siedelten auf dem Mönchgut bereits ausschließlich christliche Deutsche.

Auch die kleinen Mönchguter **Fischer- und Bauerndörfer** haben ihr ursprüngliches Gesicht noch unverfälschter bewahren können als die des restlichen Rügen. Hier sieht man noch häufig alte reetgedeckte Fischerkaten, seit Jahrhunderten unveränderte Dorfkerne und eines der schönsten Häuser ganz Rügens, das Pfarrwitwenhaus mit seinem entzückenden Zuckerhutdach und in allen Farben blühendem Blumengarten in Groß Zicker. Der außergewöhnliche Liebreiz seiner milden Landschaft und seiner windgeschützten, kilometerlangen Sandstrände haben das Mönchgut mit seinen Seebädern zum beliebtesten Reiseziel Rügens neben der Granitz gemacht.

Seebad Baabe

Ein großes hölzernes Eingangstor überspannt an der Stelle die Straße, an der einst der Mönchgraben die Grenze zwischen Granitz und Mönchgut bildete.

Der Name des Seebads geht auf die slawische Bezeichnung *thor baben* zurück, was soviel wie „zur alten Frau" bedeutet. Bis zur Jahrhundertwende war Baabe ein kleines Fischerdorf. 1890 kamen dann die ersten Sommerfrischler. Sein Trumpf ist weniger das Orts-

bild als seine reizvolle Lage zwischen ruhigem Selliner See und **kilometerlangem Sandstrand** an der Außenküste, der sich wie die Strandpromenade in einem sanften Bogen bis zum Nachbarort Göhren hinzieht.

Eine kleine und versteckte, aber überaus nostalgische Attraktion wartet am **Baaber Bollwerk**. Es ist der alte **Fährmann**, der seit nunmehr 50 Jahren auf den Ruf einer Glocke im kleinen Ruderboot Gäste über den Selliner See ans Moritzdorfer Ufer hinüberbringt. Von dort führt ein besonders schöner Weg hinauf zur **Ausflugsgaststätte Moritzburg**, von deren Terrasse sich ein betörend schöner Ausblick über die Mönchguter Landschaft eröffnet.

An der Straße zum Bollwerk entsteht zurzeit das neue **Küstenfischermuseum** (im Aufbau), das über das traditionelle Mönchguter Handwerk berichtet.

Info

■ **Vorwahl:** 038303
■ **Kurverwaltung/Info-Pavillon,** Am Kurpark 9, 18586 Baabe, Tel. 1 42 41, Fax 1 42 99, www.baabe.de. Mai–Okt. täglich 9–19 Uhr, Nov.–April Mo, Mi, Fr, Sa 10–16 Uhr, Di 10–18 Uhr, Do 10–17 Uhr, So 10–12 Uhr.

Unterkunft

■ **Hotel Solthus,** Bollwerkstr. 1, Tel. 8 71 60, Fax 87 16 99, www.solthus.de. First class in ruhiger Lage direkt am Bollwerk in architektonisch gewagter Verbindung zwischen Moderne und Tradition; behagliches, stilvolles Ambiente unterm Reetdach, ausgezeichnete Küche und großzügiger Wellnessbereich, Ü/F NS 53–78 €, HS 78–88 €.

■**Strandhotel,** Strandstr. 24–26, Tel. 1 50, Fax 1 51 99, www.strandhotel-ruegen.de. Baumumstandenes Haus 200 m vom Strand, im Restaurant regionale und vegetarische Küche, Kegelbahn, Tanzbar, Sauna, Solarium, Fahrradverleih; Ü/F NS 30–50 €, HS 50–60 €.

■**Hotel Villa Fröhlich,** Göhrener Weg 2, Tel. 8 61 91, Fax 8 61 90, www.villa-froehlich.de. Kleines Komforthotel in reizender alter Bädervilla; Ü/F NS 22–34 €, HS 36–40 €.

■**Am Meer Pension garni,** Strandstraße 40, Tel. 13 30, Fax 1 33 49, www.am-meer-ruegen.de. Familiär geführte Pension an der Promenade nur wenige Schritte vom Strand. 12 DZ teils mit Seeblick. Zum Haus gehört auch Baabes kleinste Gaststätte (siehe „Gastronomie") Ü/F NS 30–35 €, HS 42,50 €.

Gastronomie

■**Aalkate,** Am Aalkaten 14, Tel. 8 54 06, www.aalkate-baabe.de. Bei Fischer *Benno Mundt* und *sin Son* gibt es vormittags (9–11 Uhr) frisch geräucherten Fisch, ab 17 Uhr dann warme Küche zubereitet nach alter Familientradition und aus eigenem Fang.

■**Zum Kleinen Leuchtturm,** Strandstraße 40, Tel. 13 30. Direkt hinter der *Pension Am Meer* bietet Baabes kleinste Gaststätte auf 14 Plätzen im familiären Wohnzimmer-Ambiente preiswerte Hausmannkost. Im Sommer Terrasse.

■**Gaude Stuv,** Göhrener Weg 2, Tel. 8 61 91. Spezialitäten vom Fasan über die Mönchguter Fischplatte bis hin zu selbstgebackenem Kuchen à la Oma *Klara*.

Aktivitäten

■ **Fahrradverleih:** *Casa Atlantis,* Strandstr. 5, Tel. 0151 18 42 70 10, www.fahrradverleih-baabe.de.
■ **Surfen und Segeln:** *Surf & Sail Baabe,* Am Fischerstrand 1, Tel. 0172 3 25 77 62, www.wind rider.de.
■ **Kitesurfen:** *Kitesurfen Rügen,* Strandstraße 5, Tel. 0173 2 18 61 11, www.kitesurfen-ruegen.de.
■ **Schiffsausflug:** mit *MS Lamara* vom Bollwerk rund um die Insel Vilm, Tel. 90 99 51, www.ms-lamara.de, 1.5.–30.9. täglich 11 und 14 Uhr.
■ **Segeltörn:** mit Kutterjacht *Sehnsucht,* Baaber Bollwerk, Tel. (038308) 54 50, www.sehnsucht-segeln.de. Gruppen von 6–10 Pers. nach Absprache.
■ **Bootsverleih:** am Bollwerk Baabe und am Hauptstrand.
■ **Fähre:** Ruderboot vom Baaber Bollwerk nach Moritzdorf, täglich 8–21 Uhr, 0,50 €/Person, Fahrrad 1 €.
■ **Kegeln:** im Strandhotel, Strandstr., Tel. 1 50.
■ **Uns Lütt Bahn:** Touristenbahn im Stundentakt-Pendelverkehr zwischen Strand und Bollwerk von Ostern bis Okt.

Museum

■ **Küstenfischermuseum,** Bollwerkstr., Tel. 14 20, Freigelände.

⌂ „Hol över!" –
mit dieser Glocke ruft man den Fährmann

Seebad Göhren

Wesentlich größer und mondäner als Baabe ist Göhren, das zweite Seebad des Mönchguts. Der Name leitet sich vom slawischen Begriff *gora* ab, was „Berg" bedeutet und die Besonderheit Göhrens andeutet. Es liegt **hoch über der Ostsee** auf dem **Nordperd,** einer weit ins Meer vorspringenden Landnase, die den öst-lichsten Punkt Rügens bildet.

Das alte Zentrum Göhrens ist geprägt von historischen Villen im Bäderstil, de-ren Fassaden oft von filigranen und reich verzierten Holzveranden oder Wintergärten geschmückt sind. Auch kulturell ist Göhren einer der herausragenden Orte auf Rügen.

Steil führt die hübsch gestaltete Haupt- und Einkaufsstraße am Ortsende hinab zum Nordstrand. Hier unten liegt der **Bahnhof Göhren,** Endstation des „Rasenden Roland". Eine Gelegenheit, die kleine, fauchende Dampflok aus der Nähe zu bewundern und den Lokführer mit Fragen zu löchern.

Strände

Göhrens Badestrand wird durch das Nordperd in einen Nord- und einen Südstrand getrennt. Beide haben eine Länge von 4,5 km und bieten alles, was das Badeherz begehrt. Am **Nordstrand** laden Volleyball- und Tennisplätze, eine Kegelbahn und eine Surfschule zu sportlichen Aktivitäten. An ihm zieht sich auch die schöne Strandpromenade ent-

317rh ph

lang, auf der man bis zum 3 km entfernten Baabe flanieren kann. An der Promenade liegen mehrere Strandcafés, der Musikpavillon und die neu errichtete Seebrücke. Etwa 200 m vor dem Nordstrand ragt der Buskam aus dem Wasser. Dieser größte Findlingsblock der deutschen Ostseeküste hat ein Volumen von 600 m³ und wiegt 1600 Tonnen. Seinen Namen gaben ihm die Slawen, die ihn *bogis* tauften, was „Gottesstein" bedeutet.

Der abgelegenere **Südstrand** ist deutlich weniger frequentiert und deshalb ruhiger.

⌄ Pures Strandvergnügen an Göhrens Nordstrand

Nordperd

Nicht entgehen lassen sollte man sich einen **Spaziergang um das Nordperd herum.** Die weit ins Meer hinausragende Landspitze ist von eindrucksvoller Schönheit. Auf einem schmalen Pfad, der nahe oder direkt an der steilen, fast 50 m nahezu senkrecht abfallenden Abbruchkante der sandigen Kliffe entlangführt, ist sie bequem zu umrunden. Auf Schritt und Tritt eröffnen sich auf dem durch lichten, schattigen Buchenwald führenden Weg einzigartige Ausblicke auf die Ostsee. Die sandigen Steilufer dürfen aber nicht erklettert werden. Das ist zum einen gefährlich, weil immer wieder große Sandmassen abrutschen. Zum anderen beschleunigt sich die Erosion durch Trampelpfade, die vom Regen zu tiefen Rinnen ausgewaschen werden.

Speckbusch

Ein weiteres Ziel für einen kleinen Spaziergang ist der Speckbusch. Das bronzezeitliche **Hügelgrab** liegt am westlichen Ortsrand hinter der Kirche. Von dieser Stelle hat man einen besonders schönen Blick über das ganze Mönchgut hinweg bis nach Thiessow sowie hinüber zur Insel Usedom und bei guter Sicht sogar bis zur Halbinsel Wolin in Polen.

Plansberg

Tolle Aussichten gewährt auch der Aussichtsturm auf dem Plansberg, der im Wald am westlichen Ortsrand nördlich der Hauptstraße liegt.

Mönchgut-Museen

Das größte Museum der Insel Rügen umfasst eine Reihe verschiedener Bauten im Ort selbst und in der näheren Umgebung. Zu verdanken hat Göhren seine Stellung als das Museumszentrum von Rügen der Kapitänstochter und Lehrerin *Ruth Bals* (1909–1994), die sich Zeit ihres Lebens intensiv um den Erhalt und die Pflege der Mönchguter Kultur und Traditionen bemühte. Das Haupthaus in der Ortsmitte ist das **Heimatmuseum,** das an einem großen alten Anker in seinem Vorgarten leicht zu erkennen ist. In dem hübschen Rohrdachhaus aus der ersten Hälfte des 19. Jh. zeigen verschiedene Ausstellungen die geologischen, geographischen und kulturellen Besonderheiten des Mönchguts.

Drei Minuten Fußweg entfernt in Richtung Strand liegt der **Museumshof.** Die bäuerliche Hofanlage aus dem 18./19. Jh. umfasst mehrere Gebäude, in denen eine **agrarhistorische Ausstellung** untergebracht ist.

Ein weiterer Ableger des Mönchgut-Museums ist das ebenfalls drei Minuten entfernte **Rookhus,** ein wunderschönes schornsteinloses Haus vom Zuckerhuttyp aus dem 18. Jahrhundert.

Etwas außerhalb des Ortes liegt das **Freigelände** des Museums. Wenn man vom Heimatmuseum die Thiessower Straße am Rookhus vorbei Richtung

▷ Das Heimatmuseum in Göhren

Südstrand geht, stößt man auf einen Zaun aus alten Bojen, der das Freigelände begrenzt. Auf der Wiese hinter den Stranddünen liegen **zwei Schiffe** zur Besichtigung auf Kiel. Das größte ist der Motorsegler *Luise*, ein Vertreter des einst in der Region üblichen Frachtschifftyps. Über eine Treppe kann der Kahn erklettert und besichtigt werden.

Das zweite Boot des Freigeländes ist die *Gager*, ein kleines Motorboot, wie es auch heute noch für die Küstenfischerei eingesetzt wird.

■ **Verwaltung Mönchguter Museen,** Strandstr. 4, Tel. (038308) 21 75, www.moenchguter-museen-ruegen.de.
■ **Heimatmuseum,** Strandstr. 1, Tel. 2 56 27, 15. April–Juni, Sept.–15. Okt. täglich 10–17 Uhr, Juli/ Aug. täglich 10–18 Uhr, 16. Okt.–14. April täglich 10–16 Uhr.

■ **Museumshof,** Strandstr. 4, Öffnungszeiten wie Heimatmuseum.
■ **Rookhus,** Thiessower Str. 7, 15. April–15. Okt. täglich 14–17 Uhr.
■ **Museumsschiff Luise,** am Südstrand, 15. April–Juni und Sept.–15. Okt. täglich 10–13 Uhr, Juli/ Aug. täglich 10–17 Uhr.

Herzogsgrab

Lässt man die beiden Seebäder hinter sich und fährt auf der Landstraße Richtung Middelhagen, kommt man in den ländlichen Teil des Mönchguts.

Kurz hinter Göhren führt die Straße einen kurzen, aber steilen Stich hinauf. Am Beginn der Steigung führt rechts ein Feldweg in den Wald hinein. Ca. 1,5 km von der Straße entfernt liegt dort im

Wald das Herzogsgrab. Die erst 1920 entdeckte 4000 Jahre alte **steinzeitliche Grabkammer** war die letzte Ruhestätte von 30–40 Personen. Bei Ausgrabungen wurden wertvolle Grabbeigaben wie Tongefäße, Steinbeile, Pfeilspitzen oder Bernsteinschmuck gefunden. Die Fundstücke sind im Kulturhistorischen Museum in Stralsund ausgestellt.

Praktische Tipps

Info

■ **Vorwahl:** 038308
■ **Kurverwaltung,** Poststr. 9, 18586 Göhren, Tel. 6 67 90, Fax 66 79 32, www.goehren-ruegen.de, 1. Mai–30. Sept. Mo–Fr 9–18 Uhr, Sa 9–12 Uhr, 1. Okt.–30. April Mo/ Mi/Do 9–12 und 13–16.30 Uhr, Di 9–12 und 13–18 Uhr, Fr 9–15 Uhr.
■ **Fremdenverkehrsverein,** Berliner Str. 8, Tel. 2 59 40, Fax 2 59 30, www.zimmervermittlung-goe hren-ostsee.de, Mo–Fr 9–17 Uhr, Sa 10–15 Uhr.

Unterkunft

■ **Hotel Hanseatic,** Nordperdstraße 2, Tel. 5 15, www.hotel-hanseatic.de. Modernes 4-Sterne superior auf Göhrens höchstem Punkt. Die Ausstattung des Wellnesstempels ist ebenso erlesen wie die Aussicht. Drei Restaurants, darunter die Gourmetadresse „Berliner Salon" mit einem Stern im Guide Michelin und 17 Punkten im Gault Millau. Einmalig ist auch der frei zugängliche Turm mit Bibliothek in zwei Leseetagen, charmantem Turmcafé und dem herrlichen Ausblick über halb Rügen von der obersten Etage. Striktes Nichtraucherhaus.
■ **Hotel Waldperle,** Carlstr. 6, Tel. 3 41 90, Fax 34 19 18, www.waldperle.com. Im Ortszentrum gelegen, mit Sauna, Whirlpool, Spezialitätenrestaurant; Ü/F NS 49–54 €, HS 59 €.

■ **Pension Schwanensee,** An der Alten Försterei 7, Tel. 9 10 68, Fax 22 11, www.pension-schwanen see.de. Hübsches Rohrdachhaus mit Vogelpark in schöner Alleinlage außerhalb des Ortes, gutes Restaurant; Ü/F NS 18–30 €, HS 30–40 €.
■ **Camping Göhren,** Tel. 9 01 20, Fax 21 23, www. regenbogen.ag. Sehr weitläufiger und ebenso schöner wie abwechslungsreicher, sehr gut ausgestatteter Platz direkt hinter den Dünen am Nordstrand. Auf dem Platz gibt es ein Amphitheater mit Abend-Shows, eine Sportplatzanlage sowie das *Restaurant Landhaus* und ein 500 m² großes Wellnesscenter. Mehrere Areale für Wohnmobile. Freundliche Leitung und tolle Lage. Sehr beliebt, deshalb in der Hauptsaison rechtzeitig buchen! Ganzjährig geöffnet.

Gastronomie

■ **Zum Leuchtfeuer,** Max-Dreyer-Straße 6, Tel. 2 52 96. Frische Fisch- und Fleischgerichte nach Hausmannsart mit herrlichem Blick auf das Mönchgut.
■ **Endstation,** Bahnhofstraße 2, Tel. 6 66 77. Mönchguter Küche im Kleinbahnhof, z.B. Scholle auf heißen Stachelbeeren.
■ **Bellevue,** Nordperdstraße 2, Tel. 5 15. Kleines charmantes Café in der 4. Etage im Turm des *Hotel Hanseatic* (siehe auch unter „Unterkunft"). Torten und Pralinen aus der hauseigenen Konditorei.

Aktivitäten

■ **Fahrradverleih:** *Tilly,* Schulstr. 7, Tel. 22 40, www.fahrrad-tilly.de.
■ **Schiffsausflüge:** mit *Adler-Schiffe* (Tel. (038378) 4 77 90, www.adler-schiffe.de) und *Ostseetour* (Tel. (038392) 31 50, www.reederei-ostsee tour.de) ab Seebrücke im Bäderverkehr zu den benachbarten Seebädern, zum Königsstuhl rund um Rügen.

■ **Bowling:** *Bowling-Treff Pommernstübchen,* Kegelbahn 1, Tel. 9 10 86, www.pommernstuebchen.de.
■ **Tauchen:** *Schönis Tauchschule,* Nordstrand 2, Tel. 8 62 76, www.schoenis-tauchschule.de.
■ **Baden/Wellness:** *Kur- u. Gesundheitszentrum,* Strandstr. 12, Tel. 2 52 52, www.ruegen-kur.de.
■ **Komödie Rügen:** Waldstr. 4, Tel. 6 62 22, www.komödie-rügen.de.

Kunsthandwerk

■ **Blaudruck:** *Blaudruck Hoth,* Strandstr. 6, Tel. 22 53.
■ **Keramik:** *Atelier I. Fuchs,* Thiessower Straße 33, Tel. 2 53 54.

Middelhagen

Umgeben von flachsfarbenen Schilffeldern, sanften Höhenrücken und saftigen Salzwiesen liegt Middelhagen malerisch eingebettet in der Mönchguter Landschaft. Das kleine Dorf schmückt sich mit einem außerordentlich schönen **historischen Dorfkern.** Über Jahrhunderte unverändert, gruppieren sich um die spätgotische Dorfkirche eine Reihe historisch wertvoller Gebäude.

In der um 1400 errichteten **Mönchskirche** ist der spätgotische Flügelaltar von 1480 besonders sehenswert. Es ist der älteste Altar auf Rügen. Seine reichen Schnitzereien erzählen Episoden aus der Lebensgeschichte der Hl. *Katharina von Alexandrien,* der er gewidmet ist. Die Ausmalungen der Kirche stammen von 1906.

Links neben der Kirche steht das **Hallenhaus** mit seinem tief heruntergezoge-

nen Schilfrohrdach, das eine Ausstellung historischer landwirtschaftlicher Geräte zeigt.

Schulmuseum

Rechts der Kirche steht, eingerahmt von einer malerischen Trockenmauer aus großen Findlingsblöcken und Feldsteinen, das **ehemalige Küsterhaus,** das nun das Schulmuseum beheimatet. In der für Rügen damals typischen Zwergschule erzählen Rohrstock und Schiefertafel vom harten Schülerleben vor 100 Jahren.

■ **Schulmuseum,** Tel. 24 78, Febr.–April/Okt. Di–So 10–16 Uhr, Mai/Sept. täglich 10–17 Uhr, Juni–Aug. täglich 10–18 Uhr; historische Schulstunde April Mi 11 Uhr, Mai/Juni/Sept./Okt. Mi 10 Uhr, Juli, Aug. Di, Mi 10 Uhr.

Märzenbecherwiesen

Ein im Frühjahr sehr lohnender Abstecher führt zu den Märzenbecherwiesen. Das 1 ha große Naturdenkmal im ehemaligen Park der Domäne Phillipshagen verwandelt sich dann in ein Blütenmeer aus Zigtausenden der geschützten Märzenbecher.

Salzwiesen

Eine weitere botanische Besonderheit sind die Middelhagen umgebenden Wiesen, die knapp über dem Meeresspiegel liegen und regelmäßig von Salzwasser überflutet werden. Sie verschaffen seltenen Pflanzen wie Spargelerbse, Salzbinse und Meerstranddreizack einen Lebensraum.

Praktische Tipps

Info

● **Vorwahl:** 038308
● **Info:** Kurverwaltung, Dorfstr. 4, 18586 Middelhagen, Tel. 21 53, Fax 21 54, www.middelhagen.de. April/Okt. Mo–Do 9–15 Uhr, Fr 9–12 Uhr, Mai/Sept. Mo–Do 9–16 Uhr, Fr 9–13 Uhr, Juni Mo–Do 9–16 Uhr, Fr 9–14 Uhr, Juli/Aug. Mo–Do 8–17 Uhr, Fr 8–14 Uhr, Sa 10–12 Uhr, Nov./März Mo–Do 9–14 Uhr, Fr 9–12 Uhr.

Unterkunft

● **Der Mühlenhof,** Dorfstr. 44a, Tel. 56 30, Fax 5 63 40, www.dermuehlenhof.de. Fünf-Sterne-Ferienanlage mit Schwimmhalle, Saunahaus, Fitnesscenter, Badeteich und herrlichem Boddenblick; FeWo NS 80–165 €, HS 115–185 €.
● **Pension Up'n Hoff,** Dorfstr. 7, Tel. 54 80, Fax 5 48 22, www.ruegen-rohrhus.de. Rohrgedeckter Hof in sehr ruhiger Lage mit großem Garten, Sauna, Solarium, Restaurant, Ponyreiten. Preis auf Anfrage.
● **Gutshof,** Gutshof 11, Tel. 2 54 92, Fax 2 95 72, www.gutshaus-auf-moenchgut.de. Reizvoller historischer Gutshof der Familie *Wrase* in ruhiger Lage mit Zimmern und FeWo ab drei Nächte. Eigener Teich und großer Garten, NS 21 €, HS 23,50 €.

Gastronomie

● **Zum Froschkönig,** Dorfstr. 25, Tel. 2 56 63. Mein Tipp! Brasserie/Café in schnuckeligem weißem Holzpavillon direkt am Radweg. Ausgesprochen aufmerksame und freundliche Bedienung, gute Küche, faire Preise. Herausragend die selbst gebackenen Kuchen – für mich die besten auf Rügen, be-

☐ Der spätgotische Flügelaltar
der Dorfkirche in Middelhagen ist der älteste Rügens

sonders die Mohntorte! – meist sehr gut besetzte Terrasse im charmanten, bunt blühenden Bauerngarten mit Blick auf die Dorfkirche (nur Mai–Okt.).

Aktivitäten

● **Fahrradverleih:** *A. Deutschmann,* Dorfstr. 35, Tel. 2 54 82.
● **Kunsthandwerk:** *Mönchgutkeramik Wilcke,* Dorfstr. 18, Tel. 2 52 27.

Reddevitzer Höft

Von Middelhagen führt eine schmale Straße, die hinter Alt Reddevitz zum Sandweg wird, hinaus auf das, was zu einem nicht unerheblichen Teil den besonderen Charakter des Mönchguts ausmacht: das Reddevitzer Höft. Wie ein schmaler, zartgliedriger Finger ragt die **Landzunge** kilometerweit in die ruhigen Wasser des Rügischen Boddens hinaus.

Eine Wanderung zu Fuß oder per Fahrrad an die äußerste Spitze dieser landschaftlichen Eigentümlichkeit eröffnet mit die schönsten Ausblicke, die Rügen zu bieten hat. Von den sandigen, mit kargem, aber duftendem Trockenrasen bewachsenen Hügeln reicht die Sicht über das umliegende Wasserland von Having und Hagenschem Wiek.

Besonders schön ist die **Ginsterheide.** Das mit Besen- und Stechginster bewachsene Naturdenkmal ist die größte zusammenhängende Heidelandschaft auf Rügen. Ganz am Ende der Landzunge duckt sich der Having-Hof in eine Senke, welcher neben Unterkunft auch eine niedlich kleine Puppenstuben-

Mönchgut

Gaststätte bietet, in die es sich vor dem Rückweg prächtig einkehren lässt.

Alt Reddevitz

Einziges Dorf auf dem Reddevitzer Höft ist Alt Reddevitz, das gleich am Eingang am Ufer des Hagenschen Wieks liegt. In diesem abgeschiedenen Ort hat eine ganze Reihe malerischer, schilfgedeckter Hallenhäuser alle Stürme der Zeit schadlos überstanden. In der Dorfmitte hat sich in einer jahrhundertealten Fachwerkscheune der Gasthof *Kliesow's Reuse* eingerichtet, der wegen seiner hervorragenden Fischgerichte und der besonderen Atmosphäre im historischen Gebälk inselweit bekannt ist.

Außerhalb des Dorfes wartet auf dem Gipfel der Anhöhe die Mönchguter **Hofbrennerei „Zur Strandburg"** auf Besucher. Die in einem ehemaligen Hotel aus den 1920er Jahren von der Familie *Kliessow* betriebene Brennerei offeriert in ihrem Hofladen neben hochprozentigem auch Säfte und drei stilvoll eingerichtete FeWos mit herrlicher Aussicht.

Gleich daneben liegt das **Naturparadies** mit seinem 30.000 m² großen alten Bio-Apfelgarten aus Großvaters Zeiten, das im Mai das **Apfelblütenfest** und im Oktober ein zweitägiges **Apfelerntefest** veranstaltet. Ganzjährig wird selbst gemachter Bio-Apfelsaft verkauft.

Praktische Tipps

Unterkunft

■ **Having-Hof,** Haus Nr. 49, Tel. (038308) 55 00, Fax 5 50 25, www.having-hof.de. Zauberhafte Al-

leinlage fast an der Spitze des Reddevitzer Höfts. Elf Ferienwohnungen in idyllischer Dreiseithofanlage mit gemütlichem Gasthof, in Vor- und Nachsaison auch mit Frühstück oder Halbpension möglich, FeWo NS 32–70 €, HS 48–91 €.

■ **Hof Eschenschlag,** Haus Nr. 41, Tel. (038308) 6 62 40, Fax 6 61 72, www.hof-eschenschlag.de. Bildschöner, sanierter Dreiseithof in Einzellage direkt am Bodden; Tiere, Ruderboot, Grill-Spielplatz; FeWo NS 78–95 €, HS 95–120 €.

Gastronomie

■ **Kliesows Reuse,** Alt-Reddevitz, Dorfstr. 23a, Tel. (038308) 21 71, www.kliesows-reuse.de. Auch wenn das bekannte Fischrestaurant nicht mehr von der Familie *Kliesow* betrieben wird – das Ambiente in der über 420 Jahre alten Scheune ist noch immer romantisch und die Küche genauso gut.

Aktivitäten

■ **Reiten:** *Reiterhof/Pferdezucht Pisch,* Dorfstr. 1, Tel. (038308) 23 70, www.ruegen-reiterhof.de. Mit Gästehaus.

Einkaufen

■ **Mönchguter Hofbrennerei „Zur Strandburg",** Alt Reddevitz Nr. 36, Tel. (038308) 3 41 05, www.hofbrennerei-strandburg.de. Von weitem schon erblickt man das leuchtend gelbe Gebäude der Hofbrennerei, das neben dem „Naturparadies" auf dem Hügel thront. In dem ehem. Hotel betreibt *Thomas Kliesow* die Mönchguter Hofbrennerei, die vom Kümmel über Obstbrände bis zum Whisky allerhand Hochprozentiges, aber auch lieblichere Kräuterliköre, Säfte u.a. feilbietet. Hofladen April–Okt. 10–18 Uhr, Nov.–März 11–16 Uhr, Brennerei-Führung mit Verkostung Mi und Fr April–Okt.

16 Uhr, Nov.–März 15 Uhr, Dauer ca. 60 Min. Im Haus gibt es drei stilvoll gestaltete 2-Pers.-App. mit Prachtaussicht: 2-Pers.-App. NS 55 €, HS 105 €.

Lobbe

Von Middelhagen Richtung Lobbe schlängelt sich die kleine Landstraße auf einem Damm durch sumpfige Niederungen, die, soweit das Auge reicht, von **Schilfbinsen** bestanden sind. Hier ernten die Mönchguter ihre „Dachziegel". Überall stehen die flachsgelben Binsen zu Bündeln zusammengeschnürt wie Indianerwigwams in der Gegend.

Von weitem schon zu sehen ist das Windrad des **Windschöpfwerks** am Rande der Straße. Das technische Denkmal ist das letzte erhalten gebliebene von einst 18 Schöpfwerken. Die so genannten „Langsamläufer" pumpten mittels der Kraft des Windes über archimedische Röhren das Wasser aus Sumpfgebieten ab, um diese für die Landwirtschaft nutzbar zu machen. Das Lobber Schöpfwerk ist nicht mehr im aktiven Dienst, dreht sich aber noch spielerisch im Wind.

Das Dorf Lobbe liegt an der Ostseeküste. Am **Lobber Ort,** einem unter Naturschutz stehenden Sandkliff, beginnt der herrliche **Sandstrand,** der sich entlang der Außenküste **bis zum Südperd,** der Südspitze des Mönchguts bei Thiessow, hinzieht – ein absolutes Strandparadies und beliebtes Nacktbaderevier.

Unterkunft

■ **Pension Am Deich,** Dorfstr. 29, Tel./Fax (038308) 2 54 90. Kleines Haus mit Terrasse, Liegewiese, Grillplatz; Haustiere unerwünscht; Ü/F NS 23–27,50 €, HS 33 €.
■ **Ferienanlage Lobbe,** Göhrener Weg 39, Tel. (038308) 5 10, Fax 5 11 20, www.ferien-lobbe.de. Grüne Anlage mit preiswertem Zimmer im Gästehaus (28,50–49 € p.P. inkl. Früstück) und FeWo (59–120 €), mit Fitnesscenter, Fahrradverleih, Brötchenservice, Grillplatz u.a.
■ **Camping Freizeit-Oase,** Tel. (038308) 23 14, Fax 2 51 27, www.campingruegen.de. Schmaler, langgezogener Platz zwischen Haff und Straße. 3 Minuten zum Strand. Mit Fahrradverleih, FKK-Strand, April–Okt.

Gastronomie

■ **Zum Walfisch,** Dorfstr. 32, Tel. (038308) 2 54 67, www.walfisch-ruegen.de. Traditionelle Küche, seit 1888 Familienbetrieb; Gästezimmer (100 m bis zum Strand), Fahrradverleih, NS 23–36 €, HS 26–42 €.

Zickersches Höft

Auf halber Strecke zwischen Lobbe und Thiessow biegt die schmale Straße nach Gager und Groß Zicker auf dem Zickerschen Höft ab.

Die **Halbinsel** ist eine ideale Region zum Radfahren, Wandern und Spazierengehen. Etwa 8 km lang ist der empfehlenswerte Rundwanderweg. Wie ein kuscheliges Fell überzieht Trockenrasen und Heidelandschaft die sanften Hügel zwischen dem Hagenschen Wiek und dem Zickersee. Eine milde und anmutige Landschaft, die die Sinne erfreut und die Nerven entspannt.

Bakenberg

Höchster Punkt der so genannten **„Zicker Alpen"** ist der **66 m** hohe Bakenberg, den keine Wanderroute auslassen sollte. Vom seinem Gipfel bietet sich ein atemberaubender 360-Grad-Rundblick, der über das gesamte Mönchgut mit seiner extrem zergliederten Küstenlinie bis hinüber nach Usedom und Greifswald reicht. In der anderen Richtung kann der Blick bis Putbus und Bergen schweifen.

Naturschutzgebiet

Das **Naturschutzgebiet Zickersches Höft** an der Westspitze der Halbinsel ist nur zu Fuß zu erreichen. Die Straße endet in Groß Zicker, wo man, falls man nicht sowieso zu Fuß unterwegs ist, das Auto auf einem großen Parkplatz abstellen kann. Das 3 ha große NSG umfasst den gesamten exponierten **Trockenhang,** auf dem eine Vielzahl seltener und sehr seltener, herrlich duftender Pflanzen wächst, die die Trockenheit lieben.

■ **Kräuterwanderungen,** *René Geyer,* Am Mühlengrund 5, 18586 Lancken Granitz, Mobil 0173 9 89 80 31, www.naturgeyer.de. Wer per pedes durch das bezaubernde Biosphärenreservat Südost-Rügen und das Mönchgut streifen will, der vertraue sich am besten der orts- und fachkundigen Führung von Herrn *Geyer* an. Er kennt nicht nur die schönsten Winkel und Plätzchen wie die Schlüsselblumenwiese und weiß über jedes Großsteingrab Spannendes zu berichten, sondern vermittelt als ausgezeichneter Kenner seiner Heimat auch ein Füllhorn an Informationen zu Kräuterpflanzen, Anekdoten am Wegesrand u.a. Regelmäßige Kräuterwanderungen; Treffpunkt Schlagbaum am Ende der Boddenstraße hinter Groß Zicker, April–Sept. Mo, Do und Fr 10 Uhr, Sa 13 Uhr, Erwachsene 9 €, Kinder 3 €, Familie 18 €. Dauer ca. 2½ Std.

Die Bakenberge – feurige Alarmsignale

Wer auf Rügen und Hiddensee unterwegs ist, wird schnell bemerken, dass es auf den Inseln eine ganze Anzahl von Erhebungen gibt, die den Namen „Bakenberg" tragen. Dies rührt daher, dass auf den markanten Hügeln einst so genannte **Feuerbaken** standen, lange Holzstämme, an deren oberem Ende Teertonnen befestigt waren, die bei außergewöhnlichen Ereignissen entzündet wurden. Mit diesem Alarmsystem konnte man schnell weit entfernt liegende Nachbarn oder Bewohner benachbarter Inseln vor Gefahren, wie dem **Herannahen von Feinden,** warnen.

Groß Zicker

Das kleine Fischerdorf am Ufer der **Zickersee** ist von außergewöhnlicher Anmut. Sein Gesicht wird von alten, rohrgedeckten Fischerkaten und für die Region typischen Dreiseithöfen geprägt.

Überragt wird das ländliche Idyll von der **spätgotischen Dorfkirche,** auf deren Friedhof noch zahlreiche alte Grabwangen stehen. Der 1360 errichtete Backsteinbau ist das älteste Gebäude auf

320rh ph

dem Mönchgut. Neben der Barockkanzel von 1653 besonders bemerkenswert sind die mit maritimen, bäuerlichen und handwerklichen Motiven bemalten Buntglasscheiben im Chor, die im 16. Jahrhundert Schiffer aus den Niederlanden mitbrachten.

Pfarrwitwenhaus

Das Haus aller Häuser in Groß Zicker und womöglich auf ganz Rügen ist das Pfarrwitwenhaus mit seinem Zuckerhutdach, das 1723 errichtet wurde. Ein wundervoller Anblick, zumal es noch in einen liebevoll angelegten und in allen Farben blühenden Garten eingebettet ist. Das schornsteinlose, aus Lehm und Holz erbaute Rauchhaus diente den mittellosen Witwen der verstorbenen Pfarrer

als Unterkunft. Bis 1984 war es noch bewohnt.

■ **Pfarrwitwenhaus,** Boddenstr. 21, Tel. (038308) 82 48, Juli/Aug. Mo–Sa 10–19 Uhr, So 13–19 Uhr, Juni/Sept. Mo–Sa 10–18 Uhr, So 13–18 Uhr, Ostern–Mai und Okt. Mo–Sa 10–17 Uhr, So 13–17 Uhr.

Praktische Tipps

Unterkunft

■ **Pension Taun Hövt,** Boddenstr. 61, Tel. (038308) 54 20, Fax 5 42 13, www.taun-hoevt.de.

⌂ Eine Augenweide –
das Pfarrwitwenhaus in Groß Zicker

Rohrgedeckter Dreiseithof in bezaubernder Alleinlage, mit Restaurant und schöner Terrasse; FeWo NS 70–80 €, HS 80–110 €.

■ **Pension Westphal,** Boddenstr. 23a, Tel./Fax (038308) 82 94. Gemütliche Zimmer im rohrgedeckten Bauernhaus, mit Grillplatz, Ü/F NS 21–23 €, HS 23–25 €.

Gastronomie

■ **Kaisers Gaststuben,** Boddenstr. 43, Tel. (038308) 3 00 91. Mönchguter Fischspezialitäten und Wildgerichte unterm Rohrdach, Terrasse mit freier Sicht auf den Bodden.

Einkaufen

■ **Fisch:** *Fischer Dumrath,* Boddenstr. 25, Tel. (038308) 3 00 04. Wahrscheinlich die besten Fischbrötchen Rügens! Fangfrisch, frisch geräuchert oder auch in Aspik – ob auf dem Brötchen oder zum Mitnehmen – bei Fischer *Peter* und *sin Fru Irmtraut* ist alles extrafrisch und oberlecker!

Gager

An der Nordküste des Zickerschen Höfts liegt zu Füßen des Bakenbergs am Hagenschen Wiek das beschauliche Fischerdorf Gager. Es besitzt einen kleinen Hafen, in dem man den Fischern bei der Arbeit zusehen kann. In der Fischereigenossenschaft kann man auch Frisch- und Räucherfisch kaufen. Für Radler und Wanderer von besonderem Interesse ist die kleine **Personenfähre,** die in der Saison vom Hafen Gager nach Peenemünde auf Usedom fährt.

Info

■ **Vorwahl:** 038308
■ **Kurverwaltung Gager,** Zum Höft 15a, 18586 Gager, Tel. 82 10, Fax 3 02 13, www.gager.de, www.mein-moenchgut.de, Mai–Sept. Mo–Fr 9–18 Uhr, Sa/So 9–12 Uhr, Okt.–April Mo/Mi/Fr 8–12 Uhr, Di 12–17, Do 12–15 Uhr.

Unterkunft

■ **Pension Am Hafen,** Zum Höft 29a, Tel. 3 01 60, Fax 3 05 96. Idyll unterm Reetdach mit Bodden- und „Zicker-Alpen"-Blick, Liegewiese, Grillterrasse, Fahrrad-, Bootsverleih, Ü/F NS 26–30 €, HS 32–35 €.
■ **Camping Am Bodden,** in Gager, Tel./Fax 3 01 99, www.campingplatz-ruegen.de. Intimer Platz am Bodden, Bungalowvermietung, Fahrradverleih, April–Okt.

Gastronomie

■ **Alte Bootswerft,** am Hafen, Tel. 6 64 70, www.portgager.de. Kaum hatte die „Alte Bootswerft" in Gager 2005 eröffnet, war sie bald eine der beliebtesten gastronomischen Adressen. Kein Wunder, denn hinter dem Namen verbirgt sich ein verlockendes Angebot: In Rügens einziger Lachsmanufaktur werden die besten Lachsarten der Welt zu kulinarischen Köstlichkeiten verwandelt.

Aktivitäten

■ **Bootsausflug:** *Boddenreederei Rügen,* Tel. 83 89, www.boddenreederei-ruegen.de. Rundfahrt um die Insel Vilm. Mai–Okt. Fahrradfähre ab Gager Hafen nach Peenemünde/Usedom, Ab 19. Mai Do, Juni/Sept. Di, Mi, Do, Juli/Aug. Di–Sa. Di, Mi, Do Abfahrt 11, Rückfahrt 16 Uhr, Fr Abfahrt 8.15 Uhr, Rückfahrt 16 Uhr, Sa Abfahrt 10 Uhr, Rückfahrt 15 Uhr.

Seebad Thiessow

Am südlichsten Zipfel des Mönchguts liegt das alte Lotsendorf Thiessow, dessen Name sich vom slawischen *tis* ableitet, was „Eibe" bedeutet. Das Ortsbild selbst ist weniger bemerkenswert, doch hier am Südperd und Thiessower Haken vereinigen sich alle Merkmale der Mönchguter Landschaft: hohe Dünen, steile Kliffe, weite Badestrände, schattiger Kiefernwald, sanfte Grashügel und blühende Salzwiesen.

Seine vorgeschobene Lage am Eingang in die Meerenge des Strelasunds machte den Ort für die **Schifffahrt** bedeutsam. Die ortskundigenThiessower Fischer begleiteten die fremden Frachtschiffe seit alters auf ihrem Weg nach Stralsund und lotsten sie an Untiefen und Sandbänken vorbei. 1859 wurde der Ort zur **Hauptlotsenstation.** In den 1920er Jahren verlor die Station an Bedeutung, weil die Schiffe mehr und mehr die Nordpassage befuhren, die an Hiddensee vorbei in den Strelasund hineinführt. 1945 wurde die Lotsenstation endgültig geschlossen. An die Blütezeit Thiessows als Lotsenort erinnert heute das kleine **Lotsen-Museum** im Haus des Gastes.

Thiessow verfügt an der **Ostküste über** einen kilometerlangen, 30–50 m breiten Sandstrand, der sich bis nach Lobbe hinzieht. Beim Campingplatz gibt es ein großes FKK-Gelände.

Südperd

Beobachten kann man die Brandung und die Wellenreiter vom Aussichtspunkt **Kleiner Königsstuhl** auf dem Südperd. Von dem Plateau, auf dem noch Reste von Schanzenanlagen aus dem Nordischen Krieg zu sehen sind, hielten die Lotsen früher nach Segelschiffen Ausschau. Etwas weiter südlich liegt der südlichste Punkt des Mönchguts, der Thiessower Haken.

Auf dem 36 m hohen **Lotsenberg** wurde nach historischem Vorbild der alte, 11 m hohe **Lotsenturm** von 1909 wieder aufgebaut, von dessen Plattform man eine wunderbare „Lotsenfernsicht" genießt. Auch das kleine historische Lotsenhaus auf dem Hügel, vor dem sich Picknickgelegenheit mit Aussicht bietet, kann besichtigt werden.

Praktische Tipps

Info

■ **Vorwahl:** 038308
■ **Kurverwaltung,** 18586 Thiessow, Hauptstr. 36, Tel. 82 80, Fax 3 01 91, www.ostseebad-thiessow. de, Mo, Mi, Do 9–12 und 13–16 Uhr, Di 9–12 und 13–18 Uhr, Fr 9–12 Uhr, Mai–Okt. zusätzlich Fr 13– 16 Uhr, Sa 9–12 Uhr.

Unterkunft

■ **Pension Wahnfried,** Hauptstr. 9, Tel. 82 16, Fax 3 09 12, www.pension-wahnfried.de, charmante Villa aus den 1930er Jahren mit großem Garten in ruhiger Lage am Waldrand, wenige Minuten vom Strand. Ü/F NS 23–30 €, HS 37 €.
■ **Hotel Godewind,** De niege Wech 7, Tel. 34 20, Fax 3 42 20, www.godewind-thiessow.de. Neu erbautes, familiäres Haus mit schönem Mönchgutblick; regionale Küche in Kamin-Gaststätte mit Wintergarten; Sauna, Fitnesscenter, Fahrradverleih,

321rh ph

3 Min. zur Ostsee, Ü/F NS 35–42,50 €, HS 45–47,50 €.

■ **Camping-Oase,** Hauptstr. 4, Tel. 82 26, Fax 82 97, www.campingruegen.de. 150 m bis zum Strand mit FKK-Bereich, Fahrradverleih (1.4. bis 3.10.).

■ **Surf-Oase,** Dörpstrat 2, Tel. 3 01 25, http:// windsurfen-ruegen.de/windsurfen/index.htm. Surfer- und Wohnmobilstellplatz direkt am Strand an der Straße nach Klein Zicker, Ver- und Entsorgung, Dusche (1.5. bis 30.9.).

Gastronomie

■ **Am Hafen,** Dampferweg 1, Tel. 3 00 01. Fischrestaurant am kleinen Hafen nahe Camping auf der Boddenseite, Ostseefisch vom Kutter direkt auf den Tisch, mit Räucherfischverkauf.

■ **Strandcafé,** Strandpromenade 1, Tel. 83 45. Fisch und gutbürgerliche Küche, schöne Terrasse mit Meerblick am Südende des Strands.

Aktivitäten

■ **Fahrradverleih:** *Dworak,* Standstr. 14, Tel. 3 43 84.

■ **Segeln/Surfen:** *Sail & Surf,* Tel. 2 32 53, www. segelschule-ruegen.de.

■ **Kitesurfen:** *Kitebase Kascha,* Hauptstraße 4, Tel. (038308) 3 03 60.

Klein Zicker

Die Straße endet schließlich im westlich von Thiessow auf einem Landvorsprung gelegenen 70-Seelen-Dorf Klein Zicker. Das Gefühl, so weit wie möglich in den **südöstlichen Zipfel Rügens** hineingefahren zu sein, veranlasst viele Besucher, auf dem großen, kostenpflichtigen Parkplatz am Ortseingang zu parken und ins

322rh ph

Dorf zu spazieren. So romantisch wie Groß Zicker ist die kleine Schwester aber nicht.

Klein Zicker besteht überwiegend aus kleinen, zu DDR-Zeiten errichteten Häuschen, die im Vergleich zu den malerischen alten Rohrkaten von Groß Zicker wenig Charme ausstrahlen. Sehr schön ist der Spaziergang durch das Dorf hindurch und weiter bis zum Hochufer, wo eine Treppe zum Stand hinunterführt. Im lehmigen Steilufer kann man die bedrohte Uferschwalbe in ihren Wohn- und Bruthöhlen gut beobachten.

⌃ Strandwanderer bei Klein Zicker
⌃ Strand am Südperd

Unterkunft

■ **Pension Zum Trauten Fischerheim,** Dörpstrat 15, Tel. (038308) 3 01 52, Fax 3 01 53, www.klein zicker.de. Kleine Pension mit gemütlicher Gaststube und Panoramablick auf den Bodden, Ü/F 29–32 €.

Gastronomie

■ **Café Zollhaus,** Dörpstrat 9, Tel. (038308) 83 12, www.zollhaus-cafe.de. Kalte und warme Küche mit Blick auf den Greifswalder Bodden, einladende, sonnige Seeterrasse mit Strandkörben als Bestuhlung.

Aktivitäten

■ **Kiten:** *ProBoarding,* Dörpstraat 15, Tel. 8 59 16, www.proboarding.de.
■ **Surfen:** *Surf-Oase Klein Zicker,* Dörpstraat 2, Tel. 3 01 25, www.campingruegen.de.

HALBINSEL JASMUND

Den nordöstlichsten Teil Rügens bildet die zwischen Tromper und Prorer Wiek gelegene 135 km² große Halbinsel Jasmund. Ursprünglich war sie eine vom „Muttland" abgetrennte Insel, wuchs aber im Laufe der Jahrtausende durch aus steten Sandablagerungen geborenen Nehrungen mit der Hauptinsel und dem benachbarten Wittow zusammen.

▷ Die Wiege der deutschen Romantik – Kreidefelsen am Hochuferweg zum Königsstuhl

Überblick

Neben den beiden Nehrungen gibt es noch einen von Menschenhand geschaffenen Landweg nach Jasmund. 1868 wurde der schmale Wasserarm, der bei Lietzow den Großen mit dem Kleinen Jasmunder Bodden verband, mit einem **Damm** zugeschüttet. Darüber führen seither die Schlagadern Rügens, die Europastraße 22 und die parallel dazu verlaufende Bahnlinie, die vom Rügendamm aus via Bergen die Insel diagonal durchqueren und im Tor nach Skandinavien, der **Hafenstadt Sassnitz,** enden. Jasmund ist sozusagen der Balkon Rü-

Diese Tipps erkennt man im Buch an der gelben Hinterlegung im Kapitel.

gens. Sanft, aber beständig steigt das Land an, um sich dann an der Nord- und Ostküste als **weißer Kreidefels** jäh ins Meer zu stürzen. Ganz Jasmund ist eine gewaltige Kreideplatte in Schräglage, die durch herkuleische Kräfte aus der Tiefe an die Oberfläche gedrückt wurde. Diesem geologischen Umstand verdankt Jasmund seine weltberühmten Kreidefelsen mit dem **Königsstuhl,** der zum Synonym für Rügen geworden ist. Die Platte ist mit Kuppen übersät, von denen der Blick weit über Rügen schweifen kann. Die Wiesen und Felder, die das hügelige Land im Westteil Jasmunds bedecken, sind hin und wieder durchbrochen von weißen Löchern, die aus der grünen Landschaft leuchten. Dies sind

Jasmund

0 ▬▬▬ 4 km © Reise Know-How 2013

Tromper Wiek
Ruschvitz
Glowe
SCHAABE
Schloss Spyker
Bobbin
Polchow

Lohme
Nardevitz
Dinosaurierland
103
Opferstein
Gummanz
Kreidebruch-museum

Nipmerow
Hagen

Königsstuhl S. 123
NATIONALPARK JASMUND
STUBNITZ

Hochuferweg

Großer Jasmunder Bodden
Vorwerk
Sagard

Werder
Wissower Klinken

Sassnitz

96
Dobberworth
E22
E251
Vostevitz
196b
Dubnitz
196a
Lancken

Prorer Wiek

Galgenberg
Lietzow
Ralswiek
Kleiner Jasmunder Bodden

Neu Mukran
Fährhafen

Klaipeda (Litauen),
Bornholm (Dänemark),
Trelleborg (Schweden),
St. Petersburg (Russland)

alte aufgelassene **Kreidebrüche.** Seit langer Zeit schon wird auf Jasmund das weiße Gold abgebaut.

Der östliche Teil der Halbinsel zwischen Sassnitz und Lohme wird von den herrlichen alten Laubwäldern der **Stubnitz** bedeckt. Dieses Gebiet, das die Stubbenkammer mit dem Königsstuhl umfasst, wurde wegen ihrer außergewöhnlichen landschaftlichen Schönheit und Unberührtheit und ihrer speziellen Flora und Fauna zum **Nationalpark Jasmund** erhoben, dessen großartige Buchenwäder 2011 von der UNESCO zum **Weltnaturerbe** erklärt wurden.

Durch ihre überwältigende Schönheit waren die Stubnitz und ihre Kreidefelsen das erste Gebiet auf Rügen, das Fremde anlockte. Für die Entdeckung als touris-

tisches Ziel trug maßgeblich der große Landschaftsmaler der deutschen Romantik, *Caspar David Friedrich* bei. Kein Rügenfahrer wird seinen Inselaufenthalt beenden, ohne wenigstens einen Jasmund-Besuch gemacht zu haben. Zehntausende strömen jährlich an die Kreidekliffe, um das romantische und harmonische Zusammenspiel von grünem Buchenwald, blauem Meer und weißen Klippen zu erleben und zu genießen.

Für einen Badeurlaub ist Jasmund dagegen nicht geeignet: Die Halbinsel selbst besitzt **keine Badestrände.** Die beiden schmalen, kilometerlangen Landbrücken Schmale Heide und Schaabe, die an sie angrenzen, sind allerdings die schönsten Strände Rügens überhaupt.

Neben dem Tourismus und der Kreidegewinnung ist der große **Fährhafen in Neu Mukran** ein wesentliches ökonomisches Standbein Jasmunds. Auch im vom Fremdenverkehr unberührten Hinterland gibt es eine Reihe interessanter Ziele wie beispielsweise das **Schloss Spyker** bei Bobbin oder den **Dobberworth,** Rügens größtes Hügelgrab, bei Sagard. Und wer sich nach dem Besucherrummel am Königsstuhl nach etwas Ruhe und Abgeschiedenheit sehnt, wird sie bei kleinen und großen Streifzügen durch das Hügelland finden.

Fährhafen Sassnitz in Neu Mukran

Wer von der Granitz aus nach Jasmund fährt, überquert das Badeparadies Schmale Heide mit seinen endlosen schneeweißen Sandstränden und dem in Europa einmaligen Naturschutzgebiet Feuersteinfelder. Der erste Ort, den man auf dieser Route auf Jasmund erreicht, ist Neu Mukran. *Neu* deshalb, weil der Ort, der eigentlich ein **gigantischer Fährhafen** ist, erst in den 1980er Jahren unter größter Geheimhaltung und Eile nahe dem Weiler Mukran **aus dem Boden gestampft** wurde.

Mit der Verlegung der traditionsreichen „Königslinie" von Sassnitz nach Neu Mukran 1998 stieg der Ort zum **größten Eisenbahnfährhafen Deutschlands** auf. Von ihm fahren große Auto-

fähren nach Trelleborg in Schweden und Rønne auf Bornholm. Auch Klaipeda (Litauen) und St. Petersburg (Russland) werden von hier aus angelaufen.

Geschichte

Die Machthaber der DDR glaubten in den 1980er Jahren, eine neue und sichere Verbindung zur Sowjetunion zu brauchen. Die für das **ökonomische Überleben der DDR** existenziell wichtige Verbindung zum großen Bruder führte bis dahin durch das Land der Polen, die ja schon immer unsichere Kantonisten im sozialistischen Lager waren. Als dann dort die Solidarność-Bewegung um Lech Walesa entstand und Streiks und Unruhen das System bedrohlich zum Wanken brachten, wurde der SED schlagartig klar, was eine Unterbrechung des Güterverkehrs mit der Sowjetunion für ihren Staat bedeuten würde – ein ökonomisches Desaster und damit das Aus für die Republik. Deshalb wurde ohne Rücksicht auf Kosten und in höchster Eile in Tag- und Nachtschichten an dem Eisenbahnfährhafen gearbeitet, der Rügen mit **Klaipeda in Litauen** (damals noch zur Sowjetunion gehörig) verbinden sollte. Nach einer Rekordbauzeit ging die Linie 1986 in Betrieb.

Geholfen hat es bekanntlich nichts mehr, und über den Fährhafen Neu Mukran wurden schließlich große Teile der in der DDR stationierten Westgruppe der Roten Armee zum Rücktransport in die Heimat eingeschifft, weil die renitenten Polen das sowjetische Militär nicht durch ihr Land lassen wollten – ein besonders gehässiger Treppenwitz der Geschichte.

Kreide – das weiße Gold Jasmunds

Das Wort „Kreide" kommt aus dem Lateinischen und leitet sich von *terra creta* ab, was soviel wie „gesiebte Erde" bedeutet. Namensgebend für diese Gesteinsart waren die Kreidefelsen auf Rügen.

Kreide ist ein weißer, zerreibbarer und abfärbender **Kalkstein** aus kohlesaurem Kalk, der vorwiegend aus **Mikrofossilien** besteht. Hauptmineral der Kreide ist Kalkspat, weitere Bestandteile sind Ton (Kreidemergel), Glaukonit und Brauneisen.

Entstanden sind die Kreideschichten vor **50–100 Millionen Jahren** im Mesozoikum, als durch eine Erwärmung die gigantischen Gletscher abschmolzen und den Meeresspiegel ansteigen ließen. Das so entstandene Kreidemeer überschwemmte ganz Nordeuropa. Erst die Alpen konnten die Fluten stoppen. Nur wenige Mittelgebirge ragten als Inseln aus diesem Meer. Land, Luft und Wasser dieser erdgeschichtlichen Epoche, naheliegenderweise **Kreidezeit** ge- nannt, wurden von Sauriern aller Größen und Arten bevölkert.

Die Wasserläufe, die in dieses Meer mündeten, trugen eine feine Kalkbrühe ein, die allmählich das Wasser bis zum Sättigungsgrad anreicherte. Der ausgefällte Kalk sank zum Grund und lagerte sich in dicken Schlammschichten ab. Aus dem Kalk bauten sich unzählige Kleinlebewesen wie Krebse, Schnecken und Muscheln ihre Skelette, Schalen und Panzer. Nach ihrem Absterben versanken sie ebenfalls auf dem Meeresgrund in der Schlammschicht. Im Laufe der Jahrtausende wurde diese Kalkschlammschicht 200 bis 400 Meter dick. Faltungen und Verschiebungen brachten an manchen Stellen, wie z.B. auf Rügen, die Kreideschicht an die Erdoberfläche.

Die Rügener Kreide ist besonders weiß und rein. In dem Ort Klementelvitz bei Sassnitz wird das „Weiße Gold Jasmunds" im einzigen **Kreidewerk** Rügens industriell abgebaut. Verwendung findet sie beispielsweise bei der **Herstellung von Farben, Kitt, Medikamenten, Zahnpasta** oder in der **Porzellan- und Glasherstellung** – und seit einiger Zeit auch als „Rügener Naturheilkreide" in den Kureinrichtungen der Insel Rügen.

■ **Kreidemuseum:** siehe unter „Bobbin"

Praktische Tipps

Info

■ **Fährhafen Sassnitz,** 18546 Neu-Mukran, Tel. (038392) 5 52 10, Fax 5 52 40, www.faehrhafen-sassnitz.de.

Fähren

■ **Scandlines,** Tel. 01805 11 66 88 (14 Ct./Min.), www.scandlines.de. Linien: Sassnitz–Trelleborg.
■ **Bornholmer Færgen,** Tel. 0045 70 23 15 15, www.faergen.de. Linie: Sassnitz–Rønne.
■ **TransRussia Express,** Tel. (038392) 5 53 90, www.tre.de. Linie: Sassnitz–St. Petersburg.
■ **DFDS Seaways,** Tel. (038392) 64 68 14, www.dfdsseaways.com. Linie: Sassnitz–Klaipeda.

Sassnitz

Eingeklemmt zwischen dem Prorer Wiek und den 130 m hohen Crampaser Bergen liegt Sassnitz, Jasmunds größter Ort. Seit 1897 verbanden Fähren die Stadt mit dem schwedischen Trelleborg und machten sie zum **Tor nach Skandinavien.** Mit der Verlegung der Königslinien aus der Stadt Sassnitz heraus in die nahen, modernen Fährhafen in Neu Mukran fand diese Ära 1998 ein Ende. Die Stadt zieht sich kilometerlang auf einer schmalen Terrasse zwischen den Crampaser Bergen und der Ostsee hin.

Sassnitz ist eine seltsame Stadt. Vergeblich sucht man nach einem Mittelpunkt, einem Marktplatz mit Kirche, einem alten Zentrum. Man wird dies an der ganzen Hauptstraße, die den Ort fast schnurgerade von einem bis zum anderen Ende durchquert, nicht finden. Einziger optischer Halt ist das Hochhaus des *Rügen-Hotels* und das danebenliegende schöne alte Seemannsheim, das nun *Kurhotel* heißt. Der große Parkplatz bei den Hotels erweckt den Eindruck einer Art zentralen Platzes. Zwar hat man versucht, den Mangel durch den Bau der **Rügen-Galerie** gegenüber dem Rügenhotel zu beheben. Doch auch beim Anblick des modernen Ensembles aus Gastronomie, Einkaufsmeile und Dienstleistungszentrum will sich das Gefühl eines einladenden Ortszentrums nicht so richtig einstellen.

Geschichte

Eine Erklärung für die sonderbare Sassnitzer „Seelenlosigkeit" bietet die Entstehungsgeschichte der Stadt. Sie ist nicht um einen historischen Kern herum gewachsen, sondern aus dem Zusammenschluss der zwei kleinen **Fischerdörfer** Crampas und Sassnitz entstanden. Die beiden Dörfchen konnten sich wegen ihrer eingeklemmten Lage zwischen der See und den steilen Hängen der Crampaser Berge nur längs der Küste ausdehnen und sind so aufeinander zu- und schließlich ganz zusammengewachsen. 1906 wurden die beiden Orte offiziell unter dem Namen Sassnitz vereinigt.

Die beiden Dörfer, so erzählt ein altes Heimatbuch, waren sich lange Zeit spinnefeind. Die gegenseitige Abneigung ging so weit, dass in der gemeinsamen Kirche streng darauf geachtet wurde, getrennt zu sitzen: die Crampaser links, die Sassnitzer rechts. Mit dem 1824 einsetzenden Fremdenverkehr und ihrer Entwicklung zu beliebten Badeorten wuchsen Unfrieden und Missgunst zwischen den Konkurrenten noch mehr. In Crampas logierten mehr Badegäste, weil der Ort im Gegensatz zu Sassnitz keine Kurtaxe erhob. Sassnitz aber hatte den schöneren Strand und so kamen die Gäste der Crampaser zum großen Ärger der Sassnitzer zum Baden an deren Strand herüber.

Die **Entwicklung zum Seebad** soll damit begonnen haben, dass ein Malermeister aus den Bohlen und Planken einer gestrandeten holländischen Bark das Hotel *Zum Fahrnberg* errichten ließ, das dann die ersten Sommerfrischler anlockte. Einer der berühmtesten Gäste des Hauses war der Komponist *Johannes Brahms*, der 1876 von Juni bis August hier logierte und an *Clara Schumann* schrieb: „Rügen ist aber auch wirklich sehr hübsch, abgesehen von dem lieben Plattdeutsch".

Seebad Sassnitz

0 ▬▬▬▬▬ 200 m © REISE KNOW-HOW 2013

■ Übernachtung
1 Kurhotel
4 Hotel Villa Aegir
6 Hotel Zum Hafen
9 Fürstenhof
10 Pension Waldhalle

10 ★ **Königsstuhl**
Tierpark

Stubbenkammerstraße

Hünengrab ★
Waldmeisterstr.
Bahnhof

Kirch- Str.
Steinbachweg
Hauptstraße
Hauptstr.
Bergstr.
Rosenstr.

Bernstein-
werkstatt

Wedding
Wardstr.
K.-Liebknecht-Ring

9 ★ Findling „Klein Helgoland"

Bachstraße
Hauptstraße
Victoriastr.
R.-Hebert-Str.
Hafenstr.
Mittelstr.
Ringstr.
Mühlenstr.

6 **7** **8**

★ Hochuferweg
zum Königsstuhl

Markt ★
3 Seestr.
4
Töpferei
Büttner
2
Stralsunder Straße
Stubbenstr.
Merkelstr.
Walter- str.
Stephanstr.

Fischerei- u.
Hafenmuseum

5
Seebrücke

1
Bahnhofstr.

Museum für
Unterwasserarchäologie

★ Schmetterlingspark
★ Schlosspark
  Dwasieden

U-Boot-
Museum

Strandpromenade

Hafen

Ostmole

■ Essen und Trinken
3 König Gustav
5 Ostpreußische Hafenräucherei
7 Harbours
10 Waldhalle

■ Aktivitäten
2 Rügen-Therme
8 Fahrradverleih Harm

1889 wurde auf Initiative des Schwedenkönigs *Gustav Adolf V.* mit dem **Bau des Hafens** begonnen, der die kurze Ära der beiden Gemeinden als Seebäder beendete, weil der ganze Strand unter den Hafenanlagen verschwand. 1897 nahm die *Königslinie* genannte, **deutsch-schwedische Postdampferlinie** den regelmäßigen Fährverkehr auf. Der Hafen gewann schnell an Bedeutung und musste permanent erweitert werden. Nach dem Bau der Bahnstrecke Stralsund – Sassnitz nahm 1909 die **Eisenbahnfähre** nach Trelleborg ihren Betrieb auf. Mit dieser Fähre setzte im April

1917 ein Waggon über, dessen „Fracht" die Welt veränderte und dessen Auswirkungen bis heute die Schlagzeilen der Weltpresse beherrscht. In dem verplombten Wagen saß ein Herr namens *Wladimir Iljitsch Uljanow*, besser bekannt als **Lenin**, der via Sassnitz von seinem Schweizer Exil heimlich nach Russland zurückkehrte, um dort die Revolution anzuzetteln. Bis 1990 stand der im Originalzustand erhaltene Waggon als „kleinstes Museum der DDR" vor dem Bahnhof in Sassnitz, den die Stadt nach der Wende als vermeintlichen ideologischen Ballast leider vorschnell entsorgte.

Die wirtschaftliche und militärische Bedeutung des Hafens wurde der Stadt **1945** zum Verhängnis. Am 6. März tauchten alliierte Bomberverbände auf und griffen den mit Flüchtlingen vollgestopften Hafen an. Die Folgen waren verheerend. Im völlig zerstörten Hafen fanden Tausende den Tod. Aber auch die Stadt wurde schwer getroffen.

1957 wurde Sassnitz das Stadtrecht verliehen. 1989 wurde der internationale Fährverkehr nach Neu Mukran ausgelagert, die ehemaligen Hafenanlagen wurden zur Museumsmeile. Heute ist die Stadt von ihrem großen Fischereihafen und vom Tourismus geprägt.

Altstadt

„Nach Rügen reisen heißt nach Sassnitz reisen", lässt *Fontane* seine Effi Briest sagen. Tatsächlich war Sassnitz der erste Badeort auf Rügen. Davon zeugen die nun wieder prachtvoll restaurierten, schneeweiß erstrahlenden Villen und Logierhäuser zwischen der Berg- und der Rosenstraße an der Sassnitzer Seebrücke, zu der vom Hafen aus die Standpromenade führt. Das kleine Villenviertel stellt zusammen mit dem bunten Fischerhafen und dem ehemaligen Fährhafen, in dessen Gebäuden sich zahlreiche Museen, Läden und gastronomischen Einrichtungen angesiedelt haben, die Schokoladenseite der Stadt dar.

Um die beiden städtischen Zentren Rügengalerie und Hafen miteinander zu verbinden, wurde vom neu gestalteten Platz zwischen den großen Hotels eine lange, elegant geschwungene **Fußgänger-Hängebrücke** errichtet. Von der ausgefallenen Konstruktion, die direkt im Glasbahnhof im ehemaligen Fährterminal endet, hat man eine großartige Aussicht über den Hafen und hinaus aufs Meer.

Hafen

Das touristische Zentrum der Stadt und der am meisten besuchte Ort ist der Hafen. Hier liegt das **Fischerei- und Hafenmuseum,** das einen historischen Überblick über die Geschichte der Stadt gewährt. Hautnah den harten Alltag der Fischer erleben kann man auf dem zum Museum gehörenden, 26 m langen Fischkutter „Havel", der an der Mole vertäut liegt und noch bis 1990 im Dienst war. Ein Spaziergang hinaus auf die mit 1,5 km **längste Hafenmole Europas** bietet einen guten Blick auf das Hafengelände. In einem der denkmalgeschützten ehemaligen Fährabfertigungsgebäude der nach Mukran verlegten „Königslinie" hat das **Museum für Unterwasserarchäologie** seine Heimat gefunden.

Am alten Fähranleger vertäut liegt das **U-Boot-Museum,** ein britisches U-Boot der Oberon-Klasse. Das 90 m lange, ab 1963 betriebene U-Boot konnte 300 m tief tauchen und wurde von einer 82-köpfigen Besatzung bedient. Heute ist der gewaltige, 1991 stillgelegte kriegerische Stahlkoloss ein friedliches Museum.

Besonders romantisch ist der **Fischereihafen,** in dem einst die größte Fischereiflotte der DDR beheimatet war. Noch immer liegen hier viele kleine Kutter und große Fischerboote vor Anker, die sich malerisch und fotogen mit ihren bunten Wimpeln in der leichten Dünung wiegen. Von hier starten auch die

Ausflugsboote zu den Königsstuhl-Rundfahrten. Wer die berühmten Kreidefelsen in ihrer ganzen Pracht erleben und fotografieren will, sollte unbedingt an einer Rundfahrt teilnehmen, denn nur vom Meer hat man den wirklichen Postkartenblick auf die Klippen, die nur bei Sonnenschein wirklich weiß sind.

Eine Attraktion der Hafenstadt ist der **Schmetterlingspark.** Rund 500 bunt schillernde, umherflatternde Schmetterlinge von 150 Arten, darunter so exotische Giganten wie der Atlas-Seidenspinner mit 30 cm Spannweite, können in der großen Freiflughalle mit Teich und Wasserfall bewundert werden.

Eine historische Sehenswürdigkeit ist der **Schlosspark Dwasieden** am Südende der Stadt. Lange von der NVA genutzt und damit im militärischen Sperrbezirk gelegen, ist der in einem Wäldchen am Meer versteckte, wildromantisch zugewachsene Schlosspark mit seinen Bauten und Ruinen nun zugänglich. Erbaut hatte das neoklassizistischen Prunkschloss 1873–77 Geheimrat *Adolph von Hansemann,* Inhaber der Disconto-Gesellschaft in Berlin und damit einer der reichsten Männer seiner Zeit. Eine „Expedition" durch die teils märchenhafte Schlossanlage ist nicht ohne Reiz. Wer sich für die Anlage und ihre Geschichte interessiert, kann an einer der Führungen mit dem Autor des Buches „Das Weiße Schloss am Meer", *Ralf Lindemann,* teilnehmen. Das Buch ist im Reprint-Verlag Rügen erschienen, bestellbar über www.dwasieden.de. Führun-

323rh ph

gen: April–November ein Mal monatlich um 14 Uhr, ab Ärztehaus an der Straße der Jugend, Tel. (03838) 20 05 80.

■ **Sassnitzer Fischerei- und Hafenmuseum,** Im Stadthafen, Tel. 5 78 46, www.hafenmuseum.de. Nov.–März Di–So 10–17 Uhr, April–Okt. täglich 10–18 Uhr.
■ **Museum für Unterwasserarchäologie,** Alter Fährhafen, Tel. 3 23 00. Vom Museum aus hat man einen der schönsten Blicke auf den Sassnitzer Hafen und die Ostsee. April–Okt. täglich 10–18 Uhr, Nov.–März täglich 13–17 Uhr. Zur Zeit ist die Unterwasserarchäologie geschlossen, dafür läuft jetzt im Museum die Sonderausstellung „100 Jahre Fährverbindung Sassnitz – Trelleborg".
■ **U-Boot Museum,** Hafenstr. 12, Tel. 3 15 16, www.hms-otus.com, April–Okt. täglich 10–19 Uhr, Nov.–März 10–16 Uhr.

■ **Schmetterlingspark,** Straße der Jugend 6, Tel. 6 64 42, www.alaris-schmetterlingspark.de, April–Sept. täglich 9.30–17.30 Uhr, Okt. 10–16 Uhr.

◁ Die Promeniermeile der Stadt – Uferpromenade am Fischerhafen
⌂ Das schönste Stück der Stadt – der Fischerhafen von Sassnitz

Praktische Tipps

Info

■ **Vorwahl:** 038392
■ **Tourist Service:**
Bahnhofstr. 19 a, Tel. 64 90, www.insassnitz.de.
Strandpromenade 12, Tel. 6 69 45.
Nov.–März: Bahnhofstr. Mo–Fr 9–17 Uhr, Strand-
promenade täglich 10–16 Uhr.
April–Juni & Sept./Okt.: Bahnhofstr. Mo–Fr 9–
18 Uhr, Sa 10–18 Uhr, Strandpromenade täglich
10–17 Uhr.

Juli/Aug.: Bahnhofstr. Mo–Fr 9–18 Uhr, Sa 10–
18 Uhr, So 14–18 Uhr, Strandpromenade täglich
10–18 Uhr.

Unterkunft

■ **Kurhotel,** Hauptstr. 1, Tel. 5 30, Fax 5 33 33,
www.kurhotelsassnitz.de. Im ehemaligen Seemannsheim, mit Blick auf Fährhafen und Prorer
Wiek; Ü/F NS 36–54 €, HS 46–56 €.
■ **Fürstenhof,** Rosenstr. 11, Tel. 5 30, Fax 5 33 33,
www.raulff-ferienwohnungen.de. Prachtvoll res-

■**Hotel Zum Hafen,** Hafenstr. 3, Tel. 2 23 06, Fax 64 99 53, www.hotel-zum-hafen.de. Kleine Hotelpension, Ü/F NS 24–35 €, HS 39 €.

■**Pension Waldhalle,** an den Wissower Klinken, Tel. 2 24 78, Fax 3 60 37, www.wissower-klinken. de. Einmalig schöne Alleinlage mitten im Wald nur wenige Schritte von den weltberühmten Wissower Klinken; Ü NS 26 €, HS 38 €, mit Etagenbad/WC NS 28 €, HS 34 €, Frühstück 8 €.

Gastronomie

■**Harbours,** Hafenstraße 5, Tel. 37 45 20. Eine Seltenheit auf Rügen – Fingerfood at its best! Spanische Tapas, italienische Antipasti, deutsche Häppchen, internationale Suppen und Salate usw. Dazu über 100 verschiedene Weine und Cocktailbar.

■**Waldhalle,** Tel. 2 24 78, www.wissower-klinken.de, HS täglich 11–18 Uhr, NS Mi–Mo 11–17 Uhr. Traditionelles Ausflugsrestaurant im Nationalpark, Alleinlage im Wald, 200 m von den Wissower Klinken, Wild- und Fischgerichte.

■**König Gustav,** Hauptstr. 10, Tel. 2 23 59, www. koenig-gustav.de. Spezialitätenrestaurant mit skandinavischem Einschlag und ebenso bodenständiger wie feiner Küche.

■**Ostpreußische Hafenräucherei,** Hafenstr. 12, Tel. 3 65 04. Urig-gemütliche Fischgaststätte mit sehr freundlicher Bedienung und üppigen Portionen.

Aktivitäten

■**Fahrradverleih:** *Zweirad Harm,* Hafenstr. 19, Tel. 3 50 75.

■**Schiffsausflüge** zum Königsstuhl: 4x täglich mit *MS Kalinin,* Hafenmole, Tel./Fax 3 21 80, www.

tauriertes historisches Logierhaus im Seebäderstil mit FeWo für 2–5 Pers. mit offener Loggia zum Meer direkt an Strandpromenade und Seebrücke, App. 40–100 €.

■**Hotel Villa Aegir,** Mittelstr. 5, Tel. 30 20, Fax 30 27 77, www.villa-aegir.de. Hoch über dem Hafen gelegenes historisches Haus in klassizistischer Bäderarchitektur, 36 Zimmer mit Seeblick. Besonders toll: das ausgezeichnete, der regionalen Esskultur verpflichtete, Restaurant. Ob vom hellen Wintergarten oder der Sonnenterrasse – die Panoramasicht ist unvergleichlich. NS 28 €, HS 38–43 €.

◁ Historische Bäderarchitektur an der Seebrücke in Sassnitz

kalinin-sassnitz.de. Schöner alter Fischkutter mit urigen Seebären und Klönsnack; Räucherfisch an Bord; Dauer 2 Stunden.

■ **Tierpark,** Am Steinbach, Tel. 2 23 81, www.tierpark.sassnitz.de. April–Sept. täglich 10–18 Uhr, Okt.–März täglich 10–16 Uhr.

■ **Bowling:** *Bowling Center,* Gewerbepark 14, Tel. 3 21 61, www.bowlingcenter-sassnitz.de.

■ **Baden/Wellness:** *Rügen-Therme,* Seestraße 1, im Rügen-Hotel; Tel. 5 32 50, www.ruegen-hotel.de, mit Wasserfall, Gegenstromanlage, Saunalandschaft, Dampfbad, Sprudelbank.

■ **Reiten:** *Landpension Dubnitz,* Dubnitz Nr. 15, Tel. (038392) 69 10, www.landpension-dubnitz.de.

■ **Golf:** *Golfplatz Sassnitz,* Tel. 0171 1 86 56 46, www.golfaufruegen.de. 9-Lochplatz bei Neu-Mukran.

■ **Kunst/Kultur:** *Kunsthof Gut Dargast,* in Dargast, Tel. (038392) 3 40 01, www.kunsthof-dargast.de. Galerie, Werkstätten, Kurse, Biergarten, Grillplatz, Theater, Konzerte, Ausstellungen, Workshops u.v.m. auf 30.000 m². Mit Unterkunft im Hof Birkengrund in EZ, DZ oder ganz rustikal im „Heuhotel".

Kunsthandwerk

■ **Keramik:** *Töpferei Büttner,* Am Hafen 12, Tel. 5 03 09, www.ruegen-toepferei.de.

■ **Bernstein:** *Bernsteinwerkstatt,* Bachpromenade 3, Tel. 6 60 67 09.

■ **Info:** *Nationalpark-Zentrum,* Am Königsstuhl, Tel. (038392) 66 17 66, Fax 66 17 40, www.koenigsstuhl.com, Ostern–31.10. täglich 9–19 Uhr, 1.11.–Ostern täglich 10–17 Uhr. Eintritt Erwachsene 6 €, Kinder (6–14 Jahre) 3 €.

■ **Markierung:** blauer Balken auf weißem Grund.

■ **Länge:** 11,4 km

■ **Dauer:** 3–4 Stunden

■ **Rückfahrt:** Die Buslinien 14, 20 und 23 fahren ab Parkplatz am NLP-Zentrum nach Sassnitz. Die Linie 19 pendelt zw. Königsstuhl und Parkplatz Hagen ca. im 15-Min-Takt.

■ **Ausrüstung:** gutes Schuhwerk, da der Pfad an einigen Stellen feucht und glitschig ist. Vorsicht an den Abbruchkanten! Nicht zu weit vortreten, da stetig Abbruch- und somit Lebensgefahr besteht.

■ **Tipp:** Die Strecke kann man bei ruhiger See auch unterhalb der Klippen am wildromantischen Ufer entlangwandern. Am besten sind der Vormittag und der frühe Nachmittag, weil dann die Sonne (so sie scheint) die Kreidefelsen zum Leuchten bringt. Infos, Führungen und Tipps erteilt auch der Nationalparkspezialist *Rico Markmann,* Tel. (038392) 66 17 28, rico.markmann@nationalparkamt-ruegen.de.

Wanderung über den Hochuferweg

Die große Attraktion, der Besuchermagnet Rügens schlechthin, liegt gut 12 km von Sassnitz entfernt: die **Stubbenkammer mit dem Königsstuhl.** In Sassnitz beginnt der berühmte Hochuferweg, der durch die herrlichen Wälder entlang der steilen Kliffe dorthin führt. Allein um diesen Bilderbuchweg entlangzuwandern, lohnt sich der Besuch von Sassnitz unbedingt. Es ist die **schönste Wanderroute,** die Rügen zu bieten hat. Dieses Naturerlebnis sollte man sich keinesfalls entgehen lassen und den Spuren *C.D. Friedrichs* hinaus zu den Wissower Klinken und zum Königsstuhl folgen.

NP Jasmund / Hochuferweg

0 — 800 m ©REISE KNOW-HOW 2013

Halbinsel Jasmund

★ Gr. Stubbenkammer
ℹ NP Zentrum
★ Königsstuhl
★ Kl. Stubbenkammer
★ Pfenniggrab
★ Herthaburg
Herthasee
★ Opferstein
Steinbach
★ Aser Ort
★ Mönchsteig
Hagen
P
Lohme
2
Holzkoppel
LEHMSCHRÖTER BERGE
★ Kollicker Ort
Kollicker Bach
KOLLICKER BERGE
OSTSEE
Nationalpark
Brisnitzer Bach
Hochuferweg
KIELER KÄMME
Jasmund
Kieler Bach
FAHRNITZER BERGE
★ Siegfriedsbuche
Tipper Ort
★ Ernst-Moritz-Arndt-Sicht
TRENZER BERG
DER LANGE BERG
★ Schnacks Ufer
Werder
3
★ Wissower Klinken

■ Übernachtung
2 Baumhaus Hagen
3 Pension Waldhalle

■ Essen und Trinken
1 Ausflugsgaststätte Stubbenkammer
2 Baumhaus Hagen
3 Ausflugsgaststätte Waldhalle

KRAMPASER BERGE
Steinbach
Lenzer Bach
Sassnitz
Buddenhagen
★ Der Hengst
★ Piratenschlucht
★ Gakower Ufer

Fährt man die Hauptstraße von Sassnitz ganz durch bis zu ihrem Ende, wo sie Weddingstraße heißt, erreicht man am Waldrand einen **bewachten Parkplatz,** an dem in einer Info-Hütte Auskunft gegeben wird. Hier beginnt der Wanderweg.

Als erstes erreicht man die **Piraten-schlucht.** Hier beginnt der 30 km² große **Nationalpark Jasmund,** der sich entlang der Ostküste der Halbinsel bis Lohme er-streckt. Bitte beachten Sie deshalb auf Ih-rem weiteren Weg die Schutzvorschrif-ten für dieses herrliche Stück Natur.

Die von den Bergrücken Hengst und Bläse eingefasste Piratenschlucht erhielt ihren Namen vom Piraten *Störtebeker,* der der Legende nach in der Schlucht ein Versteck gehabt haben soll. Der Gipfel Hengst ist von einem **slawischen Burg-wall** gekrönt, den der Volksmund den „Sattel des Hengsts" nennt.

Durch die Schlucht führt der Weg hi-nauf zum **Hochweg.** Der Weg verläuft nun entlang der Abbruchkante des Wis-sower Ufers durch alten schattenspen-denden Rotbuchenbestand bis zum Wis-sower Bach, dessen Schlucht auf einem etwas landeinwärts gelegenen hölzernen Steg überquert wird. Hinter der Schlucht erblickt man erstmals die **Wissower Klinken,** jene pittoresken Kreidekliffe, die *Caspar David Friedrich* durch eines seiner Bilder weltberühmt machte. Lei-der wurden die malerischen Kreidefel-sen am 24.2.2005 Opfer eines gewaltigen Abbruchs, bei dem 50.000 Tonnen Krei-de und mit ihnen die charakteristischen 20 Meter hohen Hauptzinnen ins Meer stürzten und dabei einen Strandwande-rer in den Tod rissen. Die Zinnen sind weg, doch der herrliche Ausblick auf das Meer ist geblieben.

Dort angekommen (Abstiegsleiter zum Strand), hat man 5 km des Weges hinter sich gebracht und kann in der **Ausflugs-gaststätte Waldhalle,** die etwas landein-wärts im Walde liegt, eine Pause einlegen.

Gleich dahinter führt der Pfad in gro-ßem Bogen um eine weit ins Land hi-neinragende Bucht herum. Diese ist 1958 durch einen großen Erdrutsch entstan-den. Weiter geht es nun am Fahrnitzer Ufer entlang über den Aussichtspunkt **Tipper Ort** bis zur **Ernst-Moritz-Arndt-Sicht.** Kurz danach bietet eine Hütte Schutz vor eventuellen Gewittern oder sonstigem Unbill.

> Nur für Schwindelfreie –
der Austritt an der Viktoria-Sicht

Hinter der Schutzhütte erreicht man am Zusammenfluss des Kieler und Brisnitzer Bachs die tief eingeschnittene Schlucht des **Kieler Bachs.** Dieser stürzt sich in einem kleinen malerischen Wasserfall über die Kreidefelsen hinunter zum Strand. Der Bach ist wie alle sechs Wasserläufe, die der Hochuferweg überquert, urwaldartig überwuchert. Riesige Farne, großblättriges Efeu und andere schattenliebende Pflanzen verwandeln die Schluchten mit ihrer üppigen Vegetation in kleine Dschungel.

Kurz nach der Überquerung des Kieler Bachs erreicht man den Aussichtspunkt Kieler Bach. An der Abbruchkante des Hohen Ufers geht es weiter bis zum **Kollicker Bach,** wo sich erneut eine schöne Aussicht eröffnet. Kollicker Ort, Mönchstein und **Aser Ort** sind die nächsten Stationen, die der Pfad berührt. Mit dem Steinbach überquert der Hochuferweg nun den letzten Wasserlauf.

Nach wenigen Schritten erreicht man die **Kleine Stubbenkammer.** Wie Nashornhörner ragen ihre Kreideklippen in den Himmel. Tief unten liegt der geröllübersäte Strand. Von dem überkragenden Austritt (nur für Schwindelfreie!) der **Viktoria-Sicht** hat man den besten

Der schönste Blick

Annähernd jeder, der sich an der sommerlichen Schlacht um den Stehplatz auf dem 117 m hohen Fels beteiligt, ist mit dem obligatorischen Camcorder oder wenigstens einem **Fotoapparat** bewaffnet. Interessant und amüsant ist es, dabei zuzuschauen, wie die Motivjäger recht irritiert und ratlos auf der Suche nach dem begehrten Urlaubsmotiv umherirren. Denn den Königsstuhl selbst kann man von seiner **Plattform** aus nämlich kaum sehen. Nur ein paar weiße Zipfel gibt er den Blicken der Touristen preis. Vom Aussichtspunkt kann man höchstens den wilden, mit abgestürzten Bäumen und mächtigen Steinblöcken übersäten **Strand** tief unten ablichten.

Wer den imposanten **Fels des Königsstuhls** in seiner ganzen majestätischen Größe fotografieren will, muss dort hinabsteigen. Von unten allerdings türmt sich das Kliff vor dem Besucher schwindelerregend in den Himmel auf.

Ein Tipp: Verzichten Sie auf das kostenpflichtige Betreten des legendären Kreidefelsens und spazieren Sie zur kaum 5 Minuten entfernten **Viktoria-Sicht** (siehe „Wanderung über den Hochuferweg"). Von dort haben Sie einen sehr schönen Blick auf den berühmten Kreidefels und eine ebensolche Fotoperspektive. Die ganze volle Pracht und Schönheit der Kreideklippen der Großen und Kleinen Stubbenkammer zeigt sich aber nur **vom Wasser aus.** Wer ihn in klassischer Postkartenmanier zu Gesicht bekommen will, sollte an einem sonnigen Tag in Sassnitz eines der Ausflugsboote besteigen, die während der Saison täglich zu Königsstuhl-Rundfahrten in See stechen.

348rh ph

Blick auf den benachbarten Königsstuhl. Um zu ihm zu gelangen, muss noch die **Golchaschlucht** umgangen und ein Hügelgrab überquert werden. Dann hat man das vielbesungene Kronjuwel Rügens, den 117 m hohen Kreidefels des **Königsstuhls** erreicht. Durch die Golchaschlucht führt ein steiler Treppenpfad hinunter zum Strand.

Die letzten Meter des **Abstiegs** muss man mit Hilfe von Leitern überwinden. Solche Leitern gibt es auch an mehreren anderen Stellen entlang des Hochuferweges. Da sie jedoch häufig im Winter durch Hochwasser weggerissen, von Eis zermalmt oder von Abbrüchen zerstört werden, sind sie zeitweise nicht da.

In der **Ausflugsgaststätte Stubbenkammer** kann man sich von der Wanderung erholen und auf den Pendelbus (Nr. 19) warten, der zwischen dem Königsstuhl und dem Parkplatz Hagen bzw. Sassnitz verkehrt.

Direkt zum Königsstuhl

Wem der Fußweg über den Hochuferweg von Sassnitz zu beschwerlich ist, der kann den legendären Fels auch mit dem Auto oder Bus (fast) erreichen. Der Weg dorthin ist ab Sassnitz gut ausgeschildert. Die schmale Straße führt am Ortsende von Sassnitz, an der Kirche vorbei, steil hinauf in die herrlichen Buchenwälder der Stubnitz und durchquert den gesamten Nationalpark bis zur Großen Stubbenkammer mit dem Königsstuhl. Bei Anfahrt mit dem Linienbus löst man gleich das **„Königsstein-Ticket",** das den Eintritt zum NLP-Zentrum und zum Fels bereits enthält.

Majestätisch und weltberühmt – der Königsstuhl von der Viktoria-Sicht

Die direkte Anfahrt zum Königsstuhl ist meist nicht möglich. Der große gebührenpflichtige **Parkplatz** Hagen etwa **3 km vor dem Königsstuhl** ist automobile Endstation (ab 18 Uhr wird die Schranke teils geöffnet). Wer nicht zu Fuß weiterspazieren will, kann vom Parkplatz aus mit **Shuttlebussen** fahren oder sich beim dortigen Verleih ein **Fahrrad** leihen.

Seinen **Namen** erhielt der mächtige Kreidefels, weil der Legende nach in alten Zeiten an und auf ihm die Königswahl stattfand. Alle Bewerber für den Thron mussten vom Strand aus den fast senkrechten bröseligen Fels hinaufklettern. Wer lebendig oben ankam und sich auf dem dort aufgestellten Stuhl aus Steinen und Erde niedersetzte, durfte König sein.

Die Gefühlswallungen, von denen *Caspar David Friedrich* und sein Gefährte beim Erreichen der Klippen ergriffen wurden, sind heute angesichts des meist endlosen **Menschenstroms,** der dem Hochaltar Rügens entgegenstrebt, wohl nicht zu erwarten. Dort angekommen, muss man sich in die Schlange einreihen, die vor dem Kassenhaus wartet, um überhaupt auf das Gelände des **Nationalparkzentrums** und den dahinter liegenden Königsstuhl selbst zu gelangen.

Das Zentrum zeigt auf 2.000 m² Ausstellungsfläche und auf 28.000 m² Außenfläche viel Interessantes und Spannendes für die ganze Familie. Ob Erlebnisausstellung, Multivisionskino oder eine Führung mit einem Nationalpark-Ranger – man lernt hier viel über die Natur Jasmunds und des Nationalparks.

■ **Nationalpark-Zentrum Königsstuhl,** am Königsstuhl, Tel. (038392) 66 17 66, Fax 66 17 40, www.koenigsstuhl.com, Ostern–31.10. täglich 9–19 Uhr, 1.11.–Ostern täglich 10–17 Uhr. Eintritt Erwachsene 6 €, Kinder (6–14 Jahre) 3 €, Familien 12 €.

Golchaschlucht

Wer nicht gerade in Pumps oder ähnlich unpraktischem Schuhwerk unterwegs ist, sollte in jedem Fall einen **Strandabstieg** einplanen. Rechts des Königsstuhls führt ein steiler, kurvenreicher Pfad durch die Golchaschlucht hinab zum Strand. Der Weg ist neu gemacht, aber an einigen Stellen feucht und durch Kreideschmiere recht glitschig. Die letzten Meter des Abstiegs geht es über eine **Leiter** senkrecht nach unten. Die Mühe lohnt sich! Unten an dem wilden, ursprünglichen Strand angekommen, ragt der Königsstuhl direkt vor einem mächtig majestätisch in den Himmel. An seinem Fuße liegt der **Waschstein,** ein 60 Tonnen schwerer Findlingsblock, im Wasser. Auf ihm soll pünktlich alle 7 Jahre in den frühen Morgenstunden des 24. Juni eine unerlöste Jungfrau erscheinen und beim Waschen ihrer zarten Gespinste auf Erlösung hoffen. Welcher Art von Erlösung sie harrt, sagt die Sage aber nicht.

Wenigstens ebenso schön wie der königliche Fels von unten ist der Anblick des schmalen Strandes am Fuße des Kliffs. Er ist übersät mit angeschwemmtem Holz und abgestürzten Baumstämmen, von großen Felsblöcken und kleinen Kieseln sowie von zahllosen Feuersteinknollen, die einst in Schichten in der Kreide eingelagert waren und durch Erdstürze freigelegt wurden. Die Spuren des Landverlustes vom vorigen Winter sind unübersehbar. Regelmäßig unterspülen die von den Winterstürmen aufgepeitschten Wellen die Kreidefelsen und bringen Teile zum **Einsturz**. Doch die See nagt nicht nur an der Steilküste, sie landet auch allerlei Dinge an.

Wer Zeit dazu hat, sollte wenigstens ein Stück auf dem wildromantischen **Strandstreifen** entlangwandern. Teilweise geht es im wahrsten Sinne des Wortes über Stock und Stein. Nach wenigen hundert Metern hat man den Trubel um den Königsstuhl hinter sich gelassen und fühlt sich wie Robinson Crusoe am Ufer einer unbewohnten Insel. Wer ein Faible dafür hat, zwischen Steinen, Schwemmholz, Kies- und Sandbänken nach irgendwelchen Schätzen herumzustöbern, ist hier genau richtig. Man sollte aber auch öfter mal den Blick heben und die sich dauernd wandelnde Steilküste betrachten. Die verschiedensten Perspektiven und Ausschnitte begeistern.

Entlang der Küste Richtung Sassnitz führen an mehreren Stellen Leitern nach oben auf den Hochuferweg, auf dem man zurück zum Königsstuhl gehen kann. Da diese jedoch regelmäßig von der Brandung weggerissen oder von Eisschollen zermalmt werden, gibt es keine Garantie, an einer bestimmten Stelle eine solche vorzufinden.

Herthaburg

Etwa auf halber Strecke zwischen dem Großparkplatz *Hagen* und dem Königsstuhl versteckt sich im Buchenwald die sagenumwobene Herthaburg. Der **slawi-** sche **Burgwall** ist vom Königsstuhl aus in rund 10-minütigem Fußmarsch zu erreichen. Der Wall der alten Schutzburg ist kreisrund, 10 m hoch und 90 m lang. „Der Wanderer wird bei der Betrachtung dieser Ruine, welche ernst und düster, Furcht einflößend und Ehrerbietung fordernd in dem Dickicht des Waldes liegt, hineingerissen in den Abgrund der Vergangenheit", liest man in *Grümbkes* „Steifzügen".

In der Burg verehrten die Slawen *Tjarnagloti*, den Siegesgott, mit seinem silbernen Schnurrbart. Ihren Namen erhielt sie aber von einer anderen heiligen Gestalt. Der **Sage** nach soll die Burg einer Göttin namens *Hertha* als Wohnsitz gedient haben. Die als menschenfreundlich und gutmütig beschriebene Göttin fuhr zur Erntezeit mit einem Wagen durchs Land und beschenkte die Bauern als Lohn für Fleiß und Mühen mit reicher Ernte. Nach getaner Arbeit erfrischte die spendable Göttin ihren Leib im wenige Schritte vom Burgwall entfernten Herthasee und zelebrierte dabei geheime Riten. Ihre Dienerinnen, die ihr beim Bade assistierten, ertränkte sie dann anschließend wenig menschenfreundlich im See, damit sie die heiligen Handlungen, die sie gesehen hatten, nicht ausplauderten. Nun spuken ihre armen Seelen nächtens auf dem See und im Walde umher.

Herthasee

Der 11 m tiefe Herthasee ist tagsüber ein romantischer Waldsee, der still zwischen den mächtigen Bäumen liegt und dessen dunkle Wasserfläche von Teichrosen bedeckt ist.

Opferstein

In der Nähe des Burgwalls liegt ein großer **Felsblock,** der Opferstein. Seine Oberfläche ist von Rillen und Kerben zerfurcht. Natürlich erzählt die Legende von Menschenopfern, die hier gebracht wurden. Die Rillen dienten demnach zum ordnungsgemäßen Ablauf des Blutes und sollen deshalb nie Moos ansetzen.

Pfenniggrab

Wer vom Herthasee aus noch einmal ein Stück weiter den Wanderweg Richtung Nipmerow spaziert, erreicht nach einem guten Kilometer das Pfenniggrab, ein gut erhaltenes **steinzeitliches Großsteingrab.**

Praktische Tipps

Unterkunft

■**Baumhaus Hagen,** Stubbenkammer, Tel. (038392) 2 23 10, Fax 6 68 69, www.baumhaus hagen.im-web.de. Rohrdachhaus in Einzellage an der Straße zum Königsstuhl, im Restaurant traditionelle Fisch-/Wildgerichte, Ü/F NS 30–34 €, HS 39 €.

■**Kleine Försterei,** in Hagen, Stubbenkammer Str. 68, Tel. (038302) 9 00 17, Fax 9 09 01, www. kleine-foersterei-ruegen.de. Adretter Neubau mit Gaststube im Jagdhausstil und Bar; Ü/F NS 18–20 €, HS 26 €.

■**Pension Quasimodo,** in Hagen, Stubbenkammer Str. 49, Tel. (038302) 9 09 50, Fax 9 09 47, www.quasi-ruegen.de. Kleine behagliche Gaststube mit landhaustypischer Küche, die vom fangfrischen Fisch bis zum Wild aus heimischen Wäldern reicht. Ü/F NS 30 €, HS 35 €.

Nipmerow

An der Straße, die von Sassnitz nach Lohme führt, liegt das kleine Dorf Nipmerow. Rund 300 m vom Ort entfernt befindet sich der einzige **Campingplatz** auf Jasmund. Von dem kleinen, schön und ruhig im Wald gelegenen Platz lässt sich Jasmund in allen Himmelsrichtungen gut erkunden und erwandern. Seine Lage unmittelbar am Rand des Nationalparks Jasmund macht ihn vor allem zum idea-

326h ph

len Ausgangspunkt für große und kleine Wanderungen durch die herrlichen Buchenwälder der Stubnitz, die übersät sind mit prähistorischen Hügelgräbern.

Unterkunft

■ **Krüger Naturcamping,** Jasmunder Str. 5, Tel. (038302) 92 44, Fax 5 63 08, www.ruegen-natur camping.de. Kleiner, romantischer Platz auf Waldlichtung und vor dem Wald. Einfache, provisorisch anmutende Sanitäreinrichtungen, vor allem im hinteren Teil im Wald (Ostern–31.10.).

Lohme

An der Abbruchkante der 70 m hohen Nordküste Jasmunds liegt das Fischerdorf Lohme.

Der kleine **Fischerhafen** des Dorfes liegt, geschützt durch mächtige Felsklötze, tief unterhalb des Ortes am schmalen Strand am Fuße der Steilküste. Zum Ha-

☑ Mit niedlichem Rastplatz –
die steile Treppe hinab zum Hafen von Lohme

fen führt eine steile Treppe hinab. Der Fang wird per Seilbahn hinauf ins Dorf gebracht und in der **Traditionsräucherei,** die die Lohmer Fischer an der Durchgangstraße unterhalten, verkauft.

Das **Ufer** bei Lohme ist steinig und wenig geeignet zum Baden. Dort liegt der **Schwanenstein,** ein 162 Tonnen schwerer Findling. Sehr zu empfehlen ist die Route entlang des Hochufers zum 6 km entfernten Königsstuhl. Sie ist wunderschön und weit weniger besucht als der Hochuferweg von Sassnitz aus.

Das Schönste in Lohme ist jedoch die Aussicht über das Meer hinüber auf das gegenüberliegende Kap Arkona, über dem am Abend die Sonne (so sie scheint!) glutrot versinkt. Der beste Platz, um dieses herrliche Schauspiel zu erleben, ist die Terrasse des Restaurants im Panorama-Hotel. Einen schöneren Sonnenuntergang (am besten bei einem guten Wein oder Essen) findet man auf ganz Rügen nirgendwo anders!

Küstenwanderung

Aber auch die Küste **westlich von Lohme** ist für Spaziergänge sehr geeignet, besonders wenn man **Ruhe und Abgeschiedenheit** sucht. Da man an dem mehr als 10 Kilometer langen Küstenabschnitt zwischen Lohme und Glowe nirgends mit dem Auto an die Küste heranfahren kann, ist sie **weitgehend unberührt.** Hierher verirrt sich kaum ein Rügenbesucher. Auch eine Ausflugsgaststätte oder Ähnliches wird man hier nicht finden. Es empfiehlt sich also, einen kleinen Proviant einzupacken, da man entlang dieses Weges auf keine menschliche Ansiedlung stoßen wird.

Die schmale und kurvenreiche, von Bäumen gesäumte Straße, die parallel zur Küste von Lohme durch winzige Dörflein Richtung Glowe führt, ist sicherlich eine der schönsten Strecken auf ganz Rügen.

Bio-Hof

An der wunderschönen Allee zwischen Lohme und Glowe liegt das **Hofgut Bisdamitz.** Es bietet eine ideale Gelegenheit, sich mit gesunden Rügener Lebensmitteln einzudecken. Seit 1994 wird hier nach den strengen Richtlinien des Bioland-Verbandes gearbeitet. In der Käserei werden von Quark über Yoghurt bis Schnittkäse die verschiedensten Milchprodukte hergestellt. Marmeladen, Kuchen, Brot und Teigwaren, alles aus eigener Produktion; das eigene Fleisch wird vom benachbarten Schlachter zu Wurst verarbeitet.

■**Hofgut Bisdamitz,** Dorfstr. 1, Tel. (038302) 92 07, www.hofgut-bisdamitz.de, Juli–Sept. täglich 10–20 Uhr, Okt.–Juni täglich 10–18 Uhr, mit Restaurant.

Praktische Tipps

Info

■**Vorwahl:** 038302
■**Tourist-Information,** *Haus Linde,* Arkonastr. 31, 18551 Lohme, Tel. (038302) 8 88 55, Fax 8 88 57, www.lohme.de. April–Okt. Mo–Fr 10–12 und 15–17 Uhr, Sa 10–12 Uhr, Nov–März Mo–Sa 10–12 Uhr.

Unterkunft

■**Panorama-Hotel,** An der Steilküste 8, Tel. 91 10, Fax 91 11 33, www.lohme.com. Direkt am Steilufer, von Restaurant und Seeterrasse toller Ausblick, ausgezeichnete Küche; Ü/F NS ab 34 €, HS ab 68 €.

■**Pension Nordwind,** Arkonastr. 1, Tel. 92 46, Fax 94 44, www.hotel-pension-nordwind.de. Neu errichtete Pension mit Schwimmbad, Sauna, Solarium, Restaurant, Ü/F NS 35 €, HS 40 €.

■**Hotelchen Rugeshus,** in Nardevitz, Am Ufer 2, Tel. 91 20, www.rugeshus.de. Absolut paradiesische Alleinlage im Wald an einem murmelnden Bach am Strand, viele Tiere, nette Leute, Ü/F NS 16–23 €, HS 21–27 €.

Gastronomie

■**Café Niedlich,** über dem Fischereihafen, Tel. 93 46. Auf halber Höhe an der Treppe zum Hafen mit schöner Terrasse und ebensolcher Aussicht.

■**Traditions-Räucherei,** Dorfstr. 18, Tel. 92 05. Täglich Aal, Heilbutt, Sprotten, Flundern und mehr Frisches aus dem Rauch; Imbiss mit Fassbier und Direktverkauf.

Kunsthandwerk

■**Steinmanufaktur:** Zum Hafen 6, Tel. 9 01 09, www.ruegensteine.de. Der Künstler *Peter Müller* verarbeitet an Steilküste und Strand gefundene Steine. Ein ideales, weil absolut authentisches Rügensouvenir.

Bobbin

Bobbin bedeutet im Slawischen „Hügel". Auf einem solchen liegt das kleine Dörf-chen an der Straße von Glowe nach Sagard. Über dem Dorf thront die kleine gotische **Dorfkirche St. Pauli.** Das um 1400 aus Feldsteinen errichtete Kirchlein schmückt ein barocker Altar von 1668, den *Wrangel* einfügen ließ. Wer das Kirchlein besucht, sollte es nicht versäumen, auch einen Rundgang über den kleinen **Friedhof** zu unternehmen.

Unterkunft

■**Alte Schmiede,** Heidberg 19, Tel. (038302) 5 30 07, Fax 8 12 01, www.feistauer-bobbin.de. Neubau in ruhiger Lage mit Blick auf den Jasmunder Bodden; Sauna, Liegewiese, Grillplatz, Streichelschafe, FeWo NS 39–59 €, HS 59–69 €.

Einkaufen

■**Hofladen Bobbin,** Oberdorf 5a, Tel. (038302) 88 77 57, www.hofladen-bobbin.de. Mit Weingalerie und Mosterei, Fruchtweine und Liköre aus eigener Herstellung, Kerzenwerkstatt, Strickwaren sowie **De schmucke Stuw** mit Filzerei, Kreidemännchen-Manufaktur u.a., Mo-Sa 10–18 Uhr, im Winter 10–16 Uhr.

Schloss Spyker

Von der Straße, die von Bobbin nach Glowe führt, sieht man auf der Boddenseite von weitem schon ein braunrotes turmbewehrtes Gebäude aus der grünen Landschaft leuchten, Schloss Spyker. Es liegt in unmittelbarer Nähe des **Spykerschen Sees,** einer fast abgeschnürten Bucht des Großen Jasmunder Boddens. Die Bucht ist Naturschutzgebiet und für alle Arten von Sportbooten gesperrt.

Der gedrungene Bau mit seinen vier Ecktürmen war ab dem 14. Jh. Sitz der Herrschaft *Spyker*. Nach dem Aussterben der Sippe schenkte die schwedische Königin das Schloss 1650 ihrem Feldmarschall *Carl Gustav Wrangel*. Dieser ließ es nach dem Vorbild seines Schlosses am Mälar-See in Schweden um- und ausbauen. Von diesem Umbau stammen die barocken Stuckdecken in den Sälen. Nach dem Tode Wrangels 1676 kam Spyker in den Besitz des Fürsten *Malte von Putbus*.

Bis zur Wende war in dem herrschaftlichen Gebäude ein **Altersheim** untergebracht. Nun ist das malerisch still und allein gelegene Schloss ein elegantes **Hotel.** Seine Lage zwischen den Rügenattraktionen Königsstuhl und Kap Arkona und nur wenige Fahrminuten vom Strandparadies Schaabe entfernt, machen aus dem historischen Gemäuer eine besonders exklusive Herberge. Auch für Nichthotelgäste lohnt sich der kurze Abstecher, denn neben einem ausgezeichneten Restaurant lädt bei gutem Wetter ein idyllisches **Gartencafé** unter alten Bäumen zur beschaulichen Rast ein.

■ **Schlosshotel Spyker,** Schlossallee 1, 18551 Spyker, Tel. (038302) 7 70, Fax 7 73 00, www. schloss-spyker.de. 32 elegante, individuell geschnittene und gestaltete Zimmer im historischen Ambiente. Dazu ein stilvolles Gewölberestaurant, in dem sich regionale Küche mit mediterranen Elementen paart. Sehr gut sortierte Weinkarte täglich 12–21 Uhr, Juli/Aug. bis 22 Uhr. Ü/F 50–100 €.

Dinosaurierland

Seit 2009 im Unterhaltungsangebot der Insel ist das Dinosaurierland. Da die urzeitlichen Großechsen seit jeher eine große Faszination auf Jung und Alt gleichermaßen ausüben, wird der Park mit seinen 120 Urechsenarten seine Besucher finden. Durch das Gelände führt ein 1100 m langer Rundweg. Es wird die Entwicklung vom ersten Lebewesen im Wasser bis zur Evolution der Wirbeltiere und die Eroberung der Luft durch Flugsaurier und Vögel erläutert. Ein 90-minütiger Dinofilm wird ebenso geboten wie die Erstellung eigener Gipsabdrücke oder auch die Freilegung eines (nachgebildeten) Saurierskelettes.

◁ Zu DDR-Zeiten Altersheim, jetzt eleganes Hotel – das Schloss Spyker

■ **Dinosaurierland Rügen,** Am Spyker See 2 a, 18551 Spyker, Tel. (038302) 71 98 74, Fax 71 98 75, www.dinosaurierland-ruegen.de, täglich 10–18 Uhr. Erwachsene 7,50 €, Kinder 4,50 €.

Tempelberg

Südlich von Bobbin ragt der 60 m hohe Tempelberg auf. Wer vom Parkplatz an der Hauptstraße über die steilen Treppen sein Plateau besteigt, wird mit einem wunderschönen Ausblick über die Schaabe und die Halbinsel Wittow hinweg bis zum Kap Arkona belohnt.

Quoltitzer Opferstein

Ein besinnlicher Spaziergang lässt sich durch die weiten Wiesen und Felder zum **Quoltitzer Opferstein** machen. Der Weg führt vom Tempelberg über die Dörfchen Polkvitz und Quoltitz. Von dort führt ein 800 m langer Stichpfad zu dem von einer Baumgruppe umgebenen, mächtigen Felsblock. Er hat ein Volumen von 27 m^3, wiegt 73 Tonnen und ist von ausgehauenen Näpfchen, Rillen und Furchen überzogen. Der Quoltitzer Opferstein ist der bedeutendste dieser seltsamen Steine auf Rügen; ihr Sinn ist bis heute nicht endgültig geklärt.

Unweit des Steins liegen die **Fürstengräber,** mehrere bronzezeitliche Hügelgräber, und der 200 Meter hohe **Slanteberg,** mit schöner Aussicht und Hügelgrab. Zwischen Opferstein und den Hügelgräbern liegt ein naturgeschützter **alter Kreidebruch,** in dem sich über die Jahre eine interessante Flora und Fauna angesiedelt hat.

Kreidemuseum Gummanz

Der alte, 1962 **stillgelegte Kreidebruch** ist zum Kreidemuseum Gummanz umgestaltet worden. Das Freilichtmuseum besitzt neben historischen Originalgeräten für den Kreideabbau einen interessanten und schönen Lehrpfad, der vom Bruch etwa 1,5 km bis zum 40 m hohen „Kleinen Königsstuhl" an der Steilküste führt.

■ **Kreidemuseum Gummanz,** Tel. (038302) 5 62 29, www.kreidemuseum.de, Ostern–31.Okt., täglich 10–17 Uhr, Nov.–Ostern, Di–So 10–16 Uhr. Führung nach Vereinbarung.

Sagard

Sagard, zweitgrößter Ort auf Jasmund, liegt an der Hauptstraße von Bergen nach Sassnitz, dort, wo die Straße Richtung Glowe abzweigt. Obwohl in Sichtweite der vielbefahrenen Fernstraße gelegen, braust der Verkehr achtlos an dem Ort vorbei.

Das war nicht immer so. Sagard war aufgrund einer eisen- und kohlensäurehaltigen Mineralquelle der **erste Badeort auf Rügen.**

Im heutigen Sagard ist nur die um 1400 errichtete **gotische Dorfkirche** mit einer zweigeschossigen Orgel von 1796 von Interesse.

Geschichte

Am so genannten **Sagarder Gesundbrunnen** fanden sich schon 1750 die ersten Badegäste ein. Der offensichtlich den irdischen Gütern nicht abgeneigte Sagarder Pastor *Christoph von Willich,* auf dessen Pfarrkoppel eisenhaltiges, nicht gerade wohlschmeckendes Wasser hervorsprudelte, gründete 1794 eine „Brunnen-, Bade- und Vergnügungsanstalt". Er ließ einen Park, die so genannte **Brunnenaue,** anlegen. Um die Quellen herum wurden ein turmartiges Gebäude und daneben ein Badehaus gebaut. Vergnügungseinrichtungen wie Karussell, Kegelbahn, Spieltische und Tanzplätze ergänzten die Anlage. Gar ein Lustschloss wollte der geschäftstüchtige Pfarrer bauen lassen. Daraus wurde dann aber nichts, weil schon nach wenigen Jahren die Gäste ausblieben. Zu den berühmtesten Besuchern des Sagarder Bades gehörte der Theologe und Pädagoge *Schleiermacher,* der sich hier 1808 mit *Henriette von Willich* verlobte. Die kurze Ära Sagards als Badeort fand um 1815 ihr Ende.

Dobberworth

Direkt an der B96 liegt nahe der Abzweigung nach Sagard Norddeutschlands größtes **Hügelgrab.** Der allerdings wenig ansehnliche, von struppigem Strauchwerk bewachsene Erdhügel hat einen Umfang von 50 m und ist 14 m hoch.

Praktische Tipps

Unterkunft

■ **Hotel Am Markt,** August-Bebel-Str. 14, 18551 Sagard, Tel. (038302) 37 16, Fax 37 21, www.puszta-ruegen.de. Mit ungarischem Spezialitätenrestaurant; Ü/F NS ab 24,50 €, HS ab 39 €.

■ **Hotel Der Wilde Schwan,** im OT Neuhof 10, Tel. (038302) 80 30, Fax 8 03 29, www.hotel-der-wilde-schwan.de; Hotel im einladenden Fachwerk-Neubau in reizvoller, sehr ruhiger Alleinlage am Bodden. Separates Gastronomiegebäude mit empfehlenswerter Küche. Ü/F NS 40–50 €, HS 58–63 €.

Lietzow

Dort, wo die B 96 über einen Damm, der seit 1868 den Großen vom Kleinen Jasmunder Bodden trennt, die Halbinsel Jasmund erreicht, liegt idyllisch am bewaldeten Hang zwischen den Boddenwassern der kleine Ort Lietzow.

Bekannt wurde der Ort durch umfangreiche archäologische **Ausgrabungen,** die an der dortigen Boddenküste zwischen 1827 und 1939 gemacht wurden. Über 20.000 Fundstücke aus der **Jungsteinzeit** konnten Archäologen in dem Grabungsfeld bergen. Die aufsehenerregenden Funde waren von so großer Bedeutung und Wichtigkeit, dass nach ihnen die **Lietzowkultur** definiert wurde. Sie existierte vor etwa 5.000 Jahren und stellte den sozialen und kulturellen Übergang von der Jäger- und Sammlergesellschaft zum sesshaften Ackerbau dar.

Oberhalb des Dorfes lugt ein reizvolles kleines **Schlösschen** aus den Bäumen heraus, welches an das besonders romantische Schloss Lichtenstein am Rande der Schwäbischen Alb bei Reutlingen erinnert. Tatsächlich diente ihm das durch den Roman von Wilhelm Hauff bekannte Schloss Lichtenstein als Vorbild. Ein am Bau der Bahnstrecke nach Sassnitz beteiligter Ingenieur hatte es

oberhalb des Boddens für sich errichten lassen.

Freunde von Parkanlagen sollten in Lietzow Halt machen und zu Fuß oder per Rad den 38 ha großen **Waldpark Semper** besuchen. Der reizvolle Spazierweg führt von der Uferpromenade am Boddenufer entlang direkt in das grüne Idyll hinein. Die wildromantische Parkanlage wurde 1920 gemeinsam mit dem mittendrin versteckt liegenden **Schloss Semper** errichtet. Von 1963 bis 1990 war das Gelände paramilitärische Ausbildungsstätte.

Unterkunft

■ **Pension Jasmund,** Boddenstraße 50, Tel. (038302) 30 33, Fax 56 98 10, www.pensionjasmund.de. Familiengeführte Frühstückspension in Waldhanglage mit Wasserblick nahe Strand, Ü/F 40–45 €, in der HS nur wochenweise.
■ **Störtebeker-Camp,** Waldstraße 59, (038302) Tel. 21 66, Fax 31 71, www.lietzow.net. Motelartiges Gästehaus mit Restaurant und kleinem Camping. Ü/F 22–40 €.

Gastronomie

■ **Traditionsräucherei/Erlebnisscheune,** Spitzer Ort 7, Tel. (038302) 5 69 64, Ostern–Ende Okt. täglich 11–18 Uhr. Seit 1909 arbeitet die Fischräucherei auf der Halbinsel Spitzer Ort. Sie räuchert täglich frischen Fang auf frischem Buchenholz und bietet nicht nur mit die beste Qualität auf der Insel, sondern hat sich zusammen mit der **Fisch-Gaststätte „Uns Rökerhus"** mit toller Seeterrasse, Spielplatz, Streichelgehege, einer Erlebnisscheune mit Pilzmuseum und Ausstellung zur Ur- und Frühgeschichte und einem gut sortierten Hofladen zu einem beliebten Ausflugs- und Einkaufsziel entwickelt.

Einkaufen

● **Bücher-Bahnhof,** im alten Bahnhof, Tel. (038302) 5 64 33, www.buecherbahnhof.de. Wer noch eine Strandlektüre braucht, der besuche den leuchtend roten Bahnhof von Lietzow, denn dort warten nicht nur ein gemütliches Café und vielerlei antiquarischer Trödel, sondern auch abertausende von Büchern, in denen man schmökern kann. Mai–Okt. Mi–So 13–17 Uhr, Nov.–April Sa/So 13–17 Uhr.

Glowe

Über Ruschwitz, das der Legende nach der Geburtsort des legendären Piraten *Klaus Störtebeker* sein soll, erreicht man von Lohme oder Sagard kommend Glowe, das **Tor zum Badeparadies Schaabe.** Der Ortsname leitet sich vom slawischen Wort *glova* (Kopf) ab.

Nach den abgeschiedenen und vom Tourismus wenig berührten Küstenstrichen an der Nordküste Jasmunds gerät man hier in den Sommermonaten wieder in buntes Badegetümmel. Zahlreiche Badegäste besuchen dann das ehemalige Fischerdorf, das denn auch weitgehend vom Strandtourismus geprägt ist und von ihm lebt.

Doch trotz der vielen Sommergäste ist Glowe ein vergleichsweise beschaulicher Badeort geblieben. Ein paar Hotels und Pensionen, Restaurants und Cafés, mehr Spuren hat der Tourismus bisher nicht hinterlassen. Sobald die Badesaison vorüber ist, fällt das Örtchen in einen langen, stillen Winterschlaf. Dann ist es für Liebhaber einsamer Strandspaziergänge bei erfrischender Seeluft ein einladendes Plätzchen.

Die einzige Sehenswürdigkeit von Glowe ist der markante dreieckige Spannbetonbau, der unübersehbar direkt am Strand aufragt. Der wegen seiner Form **Muschel** genannte Bau aus dem Jahre 1868 (heute Restaurant Ostseeperle) ist ein Werk des Architekten *Ulrich Müther*, von dem auch der berühmte Teepott von Warnemünde stammt.

Info

● **Vorwahl:** 038302
● **Tourismusverein,** Hauptstraße 37, 18551 Glowe, Tel. (038302) 88 99 39, Fax 88 99 40, Juli–Aug. Mo–Fr 8–18 Uhr, Sa 9–12 und 15–18 Uhr, Sept.–Juni Mo, Mi, Do 8–16 Uhr, Di 8–17 Uhr, Fr 8–12.30 Uhr.

Unterkunft

● **Hotel Meeresblick,** Waldsiedlung 129a, Tel. 74 40, Fax 74 42 11, www.meeresblick-ruegen.de. In Strandnähe, mit zwei Restaurants; Ü/F NS 30–60 €, HS 40–70 €.
● **Pension Alt Glowe,** Hauptstr. 37, Tel. 5 30 59, Fax 5 30 67, www.altglowe.de. Neubau 150 m vom Strand, mit Fahrradverleih, Terrassenrestaurant; Ü/F NS 33–43 €, HS 43–48 €.
● **Ferienherberge,** Bungalowsiedlung 35, Tel. 5 30 26, Fax 7 18 37. Preiswerte Bungalows im Wald, 400 m zum Strand, teilw. Gemeinschaftsduschen, Fahrradverleih; Ü NS 22–27 €, HS 32–42 €.
● **Ferien im Leuchtturm,** Dünenresidenz 19, Tel. (06201) 87 39 63, www.ferien-im-leuchtturm.de. Sicher Rügens ungewöhnlichste Adresse. 110 m² große Ferienwohnung auf vier Etagen im niedlichen rot-weiß-gestreiften Bilderbuch-Leuchtturm, den der TV-Sender Kabel Eins für seine 12-teilige Serie „Ferienhaus der ganz besonderen Art" 2005 wenige Meter vom Strand errichten ließ und dann verloste.

NS drei Nächte 500 €, vier Nächte 650 €, sieben Nächte 800 €, HS nur wochenweise 1650 €.

Gastronomie

■ **Ostseeperle,** Am Strand, Tel. 71 98 83. Extravaganter dreieckiger Spannbetonbau aus den 1970ern des letzten Jahrhunderts direkt am Strand. Zu mediterraner Küche im Restaurant oder auf der Terrasse einmaliger Blick auf Strand, Meer und Kap Arkona.
■ **Zur Schaabe,** Hauptstr. 92, Tel. 71 00, www.schaabe.de. Gemütlicher Gasthof mit freundlichem Service und guter bodenständiger Küche mit viel Fisch, im Haus Pension mit rollstuhlgerechten Zimmern; Ü/F NS 15–28 €, HS 30–43 €.

Aktivitäten

■ **Fahrradverleih:** am Hafen, Tel. 5 34 45.
■ **Bootsverleih:** *M. Benter,* Dorfstr. 39d, im OT Polchow, Tel. 0170 5 55 96 34.
■ **Segeln/Surfen:** *Rügener Segel- und Surfschule,* Tel. 0174 3 16 24 71.
■ **Reiten:** *Wittower Heidehof,* Alt Glowe 118d, Tel. 5 34 66, www.wittower-heide-hof.de.

Schmalen Heide, und sie ist landschaftlich die schönere von beiden. Wie ihre Konkurrentin ist auch die Schaabe im Laufe der Jahrtausende durch Sandanlagerungen entstanden.

Durch den lichten Kiefernwald, der erst 1860/ 1890 als Schutzwald angepflanzt wurde, führt schnurgerade die Straße. Zur Meerseite reihen sich in der Saison kostenpflichtige Parkplätze auf. Durch die duftenden Kiefern führen kurze Sandwege hinaus zur Außenküste, an der sich ein überbreiter, absolut steinfreier Sandstrand ausbreitet. Nur allmählich wird das Wasser tiefer, was besonders für Kleinkinder ideal ist. Wegen der Lage zur offenen See hin gibt es an der Schaabe eine schöne Brandung, aber dadurch ist es auch öfter windig.

Im Gegensatz zur Außenküste ist es an der bewaldeten **Boddenküste** ruhig. Zum Baden ist sie jedoch nicht geeignet. Am Bodden entlang zieht sich von Glowe bis Breege ein beschaulicher **Wanderweg.** Wer ihn entlangspazieren möchte, sollte unbedingt festes Schuhwerk tragen, da es hier **Kreuzottern** gibt.

Die Schaabe

Die 10 km lange, völlig unbesiedelte Sandbrücke zwischen Jasmund und Wittow ist an der Außenküste ein einziger, langer und breiter Bilderbuchstrand, der wohl **schönste Badestrand der Insel.** In einem endlos weiten, zum Meer hin sich öffnenden sanften Bogen reicht der riesige Sandwall bis nach Juliusruh auf Wittow. Die Nehrung am Tromper Wiek ist sozusagen die Zwillingsschwester der

Sollten Sie einer **Kreuzotter** begegnen, versuchen Sie nicht, sie zu fangen oder zu necken und meinen Sie nicht, sie müssten die Menschheit von solch „gefährlichem Viehzeug" befreien! Abgesehen davon, dass Kreuzottern harmlos sind, solange man sie in Ruhe lässt, sind die Tiere vom Aussterben bedroht und stehen unter Schutz. Außerdem haben sie eine wichtige Funktion im ökologischen Gleichgewicht ihrer Region.

HALBINSEL WITTOW

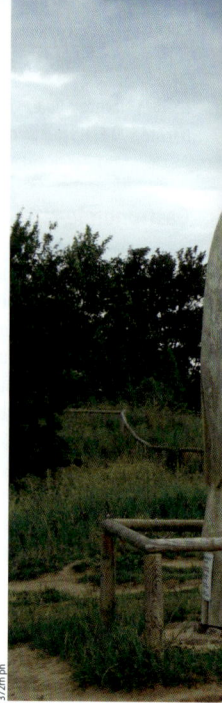

372h ph

Die Halbinsel Wittow ist der nördlichste Teil Rügens. Wie das benachbarte Jasmund war auch Wittow einst eine eigenständige Insel. Erst die 10 km lange **Schaabe,** die durch Sandanschwemmungen entstand, verband sie mit Rügen. Die Landzunge auf der westlichen Seite, der **Bug,** hätte sich wohl schon längst mit dem Inselchen Hiddensee verbunden, wenn der Mensch nicht eingegriffen und die Fahrrinne immer wieder ausgebaggert hätte. Zum „Muttland", dem Inselkern, hat Wittow keine Landverbindung. Wenn man von West-Rügen zu der Halbinsel will, muss man den **Breetzer Bodden** mit einer kleinen Autofähre überqueren.

Überblick

Wie ein gewaltiges, schützendes Bollwerk ist Wittow der Kerninsel vorgelagert. Selbst weitgehend ohne Schutz, ist es den an der Ostsee vorherrschenden Westwinden ausgeliefert. *Windland Wittow* wird es deshalb auch genannt. Ungehindert pfeifen die Winde und Stürme über die fast baumlose Hochfläche und rütteln an den geduckten Häusern der wenigen Dörfchen.

„Sturmtief über der Ostsee", meldet im Winter denn auch häufig die Wetterwarte von Deutschlands „Nordkap", dem

Kap Arkona. Diesen vorgeschobenen nördlichsten Zipfel Rügens treffen die Elemente am unmittelbarsten. Dort heulen im Herbst und Winter die Stürme wütend um die Türme der Leuchtfeuer. Die aufgewühlte See treibt Brecher um Brecher gegen die senkrecht abstürzende

⌂ Auch bei düsterem Himmel wunderschön – der Hochuferweg beim Kap Arkona

HIGHLIGHTS

- Die **Dorfkirche in Altenkirchen** ist eine der ältesten und die wohl schönste der Insel | 145
- Der historische **Gutshof Arkona** in Putgarten | 147
- In Putgarten im **„Helene-Weigel-Haus"** den Geist der alten Besitzer Helene Weigel und Berthold Brecht spüren | 149
- Ein Spaziergang vom Kap Arkona am Hochufer entlang zum versteckten Dörfchen **Vitt** und im Dorfkrug „Zum Goldenen Anker" einkehren | 151, 153
- Eine **Führung durch den Bug** auf den Spuren seiner militärhistorischen Geschichte und außergewöhnlichen Natur | 157

Diese Tipps erkennt man im Buch an der gelben Hinterlegung im Kapitel.

Steilküste an und bricht Stück um Stück aus ihr heraus. Aber auch im Sommerhalbjahr kann es hier heftig blasen.

Wittow wird hauptsächlich **landwirtschaftlich genutzt.** Weite Roggen-, Raps- und Weizenfelder überziehen die flache oder nur leicht wellige Oberfläche und gliedern sie in ein virtuoses Fleckenmuster. Die **Küstenlinie** besteht aus schroffen, wilden Steilufern, an denen Wind und Wellen stetig nagen. Dieser Verlust wird durch den Bug wettgemacht, an dem sich das Material wieder anlagert. Tag für Tag wächst der Haken weiter ins Meer hinaus.

Ohne Badestrände, entblößt von schattenspendenden Wäldern und dauernd windig: Wittow, kein Platz zum Urlaub machen? Damit wäre der Halbinsel Unrecht getan. Auch Wittow kann mit einer Reihe großer und kleiner Sehenswürdigkeiten aufwarten. Da ist natürlich zuallererst Kap Arkona, das vielbesuchte deutsche „Nordkap" mit seiner Jaromarsburg, einst religiöses Zentrum der slawischen Ranen. Und Altenkirchen mit der schönsten aller mittelalterlichen Dorfkirchen auf Rügen. Und Vitt, das winzige Heringsdorf mit Kapelle, das schönste aller Rügendörfer. Schließlich hat das Windland doch noch einen herrlichen Badestrand. Weitab von den anderen Badezentren, liegt er an der Nordküste versteckt hinter Wittows einzigem Wäldchen, am **Bakenberg.** Bizarr geformte Windflüchter auf der Stranddüne zeigen unmissverständlich an, woher und wie oft der Wind hier weht. Und nicht zuletzt macht frische, salzhaltige **Seeluft,** gepaart mit der Ruhe und Abgeschiedenheit, das Windland Wittow zu einer Art großem Luftkurort.

Seebad Juliusruh

Der erste Ort, den man auf Wittow erreicht, wenn man die Schaabe überquert hat, ist Juliusruh. Wie sein Jasmunder Pendant Glowe ist es ein reiner Urlaubsort. Ob der Weg zum „zeitgemäßen attraktiven Seebad", den die Gemeinde nach der Wende gewählt hat, der richtige und auf Dauer erfolgreiche sein wird, bleibt abzuwarten. Die richtungsweisende „Errungenschaft" ist die Ferienmaschine „Strandresidenz *Aquamaris*" mit Hotel, Ferienwohnungen, diversen Restaurants, Beauty- und Gesundheitsfarm, Bierpub, Tanzbar usw., die im zuvor stillen Kiefernwald am Schaabe-Strand aus dem Sand gestampft wurde.

Kurpark

Seine Existenz hat die zu Breege gehörende Siedlung dem größten Gutsbesitzer auf Wittow, *Julius von der Lancken*, zu verdanken. Der Edelmann hatte sich in den Kopf gesetzt, auf dem sandigen oder sumpfigen, völlig unfruchtbaren Ödland zwischen Schaabe und Breeger Bodden einen 40 ha großen **Landschaftspark im französischen Stil** anlegen zu lassen. 1795 begann man mit der Arbeit. Das sumpfige Land wurde mit herangefahrenem Mutterboden aufgeschüttet und mit Bäumen und Sträuchern bepflanzt. An den Rand des Parks stellte sich Julius ein herrschaftliches Landschlösschen und nannte es Juliusruh. Das zog weiteres gutsituiertes Volk an, das sich um den Park herum Sommervillen errichtete. Juliusruh avancier-

te zum kleinen Seebad. Der Ortsgründer selbst hatte sich aber mit Park und Schloss finanziell übernommen und musste nach wenigen Jahren alles verkaufen. Das Schloss zerfiel und ist heute verschwunden. Geblieben ist der hübsche, frei zugängliche Landschaftspark, der sich nun Kurpark nennt. Den etwas versteckt liegenden Park findet man, wenn man Richtung Breege abbiegt. Nach 100 m liegt rechter Hand ein Parkplatz am Parkeingang.

Praktische Tipps

Info

● **Vorwahl:** 038391
● **Informationsamt,** Wittower Str. 5, 18556 Juliusruh, Tel. 3 11, Fax 1 32 35, www.breege.de. 15. Juni–15. Sept Mo–Fr 8–12 und 13–18 Uhr, Sa 9–13 Uhr, 16. Sept.–14. Juli Mo–Fr 8–12 und 13–16 Uhr.

Unterkunft

● **Hotel Dünenhaus,** Ringstr. 5, Tel. 40 70, Fax 4 07 69, www.duenenhaus.im-web.de. Am Strand gelegen, seeseitig toller Blick auf Strand und Meer, mit Restaurant; Ü/F NS 23–45 €, HS 29–64 €.
● **Ferienanlage Windland,** Waldweg 18, Tel. 1 24 56, Fax 4 32 72, www.ruegen-windland.de. Hotel und Bungalows zwischen Ostsee und Bodden, im Restaurant regionale Küche, Hotel Ü/F NS 30 €, HS 40 €, Fewo NS 21–32 €, HS 24–37 €.
● **Haus Julie,** Ringstr. 15, Tel. 76 47 48, Fax 93 97 76. Familie *Eggers* bietet 3 einladende Appartements für 2–8 Pers. in ruhiger Lage hinter den Stranddünen. App. NS 33–90 €, HS 48–155 €.
● **Freizeitcamp Am Wasser,** Wittower Str. 1, Tel. 4 39 28, Fax 12 37, www.freizeitcamp.am-wasser.

com, 1.4.–30.10. Platz im Mischwald mit Wiesen-arealen 100 m vom Strand. Mit Gaststätte. 1.4.–30.10.

Gastronomie

■ **Breeger Boddenstübchen,** Dorfstr. 76, Tel. 7 02 37. Kleines, gemütliches Restaurant mit Biergarten, preiswerte und sehr gute Fisch- und Fleischgerichte.
■ **Villa Louisa,** Ringstr. 3, Tel. 7 02 37, www.villa louisa.de. Kleines einladendes Hotelrestaurant mit sehr guter Küche, die schon Brandenburgs Ex-Ministerpräsident *Manfred Stolpe* zu schätzen und würdigen wusste.

Aktivitäten

■ **Baden/Wellness:** *Aquamaris,* Wittower Str. 4, Tel. 4 44 05.

Breege

Der Name des 1313 erstmals genannten Fischerdorfes hat seinen Ursprung im Slawischen. Damals wurde er schlicht *breg* genannt, was soviel wie „Ufer" bedeutet.

Und dort liegt Breege auch. Allerdings nicht an der Außenküste, sondern am stillen Jasmunder Bodden. Kaum einen Kilometer vom sommerlich trubeligen Strand entfernt, umfängt einen in dem hübschen Fischerdorf die Beschaulichkeit des Boddens. Die von reizvollen alten Kapitänshäusern und Fischerkaten gesäumte Dorfstraße führt zu Herz und

Seele des Ortes, dem **Hafen.** In der Blütezeit der Segelschifffahrt im 18. und 19. Jh. galt Breege als das reichste Dorf Rügens. Barken, Briggs und Galeassen lagen damals in großer Zahl an der Mole. Denn als die großen Segler noch die Meere der Welt beherrschten, war Breege ein wichtiger Handelshafen und das kleine Dorf brachte über 100 Schiffseigner und Kapitäne hervor. Nach dem Ende der Großsegler wurde es ein stilles Fischerdorf, was es wenigstens teilweise bis heute geblieben ist.

Auch die Zukunft des Hafenortes scheint gesichert zu sein: Breege ist in den letzten Jahren zu einem **Wassersportzentrum** mit einer der größten Marinas auf Rügen aufgestiegen.

Info

■ **Vorwahl:** 038391

Unterkunft

■ **Hotel Am Wasser,** Dorfstr. 79, Tel. 40 20, Fax 6 13, www.hotelamwasser.m-vp.de. Direkt am Breeger Bodden gelegen, mit Fahrrad-, Ruderboot-, Motorbootverleih; Ü/F NS ab 27 €, HS ab 38 €.
■ **Pension Mola,** Boddenweg 1–2, Tel. 43 20, Fax 4 32 11, www.mola.de. Gut ausgestattete Zimmer direkt am Hafen mit herrlichem Blick auf den Großen Jasmunder Bodden. Mit hauseigener Segelschule, Jachtcharter und Restaurant *Mayday;* Ü/F NS 20–40 €, HS 25–50 €.

Aktivitäten

■ **Fahrradverleih:** *Schröder,* Dorfstr. 88, Tel. 1 26 57, www.haus-nelson.de.

■ **Segelschule/Yachtcharter:** *S&Y Mola,* im Hafen, Tel. 43 20, www.mola.de.

■ **Schiffsausflug:** *Personenschifffahrt Kipp,* Dorfstr. 101, Tel. 1 23 06, www.reederei-kipp.de. Insel Hiddensee in der Saison 4–6x täglich ab Hafen Breege, Radmitnahme möglich.

■ **Reiten/Kutschfahrten:** *Fa. Dettmer,* Parkweg 6, Tel. 68 93 60.

Kunsthandwerk

■ **Töpferei Flemming,** Boddenweg 7, Tel. 3 57, täglich bis 19 Uhr.

Altenkirchen

Das fast 800 Jahre alte Altenkirchen ist nach Dranske der größte Ort auf Wittow und dessen wirtschaftliches Zentrum. Was sich so bedeutend anhört, entpuppt sich jedoch als kleines verschlafenes Dorf, in dem aber auch so gar nichts nach Zentrum aussehen will. Praktisch jeder, der auf Rügen Urlaub macht und das Kap Arkona besucht, fährt an Altenkirchen unmittelbar vorbei. Doch nur die wenigsten machen den kleinen Abstecher hinein in das alte Dorf. Das ist ein Fehler, denn Altenkirchen schmückt sich – der Name lässt es schon erahnen – mit einer der ältesten und zugleich schönsten mittelalterlichen Backsteinkirchen Rügens.

Dorfkirche

Die winzige und schiefe dreischiffige **Basilika** ist neben der Marienkirche in Bergen der älteste Sakralbau der Insel. Er wurde gleich am Anfang der Christianisierung Rügens, die mit dem Fall der Jaromarsburg auf Arkona im Jahre 1168 begann, um 1200 als Hofkirche für den Bruder des Rügenfürsten *Jaromar I.* errichtet.

Ältestes Detail der Kirche ist der im südlichen Chorbau eingelassene **Svantevitstein.** Der slawische Grabstein zeigt einen bärtigen Mann mit Füllhorn, vermutlich ein Abbild des Ranen-Hauptgottes *Svantevit* selbst oder einer seiner Priester.

Der Taufstein aus Gotland-Kalkstein stammt aus dem Jahr 1250. Die vier Gesichter, die ihn zieren, symbolisieren die vier Ströme des Paradieses. In dem gotischen Gewölbe sind drei Gesichter sowie zwei schwarze Hähne und ein Schwein erkennbar. Die Hähne sind Symbole *Svantevits* und das Schwein war ein slawisches Kulttier. Der Pelikan im Triumphbogen ist ein christliches Symbol. Der Altar von 1724 stammt aus der Werkstatt des Stralsunders *Elias Keßler.* Die Orgel der Kirche wurde von dem Pfarrer *Kosegarten* im Jahre 1797 in Berlin aus zweiter Hand erworben. Ungewöhnlich schmuckvoll verziert ist die Außenmauer der Apsis und des Chores.

Auf dem kleinen **Friedhof,** der die Kirche umgibt, stehen eine Reihe alter Grabwangen aus den letzten Jahrhunderten, auf denen Ankerreliefs darauf hinweisen, wie der Begrabene sich sein Brot einstmals verdiente. Hier entdeckt man auch das Grab des Pfarrers und Dichters *Ludwig Theobul Kosegarten,* der während seiner Amtszeit Altenkirchen zu einer Art schöngeistigem Zentrum Rügens machte. Etwas abseits stehen der freistehende **Glockenturm** und das schöne alte **Pfarrhaus.**

Praktische Tipps

Putgarten

Unterkunft

■ **Camping Drewoldke,** Zittkower Weg 27, Tel. (038391) 1 29 65, www.camping-auf-ruegen.de, April–Okt., schöner, unparzellierter 9 ha großer Platz im lichten Kiefernhain direkt am Strand. Mit **Fischgaststätte/Biergarten** sowie **Kite-Schule** *Fly a Kite* (Tel. 76 08 80, www.fly-a-kite.de) und **Tauchschule** (Tel. 0173 2 02 52 36, www.tauch basis-sassnitz.de).

Gastronomie

■ **Hofcafé,** Karl-Marx-Platz 4–6, Tel. (038391) 8 97 01. Sehr freundliches Schönwetter-Café in rustikalem Hof mit selbst gebackenem Kuchen, sehr leckeren Fischbrötchen und anderen Snacks, Räucherfisch aus eigenem Ofen.

Kunst

■ **Malerei:** *Atelier & Galerie Hanne Petrick,* Neue Str. 2a, Tel. (038391) 5 95. Das blaue, von bunten Blumen umsäumte, bildschöne Postkartenhaus der Malerin ist ebenso sehenswert wie ihre Aquarelle. Von Mai–Okt. einwöchige Malkurse, *Atelier* Mo–Sa 10–12 Uhr.

Aktivitäten

■ **Kitesurfen und Tauchen:** auf Campingplatz Drewoldke (siehe oben).

◁ Rügens älteste Dorfkirche in Altenkirchen

In Putgarten, der nördlichsten Gemeinde Rügens, endet die Straße zum **Kap Arkona.** Um das Landschafts- und Naturschutzgebiet um Arkona vor Beschädigungen durch die sommerlichen Besucherströme zu schützen, wurde die direkte Zufahrt zum Kap und dem entzückenden Dörfchen Vitt gesperrt. Vor Putgarten wurden riesige **Parkplätze** eingerichtet. Von ihnen aus kann man mit der kleinen **Arkonabahn** oder mit Pferdekutschen weiter zu den Leuchttürmen, der Jaromarsburg und dem denkmalgeschützten Fischerdorf Vitt gelangen. Auch ein Fahrradverleih ist vorhanden. Es ist aber auch sehr schön, zu Fuß eine kleine Rundwanderung (ca. 6 km) über Vitt und am grandiosen Steilufer entlang zu den Leuchttürmen am Kap zu machen und sich dabei den Wittower Wind um die Nase wehen zu lassen.

Gutshof Arkona

Putgarten selbst ist bis auf den Gutshof Arkona unscheinbar und eher uninteressant. Das restaurierte, große alte Gehöft liegt an der Straße zum Kap und ist eine Art **Kulturzentrum.** Hier werden Handwerker- und Bauernmärkte abgehalten, Kohl-, Fischer- und Erntefeste gefeiert und im Sommer wird in einer alten Scheune Theater gespielt. Dazu gibt es eine Ausstellung landwirtschaftlicher Geräte, einen Töpfer, einen Bernsteinschleifer, eine Glasbläserei, eine Fischräucherei, einen Rügen-Kost-Laden, ein gemütliches Café, eine historische

Ludwig Theobul Kosegarten – ein Pastor von Altenkirchen

Der Pastorensohn Kosegarten stammt aus dem mecklenburgischen Grevesmühlen, wo er 1758 geboren wurde. Nach seinem Studium in Greifswald kam er 1777 nach Rügen. Der damals 21-Jährige trat in Bergen eine Stelle als Hauslehrer an. Er verliebte sich aber in seine Schülerin und musste darob zügig die Stadt verlassen. Es folgten weitere verschiedene Stellen als **Hauslehrer,** die weniger dramatisch verliefen als die in Bergen. 1785 trat er in Wolgast die **Rektorenstelle** der Stadtschule an. Seine von ihm ungeliebte Lehrertätigkeit endete mit der Berufung als **Pastor der Gemeinde Altenkirchen,** die ihm der schwedische Kronprinz verschaffte.

Kosegarten, stark von den Ideen und Idealen des französischen Philosophen **Rousseau** beeinflusst, sah in der Natur Rügens die ideale Umgebung für ein Leben, wie es der Franzose propagierte. Gemeinsam mit *E.M. Arndt,* der im Hause Kosegarten zeitweilig als Hauslehrer arbeitete, kämpfte er vehement **gegen das System der Leibeigenschaft** und für die Befreiung des Individuums. Viele große Namen aus der damaligen Zeit wie *Alexander von Humboldt* oder *Schleiermacher* waren Gäste im Hause Kosegarten. Mit anderen wie *Schiller, Herder* und *Goethe* stand er in regelmäßigem Briefkontakt. Maler wie *Phillip Hackert* oder *Phillip Otto Runge* zählten zu seinem Freundeskreis.

Kosegarten erlangte durch seine „Uferpredigten" für die Heringsfischer in Vitt, aber auch durch eigene **schriftstellerische Tätigkeit** relative Berühmtheit. Er verfasste zahlreiche Gedichte und Romane. Besonders seine Werke „Die Inselfahrt" und „Jucunde" hatten bei den damaligen Lesern großen Erfolg. Kosegartens sehr gefühlsschwangere, schwülstige „Heimatlyrik" fand jedoch schon damals nicht nur Zustimmung. Ein Beispiel:

„Die Sonne schauet großgeaugt
Und leichenblass aus schwarzer Nacht
Und schauert bang zurück.
So blickt noch sterbend aufs Gefild
Voll Schlacht und Tod und Graun ein Held
Und schließt sein Aug' und stirbt".

Das ließ auch seinen Freund **Goethe** schauern. Dennoch verfasste dieser für den 1818 in Greifswald gestorbenen und auf dem Friedhof in Altenkirchen beigesetzten Kosegarten eine Grabinschrift, die jedoch von der Familie nicht verwendet wurde. Stattdessen ist auf seinem Grabstein ein Vers von *Paul Gerhard* zu lesen.

Druckwerkstatt und und und. Das vielseitige Hofgut ist in einen **Park** eingebettet, in dem man neben zwei Teichen auch Freigehege, einen Streichelzoo, eine Pferdekoppel, einen Spielplatz und mehr findet.

Praktische Tipps

Info

■ **Vorwahl:** 038391
■ **Informationsamt Kap Arkona,** Am Parkplatz, 18556 Putgarten, Tel. 41 90, Fax 4 19 17, www.kap-

arkona.de, Mai–Sept. täglich 9–20 Uhr, April/Mai/
Sept./Okt. täglich 10–18 Uhr, Nov./Dez. täglich 11–
15 Uhr, Jan.–März täglich 10–16 Uhr.

Vitt

Unterkunft

■ **Rügenhof Arkona,** Dorfstr. 22, Tel. 40 00, Fax
4 00 20. Restaurierter Gutshof mit rustikalen FeWos
NS ab 35–90 €, HS ab 45–125 €. Besonders exklusiv: die FeWo im Leuchtturmwärterhaus oben auf
dem Kap, ab 70 €.
■ **Pension Zum Kap Arkona,** Dorfstr. 22a, Tel. 43
30, Fax 4 33 51, www.zum-kap-arkona.de. Neubau,
Zimmer teilweise mit Blick auf Tromper Wiek; Ü/F
NS 32–35 €, HS 42–44 €.

Gastronomie

■ **Gasthaus Nobbin,** in Nobbin, Tel. 1 20 88, Fax
1 20 87, www.gasthausnobbin.de. Empfehlenswerte regionale Küche, Fisch-, Fleisch- und Wildgerichte, mit angeschlossenem Hotel, Ü/F NS 25–30 €, HS
35 €.
■ **Café & Kultur,** Dorfstraße 16, Tel. 43 10 07,
www.helene-weigel-haus.de. Malerischer 200 Jahre alter Bauernkaten, den *Helene Weigel* einst als
Ferienhaus für sich und *Bertholt Brecht* erworben
hatte. Frisch restauriert und saniert, bietet er von
Mai–Okt. täglich von 13 bis 18 Uhr ein Café drinnen
mit den originalen alten Tischen der legendären
Kantine des Berliner Ensembles und im lauschigen
Garten. Dazu gibt es eine Ausstellung mit Weigel-
Fotografien.

Aktivitäten

■ **Fahrradverleih:** *Albrecht,* Am Parkplatz, Tel.
1 33 40.
■ **Führungen** über das Flächennaturdenkmal Kap
Arkona: Tel. 40 00.

Obwohl es vom Parkplatz in Putgarten
bis nach Vitt nur 1 km Fußweg ist und
von dort der Blick über die Felder bis zur
Abbruchkante reicht, ist dennoch weit
und breit kein Dorf zu sehen. Dort, wo
man Vitt vergeblich mit den Augen
sucht, wogen nur weite Felder. Das niedliche Minidörfchen erblickt man erst,
wenn man unmittelbar davor steht.

Als erstes Gebäude sieht man die Kapelle von Vitt. Von dort führt ein Hohl-
weg hinab in eine 40 m tiefe Liete, ein
natürlicher Einschnitt im Steilufer. Erst
nach einem Stück Weges taucht das winzige Dörflein urplötzlich auf. Eng zusam-
mengedrängt ducken sich eine Handvoll
niedriger Fischerkaten, umgeben von
Pappeln, Eschen und Holunderbüschen,
in die schützende Mulde, die **Grote Vitte.** Die moosbewachsenen Katen haben
sich mit ihren graubraunen Rohrdä-
chern so perfekt der Umgebung angepasst, dass sie, sieht man vom Rand der
Mulde auf sie herab, geradezu mit der
Landschaft verschmelzen. Kein Neubau
stört dieses einmalig ursprüngliche
Dorfbild. Das ganze Dorf und die Kapelle stehen unter **Denkmalschutz.**

Mittendrin hält der **Goldene Anker**
seine Tür für hungrige und durstige Gäste geöffnet. Im Gastraum der historischen **Dorfschänke** standen früher genau so viele Stühle wie der Weiler Einwohner zählte. Erblickte ein neuer Vitter
das Licht der Welt, so wurde ein Stuhl
hinzu gestellt, blieb einer für immer auf
See, einer entfernt. Das geht heute angesichts der großen Besucherzahl nicht
mehr. Der enorme Andrang hat dazu ge-

Die vier Vitten auf Wittow

Schon im 12. und 13. Jh. versammelten sich vor den Küsten Rügens die Fangflotten aller benachbarten Völker, um den **gewaltigen Heringsschwärmen,** die im Herbst hier auftauchten, nachzustellen. Die ertragreichsten Heringsgründe lagen vor der Küste Wittows. „Wenn im November der Wind heftiger weht, wird dort Hering massenweise gefangen", berichtet der Chronist Helmhold von Bosau über die Wittower Fischgründe. Wenn dann der so genannte „Utkieker" einen Schwarm mit dem Ruf „De Hierung kümmt!" meldete, stachen die Fischer in See.

Um die **kurze Heringssaison** möglichst optimal nutzen zu können, entstanden überall an der Küste Plätze, an denen die gewaltigen Mengen angelandeten Herings sofort gereinigt, gesalzen und verpackt wurden. Diese Plätze nannte man Vitten oder auch Fitten. Vier solcher **saisonaler Verarbeitungsplätze** gab es damals auf Wittow: eine bei Dranske auf dem Bug, die Lütte Vitte bei Nonnevitz, die Vitte Rusewase an der Nordküste bei Putgarten und die größte, die **Grote Vitte** eben da, wo heute das Dorf Vitt liegt. Nach und nach wurden die Stützpunkte aufgegeben, weil die Heringe wegen Überfischung immer rarer wurden und schließlich fast ganz ausblieben. Nur die „Grote Vitte up Wittow", das Dorf Vitt, blieb erhalten. Es steht heute auf der Denkmalschutzliste der UNESCO.

führt, dass sich in Vitt heute alles und jeder vollständig auf den Besucherstrom ausrichtet. So gibt es jetzt auch im winzigen Hafen ein **Café am Meer, eine Fischräucherei** und viel Werbung für Bootsausflüge anstatt Heringskutter. Auch wenn das Gedränge an manchen Sommertagen allzu arg ist – der Weg zum Hafen lohnt, denn von hier eröffnet sich ein besonders prachtvoller Panoramablick auf das nahe Kap Arkona.

Kapelle

Der schlichte achteckige Bau der Kapelle wurde vom Altenkirchener Pfarrer **Kosegarten** errichtet. Und das kam so: Da die Fischer von Vitt während der Heringssaison keine Zeit fanden, den 8 km langen Fußmarsch bis zur Kirche in Altenkirchen zu machen, kam der Pfarrer zu ihnen und predigte unter freiem Himmel am nördlichen Wiesenhang der Talmulde. Diese berühmt gewordenen **„Uferpredigten"** mussten jedoch häufig wegen schlechten Wetters unterbrochen werden. Gemeinde und Pfarrer suchten dann in einer morschen Hütte Zuflucht. Kosegarten fand, dies sei kein Zustand und ließ 1806 die Schutzkapelle errichten.

Das Altarbild ist die (schlechte) Kopie des Bildes „Petrus auf dem Meer" von *Philipp Otto Runge.* 1805 hatte Pastor *Kosegarten* den berühmten Landschaftsmaler mit der Ausmalung der Kapelle beauftragt. Als dieser 1810 in Hamburg starb, war das Bild zwar fertig, blieb jedoch in Hamburg, wo es heute zu den Beständen der Kunsthalle zählt. In der Saison finden in der Kapelle verschiedene Veranstaltungen statt.

327rh ph

Praktische Tipps

Gastronomie

■ **Zum goldenen Anker,** Tel. 1 21 34, www.gast hof-vitt.de. Natürlich ist frischester Ostsee-Hering im Angebot.
■ **Fischerei Räucherei Bredow,** Vitt 1a, Tel. 1 21 93.

Aktivitäten

■ **Schiffsausflug/Bootsverleih:** *Vetterick,* Tel. 3 77. Vom Hafen Rundfahrten um das Kap Arkona.

⌂ Der Hafen von Vitt mit Fischräucherei, im Hintergund Kap Arkona

Kap Arkona

„Meerumschlungen und kreidegrün, / märchendurchdrungen und helden- kühn. / Herden am Haage, reifendes Feld, / flüsternde Sage, Lug in die Welt", schrieb *Gerhard Hauptmann* bei seinem Besuch 1885 ins Gästebuch der Leucht- turmwirtschaft auf Kap Arkona. Das Kap ist neben dem Kreidefelsen des Kö- nigsstuhls das zweite große Wahrzeichen der Insel Rügen. Auf dem kahlen, 46 m hohen Felsplateau ragen weithin sichtbar zwei **Leuchttürme** auf. Der viereckige ist der ältere der beiden. Er wurde 1827 im Auftrag der preußischen Regierung nach Plänen von *Karl Friedrich Schinkel* er- richtet. Auf den 19 m hohen **Schinkel- Turm** führt eine schöne gusseiserne Treppe. Von der Aussichtsplattform bietet sich dann ein herrlicher Rundblick. In den drei Etagen sind **Ausstellungen** zu *Schinkels* Bauten auf Rügen und in Pommern, zur Baugeschichte des Turmes, dem Leben des Turmwärters, zu deutschen Leuchttürmen, Seezeichen u.a. zu sehen.

Der 36 m hohe runde Leuchtturm löste 1901 den Schinkelturm ab und ist noch in Betrieb. Der schweißtreibende Aufstieg bis zu seiner Aussichtsgalerie wird mit einem grandiosen Panoramablick über halb Rügen belohnt. Dabei kann auch die Leuchttechnik besichtigt werden, die bei Dunkelheit alle 17,1 Sekunden ein Licht 22 Seemeilen weit aufs Meer hinaus sendet. In der alten **Nebelsignalstation** informiert eine Ausstellung über die **Geschichte der Seenotrettung.**

In direkter Nachbarschaft der beiden Leuchttürme befinden sich zwei Bunker. Der kleinere, ältere Bunker, der meist als **Arkona-Bunker** bezeichnet wird, stammt noch von der Wehrmacht und beherbergte zu DDR-Zeiten die 6. Grenzbrigade Küste.

Der größere, neuere Bunker wurde von 1979 bis 1986 errichtet und diente der auf dem Bug stationierten 6. Flottille der Volksmarine als Gefechtsstand. Der Arkona-Bunker beherbergt nun eine Kunstgalerie und der **NVA-Bunker** eine Ausstellung über die Volksmarine mit alten Bunkereinrichtungsgegenständen.

Der absolut nördlichste Punkt Rügens ist der **Gell-Ort** etwa 600 m westlich der Leuchttürme, der durch einen 165 Tonnen schweren Findlingsblock, den **Siebenschneiderstein,** markiert wird. Hier führt die **Königstreppe,** eine endlos lange Holztreppe, hinab zum schmalen Strand.

Der etwas abseits der Leuchttürme stehende dritte Turm ist kein Leuchtturm, sondern ein **ehemaliger Funkpeilturm** der Kriegsmarine. Heute dient seine imposante Glaskuppel Künstlern als Atelier. Das Atelier ist offen, man kann und darf den Künstlern also über die Schultern schauen. Im Turm selbst sind wechselnde Ausstellungen mit Werken einheimischer Künstler zu sehen. Vom 35 m hohen Turm kann man u.a. auf die benachbarte Jaromarsburg schauen.

Mittel gegen die Seekrankheit

„Man nehme 2 Unzen rohes Opium, 2 Drachmen Bilsenkraut-Extract, 10 Gran gepulverte Muskatenblüthe und 2 Unzen harte Seife, koche dies in 60 Unzen frischen Wassers eine halbe Stunde lang, und rühre es während der Zeit oft um. Ist es erkaltet, so setze man ein Quart Weingeist (60gradigen) und 3 Drachmen Salmiakspiritus dazu. Von dieser Mischung reibe man so kurz vor der Einschiffung als möglich, einen Theelöffel voll am untern Ende des Brustbeins und unter den linken Rippen (also die Magengegend) ein, und wiederhohle dies auf dem Schiffe recht oft."

Aus dem Kochbuch des legendären Leuchtturmwärters *Schilling*.

■ **Schinkel-Turm und Neuer Leuchtturm,** Tel. 1 21 15, täglich April/Mai/Okt. 11–16 Uhr, Juni/Sept. 11–17 Uhr, Juli–Aug. 11–18 Uhr.
■ **Peilturm,** Tel. 43 99 59, täglich April/Mai/Okt. 11–16 Uhr, Juni/Sept. 10–17 Uhr, Juli–Aug. 10–18 Uhr.
■ **Arkona- und NVA-Bunker,** Tel. 43 46 60, täglich Nov.–März 12–15 Uhr, April/Mai/Okt. 12–16 Uhr, Juni/Sept. 11–16 Uhr, Juli–Aug. 11–17 Uhr.

■ **Nebelsignalstation,** Tel.43 46 60, täglich März/April/Okt. 12–16 Uhr, Mai/Sept. 11–16 Uhr, Juni–Aug. 11–17 Uhr.

Jaromarsburg

Die einstige Größe der Jaromarsburg, der wichtigsten aller slawischen Wallburgen Rügens, lässt sich nur noch erahnen. Der größere Teil der Burganlage ist nämlich schon **Opfer des Meeres** geworden, das hier jeden Winter mächtige Stücke aus dem Steilufer herausbricht. Deshalb musste der Burgwall für Besucher **gesperrt** werden.

In der Wallburg stand einst ein quadratischer Tempel, in dem das überdimensionale hölzerne Standbild des wendischen Obergottes **Svantevit** stand. Acht Meter hoch war die aus einem Eichenstamm gehauene Svantevit-Statue. Der Gott trug vier Köpfe auf vier Hälsen, die in die vier Himmelsrichtungen blickten. In seiner Rechten hielt er ein Trinkhorn.

Die uneinnehmbar scheinende Arkonaburg war das oberste **Heiligtum der slawischen Ranen** auf Rügen. Um ihren hartnäckigen und erfolgreichen Widerstand gegen die Unterwerfung unter die christlichen Dänen zu brechen, musste diese zentrale Kultstätte fallen. Nach vielen vergeblichen Versuchen tauchten die Dänen unter der Führung *Waldemar I.* und des Bischofs *Absalon von Roskilde* **1168** vor der Arkonaburg auf, um sie zu erobern. Mit im Tross des Heeres reiste der Geschichtsschreiber *Saxo Grammaticus.* Seiner „Historica Danicae" verdanken wir eine wunderbare Beschreibung der Wallburg und der Begleitumstände ihres Falles.

Ergebnislos belagerte das dänische Heer die uneinnehmbare Festung. Am 14. Juni 1168 aber gelang es den Dänen, an den Holzpalisaden Feuer zu legen. Die Burgbesatzung geriet durch das um sich greifende Feuer in eine ausweglose Lage und ergab sich. Als erstes vernichteten die christlichen Sieger das „Götzenbild" des Svantevit.

Mit dem **Sturz der Svantevitstatue** war die slawische Epoche Rügens zu Ende. Alle anderen Burgen wie die Charenza in Garz und die auf dem Rugard bei Bergen ergaben sich nach dem Fall Arkonas kampflos. Sofort begann der Bischof *Absalon von Roskilde* mit der „Heidenbekehrung". Aus dem Holz der Befestigungsanlagen wurde die erste Kirche auf Rügen gebaut. Der erste Rügenfürst unter dänischer Herrschaft, *Jaromar I.,* gründete Klöster und baute Kirchen auf ganz Rügen.

Küstenwanderung

Von der Burg aus führt ein schöner Spazierweg entlang der Abbruchkante des Steilufers nach dem 1,5 km entfernten Dörfchen **Vitt.** Auf halbem Wege führt die Veilchentreppe hinab zum Strand und dem Findlingsblock **Kosegartenstein.** Vorsicht, nicht zu nahe an die Kliffkante treten! Oft hängt nur noch eine dünne Grasnarbe über. Am ganzen Kap Arkona besteht hohe Abbruchgefahr!

Wer Lust hat, noch weiter zu wandern, kann auf den am Kap beginnenden Hauptwanderweg Arkona – Fichtelberg einschwenken und losmarschieren. Bis zum Endpunkt, dem Fichtelberg im Erzgebirge, sind's 1344 km. Gut Schuh!

Bakenberg

Der einzige Wald, der auf Wittow zu finden ist, bedeckt einen schmalen Küstenstreifen an der Nordküste des Windlandes. Dieser Wald, der vor hundert Jahren als Küstenschutz angelegt wurde, bedeckt den *Bakenberg,* einen Höhenzug von bis zu 27 m Höhe.

Hier liegt Wittows einziger **Badestrand.** Dem schattigen Kiefernwald folgt ein breiter, windzerzauster Dünenstreifen, auf dem malerische, so genannte Windflüchter stehen. Die verkrüppelten Kiefern sind von den fast ständig wehenden Westwinden grotesk verformt. Hinter den Dünen folgt dann ein langer, feiner Sandstrand. 30 m breit und weich, ist er nach den wilden und schroffen Kliffen, die sonst die Küstenlinie Wittows ausmachen, eine unerwartete Überraschung. Da es hier oft windig ist, sollte man zum Baden den Windschutz nicht vergessen. Der abgelegene Badestrand ist besonders bei Anhängern der nahtlosen Bräune sehr beliebt.

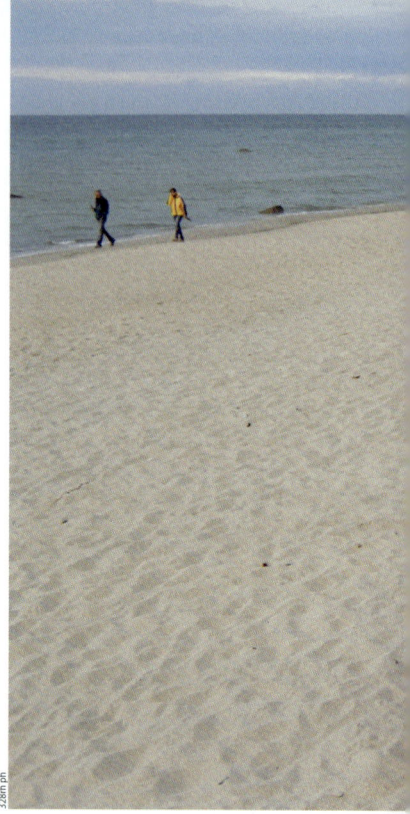

328m ph

Hüttendörfer

Im lichten Kiefernwald verbergen sich große Ferienhüttendörfer. Die großteils einfachen, aber auch sehr preiswerten ehemaligen Betriebsferieneinrichtungen, bei denen die Sanitäranlagen wie auf Campingplätzen meist zentral liegen, sind besonders für Familien und Einkommensschwache eine der wenigen verbliebenen Möglichkeiten, günstig Urlaub auf Rügen zu machen. Vor dem Wald wurde ein großes, allerdings noch wenig Charme versprühendes neues Feriendorf auf die Wiese gestellt, das gegen entsprechend mehr Geld mehr Komfort bietet.

Praktische Tipps

Unterkunft

■ **Feriendorf Uns Hüsung,** Tel./Fax (038391) 93 99 09, www.uns-huesung-ruegen.de. Bungalows für 2–6 Personen zwischen 20 und 40 m², Hütte/ Nacht/NS 20–40 €, HS 28–50 €.
■ **Camping Regenbogencamp,** Tel. (038391) 8 90 32, Fax 87 65, www.regenbogen.ag. April–

Okt. Großer, schön im lichten Kiefernwald gelegener Platz direkt am Strand, Caravan-, Fahrrad-, Surfbrettverleih.

■**Ferienpark Heidehof,** Nonnevitz 15, Tel. (038391) 76 46 90, Fax 76 46 99, www.ferienpark-heidehof.de. Große Anlage mit Hotel, Pension, Ferienhäusern, Hütten.

■**Camping Küstencamp,** Nonnevitz 23, Tel. (038391) 93 90 70, Fax 93 99 64, www.kuesten camp-ruegen.de. Kleiner, 2008 neu eröffneter und modern ausgestatteter Platz auf ebenem Wiesengelände mit Baumreihen. Mit separatem Wohnmobil-Stellplatz, Kiosk, 3 FeWo im Bauernhaus. 15 Gehminuten zum Strand. Ganzjährig geöffnet.

■**Wohnmobil-Stellplatz:** *Luigi's Caravanserail,* Am Waldrand, Tel. (038391) 8 94 88, www.ruegen-holiday-fun.de. Ganzjährig einladender, durch Büsche und Bäume parzellierter ebener Wiesenplatz in Naturlage für ca. 30 WoMos, am Waldrand 200 m zum Strand; mit modernen Sanitäranlagen, Pizzeria, Strom, Ver-/Entsorgung.

Gastronomie

■**Pizzeria Ristorante Kap Arkona,** in *Luigi's Caravanserail,* Tel. 8 94 88. Ein bisschen „bella Italia" auf Rügen, preiswerte und gute italienische Küche (nur Juni–August).

⌂ Wind- und Sichtschutz am Bakenberg-Strand

Aktivitäten

■ **Golf:** *Golf- und Landclub Wittow,* Bakenberg, Tel. 8 92 04. Eine 18-Loch-Anlage.

Dranske

Am Eingang zu jener schmalen, ständig wachsenden Landzunge **Bug,** die dem Hiddenseer Bessin entgegenstrebt, liegt Dranske. Der Ort, der über gute Einkaufsmöglichkeiten verfügt, nimmt die ganze Breite der Landzunge ein und grenzt sowohl an die offene Ostsee als auch an den Wieker Bodden. Hätte der Mensch nicht eingegriffen und ständig eine schiffbare Fahrrinne zwischen dem Bug und Hiddensee freigebaggert, die See hätte schon längst die schmale Wasserstraße geschlossen und Hiddensee zu einer Halbinsel Rügens gemacht, wie sie das schon mit Wittow und Jasmund vorgeführt hat.

Auch das wenig anziehende Ortsbild Dranskes ist menschlichen Eingriffen zuzuschreiben. Das alte Fischerdorf wurde in den 1930er Jahren abgerissen. Grund für die „Totalamputation" war das **Militär,** das sich seit Kaisers Zeiten auf dem Bug eingenistet hatte. Zuerst entstand ein Fliegerhorst, den später Hitlers Wehrmacht nutzte. Nach dem Krieg quartierte sich die NVA ein, die auf dem Bug einen Schnellbootstützpunkt unterhielt, für den die Fahrrinne freigebaggert wurde und die Großplatten-Wohnkästen am Ortseingang entstanden. 1991 wurde der Militärstützpunkt geschlossen, was schwindelerregend hohe Arbeitslosenzahlen und eine

große Depression in dem bis dato ausschließlich vom Militär lebenden Ort auslöste.

An die 80 Jahre während militärische Vergangenheit Dranskes erinnert heute das **Marinehistorische Heimatmuseum** am Reichpietsch-Ring. Es sind wohl die Hoffnungslosigkeit und die große Depression, die in Dranske wildeste Ideen gedeihen lassen. So sollte bis 2005 auf dem Gelände des ehemaligen Marinestützpunktes für 255 Millionen Euro auf 200 ha das **größte Ferienresort Europas,** das gigantische *Baltic Sea Resort,* entstehen. Damit nicht genug: Dranske wollte im Fahrwasser von Berlin Olympia-Austragungsort werden, um so neben dem Baltic Sea Resort noch ein Olympia-Segelzentrum zu erhalten. Die Hoffnung war groß, die Projekte größer. Die Träume sind sämtlich geplatzt.

Dafür hat sich Dranske dank den vorherrschenden Winden zu einem angesagten **Surf- und Kitespot** entwickelt, in dem nicht nur von der Schule bis zur preiswerten Unterkunft eine Infrastruktur um diese Fun-Sportarten entstand, sondern es finden auch regelmäßig Wettkämpfe, sowie nationale und internationale Meisterschaften statt. Dank der Olympia-Träume sind auch die Ruinen der Militärlager auf dem Bug und die hässlichsten Armeeblöcke im Ort weitgehend verschwunden und der Bug ist ein interessantes Schutzgebiet geblieben.

Denn ein Großteil der jahrzehntelang völlig gesperrten Halbinsel Bug, auf der sich im Windschatten des Militärs Tiere und Pflanzen ungestört entwickeln konnten, gehört zum Refugium des **Nationalparks Vorpommersche Boddenlandschaft.** Wer fachkundig über den gesperrten Bug geführt werden möchte, sollte an einer Exkursion zum Südbug teilnehmen, die das Nationalparkamt anbietet.

Info

■ **Vorwahl:** 038391
■ **Fremdenverkehrsamt,** Karl-Liebknecht-Ring 41, 18556 Dranske, Tel. 8 90 07, Fax 8 94 24, www. gemeinde-dranske.de, Mai–Sept. Mo–Fr 8.30–12 und 13–17 Uhr, Juni–Aug. zusätzlich Sa 9–12 Uhr, Okt.–April Mo–Fr 9–12 und 13–16 Uhr, Fr 9–12 Uhr.

Unterkunft

■ **Hotel Zur kleinen Meerjungfrau,** Seestr. 2a, Tel. 95 00, Fax 95 01 00, www.zur-kleinen-meer jungfrau.de. Ü/F NS 35–40 €, HS 40–45 €.
■ **NoHotel,** Karl-Liebknecht-Str. 58, Tel. 43 97 57, Fax 9 35 44, www.ustruegen.de. Einfache Unterkunft im ehem. Militärblock, der zuletzt vom BGS genutzt wurde. Ü im DZ 22,50 €, Mehrbettzimmer mit Etagendusche 15,50 € p.P, FeWo 55 €, Bettwäsche 6 €, Frühstück 4,90 €.
■ **Pension & Café Sahne,** Karl-Liebknecht-Str. 6 , Tel. 81 10, Fax 8 80 16, www.cafe-pension-sahne. de. Preiswerte Unterkunft, Zimmer mit viel Naturholz. Café mit Gartenlokal, Spezialität des Hauses ist Sanddornkuchen – gaaaanz lecker! Ü NS 25 €, HS 30 €, Frühstück 5 €.

Gastronomie

■ **Schifferkrug,** im OT Kuhle, Tel. 84 60. Die älteste Gaststätte Rügens – nachgewiesen seit 1455 (!) – in denkmalgeschütztem, niedlichem Rohrdachhaus

▷ Schiff in Sicht – Skulptur in Dranske

an der Straßenkreuzung Dranske/Bakenberg; deftige Hausmannskost in musealem DDR-Ambiente.
■ **Fischräucherei:** im Hafen von Kuhle, Tel. 8 98 27. Lecker Fisch am Stück und im Brötchen direkt am Wasser, mit Imbiss zum sofortigen Verzehr und 'nem Schluck Bier.

Aktivitäten

■ **Geführte Wanderung:** zum Südbug, März–Oktober Di und Sa ab 9.30, Mi 10 Uhr, Dauer ca. 3 Stunden, max. 20 Personen, im Juli/ August auch Dämmerungswanderungen, Do 19 Uhr. Treff ist am Tor zum Bug um 9.15 Uhr, Anreise mit dem eigenen PKW erforderlich. Anmeldung Tel. 87 30.
■ **Reiten:** *Reiterhof I. Pätzold,* in Starrvitz, Tel. 82 33, www.reiterhof-paetzold.de.
■ **Segeln/Surfen/Kitesurfen:** *Uni Surf Team Rügen,* Karl-Liebknecht-Str. 58, Tel. 8 99 24, www. ustruegen.de. Wassersportzentrum mit Schule, Fahrrad-, Inlinerverleih, Bistro.
■ **Kitesurfen:** *Dr. Kite Surf und Kite Camp,* Am Ufer 14, Tel. 8 98 98, www.doktorkite.de.

■**Fahrradverleih:** *Ikarus-Rad,* Seestraße 23, Tel. 0151 23 25 30 05, www.ikarus-rad.de (E-Bike-Verleih).

Museum

■**Marinehistorisches und Heimatmuseum,** Max-Reichpietsch-Ring 2, Tel. 87 30, www.bug-wittow.de, Mai–Sept. Mo–Sa 13–17 Uhr, März/April/Okt. auf Anfrage, Nov.–Febr. geschlossen.

Wiek

Einer der größeren Orte auf Wittow ist das Dorf Wiek am Wieker Bodden. Sein Name kommt nicht aus dem Slawischen, sondern leitet sich aus dem Niederdeutschen ab, in dem *Wiek* soviel wie „Handelsplatz" bedeutet. Die Ranen nannten es noch *Medow,* „Honigdorf". Bis zur Eröffnung des Rügendammes 1936 war das unspektakuläre, aber durchaus reizvolle Hafendorf ein belebter Handelsort. In seinem durch die Landzunge des Bug besonders gut geschützten Hafen löschten große Lastensegler ihre Fracht. Es gab sogar eine tägliche Fährverbindung nach Stralsund.

Heute erinnert im Hafen, der nun zu einem Sporthafen ausgebaut wurde, nichts mehr an diese Zeit. Nur die altersmorschen Reste einer Kreideverladebrücke aus der Zeit vor dem Ersten Weltkrieg erzählen von dem gescheiterten Versuch, in Wiek die Kreide eines bei Arkona geplanten Tagebaus zu verschiffen. Den Transport sollte die noch bis 1968 bestehende Kleinspurbahn Altenkirchen – Bergen übernehmen, die bis Wiek er-

weitert werden sollte. Die Verladebrücke wurde gebaut, alles andere nicht.

Sehenswert ist die **gotische Dorfkirche** aus dem 15. Jh., die zu den wertvollsten Baudenkmälern der norddeutschen Backsteingotik auf Rügen gehört. Das Schmuckstück ist neu restauriert, wobei auch die bisher nur teilweise sichtbaren Wand- und Deckenfresken freigelegt wurden. Besonders schön ist ihr dekorativer Westgiebel. Zu den Schätzen der Kirche zählt das hölzerne Standbild „St. Georg zu Pferde", das die Herzogin von Pommern zur Einweihung der Kirche spendete.

Ein einzigartiges Beispiel der frühen **Bauhausarchitektur** ist das 1919 als Unterkunft für den Marine-Fliegerhorst auf dem Bug begonnene und 1929/1930 im so genannten Florida-Stil erweiterte **Kinder-Kur-Heim** in Wiek. Heute dient die imposante Anlage als AOK-Mutter-Kind-Heim und kann deshalb nur von außen besichtigt werden.

Info

■**Vorwahl:** 038391
■**Tourist-Information,** Am Markt 5, 1856 Wiek, Tel. 7 68 70, Fax 7 68 71, www.wiek-ruegen.de. Juni–Aug. Mo–Do 8–17 Uhr, Fr 8–16 Uhr, Sa 8.30–12 Uhr, Sept.–Mai Mo–Mi 8.30–16.30 Uhr, Do 8.30–12 und 13–16.30 Uhr, Fr 8.30–16 Uhr.

Unterkunft

■**Landhotel Herrenhaus,** ca. 3 km südlich in Bohlendorf, Tel. 7 70, Fax 7 02 80, www.bohlendorf.de. Renoviertes altes Herrenhaus, beschaulich und ruhig in großem Park gelegen, mit stilvollem Restaurant; Ü/F NS 39 €, HS 49 €.

■ **Pension Zur Scheune,** Teichstr. 5, Tel. 7 00 94, Fax 43 99 55, www.bauernhofurlaub-ruegen.de. Idyllischer Bauernhof mit Gästehaus, Liegewiese, Spiel- und Grillplatz; DZ 20–25 €, FeWo 60–80 €.

■ **Pension Zur Mole,** Bahnhofstraße 5, Tel. 7 65 62, www.pension-zur-mole.de. Kleine Pension mit schönem Biergarten direkt am Hafen. Im Hausrestaurant täglich frischer Lachs, Zander, Hering und Dorsch sowie die Hausspezialität „Wittower Sturmsäcke". Ü/F NS 26–33 €, HS 34–36 €.

■ **Surf und Kite Camp Wiek,** Boddenstraße 1, Tel. 0173 81 84, www.surf-kite-camp.de. Kleiner Platz, 100 m vom Bodden mit Surfschule; ganzjährig.

Gastronomie

■ **Blumencafé Sök di wat ut,** Gerhart-Hauptmann-Straße 6, Tel. 76 99 32, www.blumencaferuegen.de. Charmanter Mix aus Café, Blumenladen, Galerie, Hofladen, Antik und Streichelzoo. Der Kuchen ist natürlich selbst gemacht. Di–Fr 13–18 Uhr, Sa/So 8–18 Uhr.

Aktivitäten

■ **Fahrradverleih:** *Alt Wittower Krug,* G.-Hauptmann-Str. 7, Tel. 76 00.

■ **Surfen/Kiten:** *Surf & Kite Camp,* Boddenstraße 1, Tel. 0173 81 84, www.surf-kite-camp.de.

■ **Schiffsausflug:** im Sommer mit *Reederei Hiddensee* nach Hiddensee, Tel. (038300) 5 01 69.

Wittower Fähre

Durch ausgedehnte Felder führt die Straße von Wiek vorbei an Bohlendorf – hier steht ein barockes Gutshaus aus

dem 18. Jh, das nun als Hotel genutzt wird – bis zur Wittower Fähre. Diese einzige Autofähre auf Rügen überquert den **Breetzer Bodden** an einer nur 350 m breiten Stelle und verbindet Wittow mit West-Rügen. Sie erspart den großen Umweg über die Schaabe und Jasmund. Da sie jedoch nur etwa 22 Autos fasst, ist in der Saison mit Wartezeiten zu rechnen. Wer Pech hat und zu spät kommt, muss bis zum nächsten Morgen warten. Man kann dann in der Pension *Wittower Fähre* Nachtquartier finden. Die Pension hat ein Restaurant mit einem beschaulichen, stillen Garten, von dem man den Booten und Schiffen zusehen kann, die durch den schmalen Wasserarm in den Bodden einfahren.

Interessant ist auch die **alte Fähre,** die bis vor wenigen Jahren im Einsatz war und nun als technisches Denkmal neben dem neuen Fähranleger vertäut ist. Sie war die einzige Kleinbahnfähre Mitteleuropas. Bis 1968 transportierte sie die Kleinbahn und wurde nach deren Stilllegung noch bis 1993 als Autofähre genutzt.

■ **Wittower Fähre,** Tel. 0172 7 52 68 36, täglich Nov.–März 5.50–19 Uhr, April/September/Oktober bis 20 Uhr, Mai–Aug. bis 21 Uhr, im Pendelverkehr.

Unterkunft

■ **Zur Wittower Fähre,** Tel. (038391) 7 03 34, Fax 7 05 77, www.pension-wittow.de. Direkt an der Fähre gelegen, mit Seeterrasse und Fahrradverleih; Wasser- und Radwanderrastplatz; Ü/F NS 26–35 €, HS 31–38 €.

WESTRÜGEN

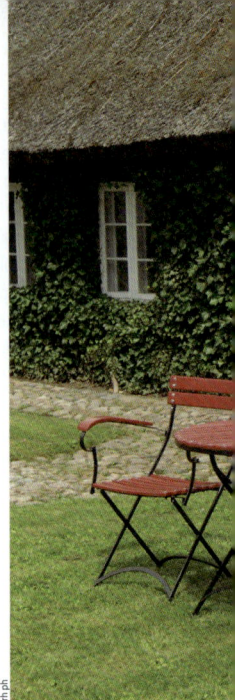

Westrügen wird zur Ostsee hin vom Schaproder und Kubitzer Bodden begrenzt. Im Norden trennt der Breetzer Bodden es von Wittow, im Osten bilden Großer und Kleiner Jasmunder Bodden die Grenze der Region. Draußen in der Ostsee liegt wie ein natürliches Bollwerk die langgezogene Insel Hiddensee schützend vor der Küste.

Überblick

Steigt man am Libnitzer Ort von der kleinen Wittower Fähre, betritt man wieder das „Muttland", die Kerninsel Rügens. Hier schließt sich der Kreis durch Rügens vielfältige und abwechslungsreiche Regionen.

Flach erhebt sich das Land aus dem Meer, um langsam in sanften Hügeln anzusteigen. **Still und ländlich,** ohne spektakuläre Höhepunkte, zeigt sich dieser Teil Rügens dem Besucher: Weitläufige Wiesen und Felder, durchsetzt mit kleinen und großen pilzreichen Waldflächen, abgelegene Dörfer und Gehöfte, die oft nur durch unbefestigte Sandpisten mit der Außenwelt verbunden sind. Fast könnte man hier vergessen, dass man sich auf einer Insel befindet, aber die flachen Randseen und Buchten, die sich, mit gelben Schilfgürteln umkränzt, tief ins Land hineinschieben, erinnern

Café & Laden ▶

selbst-
gebackener
Kuchen
auch außer Haus

wieder daran. Besonders die abgeschiedene Binnenküste am Großen Jasmunder Bodden zwischen Ralswiek, Rappin und Neuenkirchen, abseits von großen Straßen und Touristenströmen, konnte sich ihre Ursprünglichkeit bewahren.

Neben seiner reizvollen Natur, die Ruhe und Entspannung bietet, hat dieses Bauernland auch einige **Sehenswürdig-**

⌂ Sehenswert –
die Historischen Handwerkerstuben in Gingst

HIGHLIGHTS

- ➡ Logieren wie ein Fürst – das **Schloss Libnitz** bietet dafür charmante Unterkunft | 163
- ➡ Das nach dem Urteil der Einheimischen beste Eis der Insel schleckt man im **Landgasthof Fähreck** in Trent | 163
- ➡ Eine Radtour von der Wittower Fähre über Seehof bis Hafen Schaprode, wo das legendäre **Gasthaus Keil** Sie erwartet | 164
- ➡ Die **Historischen Handwerkerstuben** und ihr einladendes Museumscafé in Gingst | 166
- ➡ Die Seele baumeln lassen in den **Rügenkaten** der historischen Gutsanlage Boldevitz | 166

Diese Tipps erkennt man im Buch an der gelben Hinterlegung im Kapitel.

keiten, deren Besuch sich immer lohnt. So gibt es in Gingst die historischen Handwerkerstuben.

In Schaprode, dem Tor zu Hiddensee, steht eine der ältesten Dorfkirchen der Insel und in Ralswiek ein prächtiges Schloss, zu dessen Füßen auf einer Freilichtbühne im Sommer die spektakulären **Störtebeker-Festspiele** stattfinden.

Wenig bekannt und besucht sind das Dorf Waase am Eingang zur **Vogelinsel Ummanz,** in dessen Kirchlein sich ein

berühmter Schnitzaltar verbirgt, oder die „Woorker Berge", ein eindrucksvoller, bronzezeitlicher Friedhof mit 14 Hügelgräbern beim Weiler Woorke. Ein ganz besonders attraktives, aber ebenso verstecktes und bislang fast unbekanntes Ausflugsziel ist auch der „Grümbke-Turm" bei Neuenkirchen, von dem sich – wenn er nicht zugewachsen ist – eine schöne Aussicht eröffnet.

Wer jedoch einen reinen Badeurlaub verbringen möchte, ist in dieser Region falsch. Badeorte und Bilderbuchstrände wird man hier nicht finden.

Trent

Das erste Dorf, das man von der Wittower Fähre kommend erreicht, ist Trent. Der 1311 erstmals erwähnte Ort liegt zwischen dem Udarser und Neuendorfer Wiek.

Fast so alt wie das Dorf selbst ist seine **Dorfkirche.** Der schöne Backsteinbau wurde um 1400 errichtet und in späteren Jahren in ein dreischiffiges Langhaus umgebaut, dem man einen wuchtigen dreistöckigen Turm anfügte. Die barocke Haube des Glockenturms stammt von 1676. Neben der Granittaufe von 1300 ist das Kreuzrippengewölbe im Inneren der Kirche besonders erwähnenswert.

Die zweite architektonische Sehenswürdigkeit von Trent ist das in einen Park eingebettete, repräsentative **Schloss Libnitz,** das sich 1912 der von den Einwohnern „Millionenmeier" genannte *Fritz Alfred Meyer* errichten ließ. Nach dem Verkauf wurde das Schloss aufwendig restauriert und beherbergt neben Privatwohnungen auch Ferienwohnungen.

Unterkunft

■ **Schloss Libnitz,** Tel. (038309) 2 27 07, www. schloss-libnitz.de, App. 75 €, Suite 95 €, Frühstück 15 €, Mindestaufenthalt 3 Nächte.
■ **Pension Gutshaus,** OT Ganschvitz, Haus 4, Tel. (038309) 13 28, Fax 2 00 62, www.landurlaub-guts haus-strobel-ruegen.de. Reniertes altes Guts-

haus in ruhiger Lage, mit Liegewiese, Fahrradverleih und vielen Tieren; Mindestaufenthalt 3 Nächte, NS 30–65 €, HS 37–90 €.

Gastronomie

■ **Gasthof Fähreck,** Dorfstr. 25, Tel. (038309) 13 51, das Fähreck ist Rügens Eishimmel. Seit über 30 Jahren wird hier die kalte Köstlichkeit nach eigenen Rezepten selbst zubereitet. Doch das Fähreck-Eis ist nicht nur besonders lecker, sondern mit 40 Cent pro Kugel auch noch besonders preiswert. Wer kein Eis mag, muss sich nicht grämen – denn auch die Küche des Landgasthofes mit Biergarten erfreut sich dank bodenständiger Qualität und günstigem Preis besonderer Beliebtheit.

Schaprode

Westlich von Trent liegt das Tor nach Hiddensee, der Fähr- und Fischerort Schaprode. Er war einst das Zentrum des Landes Valung, von dem die Edda berichtet. 1159 schlossen die Dänen hier einen Friedensvertrag mit den rügenschen Ranen, um ihn wenig später wieder zu brechen und sie mit der Zerstörung der Jaromarsburg und des Svantevittempels am Kap Arkona endgültig zu unterwerfen. Von Schaprode aus schleuderte der aus Dänemark vertriebene Bischof von Roskilde seinen Bannfluch, das „Interdikt von Scabröh", gegen sein Heimatland ab.

Am Ortseingang steht der **Mönchstein,** manchmal auch Svantevitstein genannt. Über die Bedeutung des weißen Denksteins von 1368 streiten sich die Gelehrten.

Hiddensee-Fähre

Seit das „söte Länneken" als Reiseziel entdeckt wurde, verdankt der Ort Schaprode seine Bekanntheit der Hiddenseefähre, die vom kleinen Hafen aus regelmäßig zu allen drei Dörfern der Ostsee-Trauminsel übersetzt. Die Schaproder Verbindung ist mit 30 Min. Dauer (nach Neuendorf) wesentlich kürzer und mit bis zu 14-mal täglich auch wesentlich häufiger als die von Stralsund. Die **Fahrrad-Mitnahme** ist auf allen Fähren möglich, garantiert jedoch nur auf der MS Vitte. Seit der Andrang so groß geworden ist, gibt es neben der fahrplanmäßig verkehrenden **Personenfähre** der *Reederei Hiddensee* auch schnelle **Wassertaxis,** die die Passagiere ganzjährig und rund um die Uhr auf Bestellung nach Hiddensee übersetzen.

■ **Hiddensee-Fähre:** *Reederei Hiddensee,* Büro Stralsund, Fährstraße 16, Tel. (03831) 2 68 10; Büro Vitte/Hiddensee, Achtern Diek 4, Tel. (038300) 2 10, www.reederei-hiddensee.de.
■ **Wassertaxi:** Täglich 24 Std, Tel. (038300) 2 10, max. 20 Pers., MY Störtebeker Tel. 0171 7 45 77 10, MY Pirat Tel. 0171 7 45 77 13, MY Anna Maria Tel. 0171 6 42 80 21.

Parkplätze

Und noch einen weiteren wesentlichen Vorteil hat Schaprode gegenüber Stralsund: Es verfügt über große, bewachte Parkplätze, auf denen man beruhigt sein Auto abstellen und unbeschwerte Tage auf dem autofreien Hiddensee verbringen kann. Da in den letzten Jahren der Hiddenseetourismus und damit das Parkbedürfnis stark zugenommen hat,

ist in der Sommerzeit der eingezäunte und kostenpflichtige Parkplatz am Hafen oft belegt. Für Tagesbesucher wurde am Ortseingang von Schaprode ein zusätzlicher, riesiger, kostenpflichtiger Parkplatz eingerichtet (Pkw/Tag 3,50 €, ab 2 Tagen 2 €), von dem man in wenigen Fußminuten am Hafen ist. Es verkehrt auch die kleine Elektrobahn „Hafenexpress" (einfach 1 €, Kind 0,50 €). Die Schaproder Einwohner haben die Parkplatznot als willkommene Einkommensquelle entdeckt und offerieren gegen Bares ihre Gärten und Wiesen als Stellfläche. So ist Schaprode in der Hochsaison leider des Öfteren eine Art überfülltes Parkhaus, was das eigentlich schöne Ortsbild mit seinen rohrgedeckten Häuschen und der reizvollen Dorfkirche doch ziemlich beeinträchtigt.

Dorfkirche

Wer auf die Fähre warten muss und sich etwas die Beine vertreten will, sollte zur Dorfkirche spazieren. Der schöne Backsteinbau ist die drittälteste Kirche auf Rügen. Man vermutet, dass bereits um 1200 mit dem Bau begonnen wurde. Zu ihrer weitgehend barocken Innenausstattung gehört eine geschnitzte Kanzel von 1723, an deren Aufgang die Bildnisse der Reformatoren *Luther* und *Bugenhagen* abgebildet sind, versehen mit dem Spruch „Was Luther an das Licht gebracht, hat Bugenhagen bekandt gemacht".

Gasthaus Keil

Wer die Wartepause lieber bei Kaffee oder Bier verbummeln will, dem sei am

Hafen das Gasthaus Keil empfohlen. Die schon zu DDR-Zeiten legendäre **„Eier-schänke"** ist auf ganz Rügen bekannt und eine echte Institution. Seit vielen Jahrzehnten schon verkehren hier die Hiddenseebesucher. An den Wänden der Gaststube hängen viele alte Fotos, Postkarten und Portraits von Stars und Sternchen, die bei ihrer Anreise nach Hiddensee hier eingekehrt sind und dem Inseloriginal Keil persönliche Grüße und Widmungen vermachten.

Den Spottnamen *Eierschänke* hatte sie dem Umstand zu verdanken, dass Gastwirt *Arno Keil* bis vor wenigen Jahren seinen Gästen grundsätzlich nichts anderes als Spiegelei mit Speck oder Spiegelei ohne Speck offerierte, was mangels jeglicher Alternative vor Ort bei so manchem traditionellen Hiddenseefahrer einen schweren Eierkomplex ausgelöst haben soll.

Insel Öhe

Die kleine Insel Öhe, die nur einen Steinwurf entfernt dem Bollwerk des Schaproder Hafens gegenüberliegt, ist seit Jahrhunderten **Privatbesitz** der Adelsfamilien *von der Wisch* und *von der Öhe* und deshalb nicht zugänglich. Noch heute bewohnt die dem von-der-Wisch-Stammbaum zugehörige Familie *von Schilling* die Insel. In die Lokalgeschichte eingegangen und Quell zahlreicher Anekdoten ist die Öhe durch einen fast 30-jährigen Kleinkrieg zwischen den Schaprodern und den zwei „wunderlichen Fräuleins", die zu Anfang des vorigen Jahrhunderts als einzige das Eiland bewohnten.

Praktische Tipps

Unterkunft

■ **Hotel Zur Alten Schmiede,** OT Poggenhof 25, Tel. (038309) 7 05 00, www.ruegen-schmiede.de. Herberge in zentraler, aber ruhiger Lage. Das Restaurant mit Kamin und Kachelofen lädt zu norddeutschen Klassikern und Spezialitäten der Region ein. Ü/F 36,50–73 €.

■ **Gut Granskevitz,** im OT Granskevitz, Tel. (038309) 13 15, Fax 12 85. Sehr schön inmitten eines Parks mit schönem, alten Baumbestand gelegener prächtiger Gutshof aus dem 17. Jh. – einst Stammsitz der Familie *von Platen* – mit 4-Sterne-Niveau. Stilvolle FeWo im Nordflügel für 2–5 Personen, Terrasse zum Park, FeWo 62–82 €.

■ **Wohnmobil-Stellplatz:** *Caravanplatz Seehof,* Seehof 5, Tel. (038309) 14 37, www.caravanplatz-seehof.de. Ostern–Okt. Ebenes bis sanft abschüssiges Wiesengelände für ca. 30 WoMos in ruhiger Lage direkt am Wasser beim Ferien-Bauernhof. Mit Sanitäranlagen, Waschmaschine, Grillplatz, Strom, Ver-/Entsorgung.

Gastronomie

■ **Gasthaus Keil,** Hafenweg 45, Tel. 12 16. Eine Institution. Einst gab es nur Rührei, heute eine breite Palette schmackhafter Hausmannskost zum sehr anständigen Preis.

Gingst

An der Straße, die von Trent nach Samtens führt, liegt das Dorf Gingst, das neben einem interessanten Museum eine schöne **Dorfkirche** vorzuweisen hat. Der Backsteinbau stammt ursprünglich von etwa 1300, brannte aber 1726 ab und wurde im barocken Stil wieder aufgebaut. In der Kirche steht eine reich verzierte spätbarocke Orgel von 1790.

An der Außenmauer des Chores, also hinter der Kirche, steht eine **Mordwange** von 1524, die allerdings im 19. Jh. überarbeitet und mit einer neuen Inschrift versehen wurde, so dass vom Originaltext nichts mehr zu sehen ist.

Von Mai bis Ende September findet immer samstags von 10 bis 14 Uhr auf dem Gelände des Museums der **Grüne Markt** statt.

Mitte Juli präsentiert der **Büchermarkt** drei Tage lang Gedrucktes (www.buecherdorf-gingst.de) und Mitte August der **Kunsthandwerkermarkt** ebensolches.

Handwerkerstuben

Das hübsche kleine Angerdorf besitzt mit den **Historischen Handwerkerstuben** ein attraktives Museum. Die Handwerkerstuben sind in zwei nebeneinander stehenden Häusern untergebracht. Die Handwerkerstuben zeigen **Werk- und Wohnstätten** von einst in Gingst ansässigen Handwerken. Hier lässt sich plastisch nachvollziehen, wie Schuhmacher, Schneider, Töpfer, Glaser, Friseur, Apotheker und Weißnäher einst gearbeitet und gelebt haben. In einer alten Scheune wurde ein einladendes Café mit Laden eingerichtet.

Das Bemühen der Handwerkerstuben altes Kunsthandwerk zu fördern und zu erhalten, hat in der **Schmiede Melzer** erste Erfolge zu verzeichnen. Ein junger Kunstschmied hat die alte Schmiede wiederbelebt, in der er zu bestimmten Zeiten insbesondere Messer aller Art und nach individuellem Wunsch fertigt.

■**Historische Handwerkerstuben,** Karl-Marx-Straße 19, Tel. (038305) 3 04, Fax 5 51 55, www.historische-handwerkerstuben-gingst.de, Juni–Aug. täglich 10–17 Uhr, Mai–Sept. Mo–Sa 10–17 Uhr, Okt. Mo–Sa 10–16 Uhr, Nov.–April Mo–Fr 10–17 Uhr.

Rügen Park

Eine Attraktion ist der 40.000 m² große Rügen Park, in dem man die Insel Rügen, den Koloss von Rhodos, den Berliner Reichstag und 85 weitere Modelle en miniature bewundern kann.

■**Rügen Park,** Mühlenstr. 22b, Tel. (038305) 5 50 55, Fax 6 00 49, www.ruegenpark.de, 15.4.–26.6. Di–So 10–18 Uhr, 27.6.–28.8. täglich 10–19 Uhr, 29.8.–30.10. Di–So 10–17 Uhr.

Praktische Tipps

Info

■**Vorwahl:** 038305
■**Tourismusverein West-Rügen,** Karl-Marx-Straße 9a, 18569 Gingst, Tel./Fax 5 31 98, www.westruegen.net.

Unterkunft

■**Pension Alte Schule,** in Gagern, Haus Nr. 5, Tel./Fax 3 66, www.alte-schule-gagern.de. Ehemalige Dorfschule in stiller Lage, mit gemütlichem Kamin-Restaurant; Ü/F ab 32 €.
■**Boldevitzer Rügenkaten,** Dorfstraße 17, in Boldevitz, Tel. (03838) 31 39 76, Fax 31 36 21,

351rh ph

www.ruegenkaten.de. Ein lebendiges Freilichtmuseum! FeWos der gehobenen Klasse in mehreren bildschönen Reetdachkaten und Herrenhaus, die sich in zauberhafter stiller Inselnatur weitläufig um das schlossartige Herrenhaus am Teich gruppieren; 4- und 5-Sterne-FeWo ab 60 €.

■ **Camping Haidhof,** Haidhof 2, Tel, 3 44, www. rwolf.de. Ganzjährig geöffnet, intimer Platz mit 15 Stellplätzen, für WoMo geeignet, Ver- und Entsorgungseinrichtungen, Bungalowvermietung, Fahrradverleih. Mit eigener Imkerei und Fischräucherei.

Gastronomie

■ **Alte Post,** Markt 14, Tel. 53 98 37. Einladendes Café/Weinstube mit hausgemachtem Kuchen und selbst hergestelltem Flammkuchen. Mit Weinhandlung.

Einkaufen

■ **Regionalwaren & Töpferei,** Am Markt 2, Tel. 6 00 86.

■ **Schmiedewerkstatt am Museum,** Tel. 0174 9 25 27 31, www.schmiede-h-meltzer.de. Jagd- und Sammlermesser.

■ **Kerzenträume,** Mühlenstraße 50, Tel. 5 36 27. Handgezogene Kerzen.

■ **Gingster Wollstübchen,** Ummanzer Chaussee 5, Tel. 5 51 91.

■ **Rosarium Naturkosmetik/Ayurveda,** Markt 5, Tel. 5 37 43.

△ Rügen im Frühling

INSEL UMMANZ

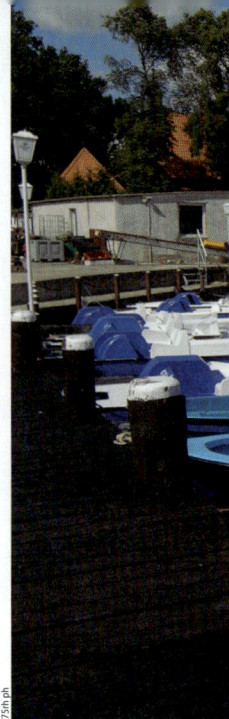

Die flunderflache, 20 km² große Insel Ummanz liegt gegenüber dem Hiddenseer Gellen vor der Westküste Rügens und ist seit 1901 mit einer Brücke mit dem Festland verbunden. In älteren Reisebeschreibungen wird Ummanz als das **Ende der Welt** geschildert, deren Bewohner vier grimmige Feinde hätten: den Regen, das Hochwasser, die Wildschweine und die wilden Vögel.

Überblick

Tatsächlich kam die Zivilisation erst sehr spät in diesen abgeschiedenen Winkel Rügens. So bekam das Eiland erst 1953 elektrischen Strom. Wenn man Ummanz besucht, kann man sich unschwer vorstellen, warum Wasser ein arger Feind war und manchmal noch ist. Bei längerem Regen verwandeln sich Teile der flunderflachen Insel in Morast. Die **Hochwassergefahr** ist durch einen fast rings um die Insel verlaufenden Deich jedoch gebannt. Wildschweine dagegen gibt es noch.

Auch die wilden Vögel als Plage lassen sich nachvollziehen, wenn man einmal gesehen hat, welche riesigen **Schwärme von Zugvögeln** zum großen Vogeltreck im Frühjahr und Herbst auf Ummanz und den umgebenden flachen Gewässern einfallen, um Rast zu machen. Be-

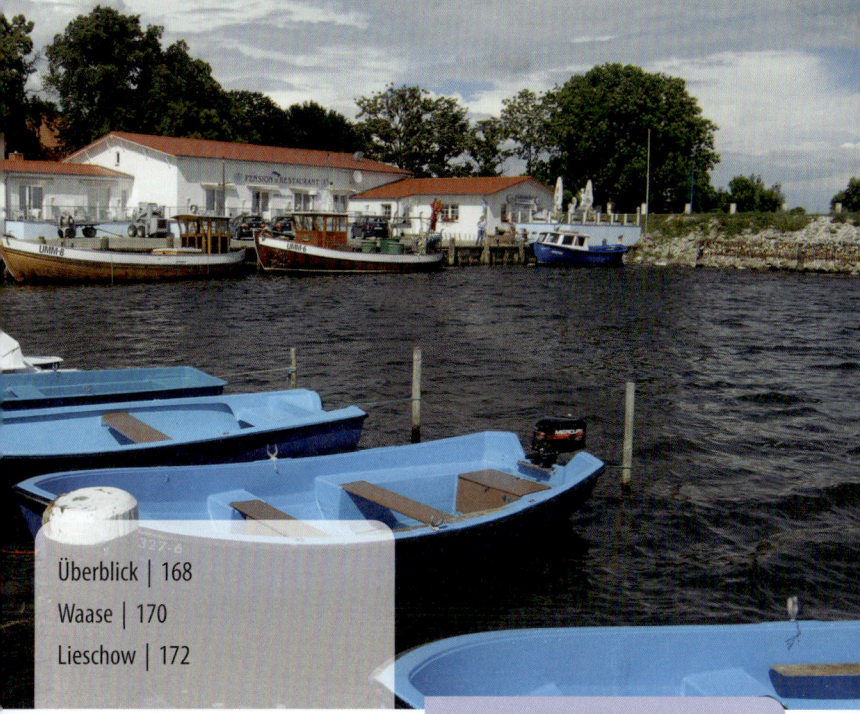

sonders die majestätischen Kraniche bieten bei ihrem Aufenthalt ein unvergessliches Schauspiel. Die gesamte Insel gehört deshalb als herausragend wichtiges europäisches Brut- und Rastgebiet zahlreicher Wasser- und Watvogelarten zum **Nationalpark Vorpommersche Boddenlandschaft.** Allein auf der winzigen Insel Heuwiese vor der Südspitze von Ummanz brüten beispielsweise rund 20.000 Vogelpaare. Auch See- und Fischadler kann man mit etwas Glück beobachten.

Ummanz ist ein vom Tourismus noch kaum beschädigtes Naturidyll. Neben

Der Fischerhafen von Waase am Focker Strom

➡ Am Abend auf dem Außendeich sitzen und mit Blick auf Udarser Wiek und Hiddensee dem **Gesang der zahlreichen Vögel** lauschen | 168

➡ Der berühmte **Waaser Schnitzaltar** ist eines der wertvollsten Kulturgüter Rügens | 170

➡ Fisch auf der Terrasse vom „**Holzerland**" direkt am kleinen Fischerhafen von Waase | 171

➡ Freunden idyllischer Biergärten ist der in der Natur gelegenen **Landgasthof Kiebitzort** besonders zu empfehlen | 172

➡ Edle Obstbrände und Likörchen aus eigenem Obst findet der Liebhaber in der „**1. Rügener Edeldestillerie**" | 172

Diese Tipps erkennt man im Buch an der gelben Hinterlegung im Kapitel.

Ummanz

0 — 1 km ©Reise Know-How 2013

Udarser Wiek

Schaproder Bodden

U M M A N Z

Gahlitzer Strom

Koseloffer See

Haide

Waase

ÜRKEVITZ

Suhrendorf

Ummanz

LIEBES

Wittenberger Strom

Wusse

*Varbel-
vitzer
Bodden*

Gurtitz

Freesenort

Mursewiek

Breite

Lieschow

dem Hauptort Waase, der gerade einmal 200 Einwohner zählt, gibt es über die Insel verstreut nur noch fünf kleine Weiler. Besonders malerisch ist die Siedlung **Freesenort** an der Südspitze mit seinen unter Naturschutz stehenden Pappeln. Aus den tiefliegenden, weiten Feuchtwiesen und Feldern ragen wie Inseln kleine Wäldchen und einzelne Weiden. An der Außenküste bei Suhrendorf erstreckt sich ein zwar schmaler, aber steinfreier Badestrand. Malerisch zerzauste Windflüchter zieren hier den schmalen Dünenstreifen am Ufer, hinter dem ein Campingplatz liegt.

Waase

Am Eingang zur Vogelinsel liegt das kleine Dorf Waase. Eine 250 m lange schmale Brücke führt zum Hauptort der Insel. Waase ist ein beschauliches Fischer- und Bauerndorf, das neben malerischen Schilfdachhäusern ein kleines, schön restauriertes Kirchlein besitzt (im Sommer täglich 10–17 Uhr geöffnet, im Winter auf Anfrage, Pfarrer Ohm, Tel. (038306) 7 52 31). Es birgt einen ganz besonderen Schatz, den wertvollen und wunderschönen **Waaser Schnitzaltar** aus dem Jahre 1520. Der filigran geschnitzte und mit sechs bemalten Klappflügeln versehene Altar ist ein Kleinod aus den berühmten Antwerpener Schnitzwerkstätten.

Das Dorf Waase gehörte, wie die ganze Insel Ummanz, dem Stralsunder **Kloster „Zum Heiligen Geist".** Es hatte das Eiland mit allem, was sich darauf befand, 1341 den pommerschen Herzögen abgekauft. Über all die Jahrhunderte blieb Ummanz im Besitz des Klosters, das im Zuge der Reformation in eine Stiftung umgewandelt worden war. Erst 1945 wurde die Insel durch die Bodenreformation enteignet. Ursprünglich stand der Schnitzaltar im Heilgeist-Kloster in Stralsund. Ein solch teures und edles Stück konnten sich auch nur die betuchten hanseatischen Kaufleute leisten. Aus ungeklärten Gründen verkauften sie das edle Stück dann 1708 für wenig Geld nach Waase.

Nationalpark-Info Alte Küsterei

In der Alten Küsterei zeigt der Nationalpark die **Ausstellung „Westrügen"** Entstehung, Entwicklung und Besonderheiten der Insel Rügen, insbesondere von deren westlichem Teil. Von der Westküste ausgehend, leitet die Ausstellung zu der kleineren Nachbarinsel Ummanz über. Text, Bilder und Präparate informieren über den Arten- und Biotopschutz sowie über einzelne Vogelarten.

● **NLP-Info Alte Küsterei,** Neue Str. 63a, Tel. 0173 2 47 27 17, tgl. Mai/Sept./Okt. 10–16 Uhr, Juni–Aug. 10–17 Uhr, sonst auf Anfrage, Eintritt frei.

Praktische Tipps

Info

● **Vorwahl:** 038305
● **Ummanz-Information,** Neue Str. 63, 18569 Waase, Tel. 5 34 81, Fax 5 34 83, Mai/Juni/Sept./Okt. 10–17 Uhr, Juli/ Aug. 9–18 Uhr, Nov.–April 10–13 Uhr.

Unterkunft

● **Pension Haide-Hof,** in Haide, Tel. 5 53 60, Fax 5 53 59, www.haide-hof.de. Schönes Rohrdachhaus in paradiesisch stiller Lage, im Restaurant „Regionale Esskultur"; Ü/F NS 27–34 €, HS 32–39 €.
● **Camping Suhrendorf,** Tel. 8 22 34, Fax 81 65, www.ostseecamp-suhrendorf.de. Ganzjährig, direkt am kleinen Strand, außerhalb der Saison ein Plätzchen für Natur- und Vogelfreunde; frischer Räucherfisch auf dem Platz, Boots-, Surfbrett-, Fahrradverleih.

Gastronomie

● **Holzerland,** direkt an der Brücke, Tel. 81 59, www.ummanz-ruegen.de. Fischrestaurant direkt am Wasser, serviert wird eigener Fang, hauseigene Räucherei und Pension, Ü ab 25 €, Frühstück 5 €.

Aktivitäten

● **Fahrradverleih:** *Prüssing,* Neue Straße 67, Tel./Fax 5 51 14.
● **Surfen:** *Windsurfing,* auf Camping Ostseecamp, Tel. (038305) 8 22 40, www.surfen-auf-ruegen.de.
● **Kitesurfen:** *Kite-Island,* auf Camping Ostseecamp, Tel. (038305) 8 22 40, www.kite-island.de.
● **Fischerboot- und Angelfahrten:** *Fischer Blohm,* Mursewiek 33, Tel. 5 55 89 (auch Fischverkauf).

■ **Geführte NP-Wanderungen:** NLP, Tel. (038300) 6 80 41.

■ **Kutschfahrten/Reiten:** *Haflingerzucht Ummanz,* Am Focker Strom 11, Tel. 81 76, auch Verkauf von Stutenmilch.

■ **Bootsvermietung:** *Holzerland* (siehe „Gastronomie").

Kunsthandwerk

■ **Ummanz-Keramik,** in Wusse, Pappelweg 1, Tel. 81 11. Arbeiten der Töpfermeisterin *Susan Schmorell.* Mit FeWo.

Lieschow

Der kleine, abgelegene Weiler Lieschow hat sich in letzter Zeit in gleich mehrfacher Hinsicht zu einer Art Geheimtipp entwickelt. Unbemerkt vom Rummel der großen Seebäder hat sich hier eine Hand voll Adressen etabliert, die überaus bemerkenswert sind. So ist mit dem **Landgasthof Kiebitzort** nicht nur eine idyllische Unterkunft, sondern auch einer der schönsten Biergärten Rügens zu finden.

Die in einer malerischen Hofanlage beheimatete **1. Rügener Edeldestillerie** wird mit Schaubrennen und Verkauf Liebhaber hochprozentiger Feindestillate und Liköre interessieren. Dazu kommt Bauer *Lange,* der in seinem Hofladen selbst erzeugte Produkte anbietet. Schließlich arbeitet im neu entstandenen Rügen-Ferienhof die Berliner Malerin *Simone Hartmann,* die regelmäßig Workshops und Malkurse gibt.

■ **1. Rügener Edeldestillerie,** Lieschow 17, Tel. (038305) 5 53 00, Fax 5 52 97, www.edeldestillerie.de. In Handarbeit hergestellte Jahrgangs-Edelbrände mit Bio-Siegel aus sortenreinem Obst in limitierter Auflage, April–Okt. täglich 10–18 Uhr, Nov.–März Mo–Fr 10–16 Uhr.

Unterkunft

■ **Vorwahl:** 038305

■ **Landgasthof Kiebitzort,** Lieschow 25, Tel. 5 51 66, Fax 5 51 88, www.kiebitzort-ruegen.de. Klein, aber fein in stiller Natur, Hotel mit gutem Restaurant und Rügens schönstem Biergarten, Fahrradverleih; Ü/F 33–38 €.

■ **Rügen-Ferienhof,** Lieschow 26, Tel./Fax 53 37 80, www.ruegen-ferienhof.de. Urlaub auf dem Bauernhof in neu errichteten Reethöfen, viele Tiere, Kinderbetreuung; FeWo/Tag NS 61–116 €, in der HS nur wochenweise.

Gastronomie

■ **Bauer Lange,** Lieschow 37, Tel. 5 51 17, Fax 5 51 51, www.bauerlange.de. „Event-Hof" mit Hofladen und Gaststätte in einer alten Scheune mit eigenen Produkten; Ferienwohnungen, diverse Veranstaltungen, Hofladen 1.4.–25.11. täglich 11–18 Uhr, sonst Mi/Sa 11–17 Uhr.

■ **Hofrestaurant Café Kliewe,** in Mursewiek, Tel. 81 30, www.bauernhof-kliewe.de. Restaurant mit „Regionaler Esskultur", Spezialitäten vom Geflügel aus eigener Zucht, Hofladen, FeWos. Jeden Sonntag Ponyreiten für Kids und Traktorfahren für Papa. Hofladen täglich 9–22 Uhr.

▷ Ein leuchtend roter, unbefiederter Fleck auf dem Kopf kennzeichnet den Grauen Kranich. Der Kopf der Jungtiere ist rötlich-sandfarben.

Der Zug der Kraniche

Zweimal im Jahr, im Frühling und im Herbst, wenn die Vögel des Nordens ziehen, spielt sich in den seichten Boddengewässern des Zingst und um die Vogelinsel Ummanz ein einzigartiges Schauspiel ab. Dann sammeln sich große Teile der nord- und osteuropäischen Population des **Grauen Kranichs** (wissenschaftlich Grus Grus) im Gebiet des Nationalparks Vorpommersche Boddenlandschaft.

Seit die Rastgebiete an der Müritz von den scheuen Kranichen immer weniger aufgesucht werden, ist die ursprüngliche Boddenlandschaft zwischen Zingst und Rügens Westküste das **wichtigste Rastgebiet in Europa** geworden. Dabei haben sich zwei Riesenschlafplätze entwickelt, das Windwatt vor Pramort auf Zingst und die **Udarser Wiek** bei Ummanz. Bis zu 60.000 dieser langbeinigen Großvögel halten sich hier auf, um neue Kräfte für ihre mehrere

Tausend Kilometer lange Reise zwischen Brut- und Winterquartier zu sammeln. Während sie bei ihrem Zug nach Spanien oft wochenlang verweilen, erfolgt der Frühlingszug meist ohne längeren Aufenthalt. Tagsüber sieht man die Kraniche auf den umliegenden Wiesen und Feldern nach Nahrung suchen. Bei Einbruch der Dämmerung sammeln sie sich dann zum Schlafen im knietiefen Flachwasser, das ihnen Schutz vor Feinden bietet.

Das einzigartige Naturschauspiel ist ohne Frage ein unvergessliches Erlebnis. Neben den Kranichen nutzen bis zu 104 weitere Zugvogelarten die Bodden als Rast- und Nahrungsraum.

■ **Nationalparkverwaltung,** Im Forst 5, 18375 Born, Tel. (038234) 50 20, Fax 5 02 24, www.nationalpark-vorpommersche-boddenlandschaft.de.
■ **Kranich-Informationszentrum,** 18445 Groß Mohrdorf, Lindenstr. 27, Tel. (038323) 8 05 40, Fax 8 05 41, www.kraniche.de. Feb. Mo–Fr 10–16 Uhr, März–Mai täglich 10–16 Uhr, Juni/Juli Mo–Fr 10–16 Uhr, Aug. täglich 10–16.30 Uhr, Sept./Okt. täglich 9.30–17.30 Uhr, Nov. Mo–Fr 10–16 Uhr.

DER JASMUNDER BODDEN

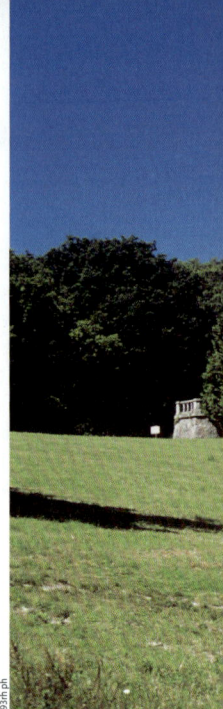

W er Rügen erleben will, wie es wohl schon vor 100 Jahren aussah, und dazu noch völlige Ruhe und Einsamkeit sucht, der möge die Ufer der Boddenküste Westrügens aufsuchen. Der Abstecher hinaus auf den weit ins Wasser vorspringenden Landzipfel bei Lebbin ist eine Reise in ein Landidyll, wie es immer seltener wird.

Lebbin

Die Landschaft Westrügens zu erkunden, hat sich **Rügen-Safari** auf die Fahnen geschrieben. Unter Leitung von Scout *Ray* kann man hier wie ein Trapper oder Indianer von Kanutouren über Bogen schießen und Reiten bis zum Lagerfeuer und Übernachten im Tipi naturnahe Erlebnisse und Erfahrungen machen.

■ **Scout Ray/Rügen-Safari,** Tribbevitz 8, 18569 Neuenkirchen, Tel. (038309) 7 08 62, www.ruegen-safari.de.

⌂ Prachtvolle Kulisse – das Schloss Ralswiek

Grümbke-Turm

Fährt man die schmale, von einer prächtigen Allee gesäumte Straße Richtung **Neuenkirchen,** so glaubt man, dass hier die Zeit zum Stillstand gekommen ist. Kurz hinter dem Dorf liegt der bewaldete **Hoch Hilgor,** der mit 44 m höchste Hügel des Lebbin. Auf seiner Spitze erhebt sich der hölzerne Grümbke-Turm, von dessen Aussichtsplattform sich in 15 m Höhe eine unvergleichliche Aussicht über die zahllosen Boddengewässer eröffnet.

Am Parkplatz zum Turm hat in der Saison ein Fischverkäufer seine Bude aufgestellt und bietet nach Urteil der Einheimischen mit den besten Fisch der Insel feil. Die Straße endet in dem Dorf Vieregge am Ufer des Breetzer Boddens an einem verfallenen ehemaligen Fähranleger – ein herrliches Plätzchen für eine Picknickpause.

Praktische Tipps

Unterkunft

■ **Hotel Gut Tribbevitz,** Tel. (038309) 70 80, Fax 70 81 38, www.gut-tribbevitz.de. Restaurierte Gutsanlage mit Stil und 4-Sterne-Niveau in wunderschöner, stiller Lage, mit Wellness, Bibliothek, Fahrradverleih, Liegewiese, Trakehnergestüt und Reithalle, einladendes Restaurant, Ü/F NS 50–60 €, HS 55–70 €.

■ **Atelierhaus,** in Sylvin, Dorfstr. 57, Tel. (038309) 84 38, Fax 8 80 70, www.atelierhaus.net. Drei geschmackvolle FeWos direkt am Wasser bietet das Rügener Künstlerehepaar *Kratzsch*. Er ist Bildhauer, sie Textilgestalterin, beide besonders freundliche Gastgeber. Herrliche Ruhe, ein gutes Glas Wein – wer an diesem beschaulichen Ort nicht entspannt, der tut's nimmermehr; FeWo NS 55–80 €, HS 65–90 €.

Gastronomie

■ **Wirtshaus Neuenkirchen,** Dorfstr. 12, Tel. (038309) 7 03 60, www.wirtshausneuenkirchen.com. Dorfschenke mit 100-jähriger Tradition, solide, gutbürgerliche Küche und schönem Sommergarten, Gästezimmer, ab 30 €.

Liddower Haken

Einer der abgeschiedensten und schönsten Winkel Rügens ist der Liddower Haken, eine schmale Landbrücke, die vom Tetzitzer See und dem Großen Jasmunder Bodden begrenzt wird.

Die einzige Ansiedlung auf dem Ruschvitzer Haken am Tetzitzer See ist das historische Gebäudeensemble von **Gut Liddow,** das nur über eine 80 m lange Holzbrücke zu erreichen ist. Um das Gut hat sich eine deutschlandweit Aufmerksamkeit erregende Provinzposse zugetragen. Das Gut, seit 25 Jahren mietfrei von dem Rügener Designer und Künstler *Rolf Reeckmann* bewohnt, sollte

der ZDF-Vorabendserie „Hallo Robbie!" als zentraler Drehort dienen. Doch die Dorfbürgermeisterin *Ute Arndt* erließ Drehverbot, da sie das in Gemeindebesitz befindliche Gut einer Schweizer Unternehmung verkaufen wollte und gegen Herrn *Reeckmann* eine Räumungsklage einleitete. Dies führte zum Aufstand der Bürger gegen ihre Bürgermeisterin mit Straßenblockaden und mehr. Schließlich wurde die erste „Robbie"-Staffel doch in Liddow gedreht, aber der Streit eskalierte. Im Mai 2002, als die zweite Staffel in Liddow abgedreht wurde, zündeten Unbekannte die **Holzbrücke** an, den einzigen Zugang zum Gut und wesentliches Filmmotiv. Mehrfach wurden nachts Fahrzeuge beschädigt. Das Ende der Geschichte: Das ZDF beendete nach der achten Staffel 2009 die Seehund-Serie und Herr *Reeckmann* ist Gemeinderat in Neuenkirchen und „sein" Kulturgut Liddow, fester Bestandteil des Rügener Kulturlebens.

■ **Kultur-Gut-Liddow,** 18569 Liddow, Tel. (038309) 8 80 20.

Rappin

Die Boddenküste zwischen Ralswiek und Neuenkirchen ist bis auf eine Ausnahme vom Fremdenverkehr völlig unberührt. Die Ausnahme bildet der Campingplatz bei Rappin. Wenn man auf der schmalen Piste bis Rappin vorgedrungen ist, glaubt man nicht, dass sich in diesen Winkel sonst noch irgendwer verirrt. Rappin, das sind ein paar malerisch-schiefe Bauernhöfe und eine winzige **go-**

tische **Backsteinkirche St. Andreas** aus dem 14. Jh. Hinter dem Dorf wird der Weg schlechter. Bei den 45 m hohen, bewaldeten Banzelvitzer Bergen erreicht man schließlich die Boddenküste und den abgelegensten **Campingplatz** der Insel. Dort gibt es einen hübschen kleinen Wiesen-Badestrand.

Unterkunft

■**Camping Banzelvitzer Berge,** 18528 Groß Banzelvitz, Tel. (03838) 3 12 48, Fax 3 12 60, www.banzelvitz.de. April–Okt.; an Waldhang gelegen, Bungalow/Caravanvermietung, Boots-, Surfbrett-, Fahrradverleih, Sauna, Solarium, mit Ferien-Block-häusern.

Aktivitäten

■**Reiten:** Ponyhof, Dorfstr. 1, Tel. (03838) 3 12 42, www.ponyhof-ruegen.de.
■**Kiten:** *Rügen-Kite,* Am Berg 1, 18528 Groß Banzelvitz, Tel. 0172 6 66 92 00, www.ruegen-kite.de.

⌂ Ein grüner Tunnel ins Nirgendwo – Allee an der Straße auf den Liddower Haken

350h ph

Gräbern ist ein kleiner Picknickplatz angelegt.

Patzig

In dem 500-Seelendorf Patzig zwischen Ralswiek und Thesenvitz wartet das **Mühlenmuseum** auf Besuch. Die 1946 anstelle einer Bockwindmühle errichtete Motormühle mahlte noch bis 1999 mittels einer ausgeklügelten Technik und einer beeindruckenden Holzkonstruktion Getreide zu Mehl. Jetzt ist sie als außergewöhnliches technisches Denkmal zu besichtigen, in dem der Besucher auf vier Ebenen die Produktion des Grundstoffes für das Hauptnahrungsmittel Brot nachvollziehen kann.

■ **Mühlenmuseum,** Dorfstr. 3, Tel. (03838) 31 36 65, täglich 10–17 Uhr.

Woorker Berge

Etwa 2 km nordwestlich des Dorfes Patzig liegt nahe dem Weiler **Woorke** (slawisch „Hügelchen") das bedeutende **bronzezeitliche Hügelgräberfeld.** 13 mit Eichen und Buchen bestandene Grabhügel von bis zu 8 Meter Höhe ragen aus den Wiesen auf und bilden die Woorker Berge, das größte Hügelgrabfeld Norddeutschlands. Zu den Grabhügeln führt ein einspuriger Betonschwellenweg. Deshalb sollte man den Abstecher von Patzig aus zu Fuß oder per Fahrrad unternehmen. Bei den

Ralswiek

Ralswiek liegt in einer Bucht bei den Schwarzen Bergen am Großen Jasmunder Bodden. Von der großen Bundesstraße, die von Bergen nach Sassnitz führt, zweigt ein kleines Sträßchen ab, das kurz und steil in die stille Bucht hinunterführt.

Die hübsche kleine **Holzkapelle,** die sich etwas außerhalb des Ortes an der Straße unter Bäumen versteckt, wurde 1907 als Geschenk von Schweden an Graf *Douglas* hierher geschafft.

Klaus Störtebeker

Klaus Störtebeker war der Führer der so genannten *Vitalienbrüder,* die auch **Likedeeler** (niederdeutsch „Gleichteiler") genannt wurden. Sie führten, zunächst als Helfer des Königs *Albrecht von Schweden,* dem 1389–92 von Dänemark belagerten Stockholm Lebensmittel (Vitalien) zu. Danach setzten sie ihre **Raubzüge** auf eigene Faust fort. 1398 vertrieb der Deutsche Orden die Seeräuber von ihrem Stützpunkt Gotland. Störtebeker verlegte seine Überfälle auf fette Hansekoggen von der Ostsee an die Nordseeküste. 1401 gelang es der Hanseflotte, die Vitalienbrüder auf der Osterems und bei Helgoland vernichtend zu schlagen. Ihre Führer *Klaus Störtebeker* und *Goedeke Michels* wurden gefangengenommen, nach Hamburg gebracht und dort 1402 öffentlich geköpft.

Archäologische Funde

Ralswiek ist die **älteste bekannte Siedlung auf Rügen.** Archäologen gruben in der meterdicken Kulturschicht Tausende von aufschlussreichen Fundstücken aus verschiedenen Epochen aus. Die spektakulärsten Funde waren die Reste von vier **altslawischen Eichenbooten.** Die Schiffe aus dem 9. Jh. sind mit Holznägeln zusammengezimmert, bis zu 13 m lang und 3,50 m breit. Im gleichen Jahr,

als man die Boote entdeckte (1974), fand man auch einen großen Silberschatz in Ralswiek: mehr als 2000 Dirhem, **arabische Silbermünzen** aus der Zeit zwischen 484 und 847 n. Chr. Ein klarer Beweis dafür, dass die Slawen bis nach Arabien Handel trieben.

Störtebeker-Festspiele

Auf der landschaftlich wunderschön gelegenen **Freilichtbühne** von Ralswiek wurde bis 1980 in einer kolossalen Masseninszenierung die **„Ballade von Klaus Störtebeker"** aufgeführt. An dem Stück von *Kurt Bartel* wirkten mehr als 1000 Statisten als Reiter, Soldaten und Schiffsbesatzungen mit. Auf dem Bodden fanden nächtliche Seeschlachten statt und am gegenüberliegenden Ufer inszenierte man brennende Fischerdörfer. Die Kulissen der Bühne wurden auf eigens verlegten Schienen bewegt.

Seit 1993 wird das Spektakel um den legendären Seeräuber zwischen Mitte Juni und Anfang September wieder aufgeführt. Die aufwendige Inszenierung mit 120 Mitwirkenden, Schiffen, Pferden und abschließendem **Feuerwerk** über dem Bodden ist ein echtes Erlebnis, das man nicht versäumen sollte.

Ebenfalls für die ganze Familie interessant ist die am Vormittag angebotene **Adlershow** „Könige der Lüfte".

■**Information, Spielplan, Kartenreservierung, Adlershow:** Am Bodden 100, Tel. (03838) 3 11 00, Fax 31 31 92, www.stoertebeker.de. Erwachsene 12,50–28,50 €, Kinder 5–15 Jahre 10,50–21,50 €, Familien: Erwachsene 10,50 €, Kinder 8,50 €, 19. Juni bis 4. Sept. Mo–Sa 20 Uhr, Dauer 2.45 Std., Adler-Vorführung Mo–Sa 11 Uhr.

352rh ph

Schloss Ralswiek

Sanft steigt der Wiesenhügel, der als Tri-
büne dient, an. Oben auf dem Hügel
thront das feudale Schloss Ralswiek. Es
diente einst dem Großgrundbesitzer
Graf *Douglas* als Wohnsitz. 1891 hatte
der Graf die ganze Bucht samt dem
Dörfchen gekauft. Der große, um 1800
angelegte **Landschaftspark,** der das
Schloss umgibt, ist für die Öffentlichkeit
zugänglich.

Das majestätische, weiße Neorenais-
sanceschloss mit seinen Ecktürmen ist
nach aufwendiger Restaurierung nun ein
besonders schönes Schlosshotel in landschaftlich einmaliger Lage. Beim Umbau
des Schlosses entdeckte man überraschend zahlreiche Spuren und Arbeiten
des Douglas-Freundes, Künstlers und
Urhebers des Jugendstils *Henry Van der
Velde,* die dieser bei der Umgestaltung
des Schlosses 1913/14 hinterlassen hatte.

Praktische Tipps

Unterkunft

■ **Schlosshotel Ralswiek,** Parkstr. 35, Tel.
(03838) 2 03 20, Fax 2 03 22 22, www.schlosshotel-
ralswiek.de. Zauberhaftes Hotel im restaurierten
Schloss mit Wellnessbereich, Schwimmbad und
Sauna, Bibliothek und empfehlenswertem Restaurant; Ü/F NS 66–170 €, HS 110–180 €.

■ **Pension Zum Likedeeler,** Am Bodden 21, Tel.
(03838) 3 11 30, Fax 31 13 13, www.zumlikedee
ler.de. Nette Pension mit 14 Zimmern und Restaurant. Das Schönste ist der boddenseitige Wintergarten mit herrlichem Blick aufs Wasser; Ü/F NS 31 €,
HS 43 €, ab zwei Übernachtungen.

⌂ Am Ende der Welt – stilles Idyll bei Vieregge

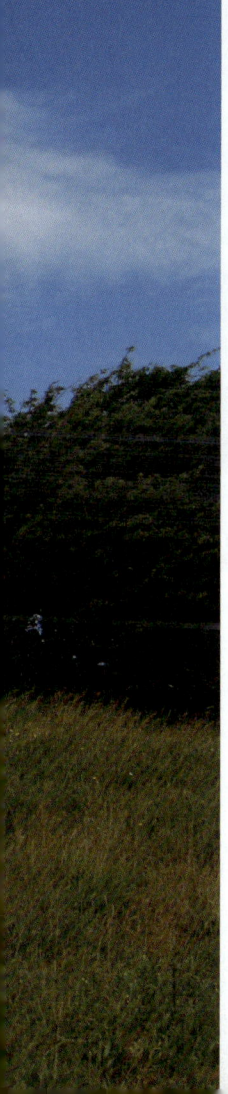

Hiddensee –

die autofreie Insel vor der Insel –

Hiddensee

ein Ort der Sehnsucht voller Magie

und Inspiration, ein Mekka für Künstler

und Kreative.

◁ Der Leuchtturm auf dem Dornbusch
mit Blick über ganz Hiddensee

PERLE DER OSTSEE

Das süße Ländchen", wie es seine 1300 Bewohner nennen, ist nur 17 Kilometer lang und höchstens 3,7 Kilometer breit. Und dennoch sind auf diesen kaum 19 km² so ziemlich alle Landschafts- und Küstenformen zu finden, die die Ostsee zu bieten hat. Drei kleine schmucke Dörfchen mit malerischen Reetdachhäuschen, Räucherkaten und skurrilen Feriensitzen alter DEFA-Künstler, ohne Autoverkehr und befestigte Straßen, aber mit viel Gelegenheit zur inneren und äußeren Einkehr verleihen dem niedlichen Inselchen seine außergewöhnlichen anziehenden Reize. Ein superlanger Sandstrand an der Außenküste, ein dichtes Netz von Rad- und Wanderwegen hinauf auf den Dornbusch zum Leuchtturm auf dem Schlucksberg oder hinab bis zum weissrot gestreiften Postkarten-Leuchtturm ganz am anderen Ende, dazu viel Kunst und Kultur machen die Wahlheimat von *Gerhard Hauptmann* zu einem der attraktivsten und deshalb auch begehrtesten Urlaubsziel der gesamten Ostseeküste. An sonnenreichen Sommertagen herrscht entsprechender Trubel. Wenn aber die letzten Tagesgäste das Inselchen wieder verlassen haben, lebt der Zauber und die Magie Hiddensees wieder auf.

> Postkartenidyll – Reethäuser in Grieben

330rh.ph

Überblick

„Doch ganz und gar gehört Dir mein Lieben,
bist tief in meine Seele geschrieben,
Du einzig schönes, Du 'sötes Land',
An Rügens schäumendem Westenstrand!"

Alexander Ettenburg

Eine Insel zum Verlieben und für Verliebte. Gleich welches der zahlreichen Bücher über Hiddensee man aufschlägt, der Tenor ist überall derselbe: Erklingt der Name des „söten Lännekens", des schönen Ländchens, geraten alle, die es kennen, in verzückte Schwärmerei. Wie ein magischer Schlüssel öffnet Hiddensee poetische Adern und lässt schwärmerischen und verzückten Liebeserklärungen auf die „von Gott hochbegnadigte Insel" vor der Westküste Rügens freien Lauf. „Ein unsagbar schönes Fleckchen Erde", so kurz und bündig beschrieb der Inselpfarrer und -chronist *Arnold Gustavs* seine Wahlheimat und wünschte sich, „dass der liebe Gott ihn einst im himmlischen Hiddensee möge wohnen lassen, und sei es auch nur in einem kleinen Winkel".

„Perle der Ostsee" oder „Capri der Ostsee" wird es auch genannt. Solche oder ähnliche Vergleiche, die es in Fülle

HIGHLIGHTS

➡ Lehrreich, lebendig und amüsant sind die **Literarischen Führungen** der Autorin Ute Fritsch | 199

➡ Eine **Wanderung von Kloster hinauf auf den Dornbusch** und den Schluckswiek, auf dem der Leuchtturm eine atemberaubende Fernsicht bietet | 202

➡ Ein Streifzug durch die Dünenheide und Einkehr ins **Restaurant „Heiderose"** mit Fischräucherei | 208

➡ Eine geführte Wanderung durch das artenreiche **Vogelschutzgebiet Alter Bessin** | 209

➡ Ein (Bade-)Ausflug bis zum **Leuchtturm Luchte,** wo sich Maler und FKKler treffen | 211

Diese Tipps erkennt man im Buch an der gelben Hinterlegung im Kapitel.

gibt, greifen jedoch sämtlich zu kurz. Zu einzigartig ist die Insel Hiddensee. Auch die Versuche zahlreicher Dichter und Denker, deren beliebtester Sommeraufenthalt Hiddensee zu Beginn des 20. Jahrhunderts wurde, geben nur unvollständig das wieder, was die Reize dieser Insel ausmacht.

Die Besucherliste liest sich wie ein Who is Who der Elite des modernen deutschen Kunst- und Geisteslebens: *Gerhart Hauptmann, Max und Käthe Kruse, Max Reinhardt, Carl Zuckmayer, Albert Einstein, Asta Nielsen, Thomas Mann, Sigmund Freud, Stefan Zweig, Oskar Loerke, Heinrich George, Benn, Kafka, Kandinsky, Döblin, Brecht, Macke, Trakl, Hollaender, Morgenstern, Ringelnatz* – endlos ließe sich diese illustre Liste klangvoller Namen fortsetzen.

Einfach war es in realsozialistischen Zeiten nicht, dorthin zu gelangen, und auch heute ist ein Urlaub auf Hiddensee noch nicht völlig problemlos zu realisieren. Das größte Hindernis ist eine **Unterkunft** zu finden, denn auf Hiddensee gibt es keine großen Hotels oder Campingplätze. Unterkunft gibt es nur in begrenzter Zahl in kleinen Familienhotels und -pensionen, im Feriendorf *Dünenheide* und in Privatzimmern bzw. Ferienwohnungen bei den Insulanern.

Und Hiddensee ist (fast) **autofrei!** Kein Lärm, kein Gestank, keine verstopften Straßen, keine zugeparkten Wege. Das Autoverbot (Ausnahmen sind Schulbus, Arzt und Versorgungsfahrzeuge) ist ein Segen für die Insel. Hier können sich hartnäckige Autofetischisten überzeugen, wie herrlich es ohne sein kann. Wo keine Autos sind, braucht es auch keine Straßen. Nur einen holprigen befestigten Weg gibt es, der die Dörfer

333h ph

miteinander verbindet. Ansonsten ziehen sich Sandwege und Trampelpfade durch die Landschaft. Wer von hier nach da will, geht zu Fuß oder fährt mit dem Rad oder der Pferdekutsche.

„Hiddensee ist schön, schön zu jeder Jahreszeit und bei jedem Wetter. Besonders schön, wenn im August der wilde Thymian blüht. Schön im Herbst, wenn die Klashanicks schreien. Schön im hellen Sonnenschein oder auch, wenn uns der Sturm das Haar zerzaust. Schön in dunkler Nacht, wenn sich die gewaltig ausgreifenden Lichtarme des Leuchtturms über unserem Haupt drehen", so *Arnold Gustavs,* der von 1903–1946 Inselpfarrer war. Hiddensee ist nichts weniger als ein großer Wurf der Schöpfung, ein romantisches Eiland außerhalb unserer so atemlosen Zeit, eine Insel zum Verlieben und für Verliebte.

Die Landschaft

Wie ein sanft in der Strömung der Ostsee treibendes zartgliedriges Seepferdchen liegt Hiddensee schmal und langgezogen vor der Küste Westrügens, den Rücken dem offenen Meer zugewandt. Von Kopf bis Fuß misst das Pferdchen nicht mehr als gut 17 km, sein Bauch an der breitesten Stelle knapp 4 km. Insgesamt ergibt das gerade Mal 18,6 km² Insel. Struppig und zackig ist sein Nackenkamm, der Dornbusch mit steinigen Steilufern im Norden der Insel.

Das **Naturschutzgebiet Dornbusch** steigt fast senkrecht bis zu 70 m Höhe aus dem Meer. Die Klippen sind streckenweise mit verfilztem Gestrüpp und Krüppelbäumen bestanden, an anderen Stellen leuchtet die Abbruchwand kahl und gelb aus der Landschaft. Die Höhen sind mit jungem Wald bedeckt, der wie eine vom Wind zerzauste Mähne wirkt. Dem Wald schließt sich ein weites, von duftender Trockenheide überzogenes Hügelland an. Die Hügel fallen nach und nach in sanften Wellen zur Boddenküste hin ab.

Der **Bessin,** sozusagen der Kopf des Seepferdchens, ist angeschwemmtes Land. Während der **Altbessin** nicht mehr wächst und betreten werden darf (Vorsicht Kreuzottern, festes Schuhwerk tragen!), ist der **Neu-Bessin,** der pro Jahr bis zu 60 m zulegt, gesperrte Nationalpark-Kernzone, in der unzählige Wat- und Wasservögel brüten. Der struppige Nacken des Dornbusch läuft Richtung Süden in das weiße Band eines endlosen feinsandigen Strandes aus, der sich gleich einem Rückgrat entlang der Außenküste bis hinunter zur langen dünnen Schwanzspitze, dem Gellen, zieht.

Am Bauch unseres zarten Seepferdchens, dem Gebiet zwischen Vitte und Neuendorf, dehnt sich das **Naturschutzgebiet Dünenheide** aus. Die pittoreske Sandheide ist von Sandwällen und ausgewehten Sandkuhlen durchzogen. Der Teil der Dünenheide westlich der Straße ist zugänglich. Die dem Bodden zugewandte Seite zusammen mit der Fährinsel dagegen streng geschützt.

Immer flacher und sandiger wird Hiddensee südlich von Neuendorf. Die kaum über den Wasserspiegel reichenden **Salzwiesen** gehen langsam in das sandige Schwemmland des Gellen über. Die Außenküste wird durch einen schmalen Waldstreifen geschützt. Die kilometerlange **Sandbank** des Gellen wächst mehrere Meter pro Jahr weiter in das Meer hinaus und nähert sich immer mehr dem Bock, einer kleinen Insel vor der Küste des Festlands. Irgendwann wird, sofern der Mensch nicht eingreift, der Bock ein Teil Hiddensees werden. Der **Gellen** und der davor liegende Gänsewerder sind Brutgebiet und Rastplatz von riesigen Schwärmen von See- und Watvögeln. Betreten verboten!

Die Natur schützen!

Die gesamte Insel ist bis auf die Ortslagen Teil des **Nationalparks Vorpommersche Boddenlandschaft.** Daher sind Beschränkungen in den einzelnen Schutzzonen um der Schönheit Hiddensees und seiner Flora und Fauna willen unbedingt zu beachten. **Zelten** und **Feuermachen** ist grundsätzlich verboten. **Hunde** sind immer und überall an der Leine zu führen und an den bewachten Badeständen generell verboten. Gekennzeichnete **Hundestrände** gibt es bei Vitte und Neuendorf.

● **Information:** Nationalparkhaus, Vitte, Norderende 2, Tel. 6 80 41, Fax 6 80 43, Ausstellung „Veränderung" und Erlebnispfad, Eintritt frei; April– Okt. täglich 10–16 Uhr, Nov.–März 10–15 Uhr naturkundliche Inselführungen.

Praktische Reisetipps

Fähre

Ein wichtiger Punkt, der bei der Anreise nach Hiddensee zu bedenken ist, betrifft die Schiffsverbindungen. Ganzjährig fahrplanmäßig verkehrende Fähren gibt es nur ab Schaprode auf Rügen, von April bis Oktober und zum Jahreswechsel auch ab Stralsund.

Wer mit der **Bahn bis Stralsund** anreist, kann sein Gepäck vom DB-Hauszu-Haus-Kurierservice direkt bis zur

Unterkunft auf Hiddensee befördern lassen. Wer den DB-Kurierservice bucht (3 Tage Laufzeit), sollte unbedingt gleich auch den Rücktransport mitbuchen, da dies von Hiddensee aus nicht möglich ist. Vom Hafen Schaprode aus übernimmt die Hiddenseer Logistik gegen Bezahlung den Transport bis zur gebuchten Unterkunft.

In **Schaprode** gibt es neben der regulären Fährverbindung **Wassertaxis,** die rund um die Uhr angefordert werden können, aber natürlich auch mehr kosten als die Fähre. In der Sommersaison verkehren auch **Ausflugsschiffe** von Breege, Wiek und Dranske nach Hiddensee. Da diese Schiffe weder das ganze Jahr noch nach Fahrplan verkehren, erkundige man sich am besten vor Ort in den Häfen bei den jeweiligen Reedereien oder Eignern nach den genauen Fahrzeiten (siehe auch im Rügen-Teil in den jeweiligen Ortsbeschreibungen).

■ **DB-Kurierservice:** Tel. 0180 5 99 66 33.
■ **Reederei Hiddensee:** Büro Stralsund, Fährstraße 16, Tel. (03831) 2 68 10, Büro Vitte, Achtern Diek 4, Tel. (038300) 2 10, www.reederei-hidden see.de.
■ **Wassertaxi** (24 Std.): *Pirat,* Tel. 0171 7 45 77 13, *Störtebeker,* Tel. 0171 7 45 77 10, *Anna Maria,* Tel. 0171 6 42 80 21.

Anreise mit Auto oder Bus

Wer mit dem Auto anreist, sollte bedenken, dass der Wagen für die Aufenthaltsdauer auf Hiddensee im Fährort zurückgelassen werden muss. Nimmt man die Fähre von **Stralsund,** kann man das Auto im neuen Parkhaus am Ozeaneum

(NS 6 €/Tag, HS 11 €/Tag, 3 Tage 18 €, jeder weitere Tag 6 €) abstellen, von wo aus es nur wenige Schritte bis zum Fähranleger sind. Tagesbesucher können den in Sichtweite des Ablegers gelegenen Parkplatz (2 €/Tag) am Fährkanal bei der Gorch Fock nehmen.

Wer in **Schaprode** auf Rügen auf die Fähre geht, dem steht als Übernachtungsgast ein eingezäunter, bewachter und kostenpflichtiger Parkplatz direkt am Hafen zur Verfügung, der allerdings häufig restlos belegt ist. Alternativ dazu gibt es einen riesigen Platz (Pkw/Tag 3,50 €, ab 2. Tag 2 €) am Ortsrand, auf dem man auch Wohnmobile (5,50 €/4 €) abstellen kann. Zum Hafen sind es nur wenige Minuten. Vom Parkplatz zum Hafen verkehrt auch eine kleine Bahn (Erwachsene 1 €).

Wer mit öffentlichen Verkehrsmitteln anreist, fährt mit der Bahn bis Bergen und von dort mit dem **Bus Linie 35** bis Hafen Schaprode, www.rpnv.de. Auskunft, Fahrscheine: *Info-Thek,* Friedenstraße 24, Tel. (03838) 20 29 55, Mo–Fr 9–12.45 Uhr und 13.15–17 Uhr.

Info

■ **Vorwahl:** 038300
■ **Insel Information Hiddensee,** Norderende 162, 18565 Vitte, Tel. 64 20, Fax 6 42 25, www.see bad-hiddensee.de. Mai–Sept. Mo–Fr 9–17 Uhr, Sa/So 10–12 Uhr, April/Okt. Mo–Fr 9–16, Sa 10–12 Uhr, Nov.–März Mo–Fr 9–15 Uhr.
■ **Touristeninformation Kloster,** im Hafencenter, Tel. 6 06 54. April–Sept. Mo–Fr 10–12.30 und 13.30–17 Uhr, Sa/So 10–12.30 Uhr, Okt. Mo–Fr 10–12.30 und 13.30–17 Uhr, Sa 10–12.30 Uhr, Dez./Jan. Mo–Fr 9–12 und 12.30–15 Uhr.

Unterkunft

Es steht nur eine begrenzte Anzahl von Unterkunftsmöglichkeiten zur Verfügung. Zu Ferienzeiten oder an sonnigen Wochenenden auf gut Glück nach Hiddensee zu reisen ist deshalb nicht ratsam. **Rechtzeitig buchen** erspart Enttäuschungen. In der Nebensaison kann man einen spontanen Hiddenseeaufenthalt aber durchaus wagen. Die Insel-Information in Vitte ist auch die zentrale Zimmervermittlung von Hiddensee.

Ein Tipp: Wenn man kurzfristig nach einer Unterkunft sucht, lohnt es sich, in Schaprode Einwohner zu fragen. Viele haben Verwandte oder Bekannte drüben auf dem „söten Länneken" und können manchmal eine Unterkunft direkt vermitteln.

Gepäcktransport

Da Hiddensee autofrei ist, kann bei der Ankunft im Zielort kein Taxi gerufen werden. Dies sollte man beim Umfang des Gepäckes bedenken. Wer sein Gepäck nicht vom Hafen bis zur Unterkunft selbst tragen will, der sollte als Erstes bei seinem Vermieter nachfragen. Diese übernehmen meist die Gepäckabholung im Hafen oder haben dort für Ihre Gäste einen Handwagen deponiert. Ansonsten muss man sich im Hafen einen Handwagen oder ein Fahrrad mit Anhänger leihen. Bei großem Gepäck kann man sich auch einen Pferdewagen mieten, was aber nicht ganz billig ist.

■ **Kloster:** *Fuhrmann Neubauer,* Hafenweg 10, Tel. 4 87, www.hiddensee-kutschfahrten.de (Gepäckbeförderung auf Wunsch auch ab Schaprode).

■ **Vitte:** *Fuhrmannshof Tiburtius,* Wiesenweg 1, Tel. 6 80 15, www.pferdundfahrrad.de.

■ **Fuhrgeschäft B. Mach,** Neuendorf, Dörpstraat 23, Tel. 5 01 96, www.hiddensee-fuhrmannshof.de. Auch Taxitour-/Rundfahrt, täglich 10.45 Uhr ab Neuendorf/Hotel am Meer.

■ **Hiddenseer Logistik,** Vitte, Achtern Diek 35, Tel. 5 03 00, Fax 5 03 43, www.hiddenseer-logistik.de, Gepäcktransport ab Parkplatz Schaprode täglich 8–18 Uhr. Shuttle-Service im Kleinbus (bis 6 Personen) vom Bhf. Bergen oder Stralsund.

Fortbewegung

Die Fortbewegungsmittel auf Hiddensee sind die eigenen Beine und das **Fahrrad,** das man sich auf der Insel leihen kann. Neben Verleihstationen halten auch viele Unterkunftsanbieter für ihre Gäste Fahrräder bereit.

Adressen

■ **Apotheke:** Rezeptsammelstelle auf Hiddensee, Vitte, Süderende 154, Tel. 5 05 65, die nächste Apotheke ist in Gingst/Rügen, Tel. (038305) 3 70.

■ **Arzt:** *Jens Karweck,* Vitte, Süderende 57, Tel. 2 87, Facharzt für Allgemeinmedizin und *Ute-Elisabeth Karweck,* Notärztin.

■ **Feuerwehr/Notfall:** 112

■ **Fundbüro:** Rathaus Vitte, Norderende 162, Tel. 6 42 10.

■ **Hafenamt:** Tel. 6 42 10.

■ **Kreissparkasse:** Vitte, Süderende 59, Tel. 2 36 (EC-Automat).

■ **Polizei:** Notruf 110, Gemeindeverwaltung Vitte, Tel. 5 01 31 oder 81 00.

■ **Post:** Vitte, Wallweg 1, Tel. 5 03 81.

■ **Wasserschutzpolizei:** Schaprode, Tel. (038309) 14 17.

■ **Zahnarzt:** *Dr. Lucas,* Kloster, Am Bau 1, Tel. 3 75.

Geschichte

Die Geschichte Hiddensees ist eng verknüpft mit dem **Zisterzienserkloster,** das sich 1296 als Tochterniederlassung des Klosters Neuenkamp auf der Insel ansiedelte. Das Dorf Kloster zeigt seinen einstigen Standort an. Der Orden hatte die ganze Insel von *Witzlaw II.* geschenkt bekommen. Als Zugabe gab es das exklusive Fischereirecht im Schaproder Bodden und gegen Bares auch den zu dieser Zeit noch waldreichen Zingst.

Als Gegenleistung mussten sich die Mönche verpflichten, auf dem Gellen ein **Leuchtfeuer** zu errichten und zu unterhalten. Damals führte der einzige Seezugang nach Stralsund an Hiddensee vorbei. Der östliche Zugang, durch den Strelasund am Mönchgut vorbei, entstand erst 1309 nach einer großen Sturmflut, die die dortige Landverbindung zum Festland verschlang. Gleichzeitig mit dem Bau des Klosters, das dem Schutzpatron der Schiffer, dem *Hl. Nikolaus,* geweiht war, wurde ein Hafen angelegt.

Von 1168 bis 1325 befand sich Hiddensee unter **dänischer Herrschaft.** Dann, nach dem Tode *Witzlaws III.,* fiel die Insel wie das benachbarte Rügen an die Herzöge von Pommern-Wolgast.

Das Kloster wurde nach Luthers Reformation 1536 aufgelöst. Zu dieser Zeit war Hiddensee noch eine dicht bewaldete Insel. Die Wälder fielen dem **30-Jährigen Krieg** zum Opfer, als sie zu Belagerungsmaschinen und ähnlichem Kriegszeug verarbeitet wurden. Besonders *Wallenstein* und seine „Kaiserlichen" haben sich als Baumfrevler hervorgetan. Doch nicht nur den Wald stahl man den

Der Ursprung des Namens – eine Legende

In der Wikingerzeit lebte der **Normannenkönig Hithin,** der sich mit *Hilde,* der schönen Tochter des Jütenkönigs *Hägin,* vermählte. Doch bald nach der Hochzeit wurde Hithin von seinem Schwiegervater beschuldigt, er habe sich der schönen Hilde schon vor der Hochzeit unsittlich genähert und damit Schande über seine Tochter gebracht. Das wollte der stolze und auf seinen guten Ruf bedachte Hithin nicht auf sich sitzen lassen und es kam zum Zweikampf. Hithin unterlag, wurde aber von seinem Schwiegervater geschont und am Leben gelassen.

Sieben Jahre später wurde der Kampf erneuert, weil die beiden sich weiterhin dauernd zankten. Beide Könige fanden dabei an den Wunden, die sie sich gegenseitig beibrachten, den Tod. Die schöne Hilde, nun allein, war aber von so großem Verlangen nach ihrem Gatten erfüllt, dass sie, der Zauberei kundig, die Geister der beiden Verschiedenen zur Nachtzeit herbeihexte, damit sie den Kampf fortsetzten. So mussten sich die beiden Geplagten bis zum Untergang der Götterwelt herumschlagen. Dieser ewige Kampf fand auf der Insel statt, die heute den Namen Hiddensee trägt.

Saxo Grammaticus, der berühmte dänische Geschichtsschreiber, bezeichnete 1250 das Eiland als **Hithins Oe,** was soviel bedeutet wie „die Insel des Hithin". In der noch älteren „Jüngeren Edda" des Isländers *Snoiri* wird sie als **Hiddensey** bezeichnet. In älteren Büchern wird der Name noch Hiddensö geschrieben, woraus sich dann das heutige Hiddensee entwickelt hat.

Hiddenseern, alles Vieh und alle Lebensmittel wurden von den Truppen requiriert. Die Not der Bevölkerung wurde so groß, „dass viele Einwohner das Gras auf dem Felde, kochen müssten, um ihren Hunger damit zu stillen", berichtet der Inselpfarrer Maneke.

Zu Beginn des 20. Jh. wurde das abgeschiedene Eiland von der Künstlerszene entdeckt. Hiddensee wurde zum **Mekka der deutschen intellektuellen Elite.** Maßgeblich verantwortlich für seine Entdeckung als Reiseziel war der Sonderling und Schauspieler *Alexander Ettenburg*, der 1888 erstmals Hiddensee besuchte, sich später auf ihr niederließ und in regelrechten Werbereisen seine geliebte Insel anpries.

Hiddensee war als anregende und inspirierende Sommerfrische entdeckt und alle kamen. Manche davon, wie beispielsweise der Maler *Oskar Kruse* oder der Dramatiker *Gerhart Hauptmann*, unterhielten sogar eigene Häuser.

Auch während der DDR-Zeit wurde Hiddensee nicht für den betrieblichen Massentourismus erschlossen, sondern blieb ein exklusives Eiland für Privilegierte und deshalb von verunstaltenden Plattenbauten verschont.

Erstaunlicher- und glücklicherweise schafften es die Hiddenseer nach der Wende trotz großer finanzieller Verlockungen, die kapitalkräftigen Touristikkonzerne, die natürlich begehrlich ihre Krallen nach diesem herrlichen Eiland ausstreckten, von ihrer Insel fernzuhalten. 1990 wurde sie als Teil des **Nationalparks Vorpommersche Boddenlandschaft** unter Schutz genommen und damit auch für die Zukunft in ihrer Einmaligkeit bewahrt.

Alexander Ettenburg – der „Entdecker Hiddensees"

„Kennt ihr das Ländchen, lieblich und traut,
Von schäumenden Wogen der Ostsee umblaut?
Im Westen von Rügen türmt es sich auf,
Ein Bollwerk der Insel, zieht Sturmflut herauf!
Grün seine Wiesen, duftig sein Wald,
Lieblich darüber Lerchensang schallt.
Dort wohn ich einsam auf waldiger Höh'
Als der Einsiedler von Hiddensee,
O Hiddensee, du min 'sötes Land',
Wie bist du leider noch unbekannt!"

Fern der Ostsee, nämlich im schlesischen Dorf Gugelvitz wurde am 28.2.1858 dem Gutsherrn *Eggers* ein Sohn geboren, den er *Alexander* nannte. Eigentlich zur standesgemäßen Offizierslaufbahn vorgesehen, trotzte der viel mehr den schönen Künsten als dem Soldatenhandwerk zugeneigte Alexander seinem Vater die Erlaubnis ab, eine Theaterlaufbahn einzuschlagen. Er legte sich den Künstlernamen *Ettenburg* und den ausschweifenden Lebenswandel eines Künstlers zu. Dadurch jedoch in seiner Gesundheit stark angegriffen, zog er auf ärztlichen Rat ans Meer.

Mit seinem Erbe erbaute er sich in Altefähr auf Rügen am Eingang des heutigen Kurparks die Pension Villa Alexander. Um Gäste in sein Haus zu holen, entfaltete Ettenburg umfangreiche Aktivitäten. Er ließ Prospekte drucken und begab sich jeden Winter auf Vortragsreisen, auf denen er eigene Werke rezitierte und die Schönheit von Altefähr pries. Auch seine Sommergäste unterhielt er mit künstlerischen Vorträgen. Weit mehr philanthropischer Schöngeist denn geschäftstüchtiger Pensionswirt, lud er oft die Einwohner Altefährs zum freien Umtrunk ein. Auch seine Angestellten hielten sich beim Griff in die Kasse an ihm schadlos. Trotz tatkräftiger Unterstützung durch seine Verwandte *Louise Treichel,* die ihr Vermögen in die Pension investiert hatte, war Ettenburg 1894 finanziell am Ende und musste seine Herberge erst verpachten und schließlich weit unter Wert verkaufen.

Seines stattlichen Vermögens beraubt, zog er sich in die Einsamkeit der damals noch kaum von Fremden besuchten Insel Hiddensee zurück. Mit dem Honorar von 100 Mark für sein Gedicht „Wunna, die Jungfrau von Rügen" erwarb er in Grieben eine heruntergekommene Fischerkate und eröffnete die „Schwedische Bauernschänke". Während er die Sommermonate Gastwirt war, verbrachte er die Winterzeit weiterhin mit Vortragsreisen, auf denen er als „Einsiedler von Hiddensee" auf „Hiddenseer Originalvorträgen" die Schönheit des Eilandes in selbstverfassten Gedichten anpries. Er erstellte den ersten Inselreiseführer und verschickte vor allem an Schriftsteller, Schauspieler, Maler und andere Künstler Prospektmaterial. Dank Ettenburgs unermüdlichem Werben und seiner enthusiastischen Vorträge folgten immer mehr Kunstschaffende seinem Ruf und besuchten Hiddensee.

Ettenburg hatte sich zwischenzeitlich auf dem Dornbusch in der Einsamkeit eine schlichte Bretterbude gebaut, die er „Bergwaldschänke Eremitage auf Tannhausen" nannte und in der er hauste. Seine Sommergäste fanden in primitiven Holzhütten mit Schilfdächern Unterkunft. Er propagierte das einfache, naturverbundene Leben, ging stets barfuß und kleidete sich in selbst entworfene, wallende weiße Gewänder oder sein dunkles „Waldgewand".

Neben seiner Eremitage errichtete er ein „Mausoleum" mit Sarg und Grabstein und in der nahen, von ihm getauften Svantevitschlucht, die für ihn das schönste Fleckchen der Insel war, ein Naturtheater. Mit einigen Künstlerkollegen und Hiddenseer Fischern als Komparsen führte er seine eigenen Dramen wie „Hidde, die Fee des söten Lännekens" oder „Svantevits Fall" auf. Während der „Spielzeit" überließ er seine Eremitage samt Gästen sich selbst. Die Hütten wurden als „Zigeunerzelte" bezeichnet und sein Tannhausen als „Spektakelwald mit Oberpriester".

Ettenburg wurde zunehmend sonderlicher. Er schlief im Sarg und seine ganze irdische Liebe galt seinem Esel *Hansi* und seinem Kater *Pussi,* die ihm überall hin folgten. Schließlich geriet er mit dem Amtsvorsteher der Insel mehr und mehr in Konflikt. 1909 kündigte ihm das Stralsunder Heilgeistkloster, dem Hiddensee damals gehörte, den Pachtvertrag auf dem Dornbusch. Ettenburg zog sich an den Strand von Vitte zurück, wo er seine Einsiedelei „Mathilde" eröffnete. Anfänglich wurde er dort noch von Gästen und Einheimischen besucht. Doch mit seinem steigenden Hang zum Alkohol, seinen düsteren Todesahnungen und fortschreitender geistiger Verwirrung wurde es um den von Gicht geplagten, mittellosen Sonderling immer einsamer. 1919 unternahm er einen Ausflug nach Stralsund, bei dem er mitten auf der Straße einen Selbstmordversuch unternahm. Die herbeigerufene Polizei ließ ihn ins Krankenhaus einliefern, in dem er am 30.11.1919 verstarb. Sein innigster Wunsch, auf dem Inselfriedhof seines über alles geliebten Hiddensee beigesetzt zu werden, ging nicht in Erfüllung, weil die Urne mit seiner Asche auf dem Postweg von Greifswald nach Hiddensee verloren ging.

ORTE AUF
HIDDENSEE

336h ph

Ganze 1300 Insulaner verteilen sich auf die vier Orte auf Hiddensee, wobei man das nur aus wenigen Häusern bestehende, verträumte Grieben kaum mehr als einen solchen bezeichnen kann. Hauptort und kulturelles Zentrum mit Kirche, Friedhof und Museen ist Kloster, das sich malerisch an den Hängen des Dornbuschs hinaufzieht. Die Inselverwaltung ist in Vitte, dem bevölkerungsreichsten Ort ansässig, der sich in der Mitte der Insel entlang der Küste ausdehnt. Hier hat auch der Arzt und Zahnarzt seinen Sitz, und der einzige Supermarkt Hiddensees. Mit ihm und seinen zahlreichen kleinen Shops und Lädchen ist Vitte so etwas wie das Einkaufszentrum der Insel. Getrennt durch die weite wunderschöne Dünenheide, die sich zur Blütezeit in einen dichten violettblauen Teppich verwandelt, liegt ganz im Süden das Dörfchen Neuendorf. Es ist das stillste, und für viele auch das schönste, weil authentischste Dorf auf Hiddensee. Nur Trampelpfade verbinden die Handvoll schmucker Reethäuser miteinander, aus denen es besteht.

▷ So lang wie schön –
der Hiddenseer Ostseestrand

Grieben

Grieben ist das kleinste, nördlichste und auch älteste der vier Hiddenseer Dörfer. Bei der erstmals 1279 schriftlich erwähnten Siedlung von einem Dorf zu sprechen, ist jedoch angesichts der Handvoll Häuschen eine gehörige Übertreibung. 1582 bestand es aus acht Katen, und eine Anzeige in der Stralsundischen Zeitung von 1785, in der ganz Hiddensee zum Verkauf angeboten wurde, zählt in der „Inventarliste" das Dorf Grieben auf, „welches von vier Vollbauern, zwei Halbbauern und elf Einliegern bewohnt wird". Grieben, dessen Name sich von *grib,* der slawischen Bezeichnung für „Pilz" herleitet, ist ein ebenso winziger wie **malerischer Weiler** an den Ausläufern des Dornbuschs geblieben. Da er keinen Hafen hat und so von den Fähren und Ausflugsbooten nicht angelaufen wird und nur eine einzige Pension besitzt, ist es auch der abgeschiedenste und

stillste Ort Hiddensees. Sehr reizvoll für Auge und Fotolinse ist das Ortsbild, das unter den rohrgedeckten Katen auch die 1769 und 1771 errichteten und damit ältesten Häuser Hiddensees besitzt.

Am Ufer des **Bessin,** der Grieben gegenüber ins Meer hinauswächst, liegt ein sehr schöner **Sandstrand.** Dank seiner Abgelegenheit ist es hier auch in der Hochsaison viel ruhiger als an dem vielbesuchten Strand zwischen Kloster und Vitte.

Hiddensee 0 — 2 km ©Reise Know-How 2013

Leuchtturm ★
DORNBUSCH
Grieben
Enddorn
Kloster
Vitter Bucht
BESSIN
FKK
Vitter Bodden
Vitte
BUG
WITTOW
Rassower Strom
Dünenheide
FÄHR-INSEL Seehof
Vaschvitz
HIDDENSEE
Poggenhof
Neuholstein
Holsten-hagen
Neuendorf
Charlottendorf Retelitz
Granskevitz
Zubzow Trent
Schaprode
Streu Udars
ÖHE
Schaproder Bodden
FKK
Klimphores-bucht
Udarser Wiek
Leuchtturm ★
Freesen
Fauler Haken
Haide UMMANZ
GELLEN
Waase
Teschvitz
Suhrendorf
Kapelle
Gellerhaken
Wusse
Volsvitz Gingst
BOCK

Unterkunft

■ **Pension Zum Enddorn,** Dorfstr. 6, Tel. (038300)
4 60, Fax 6 66 18, www.enddorn.de. Sehr still gelegen, mit Sauna, Solarium, Liegewiese und Restaurant. Samstags Hauswanderung mit Frühschoppen,
Angelfahrten mit dem hauseigenen Fischkutter, nur
mit Halbpension, Ü/HP NS ab 40–49 €, HS ab 52–
63 €.

Kloster

Kloster entstand um das Zisterzienserkloster herum, das sich hier 1236 ansiedelte und ihm seinen Namen verlieh.
Das Dorf ist das bekannteste und meist-
besuchte der Insel. Nicht wenige halten

es, wie auch der Autor selbst, für das schönste. Sein Charme liegt insbesondere in seiner landschaftlich sehr reizvollen Lage.

Kloster zieht sich einerseits vom stillen Boddenwasser am bewaldeten Hang des **Dornbuschs** hinauf, grenzt also unmittelbar an das Hiddenseer „Hochland" mit seinem eindrucksvollen Steilufer und dem Ausflugsziel Leuchtturm. Andererseits besitzt es direkt vor der Haustür an der Außenküste einen wunderbaren **Sandstrand.**

Auch wenn andere Neuendorf ganz im Süden Hiddensees für das schönste, weil ursprünglichste Dorf halten: Unbestritten ist, dass Kloster das **kulturelle Zentrum** von Hiddensee ist. Hier sind die beiden Museen der Insel zu finden, hier steht die niedliche Inselkirche, hier liegt der Friedhof.

Steigt man im Hafen Klosters von der Fähre, erblickt man linkerhand das Hotel Hitthim. An dieser Stelle stand einst das Zisterzienserkloster, das viele Besucher vergeblich suchen. Denn bis auf einige Grundmauern, die 1959 freigelegt wurden, ist von der Anlage nichts übriggeblieben.

Inselkirche

Der Weg führt vom Hafen hinauf zum **Kirchweg,** einem breiten Sandweg, der quer durch das Dorf verläuft und sozusagen Klosters Hauptstraße ist. Hier steht Hiddensees einziges Gotteshaus, die niedliche Inselkirche. Das weißgetünchte, turmlose Kirchlein wurde 1332 als Wegkapelle vor den Toren des Klosters erbaut. Ihr heutiges Aussehen erhielt sie 1781 bei einem Umbau.

Das Innere der Kirche ist in frischem **Weiß und Blau** gehalten, was ihr eine wohltuend helle und freundliche Atmosphäre verleiht, die von dem über und über mit **roten Rosen** ausgemalten Tonnengewölbe noch verstärkt wird. Angebracht wurden sie 1922 vom Hiddenseer Maler *Nikolaus Niemeier.* Vor dem Altar hängt ein **Taufengel** von der Decke.

Links des Altars hängt an der Chorwand ein interessanter alter Mönchstein. Es ist die Grabplatte des Abtes *Johannes Runenberg,* der 1466–75 Vorstand des Klosters war.

Hauptmann-Grab

Schön ist auch ein Rundgang über den kleinen **Inselfriedhof,** in den das Kirchlein eingebettet ist. Auf ihm liegt ein mächtiger Findlingsblock, der das Grab von *Gerhart Hauptmann* schmückt. Dieser starb 1946 in seinem Schloss Haus Wiesenstein in Agnetendorf im Riesengebirge. Seinem Wunsch entsprechend wurde er auf der Insel beigesetzt. Ein Sonderzug brachte seinen Leichnam über Berlin zurück auf sein geliebtes Hiddensee, wo er am 28.7.1946 beerdigt wurde. Die Grabreden hielten sein Freund, der Inselpfarrer *Arnold Gustavs,* der Schauspieler *Otto Gebühr* sowie der damalige SED-Vorsitzende und spätere Präsident der DDR, *Wilhelm Pieck.*

Der Efeu, der das Grab überwuchert, so kann man in den sehr empfehlenswerten „Erinnerungen eines Inselpfarrers" des Pastors *Gustavs* lesen, ist ein Ableger einer Pflanze, die *George Washington* im Garten seines Sommersitzes höchstpersönlich gepflanzt hatte. Als Hauptmann anlässlich der Goethe-

feier 1932 in Amerika weilte, überreichte ihm der Präsident der Washingtoner Universität einen Ableger der geschichtsträchtigen Kletterpflanze.

Auf dem Friedhof liegt auch das Grab der berühmten Ausdruckstänzerin, Tanzpädagogin und Gründerin der Tanzhochschule Dresden *Gret Palucca,* die ab 1948 viele Sommer auf Hiddensee verbrachte und 1993 im Alter von 91 Jahren starb.

Hauptmann-Haus

Geht man von der Kirche die „Hauptstraße" weiter Richtung Vitte, kommt man kurz vor dem Ortsausgang zum Gerhart-Hauptmann-Haus. Das **Haus Seedorn** steht rechts der Straße am flachen Hang mitten in einem großen Garten.

Der große Dramatiker besuchte 1885 erstmals das paradiesische Eiland, das ihn sofort in Bann schlug. Regelmäßig kehrte er zurück und logierte in Pensionen und im Haus Lietzenburg bei *Oskar Kruse,* bevor er 1921 eine Etage des Hotels Haus am Meer bezog und schließlich 1926 das Haus Seedorn erst mieten und dann erwerben konnte. Er ließ dem Gebäude einen Anbau anfügen und beide Gebäudeteile mit einem Kreuzgang verbinden. Hier verbrachte der Wahlhiddenseer häufig die Sommermonate. Viele seiner bekannten Stücke schrieb er an dem kolossalen Schreibtisch, der im Arbeitszimmer zu bestaunen ist. Die ganze Inneneinrichtung des musealen Hauses ist noch im Originalzustand, nur der

„Auf den Spuren der Dichter und Denker" – Literarische Führungen auf Hiddensee

Die Autorin und Verlegerin *Ute Fritsch* führt von Anfang Juni bis Mitte September auf den Spuren der zahlreichen Künstler und Gelehrten, die auf Hiddensee weilten, durch Kloster, Vitte und Neuendorf. Mit Geschichten, Gedichten, Bildern und Anekdoten erläutert sie dabei an Stationen wie dem ehemaligen Gasthof „Schlieker" oder der legendären „Lietzenburg" plastisch und detailreich die Inselaufenthalte von VIPs wie *Albert Einstein, Thomas Mann, Carl Zuckmayer, Billy Wilder, Max Reinhardt, George Grosz, Gottfried Benn, F.W. Murnau, Joachim Ringelnatz, Günther Grass* u.v.a.

Termine siehe www.jena1800.de. Dauer 2½ Stunden, 8 €. Für Gruppen nach Vereinbarung. Wer auf eigene Faust Hiddensee auf Künstlerspuren durchstreifen will, der lege sich für 7,80 € die von Frau Fritsch erstellte und herausgegebene, ebenso kurzweilige wie interessante **„Künstlerkarte Hiddensee"** zu (mit Begleitbuch 22,90 €). Sie führt auf 65 Stationen zu den Orten und Plätzen, wo die Berühmtheiten logierten, badeten, malten, tranken, schrieben und es trieben. Die Karte lohnt, sie hat einen hohen Spaßfaktor!

Neben ihren Führungen veranstaltet Frau Fritsch auch mehrtägige **„Literarische Reisen"** nach Hiddensee.

■**Information, Anmeldung, Künstlerkarte:** *Ute Fritsch,* Verlag Jena 1800, Wörther Str. 17, 10405 Berlin, Tel. (030) 44 05 02 22, Mobil 0170 4 12 52 77, www.jena1800.de.

◁ Luftig und hell – die Inselkirche in Kloster

Flügel im großen Wohn- und Arbeitszimmer wurde später hinzugefügt, weil in den Räumlichkeiten von Zeit zu Zeit kleine Konzerte stattfinden.

■ Kirchweg 13, Tel. 3 97, www.hauptmannhaus.de. Mai–Okt. täglich 10–17 Uhr, Nov., März, April und Winterferien Di–Sa 11–16 Uhr, Dez.–Febr. auf Voranmeldung.

Heimatmuseum

Der Weg nach Vitte führt weiter zum Badestrand. Am Strandzugang steht ein kleines Haus, das einst dem Seenotrettungsdienst als Stützpunkt diente. Heute breitet dort das Museum der Insel Hiddensee seine Schätze aus. Neben der geologischen und geschichtlichen Entwicklung der Insel gehen kleine Ausstellungen auf Themen wie Natur- und Küstenschutz, die Arbeit des Seenotrettungsdienstes, das Zisterzienserkloster, die Inselfischerei und die Hiddenseer Hausmarken ein.

Die Attraktion des kleinen Inselmuseums ist jedoch der **Hiddenseer Goldschatz.** Der berühmte Schatz wurde 1872 und 1874 nach schweren Sturmfluten von Neuendorfern am dortigen Strand gefunden. Allerhand Geschichten, Märchen und Gerüchte ranken sich um diesen Goldschmuck. Von Fälschungen, Traumvisionen, sterbenden Matrosen, die in fernen Ländern als letzte Worte das Versteck verraten haben sollen oder vom schlichten Diebstahl von

Hiddensee

331 rh ph

Lietzenburg

Das auffällige Haus, das über Kloster aus dem Waldhang des Dornbuschs ragt, ist die Lietzenburg. Das schlossartige, mit Jugendstilelementen verzierte Backsteinhaus errichtete 1904 der Holzhändler und Maler *Oskar Kruse* nach dem Vorbild englischer Landhäuser. Später bewohnte es die berühmte Puppenmacherin **Käthe Kruse** mit ihrem Mann.

Die Lietzenburg wurde schnell zum **Treff vieler Künstler,** Schriftsteller und anderer Vertreter der schönen Künste. „Die Lietzenburg des Bildhauers Professor Max Kruse ist der Sammelpunkt der hier weilenden Mystiker", berichtet unter der Überschrift „Auf der Insel der Prominenten" ein Zeitungsartikel von 1931. „Professor Kruse veranstaltet allwöchentlich mystische Abende, wo er seinen verblüfften Gästen ‚Das Mysterium des Schweißtuches der heiligen Veronika' vorführt."

Inselweit bekannt war das „Zeiss-Glas" Kruses. „Unter den roten Bogen seines Schlosses hat sich der König ein langes Fernrohr aufgestellt. Es hat ein messingnes Kleid, steht auf drei Füßen", berichtet 1925 der Schriftsteller *Wilhelm Schmidtbaum* in seinem Hiddenseebuch „Die unerschrockene Insel". Mit dem **Fernrohr** beobachtete der gesellige Hausherr allerdings nicht nur den schönen Sternenhimmel, sondern auch aufregend neuartige Strandphänomene: **junge nackte Frauen,** die schon damals den Strand von Hiddensee bevölkerten. Seine Besucher haben natürlich kräftig

Bord eines gestrandeten Seglers wird erzählt und gemutmaßt. Fest steht, dass der insgesamt 596 Gramm schwere Schmuck von etwa 950 n. Chr. stammt. Wahrscheinlich wurde er in Jütland hergestellt und war Eigentum des Dänenkönigs *Harald Blauzahn.* Möglicherweise handelte es sich aber auch um **Piratenbeute.** Ganz sicher ist aber, dass der im Hiddenseer Museum ausgestellte Goldschatz eine **Kopie** ist. Die Originale liegen im kulturhistorischen Museum in Stralsund.

■ Kirchweg 1, Ortsende Richtung Vitte, Tel. 3 63, Nov.–März Sa/So 11–15 Uhr, April–Okt. täglich 10–16 Uhr.

◁ Die „Hauptstraße" von Kloster

mitgeguckt. **Hauptmann** gab offen zu, dass ihn die knackigen Körper (auch) beruflich sehr angeregt haben: „Die Insel der großen Mutter", so gestand er, „wäre nie entstanden, hätte ich nicht jahrelang die vielen schönen, oft ganz nackten Frauenkörper gesehen und das Treiben dort beobachtet."

Das Treiben war am Strand von Kloster reichlich turbulent, wie der oben erwähnte Artikel es plastisch schildert: „Schön ist die Welt auf Hiddensee! Nackte Tänzer und Tänzerinnen rennen über die Dünen. Dazwischen wilde Kaninchen, hundertweise. Unter jedem Baum steht eine Staffelei. Aus jedem Busch ertönt ein Tenor oder ein Koloratursopran." Tatsächlich war der bunte Künstlertreff Hiddensee so etwas wie die **Urmutter des Nacktbadens** an der Ostsee. 1913 sah sich die Behörde angesichts des freizügigen Treibens genötigt, einen Erlass herauszugeben, wonach für Frauen „ein undurchsichtiger, den ganzen Körper vom Hals bis zum Knie bedeckender Badeanzug" vorgeschrieben sei, um den sich allerdings niemand weiter scherte.

Rings um die Lietzenburg steht eine Reihe besonders schöner Rohrdachhäuser, denen man unschwer ansieht, dass ihre überwiegend saisonalen Bewohner kaum der Arbeiterklasse angehören.

Wetterstudio Hiddensee

Seit das ARD-Wetterstudio auf dem Dornbusch beim Leuchtturm besteht, hat zum einen der ewige Streit ums Wetter an der Küste ein Ende gefunden und zum anderen ist die Insel oder wenigstens ihr Name nun jedem Bundesbürger ein Begriff.

Der jahrelange Streitpunkt: Ständig meldete das ARD-Wetterstudio in der „Tagesschau" Wolken, Regen und anderes meteorologisches Unbill für Mecklenburg-Vorpommern, was landeinwärts auch zutraf. Direkt an der Küste und auf den Inseln verjagt aber der ewige Seewind die Wolken und lässt oft die Sonne strahlen, während es wenige Kilometer weiter grau verhangen ist. Die Messungen der Wetterstation bestätigen, was die Hiddenseer schon immer wussten: „Bi uns scheint de Sünn öfters as över Land!" Hiddensee zählt mit etwa 1850 Sonnenstunden im Jahr zu den sonnenreichsten Orten in ganz Deutschland.

Das **aktuelle Hiddenseewetter** kann man unter www.daserste.de/wetter abrufen.

Dornbusch-Wanderung

Ab Kloster gibt es verschiedene Wanderrouten und Wege über das herrliche Hügelland des Dornbusch. Wer am Strand unterhalb des Dornbusch-Steilufers entlangspaziert, hat die Möglichkeit an zwei Stellen über **Holztreppen** (1. nahe Ort, 2. beim Klausner) hinauf zum Hochuferweg zu gelangen. Man darf zum Aufstieg nur diese Treppen benutzen, denn der Dornbusch ist Teil des Nationalparks! Die Treppen sind allerdings lang und steil, und man braucht schon etwas Puste.

Der **Hochuferweg** schlängelt sich entlang der Abbruchkante durch Buschwerk und Wald. Vorsicht an der Abbruchkante, besonders mit Kindern! Immer wieder brechen große Stücke ab und rutschen ins Meer. An besonders schönen Aussichtspunkten laden Bänke zum Verweilen ein. Rund einen Kilometer vor dem Leuchtturm liegt in wunderbarer Alleinlage im lichten Wald die vielbesuchte **Ausflugsgaststätte „Zum Klausner".** Sie steht an jener Stelle, an der der sonderliche *Alexander Ettenburg* einst seine legendäre Bergwaldschänke Eremitage auf Tannhausen betrieb.

Der 28 m hohe **Leuchtturm,** der sich auf dem 72 m hohen Hügel Schluckswiek erhebt, wurde bereits 1888 in Dienst genommen. Jedem wärmstens zu empfehlen ist die allerdings anstrengende Besteigung des Leuchtfeuers. Die Sicht von oben über die gesamte Insel ist grandios. Der Aufstieg erfolgt über eine sehr steile und enge, 102-stufige Treppe und ist deshalb für Kreislaufschwache nicht anzuraten. Kinder unter 6 Jahren und Hunden ist der Zutritt verboten. Da nur maximal 15 Personen eingelassen werden, kann es in der Saison zu Wartezeiten kommen.

■ **Leuchtturm,** auf dem Dornbusch, Tel. 5 04 56, 5.–16. Feb. täglich 13–15 Uhr, 15.–29. März täglich 11–15 Uhr, April Di–Sa 10.30–16 Uhr, Mai–

Okt. täglich 10.30–16 Uhr, 27.12.–4.1. täglich 11–15 Uhr.

Ab dem **Enddorn,** wo der **Bessin** beginnt, ist Vogelschutzgebiet. Hier brüten zahllose See- und Watvögel. „Das Gestade war mit Vogeleiern mannigfacher Art wie besät", notierte Rügenstreifzügler *Grümbke* nach einem Besuch des Sandhakens vor fast 200 Jahren. Da sich das bis heute nicht geändert hat, ist es einleuchtend, dass in dieser Vogelkinderstube jeder Mensch stört.

Praktische Tipps

Unterkunft & Gastronomie

■ **Hotel Hitthim,** Hafenweg 8, Tel. 66 60, Fax 6 66 18, www.hitthim.de. Fachwerkhaus am Hafen, mit großem, schönen Biergarten; Ü/F NS 45–67 €, HS 48–78 €.

■ **Pension Wieseneck,** Kirchweg 18, Tel. 3 16, Fax 6 80 24, www.wieseneck-hiddensee.de. Traditionsreiche familiäre Herberge in neuem mediterranen Ambiente mit Restaurant und Terrasse mit Boddenblick; Ü/F 34–46 €.

■ **Hotel Haus Hiddensee,** Kirchweg 31, Tel. 3 35, Fax 69 12 18, www.haus-hiddensee.de. Gemütliches kleines Hotel in der Ortsmitte mit **Restaurant Kajüte;** Ü/F 35–45 €.

■ **Pension Zum Klausner,** im Dornbuschwald, Tel. 66 10, Fax 6 61 20, www.klausner-hiddensee. de. Idyllischste Alleinlage auf dem Balkon Hiddensees, Restaurant mit deutscher Küche, Fischgerichte; Ü/F 30–36 €.

■ **Restaurant Hedin's Oe,** Mühlberg 43, Tel. 2 73. Idyllisch und ruhig gelegenes Rohrdachhaus, köstliche Inselspezialitäten und 100 (!) erlesene Weine.

■ **Zum Kleinen Inselblick,** Birkenweg 2, Tel. 2 34. Ein liebenswertes Unikum, denn es ist Lokal und Trödelladen in einem. Sämtliches Mobiliar ist aus-

---

Wanderrouten

■ **Außenküste:** Inselmuseum – Hucke – 4. Treppe – Dornbusch – Gaststätte *Zum Klausner* – Leuchtturm – Inselblickweg – Kloster. Länge: ca. 7 km; Dauer: ca. 2½ Std.

■ **Boddenküste:** Dorfteich – Hügelweg – Leuchtturm – Honiggrund – Grieben – Kloster. Länge: ca. 7 km; Dauer: ca. 2 Std.

■ **Strandwanderung:** Kloster – Vitte – Neuendorf. Länge: ca. 10 km; Dauer: ca. 3½ Std.

gepreist und käuflich; dazu gibt's ebenso eine gute wie günstige Küche.

Aktivitäten

■ **Fahrradverleih:** *B. Pehl,* Hafenweg 4, Tel. 4 37, www.hiddensee-pension.de. Langzeit- und Familienrabatte, inselweit kostenlose Pannenhilfe.

■ **Kutschfahrt/Gepäcktransport:** *Fuhrmannshof Neubauer,* Hafenweg 10, Tel. 4 87, www.hiddensee-kutschfahrten.de, auch Pony- und Wanderreiten.

Vitte

Vitte ist das größte Dorf auf Hiddensee und Sitz der **Inselverwaltung.** Der Name des 1513 erstmals erwähnten Ortes hat seinen Ursprung von den so genannten *Vitten* (oder *Fitten*). Diese entstanden im 13./14. Jh. entlang der Ostseeküste und waren Heringsfang- und -handelsplätze, die nur während der Fangsaison benutzt wurden.

„Die meisten Häuser des Dorfes Vitte, des größten und volkreichsten der Insel, sind elend gebaut, und eine Sennhütte kann kaum einen armseligeren Anblick bieten als einige dieser rohen architektonischen Stümpereien", schreibt *Grümbke* über Vitte. Fast alle dieser „architektonischen Stümpereien", die alten Rauchkaten, hat die große Sturmflut von 1872 verschlungen. Nur eines dieser romantisch-malerischen Rohrdachhäuschen ist erhalten. Die architektonische Stümperei von heute ist das ehemalige Ferienheim des VEB Volkswerft Stralsund, das sich mitten im Dorf erhebt. Den viel zu groß geratenen Bau rettet auch sein kolossales

Rohrdach nicht. Wie für alle Orte auf Hiddensee begann mit dem Fremdenverkehr auch für Vitte eine neue Epoche. Es wurden Pensionen, Logierhäuser und Gaststätten gebaut, die das Ortsbild veränderten.

An vielen Häusern des Orts sind noch die typischen Hiddenseer **Hausmarken** zu sehen (siehe Exkurs).

Markant und geschichtsträchtig sind die beiden skurrilen Häuschen, die nebeneinander auf der flachen Wiese etwas außerhalb in Richtung Kloster stehen. Beides sind Werke des berühmten Architekten *Max Taut.* Sie haben zwar kein inseltypisches Aussehen, sind aber sehr sehenswert.

Asta-Nielsen-Haus

Das vordere Haus namens **Karusel** baute *Max Taut* für die dänische Schauspielerin *Asta Nielsen,* die von 1925 bis 1933 ihre Sommerferien auf Hiddensee verbrachte und schrieb: „Nirgends ist man so jung, so froh und so frei wie auf dieser schönen Insel." Neben der Lietzenburg der *Kruses* und *Hauptmanns* Haus Seedorn war das Karusel der dritte große Künstlertreff auf Hiddensee. Bei der Nielsen ging es oft hoch her, besonders wenn der geniale, aber unberechenbare Exzentriker **Joachim Ringelnatz** zu Gast war. Ein paar Zitate aus ihrem Tagebuch: „Heute morgen verließ Ringelnatz das Haus in Badehosen, knallrote Badeschuhe, ein gelbes Tuch auf dem Kopf und eine bunte Tasche auf dem Bauch für Bernstein". „Ringelnatz sucht noch immer Bernsteine, das einzige, was er aber gefunden hat, ist eine Kneipe, wo man guten Korn bekommen kann".

334rh ph

Henny-Porten-Haus

Neben Nielsens Karusel steht das oft nach der UFA-Schauspielerin *Henny Porten* benannte Haus. Es fällt schon von weitem wegen seines völlig asymmetrischen Daches auf, das aussieht, als wolle es jeden Moment herunterrutschen. *Henny Porten* hat jedoch nie in diesem Haus gewohnt, noch hat sie je ein Haus auf Hiddensee besessen. Das niedlich-skurrile Häuslein wurde von *Max Taut* 1923 für den Berliner Fabrikanten Karl Wiedemann errichtet. Anfang der

☐ Das Karusel von Asta Nielsen

1930er Jahre ging es in den Besitz der Familie *Delius* über, in der es sich noch heute befindet.

Blaue Scheune

Im Ort steht eine der letzten auf Hiddensee erhaltenen **Rauchkaten.** Dieser Haustypus war einst der gebräuchlichste auf der Insel. Die große Sturmflut von 1872 zerstörte die meisten dieser Katen (brachte aber auch den ersten Teil des Hiddenseer Goldschmucks ans Tageslicht). Der Name *Rauchkaten* rührt daher, dass diese Häuser über keinen Kamin verfügten und der Rauch des Herdfeuers den ganzen Innenraum erfüllte und sich durch Ritzen und Spalten den

Weg nach draußen suchen musste. *Zöllner,* der 1797 die Insel bereiste, beschrieb die Wohnverhältnisse in einem solchen Rauchhaus folgendermaßen: „Die Küche war dergestalt voll Rauch, dass wir kein Auge darin öffnen konnten. Dies müsse so sein, sagte der Bauer, um Schinken, Fische und Netze zu räuchern".

Seinen auffälligen, leuchtend blauen Anstrich verdankt das niederdeutsche Hallenhaus der Malerin *Henni Lehmann* (1887–1937), die es 1920 erworben hatte und in den 20er Jahren durch die Ausstellungen des „Hiddenseer Künstlerinnenbundes" bekannt machte. Seit 1954 wird die Blaue Scheune von dem Maler *Günter Fink* bewohnt, der in der Galerie der Scheune Hiddenseer Künstler ausstellt (Mai–Sept., Mi und So 10–12 Uhr).

Bernstein

Am breiten feinsandigen **Strand** von Vitte kann der aufmerksame Strandläufer mit etwas Glück Bernstein finden. Besonders nach starken Westwinden blinken an diesem Strandabschnitt die honigfarbenen Harzstücke aus dem „Bernsteindreck", ein Gewölle aus angeschwemmtem Seetang, Muschelschalen und Holzstückchen. Wenn man hier Einheimische mit langen Käschern bewaffnet im seichten Wasser herumwaten sieht, dann ist die Chance, ein Stück zu finden, besonders hoch. Die Alteingesessenen wissen aus langer Erfahrung genau, wann Bernsteinzeit ist und es sich zu suchen lohnt. Wer selbst kein Glück hat, warte einfach, bis die professionellen Bernsteinfischer ihre Arbeit getan haben. Kleine Stücke lassen sie nämlich am Strand zurück.

Bernstein – das Gold der Ostsee

Als Bernstein bezeichnet man verfestigte Harze, die mindestens eine Million Jahre alt sind. Bernstein ist also **fossiles Pflanzenharz.** Mehr als 300 verschiedene Arten davon sind heute bekannt. Ihr Alter kann über 100 Millionen Jahre betragen. Die häufigste Bernsteinart ist der 40–50 Millionen Jahre alte **Baltische Bernstein,** den man überall im Ostsee- und Nordseegebiet findet. Er entstand während der Braunkohlezeit. Damals waren das südliche Skandinavien und das Gebiet der heutigen Ostsee von subtropischen Wäldern bedeckt, in denen die (ausgestorbene) Bernsteinkiefer wuchs, die das Harz für den Baltischen Bernstein lieferte.

Der Name Bernstein kommt von „Börnstein". „Börnen" ist der niederdeutsche Ausdruck für „brennen". Da Bernstein ein Harz ist, ist er **leicht brennbar** und lässt sich schon mit einem Streichholz anzünden. Außerdem ist Bernstein sauerstoffempfindlich; er bildet an der Luft eine **Verwitterungskruste** und zerfällt allmählich. Dieser Vorgang geht jedoch sehr langsam voran. Bernsteinstücke mit einer Verwitterungsschicht machen einen recht unansehnlichen Eindruck, lassen sich jedoch leicht **aufpolieren** und erstrahlen dann in neuem Glanz. Je nach Lichtdurchlässigkeit unterscheidet man klaren, trüben und milchigen oder weißen Bernstein. Der größte Bernsteinbrocken, der bisher gefunden wurde, wog fast 10 Kilo.

■**Bernsteinwerkstatt,** Norderende 142, Tel. 6 07 30, www.bernsteinwerkstatt-vitte.de. Mo–Sa 10–13 Uhr und 14.30–18.30 Uhr. Di und Do 15–18 Uhr Bernstein selber schleifen (unter Anleitung).

Die Suche

Mit etwas Geduld kann man an den Stränden der Ostsee selbst Bernstein finden. Meist ist er dem so genannten „Bernsteindreck" untergemischt, einem Gewirr von Muschelschalen, kleinen Holzstückchen und Tangresten. Bernstein lässt sich leicht von abgeschliffenen Glasstückchen unterscheiden. Zum einen ist er wesentlich weicher (wenn man ihn auf eine Glas- oder Steinplatte fallen lässt, klingt er nicht so hell wie eine Scherbe oder ein Metallstück), und er lässt sich gut mit einer Nadel ritzen. Außerdem ist er so leicht, dass er **auf Salzwasser schwimmt.**

Diese Eigenschaft machten sich auch die Bernsteinsucher früher zunutze, indem sie von Booten aus mit langen Stangen die Steine am Grund umwälzten und anschließend die emporschwimmenden Bernsteinbrocken mit Käschern einsammelten. Auch heute noch kann man, z.B. auf Hiddensee, Bernsteinsucher beobachten, die ins flache Wasser waten, mit großen Käschern den am Grund liegenden Bernsteindreck herausfischen und anschließend am Strand ausbreiten, um die Bernsteinstücke herauszusammeln.

Der in der Erde eingebettete Bernstein wird heute im Tagebau mit großen Spezialbaggern gewonnen, z.B. im russischen Kaliningrad (Königsberg).

Inklusien

Inklusien sind in Bernstein eingeschlossene **tierische oder pflanzliche Reste,** wie Mücken, Käfer, Spinnen oder Blätter. Diese Tiere und Pflan-

zen sind am flüssigen Harz kleben geblieben und darin eingeschlossen worden. Da das Harz rasch erhärtet, sind sie über Jahrmillionen hinweg vorzüglich konserviert worden, so dass heute noch feinste Einzelheiten zu erkennen sind.

Schlauben

„Bernsteinschlauben" nennt man solche Stücke, bei denen die natürliche Fließform des Harzes erhalten geblieben ist. Sie entstanden, als das dünnflüssige Harz an den Ästen oder am Stamm herabfloss und dort erstarrte. Da meist mehrere **Harzströme** übereinander flossen, erscheinen die Schlauben **geschichtet.** Andere Fließformen, die im Bernstein erhalten geblieben sind, sind **Tropfen und Zapfen.**

Schmuck

Da Bernstein weich ist und sich **leicht bearbeiten** lässt, ist er schon seit Jahrtausenden ein begehrter Schmuckstein. Aus allen Kulturepochen ist Bernsteinschmuck in Form von Ketten, Anhängern und Figuren bekannt. Neben Schmuck wurden in den letzten Jahrhunderten aber auch zahlreiche **kunsthandwerkliche Arbeiten** hergestellt: Teller mit Intarsien, Leuchter, Schatullen, Vasen, Schachspiele und ganze Altäre. Das berühmteste aus Bernstein gefertigte, oft als 8. Weltwunder bezeichnete Kunstwerk ist das legendäre **Bernsteinzimmer,** das in den Kriegswirren verschwand und nach dem seither fieberhaft gesucht wird.

Dünenheide

Von Vitte aus sollte man in jedem Fall ausgedehnte Spaziergänge durch die Dü-

nenheide unternehmen. Das 250 ha große Naturschutzgebiet nimmt den ganzen Mittelteil der Insel zwischen Vitte und Neuendorf ein. Die Sandheide ist eine pittoreske Naturregion. Dem Weißdünenwall entlang der Ostseeküste folgen Abschnitte von Grau- und Gelbdünen, bewachsen von Silbergras und den zwergwüchsigen Sträuchern der Krähenbeere und der Besenheide. Sandeinwehungen und -umlagerungen verwandeln das Aussehen der **Heide** permanent. Überall öffnen sich vom Wind ausgewehte Sandkuhlen, deren Material an anderer Stelle neue Dünenkämme aufwirft. Besonders schön ist die Heide im August, wenn sie millionenfach **gelb und violett erblüht.**

Ein solch trockener und sonniger Platz wie die Heide ist auch bei Reptilien sehr beliebt. Das heißt, hier kann man **Kreuzottern** begegnen. Festes Schuhwerk ist deshalb anzuraten. Sollten Sie auf eines der Tiere treffen, erfreuen Sie sich an seiner Eleganz und Schönheit. Versuchen Sie aber nicht, es zu fangen oder zu ärgern. Und meinen Sie nicht, Sie müssten die Schlange töten. Zum einen sind Kreuzottern harmlos, wenn man sie in Ruhe lässt, zum zweiten wird ihre Giftigkeit häufig übertrieben, drittens spielen sie in ihrem Biotop eine wichtige Rolle und viertens sind sie selten und deshalb geschützt.

Inmitten der schönen Heide steht das **Feriendorf Heiderose.** Der Wanderer verdankt dem Feriendorf die einladende **Ausflugsgaststätte „Heiderose".**

Bei Wanderungen in der Dünenheide ist zu beachten, dass der dem **Bodden** zugewandte Teil unter strengem Schutz steht und sein **Betreten verboten** ist. Im der Ostseeküste zugewandten, frei zugänglichen Teil auf der anderen Seite der Straße darf man ohne schlechtes Gewissen ruhig **Heidekrautsträuße pflücken.** Das ist nicht nur erlaubt, sondern sogar gern gesehen, weil es zur Verjüngung des Bestandes beiträgt. Durch den zugänglichen Teil führt ein **Lehrpfad,** der auf Informationstafeln die Besonderheiten des Naturraums Dünenheide erläutert.

Praktische Tipps

Unterkunft

■**Hotel Godewind,** Süderende 53, Tel. 66 00, Fax 66 02 22, www.hotelgodewind.de. Zentrale Ortslage, mit gemütlichem Restaurant; Ü/F NS 25–59 €, HS 48–63 €, Zimmer mit Etagendusche/WC ab 19 €.

■**Hotelanlage Heiderose,** In den Dünen 127, Tel. 6 30, Fax 6 31 24, www.hiddensee-heiderose.de. Hotel und kleine Ferienhäuser mit Restaurant, Fischräucherei und Backhaus mitten in der Dünenheide; Ü/F NS 28–45 €, HS 44–53 €, FeWo 47–98 €.

■**Pension Lachmöwe,** Wallweg 5, Tel. 2 53, Fax 5 04 05. Kleine, ruhig auf der Boddenseite am Hafen gelegene Herberge, mit *Café Kanne;* Ü/F NS 25–31 €, HS ab 37 €.

Gastronomie

■**Restaurant Mühlenhof,** Wiesenweg 58, Tel. 2 17. Regionale Küche im alten Bauernhof, die Chefin kocht selbst. Große Portionen, viel Fisch, mit Kaffeegarten.

Wanderroute

■ Vitte – Dünenheide – Neuendorf – Strand – Vitte. Länge: ca. 9 km; Dauer: ca. 3½ Stunden.

337rh ph

Restaurant Inselreif, Süderende 9, Tel. 2 63. www.hiddensee-inselreif.de. Spezialitätenrestaurant mit regionaler Küche, vor allem Fisch.

Aktivitäten

Fahrradverleih: *Ch. Kula,* Süderende 6, Tel. 4 72, Langzeit- und Familienrabatte, inselweit kostenlose Pannenhilfe.

Kutschfahrten/Gepäcktransport: *Fuhrmannshof Hiddensee,* Wiesenweg 1, Tel. 6 80 15, www. pferdundfahrrad.de.

Tauchen/Wasserski/Angeln: *Tauchservice Hiddensee,* Tel. 0171 2 85 29 04.

Kino: *Zeltkino,* www. zeltkino-hiddensee.de. Wegen Umzugs z. Zt. geschlossen.

Geführte NLP-Wanderungen:
Info: NLP-Haus, Tel. 6 80 41.
Steiluferwanderung mit Leuchtturm, ab Heimatmuseum, Dauer 3 Std., Mai–Aug. Fr 17 Uhr, Sept. Fr 16 Uhr, Jan.–April und Okt.–Dez. Mi 11 Uhr.

Wanderung durch die Dünenheide, ab Gaststätte Heiderose, Dauer 2 Std., April–Okt. Di 10 Uhr.
Wanderung auf dem Alten Bessin, ab Eingangstor zum Alten Bessin, Dauer 3 Std., April–Sept. Mi 15 Uhr, Okt. Mi 14 Uhr.

Theater: *Seebühne Vitte,* Wallweg 2, Tel. 6 05 93, www.hiddenseebuehne.de, April–Okt., u.a. auch Puppen-Figurentheater für Kinder.

Surfen/Segeln: *Surf und Segel Hiddensee,* Norderende 163, Tel. (038300) 6 05 25, www.surfund segelhiddensee.de.

Malerei & Grafik: *Atelier Ulrike Northing,* Norderende 162, Tel. 0177 6 66 08 89, www.ulrike-nort hing.de.

⌂ Pferdekutsche zwischen Vitte und Neuendorf

Neuendorf

Das südlichste Dorf auf Hiddensee ist Neuendorf, eigentlich Neuendorf-Plogshagen. Darauf legen die Plogshagener auch gesteigerten Wert, weil ihr Dorf wesentlich älter ist als eben das „Neue Dorf". **Plogshagen** besteht aus ein paar Häusern an der Außenküste. Es wurde 1236, also zur selben Zeit wie das Zisterzienserkloster in Kloster, gegründet. Benannt ist es nach seinem ersten Bewohner, einem Herrn *Peter Plog*.

Das zum Bodden hin gelegene Neuendorf entstand erst um 1700. Wegen seiner Lage im Süden der Insel werden die Einwohner des Doppeldorfes *Süder* genannt.

Nähert man sich dem Ort mit der Fähre, so scheint es, als ob die schneeweiß gekalkten Rohrdachhäuser auf dem Wasser schwämmen, so flach ist Hiddensee an dieser Stelle. An Land erkennt man dann, dass die Häuser sogar noch etwas erhöht auf kleinen Sandwällen stehen. Diese „Berge", wie sie die Einwohner nennen, sollen einen gewissen Schutz vor **Hochwasser** bieten, das, wenn es auftritt, an dieser Stelle oft die ganze Insel überflutet. Hier bei Neuendorf hatte 1872 eine besonders starke Sturmflut das „söte Länneken" gar in zwei Teile gerissen. Mit einem Damm, dem „Dicken Faden", wurde sie wieder zusammengenäht.

Nirgends auf der Insel ist der autofreie Zustand augenfälliger als in Neuendorf. Das Dorf steht einfach mitten auf der Wiese. **Keine Straße,** noch nicht einmal ein breiter Sandweg ist hier zu finden. Nur schmale Trampelpfade ziehen sich von Haus zu Haus und kreuz und quer über die grüne Wiese. Ein wundervoller Anblick, den man als betongewöhnter Städter gar nicht lange genug auf sich wirken lassen kann. Teilweise sind die Häuser Neuendorfs wie an einer Perlenkette aufgereiht und solar, d.h. von Ost nach West, ausgerichtet. Neuendorf ist das am ursprünglichsten gebliebene der Hiddenseer Dörfer und steht deshalb als Ganzes unter Denkmalschutz.

Obwohl der Fremdenverkehr heute ebenfalls eine wichtige Rolle spielt, gehen die Süder aber auch noch ihrer traditionellen Arbeit, der **Fischerei,** nach. Im kleinen Hafen am Boddenufer kann man ihnen ausgiebig bei der schweren Arbeit zuschauen.

Eine gewisse Sonderstellung hatten die Süder schon immer. So waren sie immer „Freie", also niemals der Leibeigenschaft unterworfen. Dank ihrer isolierten Lage und der besonderen Nähe zu Rügen entwickelten sich hier sogar ein eigener Dialekt und ein besonders **starkes Gemeinschaftsgefühl.** Lange, bevor ihnen *Ulbricht* und Co. dies mittels realem Sozialismus beibringen wollten, erledigten die Neuendorfer fast alle anfallenden Arbeiten gemeinsam. Um die verschiedenen Tätigkeiten gerecht zu verteilen, praktizierten sie eine Art Rotationssystem mittels regelmäßiger Auslosungen: Jeder Haushalt warf sein *Kavelholz*, auf dem die jeweilige **Hausmarke** eingekerbt war, in eine Mütze, und die gezogenen Hölzer entschieden schließlich über die Verteilung der anstehenden Arbeiten, aber auch der Wiesen und Weiden.

Von den alten Bräuchen und vom harten Fischerleben erzählt das neue, in einem alten Reusenschuppen beheimatete und von den Neuendorfer Fischern betreute, kleine **Fischereimuseum.**

Hiddenseer Hausmarken

Auf Hiddensee, besonders in den Dörfern Vitte und Neuendorf, finden sich an vielen Häusern runenartige Zeichen, so genannte Hausmarken. Seit über tausend Jahren finden die Zeichen im täglichen Leben Verwendung. Die Symbole waren früher weit verbreitet. Heute sind sie nur noch in wenigen abgeschiedenen Regionen anzutreffen.

Man nimmt an, dass sie sich aus den **Runen,** den ältesten germanischen Schrift- und Zauberzeichen, entwickelt haben. Ursprünglich waren die Symbole Persönlichkeitszeichen, die vererbt wurden. In manchen Gegenden entwickelten sie sich weiter zu Zeichen, die weniger an eine Person als **an ein bestimmtes Haus gebunden** waren und beim Verkauf desselben auf den neuen Besitzer übergingen. Starb ein Hausbesitzer, gingen Haus und Marke an den ältesten Sohn über. Hatte dieser Geschwister, die sich eigene Häuser bauten, wurde die Marke durch neue Beistriche, so genannte „Afmarken", abgewandelt.

Neben den Hausmarken entstanden aus der „Urmarke" eine Fülle sonstiger Kennzeichnungen wie beispielsweise Viehmarken, Handels-, Güter- oder Produktmarken bis hin zu Wappen und Siegeln. Auf Rügen und Hiddensee fungierten die Marken sogar als **amtliche Rechtsinstitution,** deren Zuordnung und Benutzung im vom Landvogt *Matthäus von Norman* fixierten Rügenschen Landrecht von 1530 schriftlich und verbindlich geregelt und geschützt war – eine Art frühes geschütztes Warenzeichen also.

In **Neuendorf** auf Hiddensee hat sich eine besondere Verwendung der Zeichen entwickelt. Sogenannte **Kavelhölzer,** Hölzchen, in denen die jeweilige Marke eingekerbt war, wurden in eine Mütze oder Gefäß geworfen, um damit die Verteilung aller anfallenden Gemeinschaftsarbeiten auszulosen. In dem Dorf wurden früher sogar die nur sehr begrenzt vorhandenen Wiesengrundstücke alle 15 Jahre neu „ausgekavelt". Persönliches Eigentum an Wiesenland gab es also nicht.

Früher wurden auf der Insel sämtliche zu einem Haushalt gehörenden Geräte, Werkzeuge, Haustiere und Grundstücke gekennzeichnet. Heute finden die Hausmarken auch auf Hiddensee meist nur noch als **Zierrat** Verwendung.

Leuchtturm

Südlich von Neuendorf steht die so genannte **Luchte,** der südliche Leuchtturm Hiddensees. An dieser Stelle errichteten die Mönche aus Kloster ihren Leuchtturm und die **Gellenkirche,** deren Fundamente bei starkem Tiefwasser manchmal aus den Fluten auftauchen. Beim Leuchtturm liegt am **breiten fein-**

341rh ph

sandigen Strand ein beliebtes FKK-Revier.

Von Neuendorf aus bieten sich ausgedehnte **Spaziergänge** durch die flunderflache Salzwiesen- und Dünenlandschaft rings um die Luchte an.

Gellen

Wenig hinter dem Leuchtturm beginnt das **Vogelschutzgebiet Gellen und Gänsewerder.** Diese kilometerlangen, Jahr für Jahr um mehrere Meter weiter ins Meer hinauswachsenden Sandzungen dürfen nicht betreten werden. Ruhige Plätzchen, an denen man ungestört auch textillosen Badefreuden nachgehen kann, findet man garantiert auch außerhalb der Schutzzone zur Genüge.

Praktische Tipps

Unterkunft

■ **Pension Windflüchter,** Pluderbarg 1, Tel. 3 64, Fax 3 65, www.appartementhaus-windfluechter. m-vp.de. Hübscher Neubau mit Rohrdach und sympathischer Betreiberin an der Außenküste; App. und FeWo/2–4 Pers. NS 49–66 €, HS 69–86 €.
■ **Pension Zur Boje,** Königsbarg 18, Tel. 65 20, Fax 6 52 16, www.zur-boje-hiddensee.de. Mit Gaststätte und schöner Café-Terrasse. Ü/F 35–40 €.

Gastronomie

■ **Gasthaus & Café Rosi,** Pappelallee 11, Tel. 5 01 68, www.gasthaus-cafe-rosi.de. Traditionsreiche Adresse mit viel Fisch- und Sanddornspezialitäten, selbst gebackene Kuchen und Biergarten. Von 12 bis

338rh ph

21 Uhr durchgehend warme Küche. April–Okt., Mo Ruhetag.

■ **Strandcafé,** Grumkiel 1, Tel. 5 01 88. Restaurant mit Zimmervermietung am Strand.

■ **Stranddistel,** beim Hafen, Tel. 3 93. Mit ausgezeichnetem Fischangebot.

■ **Reiki/Ganzheitliches Fasten:** Heilpraktikerin *Kronemann,* Dörpstraat 21, Tel. 4 61, www.reiki-auf-hiddensee.de.

■ **Fischereimuseum:** Pluderbarg 7, Mai–Okt. Mo–Sa 14–17 Uhr, Mo und Fr zusätzlich 11.30–12.30 Uhr, Eintritt frei.

Aktivitäten

■ **Fahrradverleih:** *E. Leschner,* Schaulbarg 7, Tel. 4 77, www.freizeitladen-hiddensee.de. Langzeit- u. Familienrabatte, inselweit kostenlose Pannenhilfe.

■ **Kutschfahrten/Gepäcktransport:** *Fuhrgeschäft B. Mach,* Dörpstraat 23, Tel. 5 01 96, www.hiddensee-fuhrmannshof.de.

⌃ Hafen von Neuendorf
‹ Begehrtes Motiv –
Malergruppe am Leuchtturm Luchte

Wanderrouten

■ Neuendorf – Leuchtturm „Luchte" – Gellen (bis zur Schutzgebietsgrenze) – Boddenküste – Neuendorf. Länge: ca. 9 km; Dauer: ca. 3 Std.

■ Neuendorf – Leuchtturm „Luchte" – Neuendorf. Am Strand entlang, Länge: ca. 5 km; Dauer: ca. 1½ Std.

■ Neuendorf – Kloster – Neuendorf. Am Strand entlang, Länge: ca. 11 km; Dauer: ca. 4 Std.

342h ph

Reichtum in Backstein –

die mittelalterliche Altstadt zeugt mit

imposanten Kirchen und Kathedralen

Stralsund

vom Wohlstand der Kaufleute und Patrizier,

die ihren Wohlstand auch in den pracht-

vollen Ziergiebeln ihrer Kontore zum

Ausdruck brachten.

◁ Das mittelalterliche Herz der Altstadt –
der Alte Markt mit Wulflamhaus

DAS TOR
NACH RÜGEN

398rh ph

Die altehrwürdige Hanse- und Hafenstadt ist das „Tor nach Rügen" und seine
großartige, von der UNESCO als Weltkulturerbe anerkannte, weil fast vollständig erhaltene mittelalterliche Altstadt
mit ihren imposanten Kirchen und üppig verzierten Handelskontoren, Patrizierhäusern, Klosteranlagen und Back-
steinspeichern ist eine einzige große Sehenswürdigkeit. Von den zahlreichen
Museen der Stadt ragen das in einer historischen Klosteranlage beheimatete
Meeresmuseum und das neu im Hafen
errichtete Ozeaneum heraus. Stralsund
bietet so viele Sehenswürdigkeiten, Einkaufsmöglichkeiten, Lokale und Knei-
pen, dass man unbedingt genügend Zeit
mitbringen sollte, um dieses hanseatische Kleinod zu erkunden.

Überblick

„Meerstadt ist Stralsund, und vom Meer
erzeugt, dem Meer ähnlich. Auf das Meer
ist sie bezogen, in ihrer Erscheinung und
ihrer Geschichte", notierte einst die
Schriftstellerin *Ricarda Huch* treffend
über die Stadt am Strelasund. Gleich einer Insel liegt das historische Stralsund
eingebettet und umschlossen vom breiten Sund und den beiden großen Binnengewässern Knieper- und Frankenteich, die sie vom Festland trennen. Eine
Meerstadt und eine Inselstadt, Ausgang
zu den sieben Weltmeeren und Eingang
zu Deutschlands größter Insel Rügen.

Sieht man sich auf einer Karte die geo-
grafische **Lage der Stadt** an, wird schnell
klar, welchem Umstand das alte Stralsund es zu verdanken hatte, zu einer der
reichsten und mächtigsten Handels- und
Hafenstädte entlang der Ostseeküste auf-
zusteigen: Alle Wege führen nach Stralsund. „Wer Stralsund und (damit) Rügen
hat, der hat die Ostsee", erkannte schon
1632 der schwedische Reichstag.

Von alters her führte der kürzeste und
sicherste Weg nach Rügen über die Han-

Alte Wirtschaftshäuser beim Johanniskloster

sestadt. Vor ihr liegt in der Mitte der **Meerenge des Strelasunds** die kleine **Insel Dänholm,** so dass die Fährverbindung nach Rügen nur zwei schmale Wasserarme queren musste. Nebenbei war das Eiland auch noch ein ideales Vorwerk zum Schutze des lebenswichtigen Hafens. Seine für die Stadt so elementare Bedeutung ist schließlich auch daran zu erkennen, dass das Inselchen ihr Namensgeber wurde. Wie alte Karten zeigen, nannte sich das heutige Dän-

Diese Tipps erkennt man im Buch an der gelben Hinterlegung im Kapitel.

holm früher *insula strala*. *Stral* bedeutet sowohl im Slawischen wie auch im Mitteldeutschen „Pfeil". Schon in den ältesten Siegelringen der Stadt ist die Spitze eines fliegenden Pfeils zu sehen. Im heutigen Stadtwappen ist der Pfeil zentrales Symbol.

Seiner strategischen Schlüsselposition verdankte die Stadt im Mittelalter ihren steilen Aufstieg, der ihr Ansehen, Macht, Schönheit und Reichtum bescherte und sie im mächtigen Kartell der **Hanse** hinter Lübeck auf Platz zwei katapultierte.

Auch heute hat Stralsund von seiner verkehrstechnischen Bedeutung nichts eingebüßt. Jeden, der nach Rügen oder Hiddensee fahren möchte oder via Sassnitz weiter nach Skandinavien reisen will, führt der Weg zwangsläufig über und vor allem durch Stralsund.

Viele durchqueren die altehrwürdige Hansestadt in Richtung Rügen ohne Zwischenstopp. Doch die weitgehend in ihrem mittelalterlichen Gepräge erhalten gebliebene historische Altstadt ist mehr als nur einen Halt wert. Wer mit offenen Augen durch die Gassen der Altstadt bummelt, wird seinen Aufenthalt in Stralsund als einen Höhepunkt des Urlaubs erleben.

Dazu hat die Stadt mit dem **Ozeaneum** eine alle Besucherrekorde schlagende spektakuläre neue Attraktion erhalten. In den vier Monaten nach seiner Eröffnung am 11. Juli 2008 strömten über eine halbe Million Menschen in den Museumsneubau mit den größten Aquarien Nordeuropas.

Die Altstadt von Stralsund glänzt mit seiner annähernd geschlossenen mittelalterlichen **Bebauung aus der Hansezeit** und wurde deshalb 2002 von der UNESCO zum „**Kulturerbe der Menschheit**" erklärt: gleich drei imposante Stadtkirchen, das glanzvolle Rathaus, prachtvolle Patrizierhäuser, alte Speicher und Kontore, wehrhafte Stadtmauern und -tore, stille Klosteranlagen.

Doch die Medaille hat (noch) eine Kehrseite, die nicht verschwiegen werden soll. Stumme, anklagende Zeugen der **SED-Städtebaupolitik** sind bis zu Ruinen heruntergekommen historische Gebäude von unschätzbarem Wert. Nicht fünf vor zwölf, nein, Schlag zwölf Uhr war es für die alte Hansestadt, als 1989 die greise SED-Führung in Berlin in Rente geschickt wurde und Bürgerinitiativen einen totalen Abrissstopp erfochten.

Seither ist ein umfangreiches, die gesamte Altstadt umfassendes Sanierungsprogramm angelaufen. Mit geschätzten 1,2 Milliarden Euro Gesamtkosten sollen die weit über 800 einzelnen Baudenkmale in der Altstadt gerettet und saniert werden. Viel ist bereits getan und 500 der historischen Gebäude sind fertig und machen die alte Hansestadt bereits jetzt zu einer Perle der Backsteinarchitektur. Doch noch ist viel zu tun. Sicher ist, dass 2025, wenn das letzte Denkmal restauriert sein wird, Stralsund zu einer der schönsten Städte im gesamten Ostseeraum geworden sein wird. Bis dahin gilt noch das alte Stralsunder Sprichwort: *„Wat ist'n Wunner secht de Stralsunner, dat Schipp is leck un geiht nicht unner."*

So romantisch die mittelalterliche Stadt ist, so anziehend ihre Aura und so lohnend ein Besuch, so groß ist aber auch die Gefahr, die mit den Besuchern einhergeht – der **Verkehr.** Obwohl es eigentlich unschwer einleuchten müsste, dass man im Mittelalter noch nicht mit dem heutigen Individualverkehr kalkulierte, glauben manch Unverbesserliche, mit ihren Autos durch die engen Gassen bis ins Herz der Altstadt vordringen zu müssen. Geben Sie der Altstadt und ihren Bewohnern eine Chance und stellen Sie Ihr Auto auf einem der großen Parkplätze ab, die in ausreichender Anzahl unmittelbar am Rande der Altstadt zur Verfügung stehen! Von da aus sind es wirklich nur ein paar Meter bis ins Zentrum.

Geschichte

Seine so überaus günstige Lage an der Meerenge nach Rügen versprach dem kleinen wendischen Fischerdorf, das einst an dieser Stelle stand, eine bedeutende Zukunft.

1209 gründete der slawische Rügenfürst *Jaromar I.* neben der Fischersiedlung eine neue Ansiedlung mit deutschen Kolonisten und nannte sie **Stralow.** 1234 verlieh sein Nachfolger, *Witzlaw I.*, dem aufstrebenden Fähr- und Handelsort in seiner Burg in Garz auf Rügen das **Lübische Stadtrecht** und seinen Bewohnern weitreichende Vergünstigungen wie Zollfreiheit, Jagd- und Fischereirecht. Laut alter Urkunden zerstörte *Witzlaw II.* „zum besseren Gedeihen und künftigem Nutzen unserer geliebten Bürger zu Stralsund" 1269 gar die benachbarte Stadt Schadegard. Wo genau Schadegard, die „Graue Burg", einst lag, vermag man heute nicht mehr zu sagen.

Diese überaus günstigen Startchancen in Verbindung mit ihrer ökonomischen wie militärischen Schlüsselposition ließen die junge Stadt schnell wachsen und

blühen. Dem mächtigen Nachbarn Lübeck schmeckte der so üppig gedeihende Konkurrent überhaupt nicht. So wurde Stralsund 1249 überfallen und zerstört. Um für zukünftige Überfälle besser gerüstet zu sein, zogen die Stralsunder danach mächtige **Befestigungsanlagen** um ihre Stadt, die zu großen Teilen bis heute erhalten sind. Die kriegerischen Auseinandersetzungen um die strategisch so wichtige Stadt konnten sie aber nicht beenden.

1314 verlor die zwischenzeitlich zur Handelsdrehscheibe zwischen Ost und West sowie Nord und Süd aufgestiegene Stadt ihre Unabhängigkeit an *Witzlaw III.* Doch schon 1316 erkämpfte sie ihre alten Rechte zurück, nachdem es den bedrängten Stralsundern gelungen war, die vereinten Heere von Schweden, Norwegen, Dänemark, Rügen und Mecklenburg zurückzuschlagen.

Der häufigen Überfälle auf ihre Stadt und Handelsschiffe leid, aber im Bewusstsein der Macht und Möglichkeiten einer starken Lobby, schloss sich Stralsund 1293 mit anderen norddeutschen Handelsstädten zur **Hanse** (zeitgen. Begriff für „Schar, Gruppe") zusammen. Dieser Schutzbund entwickelte sich schnell zu einem mächtigen Kartell, das es verstand, durch Gründung von Stützpunkten viele Handelsrouten unter Kontrolle zu bringen und neue auszubauen.

Im Zuge der sich immer weiter vergrößernden Hanse gelangte Stralsund zum **Höhepunkt seiner Blüte.** Nachdem es dem Städtebund 1370 gelang, seinen größten Konkurrenten, das benachbarte Dänemark, zu besiegen, beherrschte die Hanse unangefochten das gesamte Ostseegebiet. Stralsund, nach Lübeck die mächtigste aller Hansestädte, herrschte

Ferdinand Baptista von Schill

Schill wurde am 6.1.1776 in Wilmersdorf bei Dresden geboren. Bereits im Alter von 14 Jahren steckte ihn sein Vater ins Dragonerregiment Ansbach-Bayreuth. Und das **Militär,** in dem er beinahe noch als Kind dienen musste, sollte ihn auch zeitlebens bis zum Heldentode nicht mehr loslassen.

In den Jahren 1806/7 nahm er an den **Schlachten** gegen die siegreichen **napoleonischen Heere** teil. Schließlich wurde er dabei verwundet und flüchtete sich in die pommersche Hafenstadt Kolberg. Dort sammelte er in glühendem Hass gegen die fremden Truppen versprengte Soldaten, patriotische Bürger und unzufriedene Bauern um sich. Mit diesem bunten Haufen, der sich **Freikorps** nannte, wollte er, wie er in seinem späteren „Aufruf an die Deutschen" formulierte, „die in Ketten eines fremden Eroberers schmachtenden Brüder" befreien.

Sein Patriotismus, Mut und Draufgängertum machten ihn schnell bekannt und zum **Hätschelkind der Berliner Gesellschaft.** So sah die Kurprinzessin *Auguste von Hessen-Kassel,* die Schill wegen seiner dunkel-feurigen Augen schmachtend anhimmelte, in ihm den blitzenden, edlen Ritter und Rächer, der ihr das von Napoleon gestohlene Fürstentum zurückerobern würde.

Aber auch die großen Figuren des deutschen Einheitsgedankens wie *Gneisenau, Scharnhorst* oder *Stein* traten mit Schill in Kontakt, trauten ihm aber nach dem Kennenlernen eher wilde Husarenstreiche als disziplinierte Führungsqualitäten zu. Eine richtige Einschätzung, wie sich schon bald zeigen sollte.

Am 9. April 1809 zog Schill mit seinem „Freikorps" umjubelt von Berlin zum **Kampf gegen die Franzosen** aus. Offensichtlich ohne genauen Plan und konkretes Ziel zog er kreuz und quer durchs Land und schlug sich, wo immer sich die Gelegenheit dazu bot. Über Wittenberg, Dessau, Magdeburg, Schwerin, Wismar und Warnemünde gelangte er nach einem siegreichen Scharmützel bei Damgarten nach **Stralsund.** Am 25. Mai stürmte er mit seinem Haufen durch das Tribseer Tor in die Stadt und metzelte die wenigen dort befindlichen Franzosen nieder.

Da er sich in den Kopf gesetzt hatte, die befreite Stadt um keinen Preis wieder herauszugeben, machte er sich fieberhaft an die Wiederherstellung der von den Franzosen geschleiften Befestigungsanlagen. Einige seiner Mitstreiter erkannten schnell das sinnlose Unterfangen, Stralsund gegen die Übermacht der herannahenden Dänen und Holländer verteidigen zu wollen, und suchten rechtzeitig das Weite. Auch Schill schien nicht ganz überzeugt vom Gelingen seiner Sache, ließ er doch Pech und Schwefel requirieren, um im Falle des Falles von Stralsund die ganze Stadt niederbrennen zu können.

---

kräftig mit und verdiente daran ebenso kräftig. In den Lagerhallen und Kontoren der Kaufleute stapelten sich Waren und Produkte aus allen Ländern der damals bekannten Welt.

Das Wiedererstarken der Fürsten, die die Unabhängigkeit der Städte immer mehr bedrohten, die Wirren und Umwälzungen der Reformation, aber auch die Veränderungen der Handelsformen und -wege sowie Streit und Übervorteilung der Städte untereinander läuteten den **Niedergang der Hanse** und damit auch den Stralsunds ein. 1612 wurde es

Am 31. Mai war es dann soweit. Der Feind griff, wie Schill es erwartet hatte, heftig das **Tribseer Tor** an. Was er jedoch nicht erwartet hatte, war der eigentliche **Hauptangriff auf das Kniepertor,** von dem der wilde Waffenlärm am Tribseer Tor nur ablenken sollte. Schon bald drang der Feind durch das Stadttor ein und metzelte die kopflos gewordenen Schillschen nieder. Der tollkühne Freiheitsheld selbst galoppierte ebenso kopflos kreuz und quer durch die Stadt und versuchte zu retten, wo es längst nichts mehr zu retten gab.

In der Fährstraße traf ihn schließlich die **tödliche Kugel.** Sein treuester Kampfgefährte, der **schwedische Artillerieoffizier Gustav von Petersson,** wurde gefangen genommen und am 4. Juni am Kniepertor erschossen. Schill selbst schnitt man den Kopf ab und schickte ihn als Trophäe an den von Napoleon inthronisierten König *Jerome* nach Kassel, wonach er schließlich im anatomischen Museum in Leiden seine letzte Ruhe fand. Sein Rumpf wurde auf dem Knieperfriedhof verscharrt.

vom Herzog von Pommern-Wolgast unterworfen. 1628 rückte der **30-Jährige Krieg** in der Person von *Wallenstein* auf Stralsund zu, der die Stadt um jeden Preis erobern wollte. „Und wenn die Stadt mit Ketten an den Himmel gebunden wäre, ich will sie herunterholen",

soll er ausgerufen haben. Allein, es gelang ihm nicht. Geschlossen unter ihrem Bürgermeister *Lambert Steinwich* vereint, trotzten die Stralsunder mit Hilfe von dänischen und schwedischen Truppen Wallensteins 25.000-Mann-Heer. Unverrichteter Dinge musste er die Belagerung aufgeben und geschlagen abziehen.

Dafür hatten die hilfreichen Schweden nun ein Bein in der Tür, was sie sich im Westfälischen Frieden von 1648 festschreiben ließen. Stralsund wurde **zusammen mit Rügen und Vorpommern schwedisch** und blieb es mit kurzen Unterbrechungen bis zum Wiener Kongress 1815. Noch heute lassen sich viele Zeichen dieser langen „Schwedenzeit" in der Stadt entdecken. Von den Schweden zur Festung ausgebaut, konnte Stralsund im Nordischen Krieg einer 5-jährigen Belagerung (1711–15) standhalten. 1807 geriet sie im Zuge der Napoleonischen Eroberungskriege unter **französische Besatzung,** von der sie 1809 der draufgängerische Freiheitskämpfer *Ferdinand von Schill* für ganze sechs Tage befreite.

Mit der Neuordnung Europas auf dem **Wiener Kongress** 1815 wurden Stralsund, Rügen und Vorpommern **Preußen** vermacht. In der nun folgenden relativ ruhigen und friedlichen Zeit begann sich die alte Hansestadt zu erholen und zu industrialisieren. 1863 erhielt sie **Bahnanschluss.** Die Stadt wuchs und sprengte ihre alten Mauern. Franken-, Tribseer- und Kniepervorstadt entstanden.

Ein wichtiges Datum für die jüngere Geschichte war der **Bau des Rügendammes** 1931–36, der die Insel erstmals direkt mit dem Festland verband. Mit der internationalen Zugstrecke über Sassnitz nach Skandinavien wuchs die Bedeutung Stralsunds, aber seine alte Funktion als Handelsdrehscheibe konnte es nicht wieder erlangen.

Von dem Inferno, das im Laufe des **2. Weltkrieges** die alliierten Bomberflotten über die norddeutschen Städte brachten, blieb Stralsund lange verschont. Trotz Hafen und Werften, in denen Kriegsschiffe gebaut wurden, trotz des verkehrstechnisch wichtigen Rügendamms war bis Mai 1944 noch keine Bombe gefallen. Zu dieser Zeit lagen Hamburg und Rostock längst in Schutt und Asche. Nach gezielten Angriffen auf Verkehrswege und Industrieanlagen ab Mai '44 flogen dann am 6. Oktober 1944 große Verbände einen **verheerenden Angriff** gegen die Stadt selbst, dem auch Teile der historischen Altstadt zum Opfer fielen.

In der **DDR** avancierte Stralsund zum drittgrößten Hafen des Landes. Die große Volkswerft, die Fischerei und der Fremdenverkehr wurden die wichtigsten Einnahmequellen der Stadt.

Sehenswertes

Die gesamte unter Denkmalschutz stehende Altstadt ist ein einziges kulturhistorisches Kleinod, das eine Fülle von Sehens- und Entdeckenswertem bereithält. Über 400 einzelne Objekte umfasst die Liste des Denkmalschutzes – unmöglich, sie hier alle einzeln vorzustellen. Wer mit offenen Augen durch die mittelalterliche Altstadt spaziert, wird in den verwinkelten Gassen viele kleine und große Details entdecken, die Episoden aus der wechselvollen Geschichte Stralsunds erzählen.

Neuer Markt

Hat man seinen Wagen in dem großen bewachten Parkhaus auf der Weingartenbastion am Frankenteich abgestellt, braucht man nur den Frankenwall zu überqueren und durch die enge Gasse Zipollenhagen zu gehen. Nach kaum 100 m steht man bereits auf dem Neuen Markt, auf dem sich mit beeindruckender Wuchtigkeit die Marienkirche in den Himmel hebt und mit ihrer Massigkeit die umstehenden Häuschen noch schmächtiger erscheinen lässt, als sie sind.

Die Marienkirche ist die größte der drei Stralsunder Stadtkirchen, die die Altstadt weit überragen und ihre Silhouette dominieren. Sie wurde anstelle einer Vorgängerin errichtet, die sich 1382 durch den Einsturz ihres Turmes selbst zerstört hatte. Der Neubau wurde hauptsächlich von den aufstrebenden und zu Wohlstand gelangten Handwerkern finanziert, die mit dem Bau der dreischiffigen Basilika die Konkurrentin auf dem Alten Markt, die Ratsherren- und Kaufmannskirche, übertrumpfen wollten. Damit sollte augenfällig ihre ökonomische Potenz demonstriert werden, die sie in Form von Mitbestimmung im Stadtrat anerkannt sehen wollten. Mit ihrem enormen, fast 100 m langen und 32 m hohen Mittelschiff ist die Marienkirche eine der **mächtigsten Backsteinkirchen Norddeutschlands** und ein Hauptwerk der niederdeutschen Backsteingotik.

Die gotische Spitze ihres einst 150 m hohen **Turms** wurde 1647 durch einen

Blitzschlag zerstört und durch die jetzige 104 m aufragende Barockhaube ersetzt. Auch wenn erst 366 Stufen erklommen werden müssen, den Aufstieg auf den Turm sollte man sich nicht entgehen lassen. Von oben bietet sich ein grandioser **Rundblick** über die alte und neue Stadt, den Hafen und den Strelasund hinüber nach Rügen.

Im Zuge ihrer Restaurierung 1842/47, die durch die Nutzung während der französischen Besatzung als Kaserne und Heulager notwendig geworden war, wurden in ihrem Inneren zahlreiche Veränderungen vorgenommen. Wertvollster Teil der Innenausstattung ist die eindrucksvolle Barockorgel von 1659, das letzte Werk des berühmten Lübecker Orgelbauers *F. Stellwagen* (www.stellwagen.de). Hier finden regelmäßig Orgelkonzerte statt.

394rh ph

■ **Marienkirche,** Neuer Markt, Tel. 29 89 65, www.st-mariengemeinde-stralsund.de, April–Okt. täglich 9–18 Uhr, Nov.–März Mo–Fr 10–12 und 14–16 Uhr, Sa/So 10–12 Uhr, Turmbesteigung (4 €) zu den Öffnungszeiten, Gewölbeführung ab 5 Personen Di 15 Uhr, Do 15.30 Uhr oder nach Anmeldung: Tel. 0172 3 12 54 91.

Neben der Marienkirche steht die achteckige **Apollonienkapelle,** die 1416 von den Stralsundern zur Sühne errichtet werden musste. Sie hatten sich beim so genannten **Papenbrand am Sunde** beherzt drei Geistliche geschnappt und auf dem Marktplatz verbrannt, nachdem der Archidiakon *Kord Bonow* 1407 mit 300

▷ Wer den Turm der Marienkirche erklimmt, wird mit einem großartigen Ausblick belohnt

Reitern raubend und mordend durch die Stadt marodierte, nur weil die städtischen Abgaben an die Kirche nicht seinen Vorstellungen entsprachen.

Von den anderen Gebäuden rund um den Neuen Markt ist der große, ins Auge fallende lederfarbene **Klinkerbau** erwähnenswert. Er wurde 1874 als Garnisonslazarett im neogotischen Stil errichtet.

Die vom Neuen Markt abgehende **Mönchstraße** hat weitgehend ihren historischen Charakter bewahrt. Prächtige Giebelhäuser aus Gotik, Renaissance, Barock und Klassizismus zeugen vom einstigen Reichtum ihrer Besitzer. Eines ihrer wertvollsten Gebäude ist das nach dem Stralsunder Naturwissenschaftler benannte **Burmeisterhaus** (Mönchstr. 45). Das Giebelhaus von 1355 beherbergt heute eine Ausstellung zum Leben des Biologen und Forschungsreisenden *Herrmann K. Burmeister* (1807–1892) und die Bibliothek des Meeresmuseums.

Die Schiffercompagnie

In der **Frankenstraße Nr. 9** steht ein schönes altes Giebelhaus, über dessen reich verzierter Pforte in goldenen Lettern „Schiffercompagnie" zu lesen ist. Dies ist das Bruderschaftshaus der wohl **ältesten Vereinigung Deutschlands.** (Sollte es doch irgendwo einen noch älteren Skatclub geben, bitte ich um Nachsicht.)

Die Compagnie jedenfalls kann auf eine mehr als 500-jährige (!) Tradition zurückblicken. **Gegründet** wurde sie **1488** von 50 Stralsunder „Fahrenslüüd". Einerseits sollte der Verein den allmächtigen Kaufleuten gegenüber ihre Interessen vertreten, andererseits sollte das Haus Quartiere für Mitglieder bereithalten, in denen sie, von großer Fahrt zurück, absteigen konnten. Aber, und ohne das wäre kein deutscher Verein ein Verein, es sollten auch die Tradition und der Nachwuchs gepflegt und gesichert werden.

1635 zog die Compagnie in das Haus in der Frankenstraße ein, wo sie bis heute aktiv tätig ist. Rund **90 Mitglieder,** so genannte **Schiffsbrüder,** zählt die Vereinigung heute.

Im Laufe der Jahrhunderte haben die Brüder eine Fülle von Mitbringseln von Reisen über die Ozeane dieser Welt zusammengetragen. Ein wunderbar buntes Sammelsurium alter Seekarten, Schiffsglocken, Bilder, Schiffsmodelle und anderem Maritimen mehr zählen zu den Schätzen der Schiffer. Besonders stolz ist man auf das Modell des Linienschiffes *Prinz Carl*. Das 3 m lange, 2 m hohe und mit 96 Kanonen und filigranem Schnitzwerk bestückte Frachtschiff wurde 1720 von dem Mitglied Olderau gebastelt.

Obwohl die Schiffercompagnie als solche und auch das Ambiente ihres Vereinshauses museal anmutet, ist sie dennoch kein Museum. Der Verein ist aktiv, und wenn draußen über der Tür die Vereinsfahne weht, dann tagen die Seemänner. Traditionell besteht der Speiseplan dann aus Hechtsuppe, Labskaus und Roter Grütze.

■ Frankenstr. 9, Tel. 29 85 10, keine festen Öffnungszeiten, Führung nach Anmeldung.

Museumshaus

Eines der ältesten Häuser der Stadt steht in der Mönchstraße 38. Das in Teilen 600 Jahre alte **gotische Giebelhaus** ist nach seiner Restaurierung eine Außenstelle des Kulturhistorischen Museums und beleuchtet mit seinen Einrichtungen und dem historischen Kaufmannsladen die hanseatische Arbeits- und Wohnkultur.

■ **Museumshaus,** Mönchstr. 38, Tel. 2 87 90, Di–So 10–17 Uhr.

Ähnlich geschlossen in ihrer historischen Bebauung sind auch die Mühlen-, Baden-, Fähr-, Schill-, Külp- und Knieperstraße mit ihren herrlichen Giebelhäusern. Vorbei an Meeres- und Kulturhistorischem Museum (siehe Museen) führt die Mönchstraße Richtung Alter Markt und Rathaus.

Heilgeistkloster

Am Ende der Frankenstraße trifft man auf das Heilgeistkloster. Eigentlich war die 1256 erstmals urkundlich erwähnte Anlage nie ein Kloster, sondern ein von der Stadt gegründetes **Siechenhospital.** Das Hospitalgelände, einst als „kleine, in sich abgeschlossene Stadt mit sauberen Gängen und malerischen Häusern" beschrieben, wurde während der letzten 40 Jahre sich selbst überlassen und verfiel. Nun ist die Anlage bildschön saniert und ein ebenso malerisches wie romantisches Kleinod der Stadt, dessen Besuch man nicht versäumen sollte. Einfach niedlich!

■ **Heilgeistkloster,** Wasserstr. 5, Tel. 29 04 46, April–Okt. Mo–Sa 10–17 Uhr, So 14–17 Uhr, Juli/ Aug. Mo–Fr 10–12 und 15–17 Uhr, Sa 10–12 Uhr.

Rund ums Kütertor

Die die Mönchstraße kreuzende Heilgeiststraße führt, vorbei an einem Antiquitätengeschäft mit vielen schönen alten Dingen (Puppen, Spielzeug u.a.), direkt auf das Kütertor zu, eines der beiden erhalten gebliebenen **Stadttore** von ehemals zehn. Der Name des 1466 errichteten Tors weist auf das frühere Quartier der *Küter,* der Fleischer und Schlachter hin. In den Gebäuden neben dem Tor ist die Stralsunder Jugendherberge untergebracht.

Im ehemaligen **Torschließerhaus** befindet sich heute das gleichnamige Restaurant, das wegen seiner Innengestaltung einer Erwähnung wert ist. Das innen wie außen schön restaurierte Fachwerkhaus besitzt in der Mitte des offen

gestalteten Gastraumes einen alten Brunnenschacht, der bei der Renovierung entdeckt und freigelegt wurde.

Wenige Schritte vom Kütertor steht in der Schillstr. 37 die ehemalige **Kramercompagnie.** Derzeit laufen langfristige Sanierungsarbeiten. Das um 1287 errichtete Gebäude, in dem ab 1493 die Stralsunder Kramercompagnie ihren Sitz hatte, gilt als das am besten erhaltene mittelalterliche Adelshaus der Stadt.

Verlässt man durch das Kütertor die Altstadt, steht man vor der restaurierten **alten Stadtmauer,** deren wehrhafter Anblick einem unwillkürlich waffenklirrende Bilder aus den zahlreichen Schlachten, die um Stralsund und das Tor stattgefunden haben, vor Augen ruft.

Vom Kütertor wenige Schritte entfernt liegt in der Mühlenstraße 23 der **Kampische Hof.** Der in seltener Vollständigkeit erhaltene Gebäudekomplex mit Wohnhaus und Speicher aus dem 13. Jh. diente einst dem Zisterzienserkloster Neuenkamp als Stadtquartier.

Rund um den Alten Markt

Zwischen Altem und Neuem Markt verläuft die Ossenreyerstraße, die zur Fußgängerzone umgestaltete Einkaufs- und Flaniermeile der Stadt. Hier findet der Interessierte im Olthofschen Palais, einem sanierten Barockpalais, die 2011 eröffnete **Ausstellung „Welterbestadt Stralsund",** die über Stralsund, aber auch über das Welterbeprogramm der UNESCO allgemein informiert.

■ **Ausstellung Welterbe,** Ossenreyerstraße 1, Tel. 25 23 15, täglich 10–17 Uhr, Eintritt frei, Do 16 Uhr Führung in den Hackertschen Tapetensaal.

Am Ende der Mühlenstraße, kurz bevor sie auf den Alten Markt mündet, liegen zwei kulturhistorisch herausragende Gebäude dicht nebeneinander. Das **Dielenhaus,** ein mittelalterliches Kaufmannshaus aus dem 15. Jh. mit gotischem Giebel, ist ein typischer Wohnspeicher, den die hanseatischen Kaufleute bewohnten. In den Speicheretagen lagen die Produkte und Waren, die der Kunde im Direktverkauf erstehen konnte. Heute dient die Diele des aufwendig restaurierten Hauses als Räumlichkeit für wechselnde Ausstellungen.

■ **Dielenhaus,** Mühlenstr. 3, Tel. 29 78 88, April–Sept. Mo–Sa 10–17 Uhr.

Ein paar Meter weiter (Mühlenstraße 1) steht das **älteste Giebelhaus der Stadt.** Das aus dem 13. Jh. stammende Gebäude ist frisch restauriert und glänzt nun außen mit einem herrlichen Pfeilergiebel und innen in der Diele mit den beiden einzigen erhaltenen Längsgalerien Stralsunds und einem Backofen aus dem 17. Jh. Mit dem Giebelhaus hat man das Herzstück der Altstadt, den Alten Markt mit seiner grandiosen historischen Be-

395rh ph

der Nordturm, bis heute, nur ein Notdach.

Da die Nikolaikirche die **Kirche der Ratsherren und Patrizier** war, ließen diese sich bei der Ausschmückung nicht lumpen. Schließlich wollte man den schärfsten Konkurrenten, den Lübeckern, den eigenen Wohlstand plastisch vor Augen führen und sie möglichst übertrumpfen. Dabei spielte Geld keine Rolle.

Das teilweise bereits frisch restaurierte, teils noch in Arbeit befindliche Kircheninnere glänzt daher mit einer besonders **prachtvollen Innenausstattung.** Kostbarste Kunstschätze sind beispielsweise der geschnitzte Hochaltar (15. Jh.), der Schneideraltar (15. Jh.) und der Bergenfahreraltar (um 1500). An den Arkaden des Mittelschiffs sieht man den Altar der Riemer-Innung. Hinter dem Hochaltar hängt ein besonders wertvolles Stück, die Astronomische Uhr von 1360. Viele alte Grabsteine und Epitaphe sind steinerne Zeugen der betuchten Herrschaften, die hier einst ihre Sünden beichteten, für ihre geschäftlichen Aktivitäten um himmlischen Beistand baten und für viel Geld sich einen Begräbnisplatz in der Kirche erkauften.

Für die Kostbarkeiten der Nikolaikirche sollte man sich Zeit nehmen. Dann entdeckt man auch solche Nettigkeiten

bauung, erreicht. Das einmalige Ensemble, das ihn umschließt, erhebt ihn zu einem der architektonisch schönsten Plätze Norddeutschlands.

Beherrscht wird der Platz von der **Nikolaikirche,** die dem Schutzpatron der Seefahrer, dem *Hl. Nikolaus,* geweiht ist. Der frühgotische Backsteinbau wurde 1270–1350 nach dem Vorbild der Lübecker Marienkirche errichtet und ist somit die älteste der drei Stralsunder Stadtkirchen. 1622 zerstörte ein Brand ihre hölzernen Turmspitzen. Der Südturm erhielt 1667 einen Barockaufsatz,

◁ Torwächterhaus am Kniepertor

397rh ph

Kaufhaus ist ein buntes Potpourri aus verschiedenen Stilen und Epochen. Seine ältesten Teile stammen von 1278, die Südfront aus dem 14. Jh. Die **prächtige Schmuckfassade** am zum Markt hin gelegenen Kopfbau soll mit den Lösegeldern der 1316 in der Schlacht im Hainholz gefangengenommenen Fürsten finanziert worden sein. Mit der Schaufassade wollten die Stralsunder einmal mehr ihre Konkurrentin, die Hansestadt Lübeck, deren Rathaus einen ähnlich üppigen Giebel vorweisen kann, übertrumpfen. Die Lübecker konterten das ehrgeizige Bestreben aber mit Hohn und Spott und spitzem Reim: *„Dat Stralsunner Rathus is as sinne Kinner, hoch hinaus un nix dahinner".*

Über den sechs großen Fenstern des filigranen Backsteingiebels sind nebst dem eigenen die Wappen der Partnerstädte des Hansebundes Hamburg, Lübeck, Rostock, Wismar und Greifswald zu sehen. Der sehr reizvolle, von Säulen getragene **Innenhof**, der zwei ehemals getrennte Gebäude verbindet, entstand nach einem Brand 1680. In der Galerie steht die **Büste des Schwedenkönigs Gustav Adolf II.** Aus der „Schwedenzeit" der Stadt stammt auch die Architektur der Galerie. Die bis heute andauernde traditionelle Verbundenheit Stralsunds mit dem skandinavischen Land bringt auch die Tatsache zum Ausdruck, dass der Wandelgang noch zu Honeckerzeiten mit schwedischer Unterstützung restauriert wurde. Ein weiteres Zeugnis aus der Schwedenepoche der Stadt ist das **Stadtwappen** über dem reich verzierten Portal an der Westseite des Rathauses.

Dem Rathaus gegenüber erhebt sich das **Wulflam-Haus,** mit seinem pracht-

wie zum Beispiel die Inschrift unter einem Keulenschwinger am Gestühl der Kramerkompanie: *„Dat ken Kramer ist, de blief da buten oder ick schla emp up de schnuten",* wird unmissverständlich darauf hingewiesen, wer hier Platz nehmen darf.

● **Nikolaikirche,** Alter Markt, Tel. 29 71 99, www. nikolai-stralsund.de. April/Mai/Sept./Okt. Mo–Sa 9–18 Uhr, So 13–17 Uhr, Juni–Aug. Mo–Sa 9–19 Uhr, So 13–17 Uhr, Nov.–März Mo–Sa 10–16 Uhr, So 13–16 Uhr, Eintritt 2 €.

Neben der Nikolaikirche steht das bekannteste und schönste Profangebäude Stralsunds, das **Rathaus** mit seiner berühmten Schaufassade. Das ehemalige

▵ Prachtvoll geschmücktes Eingangsportal der Nikolaikirche

vollen, reich verzierten Backsteingiebel ein kulturhistorisches Juwel. Benannt ist es nach seinem Erbauer, dem Bürgermeister *Bertram Wulflam,* der sich das spätgotische Giebelhaus 1370 als Wohnhaus bauen ließ.

Das dreigeschossige **Commandantenhus** an der Ostseite des Platzes ist eine weitere Hinterlassenschaft der Schweden, die es 1749 als ihre Stadtkommandantur errichteten. Sie dient heute als deutsch-schwedische Begegnungsstätte.

1907 wurde in der Mitte des Alten Markts das **Lambert-Steinwich-Denkmal** feierlich enthüllt, seit 1938 steht es in den Grünanlagen am Wulflamufer am Frankenteich. Unter der Führung des von den Bewohnern verehrten Bürgermeisters *Steinwich* (1571–1628) konnte sich Stralsund 1628 erfolgreich gegen *Wallenstein* verteidigen. Pläne, den patriotischen Bürgermeister im Zuge seiner Umgestaltung wieder auf den Alten Markt zurück zu holen, wurden nicht realisiert.

Kniepertor

Geht man vom Alten Markt in die Knieperstraße hinein, fällt der Blick auf das zweite erhalten gebliebene **Stadttor,** das Kniepertor. Im Durchgang des 1304 erstmals urkundlich erwähnten Torturmes erinnert ein Gedenkstein an den Kampfgefährten des Tausendsassas *Ferdinand von Schill,* den Schweden *Petersson.* Ihn erschossen die Franzosen hier am Tore, nachdem sie die von *Schill* im Handstreich befreite Stadt zurückerobert hatten. Ein Blick durch das Tor fällt auf das **Theater** Stralsunds auf dem Olof-Palme-Platz.

Johanniskloster

Vom Alten Markt die Külpstraße hinein, stößt man an ihrem Ende in der Schillstraße auf das ehemalige Johanniskloster, das 1254 vom Franziskanerorden erbaut wurde. Der Klosterkomplex, der nach der Reformation zum städtischen Armenhaus umgewandelt wurde, erfuhr 1944 durch Luftangriffe schwere Zerstörungen. Die **Ruinen** der Klosterkirche wurden gesichert und erhalten.

Heute geben die malerischen Mauerreste ihres Chores in den Sommermonaten eine romantische Kulisse für **Freiluftkonzerte** ab. Von den rankenüberwachsenen Mauern, in deren Nischen sich Katzen sonnen, geht noch immer eine klösterliche Stille aus. Das etwas versteckt gelegene Gelände bietet seinen Besuchern eine Oase der Ruhe. Ein kleiner Rosengarten und eine schlichte, nach einem Entwurf *Ernst Barlachs* gefertigte Pietà verstärken die meditative Aura des klösterlichen Refugiums.

Im schön rekonstruierten Klausurgebäude hat Stralsunds **Stadtarchiv** eine Außenstelle eingerichtet. Das berühmte Archiv besitzt eine der umfangreichsten und vollständigsten Sammlungen der mittelalterlichen Stadtgeschichte und der **Geschichte der Hanse.** Nahezu lückenlos sind beispielsweise die Stadt- und Bürgerbücher ab 1270 erhalten. 1.000.000 Bände umfasst die dem Archiv angeschlossene **historische Bibliothek** in der Badenstraße.

Vor der ehemaligen Klosteranlage stehen gleich einem winzigen Dörfchen die **alten Wirtschaftshäuser.** Die malerisch-romantischen Fachwerkhäuschen – eine Seltenheit in Stralsund – strahlen mit ihren kleinen Vorgärten und Bäumen den betulichen Charme eines ländlichen Dorfidylls aus.

■ **Johanniskloster,** Schillstr. 27, Tel. 29 42 65, Mai–Anf. Okt. Mi–So 10–18 Uhr, Führungen Sa/So 10 und 13 Uhr.

■ **Stadtarchiv,** Tel. 66 64 66, Mo/Do 13–17 Uhr, Di/Mi 9–17 Uhr.

Scheele-Haus

Bummelt man die Schillstraße Richtung Hafen weiter, steht man dort, wo sie auf die Fährstraße trifft, vor dem noch zu DDR-Zeiten von polnischen Spezialisten restaurierten Scheele-Haus. Die beiden rotbraunen **Giebelhäuser aus der Spätrenaissance,** die zusammen das Scheele-Haus bilden, sind nach dem Chemiker und Entdecker des Sauerstoffs *Carl Wilhelm Scheele* benannt, der in dem Gebäude 1742 das Licht der Welt erblickte.

Schill-Gedenkplatte

Nur wenige Meter vom Scheele-Haus entfernt entdeckt man vor dem Haus Fährstr. 21 die im Bürgersteig eingelassene Schill-Gedenkplatte. Sie markiert die Stelle, an der der draufgängerische **Freiheitskämpfer Ferdinand von Schill** am 31.5.1809 den so genannten Heldentod fand. Ihm zur ewigen Ehre dienen auch die **Schill-Anlagen,** eine kleine Grünanlage zwischen Knieperteich und Sundpromenade, in deren Mitte das Schill-Denkmal steht (siehe auch Exkurs „Ferdinand Baptista von Schill").

344rh ph

Das Grab *Schills* liegt auf dem St.-Jürgen-Friedhof in der Kniepervorstadt. Der etwa 10-minütige Fußmarsch dort hinaus lohnt sich auch deshalb, weil der Friedhof seit langem nicht mehr benutzt wird und sich im Laufe der Jahre in eine kleine Wildnis verwandelt hat.

Jacobi-Kirche

Die dritte **Stadtkirche** ist die Jacobi-Kirche in der Böttcherstraße. Das im 14. Jh. zur Basilika umgebaute Gotteshaus diente zu DDR-Zeiten jahrzehntelang als Baustofflager. 1995 begannen in der Jacobi-Kirche umfangreiche Restaurierungsarbeiten. Heute wird sie als Kulturkirche für wechselnde Ausstellungen benutzt

■ **Jacobi-Kirche,** Jakobiturmstraße, Tel. 30 96 36, www.jakobi-stralsund.de, Mo–Fr 11–15 Uhr.

Hafen

Weiter auf der Fährstraße Richtung Fischmarkt und Hafen durchquert man das älteste Viertel der Stadt. An ihrem Ende tritt man unvermittelt aus der winkligen Altstadt Stralsunds hinaus

und steht am Strelasund und den Hafenanlagen. Links sieht man den **Jachthafen** und die Anlegestelle der **Weißen Flotte,** die von hier aus sowohl eine regelmäßige Fährverbindung nach Hiddensee als auch eine Personenfähre nach Altefähr betreibt. Rechts davon ist der alte **Güterhafen,** den man über eine Brücke über den Fährkanal erreichen kann. Hier finden sich ein paar riesige alte **Backsteinspeicher,** in die nach Jahrzehnten des Leerstands nun in Form von Lokalen, Hotels und Läden wieder Leben einzieht, sodass sich das lange von Leerstand und Verfall geprägte Hafengelände nach und nach in eine freundliche, maritime Flaniermeile verwandelt.

Gorch Fock 1

Wenige Schritte vom Anleger der Weißen Flotte erblickt man die am Hansakai vertäute Gorch Fock 1. Der eindrucksvolle historische Dreimaster, der 1933 in der Hamburger Werft Blohm + Voss als **Segelschulschiff der kaiserlichen Marine** vom Stapel lief, ist nicht zu verwechseln mit dem aktiven Segelschulschiff der Deutschen Marine, der Gorch Fock. Die Gorch Fock 1 wurde nach 1945 als Reparation erst in die Sowjetunion und dann als „Towarischtsch" in die Ukraine verbracht. 2003 erwarb der Verein Tall-Ship Friends e.V. das völlig heruntergekommene, seguntüchtige Schiff und brachte es nach Deutschland, wo es restauriert wird. Das stolze Schiff kann besichtigt werden.

■ **Gorch Fock 1,** An der Fährbrücke, Tel. 66 65 20, www.gorchfock1.de, April–Okt. täglich 10–18 Uhr, Nov.–März wegen Werftarbeiten geschlossen.

◁ Beispielhaft restauriert – das Scheelehaus

Museen

Ozeaneum

Inmitten der historischen Hafenkulisse liegt das neue, hypermoderne Ozeaneum, ein Museumsbau der Superlative. Stralsunds neuer Besuchermagnet ist eine Liebeserklärung an die Meere dieser Welt und ihre Bewohner. Der Rundgang durch den Komplex wird zu einer abenteuerlichen Über- und Unterwasserreise, die vom Stralsunder Hafenbecken über die Nordsee bis ins Nordpolarmeer reicht und dank modernster Technik atemberaubende **Einblicke in die Lebensräume der Meere dieser Welt** bietet. Größtes Einzelaquarium ist das 2,6 Millionen Liter fassende, 9 m tiefe Schwarmfischbecken. Ergänzt wird der Aquarienbereich durch diverse **Ausstellungen** wie z.B. „Die Ostsee – das Meer in unserer Mitte" sowie eine spezielle Ausstellung für Kinder mit vielen Möglichkeiten zum aktiven Mitmachen. In der Ausstellung „Riesen der Weltmeere" werden u.a. ein Blauwal sowie ein Pottwal im Kampf mit einem Riesenkalmar gezeigt – alle in Originalgröße!

■**Ozeaneum,** Hafenstraße 11, Tel. 2 65 06 10, www.ozeaneum.de. Juni–14. Sept. täglich 9.30–21.30 Uhr, 15. Sept.–Mai 9.30–19 Uhr, Eintritt: 14 €/Erwachsene, 8 €/Kind, 34 €/Familie.

◁ Die wahre Gorch Fock
ist die Gorch Fock 1 im Hafen von Stralsund

Kombi-Tickets: Es werden verschiedene Varianten von Tickets angeboten, mit denen einzelne, mehrere oder auch alle Museen besucht werden können, die unter dem Dach des Deutschen Meeresmuseums Stralsund vereint sind, z. B. Ozeaneum + Meeresmuseum 18 €, Ozeaneum + Nautineum 15,50 €, Ozeaneum + Meeresmuseum + Nautineum 19,50 €.

Meeresmuseum

Vor der Eröffnung des Ozeaneums war das Meeresmuseum *die* große Attraktion der Stadt. Auch wenn manches nun ins Ozeaneum verlagert wurde, ist das in einem ehemaligen Dominikanerkloster untergebrachte Museum nach wie vor nicht nur architektonisch eine besonders interessante Adresse. 37 Aquarien mit einem Fassungsvermögen von wenigen hundert bis zum Megabecken mit 350.000 Litern, in denen Meeresschildkröten und Haie gemeinsam leben (**Schaufütterung** Di und Fr 14 Uhr), sind ebenso sehenswert wie die Abteilung „Tropen" oder die regelmäßig wechselnden Spezialausstellungen wie „Der Hai – gejagter Jäger".

■**Meeresmuseum,** Katharinenberg 14–20, Tel. 2 65 02 10, Fax 26 50 209, www.meeresmuseum.de, Juni–Sept. täglich 10–18 Uhr, Okt.–Mai täglich 10–17 Uhr.

Nautineum

Auf dem Kleinen Dänholm unterhält das Meeresmuseum das Nautineum, das **Großexponate** wie die legendäre Unterwasserstation „Helgoland" oder die „Stephan Janzen", den größten Eisbrecher

Deutschlands, zeigt. Zum Nautineum verkehrt vom Stadthafen stündlich ein Shuttleboot.

■ **Nautineum,** Kleiner Dänholm, Tel. 28 80 13, Mai/Okt. täglich 10–17 Uhr, Juni–Sept. 10–18 Uhr.

Kulturhistorisches Museum

Ebenfalls in Gebäudeteilen des ehemaligen Klosters befindet sich das Kulturhistorische Museum. Dort sind Ausstellungen zur **Geschichte Stralsunds und Vorpommerns,** die von der Frühgeschichte bis in die Moderne reichen, zu sehen. Besonders interessant sind die bei der Öffnung von steinzeitlichen Großsteingräbern gefundenen Grabbeigaben. Wertvollstes und wohl auch bekanntestes Exponat ist der **Hiddenseer Goldschmuck,** um den sich viele Geschichten ranken. Er wurde 1872 nach einer schweren Sturmflut am Strand von Neuendorf auf Hiddensee gefunden.

■ **Kulturhistorisches Museum,** Mönchstr. 25/27, Tel. 2 87 90, Di–So 10–17 Uhr.

Museumsspeicher

Im Museumsspeicher, einer Außenstelle des kulturhistorischen Museums in der Böttcherstraße 23, zeigt die **völkerkundliche Sammlung** von Trachten und Gerätschaften Brauchtum und Kultur des Mönchguts auf Rügen und des Darß.

Ergänzt wird das sehr aufschlussreiche Museum durch die Abteilung **Altes Spielzeug,** die so manches Kinder- und Sammlerherz höher schlagen lässt.

■ Böttcherstr. 23, Tel. 29 33 82, Di–So 10–17 Uhr.

Marinemuseum Dänholm

Ebenfalls eine Außenstelle des Kulturhistorischen Museums ist das Marinemuseum auf der **Sternschanze,** einer alten Festungsanlage auf der Insel Dänholm, über die der Rügendamm führt. Es pflegt die traditionsreiche **Schifffahrtsgeschichte** der Hafenstadt und widmet sich der Festung Stralsund und der Preußischen Marine, als deren Wiege Dänholm gilt.

■ **Marinemuseum,** Sternschanze, Haus 10, Tel. 29 73 27, Mai–Okt. Di–So 10–17 Uhr.

Hanse-Galerie

Die Hanse-Galerie zeigt Arbeiten regionaler Künstler sowie Objekte aus Schmuck- und Töpferwerkstätten. Im Haus findet man auch das ArtCafé.

■ **Hanse-Galerie,** Heilgeiststr. 30, Tel. 29 28 89, www.hanse-galerie-stralsund.de. Mo–Fr 11–18 Uhr, Sa 11–14 Uhr.

> ▷ Das Walskelett
> ist eine der Attraktionen des Meeresmuseums

396rh ph

Spielkartenfabrik

Mehr **aktive Werkstatt** als Museum ist die historische Stralsunder Spielkartenfabrik am Katharinenberg 35. 1765 erhielt der Graveur *Johann Kaspar Kern* vom schwedischen Generalgouverneur *Axel Graf von Löwen* die alleinige Konzession zur Errichtung einer Spielkarten-Fabrique, die, ab 1872 unter dem Namen Vereinigte Stralsunder Spielkarten, bis 1931 ebensolche produzierte.

Heute kann der Besucher den Arbeitern über die Schulter schauen oder sich in einer Ausstellung Arbeitsergebnisse und historische Kartenblätter anschauen. Neben der Spielkartenherstellung werden an Wochenenden Kurse für Typografie und Buchdruck, Druckgrafik, Papierschöpfen, Buchbinden u.a. angeboten.

■ **Spielkartenfabrik Stralsund,** Katharinenberg 35, Tel. 70 33 60, Mo–Fr 11–13 und 15–19 Uhr.

Praktische Tipps

Info

■ **Vorwahl:** 03831
■ **Tourismuszentrale Stralsund,** Alter Markt 9, 18439 Stralsund, Tel. 2 46 90, Fax 24 69 22, www.stralsundtourismus.de. Mai–Okt. Mo–Fr 10–18 Uhr, Sa/So 10–16 Uhr, Nov.–April Mo–Fr 10–17 Uhr, Sa 10–14 Uhr.

Unterkunft

■ **Hotel Zur Post,** Tribseer Str. 22, Tel. 20 05 00, Fax 20 05 10, www.hotel-zur-post-stralsund.de. Großes 4-Sterne-Hotel unmittelbar am Neuen Markt gegenüber der Marienkirche; mit diversen gastronomischen Einrichtungen, Sauna, Solarium, Tagespreise.

■ **Pension Tafelfreuden,** Jungfernstieg 5a, Tel. 29 92 60, Fax 28 97 59, www.tafelfreuden-stralsund.de. Still und schön im Grünen und dennoch nur wenige Schritte von Altstadtzentrum und Bahnhof gelegenes historisches Haus im schwedischen Landhausstil, mit nur drei sehr schönen Zimmern und empfehlenswertem Restaurant. Eine angenehme Adresse! ÜF 30–38 €.

■ **Hotel Norddeutscher Hof,** Neuer Markt 22, Tel. 29 31 61, Fax 28 79 39, www.nd-hof.de. Kleine, gemütliche Herberge an der Marienkirche mit Fischrestaurant und nettem Biergarten, Ü/F NS 39–43 €, HS 48 €.

■ **Hotel Amber,** Heilgeiststr. 50, Tel. 28 25 80, Fax 28 25 81, www.hotel-amber.de. Einladendes Haus mit nur neun Zimmern im historischen Gebäude mitten in der Altstadt; mit Gewölbebar im Keller. Ü/F NS 33 €, HS 43 €.

■ **Hotel Kontorhaus,** Am Querkanal 1, Tel. 28 98 00, Fax 28 98 09, www.kontorhaus-stralsund.de. Modernes, stilvolles Hotel direkt am Wasser auf der Hafeninsel, dessen schlichten, aber ausgesprochen schönen Zimmern man ansieht, dass der Innenausbau-Spezialist *Reiner Gehr* Herr des Hauses ist, Ü/F NS ab 48 €, HS ab 59 €.

■ **Hotel-Pension Klabautermann,** Am Querkanal 2, Tel. 29 36 28, Fax 28 06 12, www.pension-klabautermann.de. Familiäre 5-Zimmer-Herberge direkt am Hafenkanal mit Hafenkneipe, Zimmer mit Hafenblick, Ü/F NS ab 32 €, HS ab 34 €.

■ **Pension Villa Beer,** Carl-Heydemann-Ring 27, Tel. 27 04 56, Fax 2 72 10 27, www.pension-villa-beer.de. 12 Zimmer in liebevoll restaurierter Jugendstilvilla mit einladendem Frühstücksraum und Terrasse. Einige Zimmer mit Blick auf den Moor-

teich. Ruhige Lage 10 Gehminuten von der Altstadt. Ü/F NS 30 €, HS 35 €.

■ **JH Devin,** Ortsteil Devin, Strandstr. 21, Tel. 49 02 89, Fax 49 02 91, www.stralsund.jugendherberge.de. Ca. 8 km südöstlich am Greifswalder Bodden; Straße Richtung Greifswald, bei Teschenhagen links abbiegen. Ü/F inkl. Bettw. ab 20,90 €.

Gastronomie

■ **Esszimmer,** Am Querkanal 5, Tel. 3 09 77 07, www.esszimmer-stralsund.de. Der gekonnte Mix aus Tradition und Moderne, der im sachlich-gediegenen Ambiente gereicht wird, hat auch den „Feinschmecker" überzeugt, der 2012 das Lokal zu einer der besten Restaurant-Adressen in Deutschland erklärt hat.

■ **Wulflamstuben,** Alter Markt 5, Tel. 29 15 33, www.wulflamstuben.de. Regionale Gerichte und Spezialitäten in historischem Giebelhaus.

■ **Braugasthaus Zum Alten Fritz,** Greifswalder Chaussee 84–85 an der B 96 Richtung Greifswald, Tel. 25 52 80, www.alter-fritz.de. Rustikale Küche in den historischen Gemäuern der alten Brauerei. Hausgemachtes Brot, Spezialitäten der Brauerzunft und der Region, großer Biergarten.

■ **Klabautermann,** Am Querkanal 2, Tel. 29 36 28. Eine waschechte Hafenkneipe mit entsprechend authentischem maritimem Flair und Gorch Fock 1-Traditionsgaststätte, in der es öfter mal seemannsmäßig die Wellen hoch schlagen. Zur obligatorischen Kehlenspülung reicht man handfeste Hausmannsküche, natürlich mit Schwerpunkt Fisch.

■ **Zur Fähre,** Fährstraße 17, Tel. 29 71 96, www.zurfaehre-kneipe.de. Gemütliche Bierkneipe im besten Sinne! Hier wurde schon 1332 das Schankrecht erteilt. Heute geführt von der Stralsunder Kneipenlegende *Hannelore Höpner,* stadtbekannt als „Hanni". Der perfekte Ort für den stimmungsvollen Absacker oder auch zwei oder drei. Täglich ab 18 Uhr.

■ **Tafelfreuden,** Jungfernstieg 5a, Tel. 29 92 60. Unmittelbar am Knieperteich und Küterdamm gelegenes, sehr einladendes Restaurant mit hervorragender Küche. Ein echter „Tipp".

Aktivitäten

■ **Theater Vorpommern:** Olof-Palme-Platz 6, Info/Kartenverkauf Tel. 2 64 60, www.theater-vor pommern.de.

■ **Weiße Flotte:** Fährstr. 16, Tel. 2 68 10, Infoline Tel. 0180 3 21 21 20 (0,09 €/Min), www.weisse-flotte.com. Personenfähren nach Altefähr und Rügen, Hafenrundfahrten.

■ **Thematische Stadtführungen,** Treffpunkt jeweils vor der Tourismus-Zentrale, Alter Markt 9, Info-Tel. 24 69 70.

Altstadt-Rundgang mit einem Stralsunder Original wie Ratsherr, Mönch oder Krämersfrau, Mai–Okt. täglich 14 Uhr.

Nachtrundgang mit dem Nachtwächter und allerhand Moritaten über Diebe, Mörder und Huren, Mai–Okt. Di und Fr 21 Uhr.

„**Verschlossene Türen",** Rundgang zu sonst meist unzugänglichen Denkmalen wie Rathaus, Johanniskloster oder Welterbehaus, Mai–Okt. Di 14 Uhr.

„**Moderne trifft Welterbe",** Streifzug durch die alte und moderne Architektur von Stralsund, April–Okt. Sa 16 Uhr.

■ **Stadtrundfahrten:** *Panoramabus,* Tel. 0172 3 12 65 07, April–Okt. ab 10 Uhr, Nov.–März 11, 12, 13, 14 Uhr, ab Neuer Markt.

■ **Fahrradverleih:** *Heiden,* Tel. 6 25 81. www. fahrradhandel-heiden.de. 3 x in Stralsund: Handwerkerring 16, Tribseer Damm 76 und Maxim-Gorki-Straße 28. Liefert vorbestellte Räder direkt zur Unterkunft und holt sie auch wieder ab.

■ **Gokart:** *Kartbahn,* Am Bahnübergang 25, nahe Ostseecenter, Tel. 49 43 29, www.kartbahn-stral sund.de. 280 m lange Hallenbahn.

■ **Kino:** *Cinestar,* Frankenstr. 7, Tel. 28 85 58.

■ **Tanzen:** *Beat-Club,* An der Fährbrücke 3, Tel. 30 63 94.

■ **Sport/Baden/Vergnügen:** *Hansedom,* Grünhufer Bogen (beim Tierpark), Tel. 3 73 30, www.han sedom.de. Weitläufige Wasser-, Sauna-, Wellness-, Sportwelt mit zahlreichen Spektakeln.

■ **Baden:** *Strandbad,* Sundpromenade, Tel. 39 32 95, Mai–Sept. 10–18 Uhr.

■ **Segeln:** *Segelzentrum Dänholm,* Am alten Marinehafen 11, Tel. 29 74 44, www.segelschule-daen holm.de.

■ **Tierpark:** Barther Str., Tel. 29 30 33, März–Sept. täglich 9–18.30, Okt.–Feb. täglich 9–16 Uhr.

Feste und Veranstaltungen

■ **Segelwoche** (Juni), Regatta rund um Rügen und Hiddensee mit 64-jähriger Tradition, www. ycstr.de.

■ **Sundschwimmen** (Anfang Juli), Langstreckenschwimmen durch den Strelasund nach Altefähr und zur Insel Ummanz, www.sundschwimmen.de.

■ **Wallensteintage** (Ende Juli), großes Volksfest mit abwechslungsreichem Kulturprogramm zum Gedenken an den erfolgreichen Widerstand der Stadt gegen Wallenstein im Jahre 1628, www. wallensteintage.de.

Praktische Reisetipps

◁ Ehemaliger Fähranleger in Altefähr

Informations-stellen

Alle Urlaubsorte an der Küste betreiben eigene Informationsstellen, die touristische Auskünfte erteilen. Zumeist sind sie gleichzeitig zentrale **Vermittlungsstellen für Unterkünfte,** über deren örtliches Angebot sie jährlich aktualisierte, detaillierte Verzeichnisse bereithalten, in denen neben der Art der Unterkunft auch Lage, Ausstattung und Preis aufgeführt sind.

Das Angebot der kommunalen bzw. privaten Touristinformationen wird durch zusätzliche Stellen ergänzt, die Spezialinformationen wie beispielsweise zu den National- und Naturparks und Biosphärenreservaten bereithalten und ein eigenes, saisonales, von Fachpersonal begleitetes Angebot an Führungen, Tierbeobachtungen u.a. anbieten.

Die Adressen, Telefonnummern und Öffnungszeiten der einzelnen Informationsstellen finden sich im Infoteil der jeweiligen Ortsbeschreibung. Neben den lokalen Informationsbüros existieren Einrichtungen, die über die gesamte Region informieren.

Alle genannten Stellen versenden auf Anfrage aktuelles Infomaterial wie Unterkunftsverzeichnisse etc., mit der Bitte um einen freiwilligen Unkostenbeitrag von 2 bis 5 €. Darüber hinaus kann man bei diesen Adressen auch kostenpflichtiges Material wie Land-, Rad-, Wanderkarten, Reiseführer oder spezielle Verzeichnisse beziehen.

■ **Tourismusverband Mecklenburg-Vorpommern e.V.,** Platz der Freundschaft 1, 18059 Rostock, Tel. (0381) 4 03 05 50, Fax 4 03 05 55, www.auf-nach-mv.de, info@auf-nach-mv.de; Service-Center (Mo–Fr 8–18 Uhr, Sa 9–13 Uhr), Tel. (0381) 4 03 05 00, Fax 4 03 07 55, info@tourbu-mv.de.

■ **Tourismuszentrale Rügen (TZR),** Ringstraße 113–115, 18528 Bergen, Tel. (03838) 8 07 70, Fax 25 44 40, www.ruegen.de, info@ruegen.de; Buchungscenter: Tel. (03838) 80 77 80.

■ **Insel-Information Hiddensee,** Norderende 162, 18565 Vitte, Tel. (038300) 64 20, Fax 6 42 15, www.seebad-hiddensee.de, info@seebad-hiddensee.de.

■ **Stralsund-Information,** Alter Markt 9, 18439 Stralsund, Tel. (03831) 2 46 90, Fax 24 69 22, www.stralsundtourismus.de, info@stralsundtourismus.de.

Private Touristik-Agenturen

■ **Tourismus-Service Agentur,** Carl-Heydemann-Ring 55, 18437 Stralsund, 24-Std.-Hotline Tel. (03831) 2 85 70, Fax 28 57 28, www.insel-ruegen.com, urlaub@insel-ruegen.com.

■ **Rügener Reiselotse,** 18609 Binz, Proraer Chaussee 3f, Tel. (038393) 3 37 89, Fax 3 37 90, www.reiselotse.com, ruegen@reiselotse.com.

▷ Zimmer zu vermieten und Produkte aus der Region zu verkaufen

Anreise

Mit dem Auto

Von Westen

Neue Verkehrsschlagader des Landes ist die **Ostseeautobahn A 20,** die mit der Inbetriebnahme des letzten Teilstücks bei Tribsees seit 2005 auf ihrer ganzen Länge befahrbar ist. Sie verknüpft auf 328 km die A 1 bei Lübeck mit der A 11 bei Prenzlau und entlastet dadurch massiv die Bundesstraßen entlang der Küste. So trägt die zwei Milliarden Euro teure Straße nicht nur zur ökonomischen Wiederbelebung der alten Handelswege nach Polen und ins Baltikum bei, sondern vereinfacht auch die Anreise nach Rügen enorm. Reisende aus Richtung Westen/Hamburg können die A 20 bis Tribsees benutzen und dann auf der ebenfalls neuen Umfahrung Stralsunds direkt zum **Rügendamm** kommen.

Über 70 Jahre lang war der **Rügendamm** der einzige Landzugang zu Deutschlands größter Insel und entsprechend ein Nadelöhr, das dem Besucher- und Warenstrom längst nicht mehr gewachsen war, und in Urlaubszeiten chronisch zu teils chaotischen Staus führte. Mit der Eröffnung der **neuen Rügenbrücke** im Jahr 2007 ist nun auch dieser Engpass beseitigt. Dazu hat die Insel mit dem spektakulären Bauwerk, das den Strelasund parallel zum alten Rügendamm 4 km lang und bis zu 42 m hoch in kühnem Schwung überspannt, sozusagen gleich an der Eingangspforte eine neue eindrucksvolle Sehenswürdigkeit erhalten. Der alte Rügendamm bleibt aber auch weiterhin geöffnet.

Neben diesen beiden Brücken kann man mit der nur vom 1.4. bis 24.10. verkehrenden **Glewitzer Fähre** (ca. 15 km östlich von Stralsund ab Strahlbrode) nach Rügen gelangen.

Schließzeiten des Rügendamms (Ziegelgrabenbrücke)

Täglich 2.30–2.50, 5.20–5.40, 9.20–9.40, 12.20–12.40, 17.20–17.40 und 21.30–21.50 Uhr.

Fahrzeiten Glewitzer Fähre

Täglich ab 6 Uhr, Mai–Mitte Sept. bis 21.30 Uhr, April sowie Mitte Sept.–24. Okt. bis 20 Uhr, Pkw einfach 4,80 €, Fahrrad 1,20 €, Person 1,20 €. Jeweils im 20- bis 30-Minuten-Takt, bei Bedarf Pendelverkehr. Informationen unter Tel. 0172 7 52 68 36.

Von Süden

Reisende aus Richtung Süden/Berlin können bis **Rostock** die A 19 benutzen und dort auf der Ostseeautobahn A 20 bis Abfahrt Stralsund weiterfahren. Die zweite direkte Anbindung an den Berliner Ring und damit an das bundesweite Autobahnnetz ist die A 11 **Berlin – Stettin,** die mit dem Kreuz Uckermark Anschluss an die fertige **A 20** hat und so die bislang nervenzehrenden und zeitraubenden Ortsdurchfahrten auf der B 109 durch Prenzlau, Pasewalk und Neubrandenburg erspart.

Durch die Entlastung der **B 109** wird diese für Reisende mit Muße und Zeit andererseits wieder zu einer überlegenswerten Alternative. Die B 109 führt von Berlin via Wandlitz quer durch das herrliche **Wald- und Seengebiet** des Biosphärenreservats Schorfheide und das vorpommersche Endmoränengebiet. Diese ungemein reizvollen Landschaften machen schon die Anreise zu einem Erlebnis. Ab Greifswald bietet sich dann die Landstraße von Grimmen über Miltzow nach Reinberg an, wobei man mit der **Autofähre von Stahlbrode nach Glewitz** auf Rügen übersetzen kann.

Nach Hiddensee

Hiddensee ist nur mit dem **Schiff** zu erreichen. Ganzjährig und regelmäßig verkehren nur von **Schaprode** auf Rügen Personenfähren. Von **Stralsund** verkehrt die Hiddensee-Fähre nur von Mai bis September und zum Jahreswechsel. Wegen Autoverbots muss der Wagen für die Zeit des Aufenthalts auf Hiddensee im

△ Altenative zu Rügendamm und Rügenbrücke – die Glewitzer Fähre

Fährhafen abgestellt werden. In Schaprode stehen dafür kostenpflichtige und bewachte Parkplätze zur Verfügung, in Stralsund jedoch nicht. Empfehlenswert ist hier nach Ausladen des Gepäcks am Fähranleger die Benutzung des kostenpflichtigen Parkhauses Weingartenbastion (ca. 15 Min. Fußweg von der Anlegestelle entfernt) oder die Anreise mit der Bahn.

Ebenfalls nur in der Saison und eher für Tagesausflügler gedacht sind die fahrplanmäßig verkehrenden Ausflugsboote von **Wiek/Rügen, Zingst** und **Barth** nach Hiddensee.

Fährgesellschaften
■ **Stralsund:** *Reederei Hiddensee,* Fährstr. 16, Tel. (03831) 2 68 10, Fax 26 81 30, www.reederei-hiddensee.de.
■ **Hiddensee/Vitte:** *Reederei Hiddensee,* Achtern Diek 4, Tel. (038300) 2 10, Fax 5 01 70.
■ **Wassertaxi** *(ab 7 Personen): Hiddenseer Taxiring,* Tel. (038300) 2 10; Schaprode – Vitte/Kloster 69 €.

Mit der Bahn

Alle Züge nach Rügen führen über **Stralsund** und den **Rügendamm.** Von Stralsund gibt es eine Bahnverbindung über Bergen nach Sassnitz und zum Seebad Binz.

Mecklenburg-Vorpommern-Ticket

Das Mecklenburg-Vorpommern-Ticket für 21 €/ 1. Person, bis 4 weitere Personen je 3 €) gilt auf allen **Nahverkehrsstrecken** in Mecklenburg-Vorpommern einschließlich der Großbereiche Ham-

burg gemäß Tarif HVV, Szczecin (einschließlich Stadtverkehr Szczecin) und Lübeck-Travemünde Strand. Mit ihm können bis zu fünf Personen oder Familien mit beliebig vielen Kindern reisen. Es gilt Mo–Fr ab 9 Uhr bis 3 Uhr des Folgetages für beliebig viele Fahrten ohne Kilometerbegrenzung.

Ostsee-Ticket

Das Ostsee-Ticket ist speziell für den **Berliner Großraum** gedacht. Es gilt sieben Tage, kostet für Hin- und Rückfahrt zwischen 43 € (1. Klasse 63 €) für die erste Person und jew. 33 € für max. vier weitere erwachsene Personen. Hin- und Rückfahrt müssen innerhalb von neun Tagen erfolgen. Das Sonderticket gilt für bestimmte Strecken und kann nicht im Zug erworben werden. Mit dem Ostsee-Ticket gewähren verschiedene Museen, Schlösser, Natur- und Tierparks sowie Schifffahrtsgesellschaften Ermäßigungen von 10 bis 15 %.

Bernstein-Ticket

Mit dem am Schalter oder Automaten erhältlichen Bernstein-Ticket Rügen kann eine Person für 15 € oder eine Familie mit bis zu 5 Personen (max. 2 Erwachsene) für 30 € **von Stralsund** aus einen beliebig langen Tagesausflug **auf die Insel Rügen** unternehmen. Es gilt auf allen DB-Strecken auf Rügen, für das gesamte Busnetz des RPNV sowie für den Stralsunder Nahverkehr und die Schmalspurbahn „Rasender Roland", nicht jedoch für den Inselbus auf Hiddensee. Info: www.bernsteinticket.com.

Hanse-Express

Der Hanse-Express verkehrt ganzjährig im 2 Std-Takt als RE 1 **ab Hamburg Hbf** über Schwerin nach Rostock und von da als RE 9 via Stralsund nach Binz und/oder Sassnitz auf Rügen.

Bahn & Bike

Die **Fahrradkarte** (4,50 € für Nahverkehrszüge, 9 € Fernverkehrszüge) gilt für eine Fahrt ohne Kilometerbegrenzung. Weitere Vergünstigungen bei der Radmitnahme gibt es in Verbindung mit dem Schönes-Wochenende-Ticket und dem Mecklenburg-Vorpommern-Ticket.

■**Info:** Service-Hotline, Tel. 0180 5 99 66 33 (0,14 €/Min.), Mo–So 8–20 Uhr, www.bahn.de/bahnundbike.

EC/IC-Direktverbindungen

Leider hat die Bahn AG ihre Fernverbindungen nach Rügen und in die Region stark ausgedünnt. So fahren derzeit keine Autozüge an die Ostseeküste von MV. Mit direkten EC/IC-Verbindungen werden folgende Strecken bedient:

■ München – Nürnberg – Frankfurt – Fulda – Weimar – Halle/Saale – Berlin – Stralsund – Bergen – Binz
■ Köln – Düsseldorf – Essen – Dortmund – Hannover – Berlin – Stralsund – Bergen – Binz
■ Karlsruhe – Heidelberg – Frankfurt – Kassel – Hannover – Hamburg – Schwerin – Stralsund – Bergen – Binz

City Night Line

Die City Night Line-Verbindung „Sirius" führt direkt von Zürich über Frankfurt bis nach Binz. Der Zug verkehrt im Sommer täglich, 19.44 Uhr, ab Zürich via Basel, Karlsruhe, Frankfurt und Berlin mit Ankunft im Ostseebad Binz um 11.17 Uhr des Folgetages. Die Rückfahrt erfolgt um 18.23 Uhr.

Unterwegs auf Rügen

Bahn

Deutsche Bahn

Das Eisenbahnnetz der DB auf Rügen beschränkt sich auf zwei Hauptstrecken und eine Nebenstrecke. Die wichtigste, meist für den Transit nach Skandinavien genutzte Linie führt von Stralsund über die Hauptstadt Bergen quer durch die Insel bis **Sassnitz.** Ebenfalls über Bergen führt die Verbindung zum bedeutendsten Badeort der Insel, dem Seebad **Binz.**

PRESS

Die Pressnitzbahn, die auch die RüBB betreibt, bedient die **Normalspurstrecke Bergen – Putbus – Lauterbach Mole** und stellt so die Schienenverbindung von der Normalspur zur Schmalspur her.

■**Kundenbüro Bergen,** Gartenstraße 5, Tel. (03838) 81 35 94, www.pressnitztalbahn.com.

Schmalspurbahn

Die **Rügensche BäderBahn (RüBB)**, kurz auch der „Rasende Roland" genannt, verkehrt ganzjährig auf der Strecke Putbus/Lauterbach – Göhren mit Halt u.a. in den Seebädern Binz, Sellin und Baabe. Die schmalspurige Traditionsbahn ist weit mehr als nur ein öffentliches Verkehrsmittel. Die museale Puppenstubenbahn wird von historischen Dampfloks gezogen. Mit maximal 30 km/h schnauft die niedliche Bahn durch die landschaft-lich reizvolle Granitz direkt zu den Stränden der großen Seebäder (siehe auch Exkurs „Der Rasende Roland – mit 30 km/h durch die Rügenschen Wiesen").

⌂ Der Rasende Roland in voller Aktion

■ **Info:** *Rügensche BäderBahn „Rasender Roland",* Bahnhofstraße 1a, 18586 Göhren, Tel. (03838) 81 35 91, Fax 81 35 98, www.ruegensche-baederbahn.de.

Bus

Der Rügener Personennahverkehr (RPNV) hat ein gut ausgebautes Busnetz, mit dem praktisch alle Orte auf Rügen zu erreichen sind. Hauptstrecken werden von Mai bis Oktober täglich im 15 Minuten-Takt bedient. Alle RPNV-Linien sowie die Fahrpläne der Kleinbahn Rasender Roland, der Rügenlinien der Deutschen Bahn AG sowie der Reederei Hiddensee, der Autofähren von Glewitz und Wittow und der Personenfähre Stralsund – Altefähr sind in dem Fahrplanheft im Taschenbuchformat enthalten, das beim RPNV für 1 €, oder unter www.rpnv.de als Download erhältlich ist.

Seit 2009 gilt das sogenannte **„Wabenmodell"**, das die gesamte Insel in 62 Waben und in 10 Tarifzonen einteilt. Der Fahrpreis berechnet sich nach der Anzahl der durchfahrenen Tarifzonen. So kostet ein Einzelfahrschein innerhalb einer Tarifzone z.B. im Stadtgebiet Stralsund 1,55 €, beim Durchfahren aller Tarifzonen max. 8,30 €. Eine Tageskarte Rügen kostet 12,10 €, die Wochenkarte 45 €. Das Hiddensee-Ticket, das auch die Fähre einschließt, gibt es für 25 €, das Königsstuhl-Ticket mit Eintritt ins NLP-Zentrum für 17 €.

Das **Bernstein-Ticket Rügen** zu 15 € gilt im Gesamtnetz für beliebig viele Fahrten in allen Bussen der Verkehrsgemeinschaft Nordvorpommern (VGN), des RPNV und der SWS Nahverkehr sowie für die DB-Regio- und PRESS-Strecken auf Rügen und in Stralsund. Alle Tickets erhält man beim Busfahrer.

Ein Einzel-Ticket für das **Fahrrad** schlägt mit 1,90 € zu Buche, die Fahrrad-Tageskarte kostet 3,30 €. Fahrräder werden von den so genannten RADzfatz-Bussen mitgenommen, die mit einem Radanhänger verkehren. Uneingeschränkte Rad-Mitnahme ist bei der Kleinbahn, bei DB Regio und bei der Weißen Flotte möglich. Die Reederei *Hiddensee* garantiert die Mitnahme nur auf der *MS Vitte,* auf den anderen Hiddensee-Fähren nur je nach Kapazität. Gruppen müssen sich mindestens 24 Stunden vorher anmelden!

Inselbus Hiddensee

Auf der (fast) autofreien Insel Hiddensee verkehrt mehrmals täglich zwischen den Orten ein Inselbus. Die Tageskarte kostet 4,20 € (Kind 1,80 €), die Halbtageskarte 3 €. Für das Fahrrad sind 1,80 € zu entrichten. Gruppen müssen sich mindestens 24 Stunden vorher anmelden!

■ **Info/Tickets/Fahrplan:** *Info Thek,* Busbahnhof Bergen, Friedenstraße 24, 18528 Bergen/Rügen Tel. (03838) 20 29 55, Fax 20 29 56, www.rpnv.de, Mo–Fr 9–12.45 Uhr und 13.15–17 Uhr.

Flug

Regelmäßige Linienflüge nach Rügen gibt es nicht. Der Inselflugplatz Güttin bietet täglich ab 10 Uhr verschiedene **Inselrundflüge** von 20 bis 90 Minuten Dauer an.

Der nächstgelegene **Flughafen** mit Liniendienst ist Rostock/Laage (www.ros

tock-airport.de), der in der Saison derzeit von *Germanwings* ab Köln Bonn und Stuttgart, von *Lufthansa* teils mit Umsteigen ab München, Frankfurt, Düsseldorf, Friedrichshafen, Nürnberg, Paderborn und von *Helvetica* ab Zürich angeflogen wird.

Im Winter werden nur die Verbindungen nach Köln, Stuttgart und München bedient.

Auf Ankunft/Abflug abgestimmte Bus-Transfers nach Rügen bietet der RPNV von März bis Oktober auf Anmeldung, Info-Tel. (03838) 82 29 42, www.fly-mv.de. Der Hol- und Bringdienst von/nach Stralsund, Bergen, Binz, Sellin, Baabe und Göhren offeriert für 20 €/Strecke das Rügen-Shuttle, Vorbestellung mindestens drei Tage vor Ankunft/Abflug obligatorisch unter www.ruegenshuttle.de oder Tel. (03838) 80 77 80.

Zum **Inselflugplatz** bei Güttin auf Rügen gibt es keine Linien-Verbindungen. Er dient als Sportflugplatz, von dem man Rundflüge über die Insel und die vorpommersche Küste buchen kann.

■ **Ostsee-Flug-Rügen,** Flughafen Güttin, Tel. (038306) 12 89, www.flugplatz-ruegen.de.

Fahrrad

Aus gutem Grund erfreut sich Urlaub mit dem Fahrrad zunehmender Beliebtheit: Radeln schont die Umwelt und ist gesund.

Doch es spricht noch mehr dafür, sich im Urlaub in den Sattel zu schwingen. Anstatt die Aufmerksamkeit auf den Straßenverkehr richten zu müssen, erlebt man mit dem Fahrrad die Schönheit und Vielfalt der Landschaft unmittelbar. Gerüche, Geräusche, Temperaturunterschiede, Höhendifferenzen, Luftbewegungen, ein Schwätzchen am Wegesrand – der Radfahrer entdeckt Land und Leute weit intensiver und differenzierter als der Autopilot. Ganz praktisch ist das Rad dort, wo Autos nicht fahren dürfen. Und da findet sich meist das schönste Picknickplätzchen, die bunteste Blumenwiese, die lauschigste Badestelle.

Wer mit dem Auto anreist und kein Fahrrad mitführen kann, braucht auf die Zweiradwonnen dennoch nicht zu verzichten. In fast allen Ferienorten halten **Verleihstationen** die praktischen, umweltfreundlichen Fortbewegungsmittel bereit. Die Adressen sind im Infoteil der jeweiligen Ortsbeschreibung zu finden.

Rügen per E-Bike

Gemeinsam mit dem Hersteller *movelo* entwickelte die Tourismuszentrale Rügen die Insel zu einer **Modellregion für das E-Bike.** Diese neue Fahrrad-Generation ermöglicht mit seinem unterstützenden Elektromotor ein überaus komfortables Reisen mit dem Rad. Damit man nicht mit leerem Akkus liegen bleibt, gibt es inselweit derzeit 35 Verleih- und Ladestationen, an denen der Akku (Reichweite ca. 80 km) kostenlos aufgeladen werden kann. Die März–Oktober geöffneten Movelo-Verleih- und Auflade-Stationen sind unter www.movelo.com abrufbar.

■ **Test/Beratung/Verkauf:** Movelo-Brandstore, Stralsunder Str. 6, 18546 Sassnitz, Tel. (038392) 59 52 56, ruegen@movelo.com, www.movelo.com.

Radeln auf Rügen und Hiddensee

Hiddensee ist nichts weniger als ein Radlerparadies, denn die schmale, langgezogene Insel ist **für private motorisierte Fortbewegungsmittel gesperrt.** Einzige zugelassene Verkehrsmittel auf dem „söten Länneken" sind die eigenen Beine, Pferdekutschen und eben das Fahrrad. Fast alle Vermieter auf der Insel halten deshalb für ihre Gäste Räder bereit.

Völlig unverständlich ist jedoch, warum eine Insel, die damit wirbt, ein Radlerparadies zu sein, eines ihrer Hauptausflugsziele, den Dornbusch und den Leuchtturm auf demselben, für Radfahrer sperrt. Der verärgerte Radler fragt sich zu Recht, ob es nicht viel naheliegender wäre, für Fußgänger und Radler die entsprechenden Wege anzulegen, statt die arglosen Besucher zu narren und die Gegend mit Verbotsschildern zuzupflastern?

Rügen ist ein reizvolles Fahrradland. Gut 300 km lang ist das **Radwegenetz** der Insel, das stetig weiter ausgebaut wird, aber leider noch immer lückenhaft ist. Die Insel ist überwiegend sanft hügelig. Lange Steigungen brauch man nicht zu fürchten. Der Piekberg auf Jasmund ist mit 161 m schon Rügens höchster Berg. Die schönsten Fahrradzeiten sind Frühling und Herbst, wenn auf Rügen und seinen Straßen weitgehend Ruhe herrscht. Durchgehend ausgeschildert, jedoch noch nicht durchgehend als Radweg ausgebaut ist der rund 330 km lange **Fernradweg Rügen-Rundtour.**

Gefährliche Alleen – wo radelt man sicher?

Streckenweise problematisch und teils auch richtig gefährlich ist auf Rügen das Befahren von belebten Straßen. Auch wenn manch noch so schöne Allee lockt, sollte man **stark befahrene Straßen unbedingt meiden.** Zum einen herrscht unter den Bäumen auch bei Sonnenschein oft Dämmerlicht, so dass man von Autofahrern leicht übersehen wird – immer wieder kommt es zu sehr schweren, oft tödlichen Unfällen. Zum anderen wird die Straße durch die Bäume stark eingeengt, wodurch kaum Raum zum Ausweichen bzw. Überholen bleibt. Und mit einer kilometerlangen Autoschlange hinter sich radelt es sich nicht gerade entspannt.

Dort, wo Straßen neu asphaltiert wurden, lauert auf den Radfahrer eine weitere heimtückische Gefahr: Die **neuen Beläge** sind manchmal derart hoch aufgetragen, dass zum meist unbefestigten Seitenstreifen hin ein sehr hoher Absatz entstanden ist. Stürze sind hier oft vorprogrammiert.

Längere und gefährliche Streckenabschnitte lassen sich am besten **mit den RADzfatz-Rad-Linienbussen** überbrücken, die von Mai bis Ende Oktober mit Fahrradanhängern verkehren.

Viel entspannter und sicherer radelt es sich abseits der Autopisten. Neben gut ausgebauten **Radwanderwegen,** deren Netz ständig erweitert wird, eignen sich je nach Witterung auch **Feld- und Waldwege** für beschauliche Radtouren. Auf diesen Strecken ist jedoch mancherorts mit beschwerlichen Streckenabschnitten wie Kopfsteinpflaster, Sandpfaden oder Betonschwellen zu rechnen. Ein stabiles, für leichte Geländefahrten geeignetes Fahrrad mit breiten Reifen ist deshalb empfehlenswert.

Radwanderungen

Neben vielzähligen Tagestouren bietet sich auch die Möglichkeit, auf mehrtägigen Touren die Insel zu entdecken. Hierbei leisten die **Radwanderkarten Rügen** gute Hilfe. Für die Übernachtung wendet man sich am besten an die jeweiligen Tourist-Informationen. In der Hochsaison ist es ratsam, sich rechtzeitig um das Nachtlager zu kümmern, da Rügen dann oft ausgebucht ist. Praktisch ist die vom ADFC herausgegebene Broschüre „Bett & Bike", die bundesweit 5200 besonders radfreundliche Unterkünfte auflistet und für 10 € beim ADFC erhältlich ist. Die Regionalliste MV mit 263 Adressen findet man im Internet unter www.bett undbike.de/bundesland/mev.

Wind- und regenfeste Kleidung ist an der Ostsee immer angebracht.

Wer längere Radtouren unternehmen, sich dabei aber nicht mit schwerem Gepäck belasten und um die Unterbringung kümmern will, kann an **organisierten Radtouren** mit Gepäckbeförderung teilnehmen. Diese haben den Vorteil, dass man dabei stets in einer Gruppe Gleichgesinnter und mit orts- und sachkundigen Führern unterwegs ist.

Der Radspezialist von Rügen und für Rügen ist *Josef Renger,* der auf seiner Internet-Seite viele Tipps und Ratschläge zum Thema anbietet und gerne bereit ist, persönlich Auskunft zu geben und als Ihr individueller Radwanderführer bereit steht.

⌃ Mit dem Rad auf dem Hochuferweg

■ **Josef Renger,** W.-Pieck-Ring 13, 18528 Bergen/Rügen, Tel. (03838) 25 22 38, www.radfahren-auf-ruegen.de.

■ **Information:** *ADFC LV Mecklenburg-Vorpommern, St.-Georg-Str. 60, 18055 Rostock, Tel. (0381) 37 70 69 76, Fax 37 70 69 78, www.adfc-mv.de, www.bettundbike.de;*

Radsportverein *Tour d'Allée Rügen,* Altensien 7b, 18586 Sellin, Tel. 0163 6 30 48 28, www.tda-ruegen.de. Tourenvorschläge für Radwandern auf Rügen.

■ **Geführte Radtouren:** *Auf Rügen Radfahren, Kirsten-Susann Wiedenhöft,* Nesebanz 6, 18574 Gustow, Tel. (038307) 4 03 27, www.ruegen-radfahren.de. Die engagierte und ambitionierte Ruganerin bietet mehrtägige geführte und individuelle Touren mit Gepäcktransport und Übernachtung.

Autofahren

Straßenzustand

Die großen **Bundesstraßen** und Hauptverkehrsadern auf Rügen sind sämtlich neu ausgebaut. Auch die meisten Landstraßen und Nebenstrecken wurden in den vergangenen Jahren den Anforderungen an den modernen Individualverkehr angepasst. Dennoch ist das Straßennetz Rügens in der Hauptreisezeit dem Besucheransturm oft nicht gewachsen. Das liegt überwiegend daran, dass auf Rügen rund 350 km und damit fast alle Straßen **von herrlichen Alleen gesäumt** sind, die zwar wunderschön sind, eine wesentliche Verbreiterung der Fahrbahn oder das Anlegen von Seitenstreifen jedoch nicht zulassen. Chronisch überlastet ist deshalb z.B. die Straße von Stralsund und den viel besuchten Ostseebädern der Granitz, die wegen ihrer unter Schutz stehenden Alleen ein Nadelöhr ist und bleiben muss. In abgelegenen Ecken und im Hinterland trifft man jedoch auch noch auf eher einsame Verkehrswege.

Neben uraltem Straßenpflaster, das den Eindruck macht, als wären schon Napoleons Heerwürmer darauf marschiert, trifft man hier auch auf einspurige Betonschwellenwege, die sich ungefähr so komfortabel befahren lassen wie ein Eisenbahndamm. Manchmal sind diese Betonelemente materialsparend schienenartig in Längsrichtung verlegt, so dass der Fahrer sehr konzentriert die Richtung halten muss, um nicht mit den Rädern seitlich in unergründliche Tiefen abzurutschen.

Ortsdurchfahrten sind mancherorts noch Kopfsteinpflasterstraßen, die bei Nässe bekanntlich sehr rutschig werden. Da es in den Dörfern darüber hinaus häufig keine oder nur sehr schmale Bürgersteige gibt, muss verstärkt auf Fußgänger auf der Fahrbahn geachtet werden.

Alleen

Die meisten Straßen werden von prachtvollen Alleen gesäumt, die mit ihren Dächern aus dicht verwachsenen Baumkronen regelrechte grüne Tunnel bilden. Darin herrscht auch bei strahlendem Sonnenschein **diffuses Dämmerlicht.** Der Wechsel von hellen, baumfreien Straßenabschnitten zu dunklen Alleen erfolgt ständig und schnell, was die Augen und damit die Verkehrssicherheit extrem beeinträchtigt. Andere Verkehrsteilnehmer, insbesondere Fußgänger und Fahrradfahrer, werden auf den Alleestraßen deshalb häufig nicht oder zu spät wahrgenommen, was zu dramatisch vielen tödlichen Unfällen geführt hat. Deshalb sollte man zumindest auf Rügen zu jeder Tages- und Jahreszeit unbedingt immer **mit Licht fahren.** Die Kampagne „Auf Rügen mit Licht" hat die Unfallzahlen schlagartig und drastisch um etwa 50 % gesenkt!

Die alten Bäume engen den Fahrweg stark ein, so dass auf den schmalen Straßen bei entgegenkommenden Caravans oder Lkw kaum Ausweichmöglichkeiten bestehen. Im Herbst ist mit viel Laub auf der Fahrbahn zu rechnen, das besonders bei der für diese Jahreszeit typischen feuchten Witterung die Bodenhaftung und Bremswirkung der Räder stark vermindert. Um sich selbst, die anderen Verkehrsteilnehmer und die Umwelt zu schonen, sollte man auf Rügen **grundsätzlich langsam und umsichtig fahren.**

Unterkunft

Hotels und Pensionen

Obwohl sich seit 1993 auf Rügen nicht nur die Besucherzahl von 592.000 auf ca. 1,3 Millionen (2009), sondern auch die Bettenkapazität bald verdreifacht hat und heute fast 42.000 Betten bereitstehen, wächst die Zahl der Übernachtungsmöglichkeiten stetig weiter. Nicht aber die der Übernachtungen, die seit 2004 stagnierte oder teils auch leicht rückläufig war. Erst 2008 konnte mit 6,3 Mio. Übernachtungen das Rekordjahr 2003 fast wieder erreicht werden. Gleichzeitig sank jedoch die Auslastung von 46 % (1994) auf 39% (2009). Was den Hoteliers und Vermietern Sorge be-

Standard

Alle älteren Hotels und Pensionen sind grundlegend modernisiert worden und bieten, je nach Kategorie, die dem Standard angemessene Ausstattung; für neuerrichtete Hotels und Appartementhäuser gilt dies ohnehin. So sind einfache, preiswerte Hotelunterkünfte inzwischen leider selten geworden. Überhaupt haben sich Rügen und die vorpommersche Ostseeküste rasant zu einer allzu hochpreisigen Ferienregion entwickelt, was sicher auch seinen Teil dazu beiträgt, dass die Besucherzahlen stagnieren.

Preise und Zimmersuche

Traditionsreiche, vielbesuchte Ferienregionen sind nicht gerade die preisgünstigsten Urlaubsorte. Und da Rügen und Hiddensee sich zu mit den begehrtesten Adressen an Deutschlands Ostseeküste entwickelt haben, sind die Preise hier noch etwas höher. Bei Halbpension ist in der Hauptsaison mit durchschnittlichen

reitet, kommt dem Urlauber zu Gute. War es noch Anfang der 1990er Jahre im Sommer ein unkalkulierbares Wagnis, ohne feste Unterkunft nach Rügen zu reisen, ist heute selbst in Ferienzeiten meist auch **spontan** irgendwo eine Übernachtungsmöglichkeit zu finden. Engpässe gibt es nur noch im August und bei den preislich mittleren bis günstigen Unterkünften. Im gehobenen bis luxuriösen Sektor findet man immer eine freie Suite.

Zu den Preisangaben

Die in den Ortsbeschreibungen genannten Unterkunftspreise beziehen sich auf **1 Person im DZ** inkl. Frühstück bei Doppelbelegung in der Hauptsaison. Gewähr kann für die Angaben jedoch nicht übernommen werden! Sie sollen als Orientierungs- und Vergleichsgröße dienen. Deshalb sollte man vor der Buchung stets telefonisch die zurzeit gültigen Preise erfragen.

⌂ Alleen – wunderschön, aber auch gefährlich

Preisen von etwa 40–50 € pro Person/ Nacht im DZ zu rechnen. Preisangaben dieser Art sind jedoch relativ und problematisch, weil sich je nach Ort, Lage und Ausstattung günstigere wie wesentlich teurere Zimmer finden lassen. Hinzu kommt, dass die meisten Hotels und Vermieter das System von Hochpreisen in der Saison bzw. deutlich günstigeren Angeboten außerhalb der Hauptreisezeiten eingeführt haben.

Einen guten Überblick über das jeweilige Angebot verschaffen die **detaillierten Unterkunftsverzeichnisse** der regionalen und lokalen Fremdenverkehrsämter, die auf Anfrage zugesandt werden.

Privatzimmer und Ferienwohnungen

Neben Hotels und Pensionen steht eine große Anzahl von Privatzimmern und -wohnungen zur Verfügung. Gewöhnlich sind die Zimmer für 2 Personen ausgestattet. Viele verfügen über eine Kochnische. Frühstück ist entweder inklusive oder für etwa 3–5 € zusätzlich zu erhalten. Ferienwohnungen sind meist für 2 bis 4, manchmal für bis zu 6 Personen ausgelegt und mit einem Schlaf- und Wohnzimmer sowie einer separaten Küche ausgestattet. Die Preise schwanken je nach Lage, Ausstattung und Jahreszeit erheblich. Im Mittel bewegen sie sich zwischen 35 und 55 € pro Tag für ein Zimmer. Eine Wohnung kostet zwischen 50 und 100 € pro Tag.

Unterkünfte in Privathäusern haben den Vorteil, dass man durch den **Kontakt zu den Gastgeberfamilien** nicht nur die Menschen vor Ort kennen und verstehen lernt, sondern auch durch ihre Heimatkenntnis wertvolle Tipps und Hinweise erhält, die dem Fremden gewöhnlich verborgen bleiben. Oft finden die Kleinen im Nachwuchs des Vermieters gleich noch Freunde und Spielkameraden und einen Garten dazu, wo sie sich gefahrlos austoben können. Und schließlich entwickelt sich so manches Mal gar eine Freundschaft, die die Urlaubstage überdauert. Private Unterbringung ist also durchaus eine empfehlenswerte Alternative. Bei der Auswahl sind die detaillierten Listen der **Gastgeberverzeichnisse** sehr hilfreich.

Appartements und Urlaubsdörfer

Neu im „nachwendischen" Übernachtungsangebot sind reine Appartementhäuser und Urlaubsdörfer, die speziell für die Bedürfnisse des Feriengastes zugeschnitten sind und voll ausgestattete Ferienwohnungen und kleine Ferienhäuser anbieten. Ihre Zahl nimmt auf Rügen stetig zu. Meist werden sie nur **wochenweise** vermietet. Für kleinere Reisegruppen und Familien stellen sie eine Möglichkeit dar, wie im eigenen Haus kostengünstig als **Selbstversorger** zu logieren.

Ferienparks

Eine weitere Variante sind Anlagen, die den Charakter eines eigenständigen Dorfes haben und vom Hotel über Ferienwohnungen und -häuser bis zum eigenen Schwimmbad, Sportareal oder Reiterhof über eine sehr umfangreiche Infrastruktur verfügen. Die allesamt neu auf der Wiese errichteten „Ferienmaschinen" haben aber den Nachteil, dass Urlauber hier dank des umfangreichen Freizeitangebotes geneigt sind, ihren Ferienpark kaum zu verlassen und somit weitestgehend unter sich bleiben. Außerdem haben die sämtlich neu angelegten Feriendörfer bislang noch oft den wenig charmanten Charakter von **Neubausiedlungen.** Es wird sicher noch so manches Jahr ins Land gehen, bis die Natur sie einladender und gemütlicher gestaltet hat.

Bungalows

Die preisgünstigste Version der festen Unterkunft, die allerdings eher Camping- denn Wohnungs-Charakter hat, sind Bungalows. Dabei handelt es sich um schlichte Hütten, die in Wohn- und Schlafbereich und eine kleine Kochecke unterteilt sind. Sie verfügen nur über eine Mindestausstattung. Sanitäreinrichtungen sind wie auf **Campingplätzen,** denen diese Hütten meist angeschlossen sind, separat. Mangels Heizmöglichkeit sind sie überwiegend nur in der warmen Jahreszeit nutzbar. Bisweilen findet man auf Rügen noch große, eigenständige Bungalowsiedlungen, wie sie einst in der gesamten DDR in großer Zahl anzutreffen waren. Im schönen Wald der Schwarbe auf Wittow versteckt sich gleich eine ganze Reihe dieser Siedlungen, die besonders für naturverbundene Menschen mit schmaler Urlaubskasse und echter Campermentalität geeignet sind.

Urlaub auf dem Lande

Nicht nur, aber **besonders für Stadtkinder** höchst spannend ist es, die Ferien auf einem lebendigen Bauernhof zwischen Tieren und Traktoren zu erleben. Hier können die Kleinen nicht nur sehen und lernen, wo Wurst, Milch und Brot herkommen oder wie man Getreide und Kartoffeln anbaut, sondern auch selbst mit anpacken. Heu ernten, Hühner füttern, mit dem Hofhund spielen und vieles mehr lässt bei Kindern keine Sekunde Langeweile aufkommen. Die Bauernhöfe liegen **ruhig, oft in Einzellage** inmitten der stillen Natur und bieten grenzenlosen Platz zum Spielen und Entdecken. Das Gastgeberverzeichnis „Landurlaub M-V" und „Reiturlaub M-V" ist kostenlos erhältlich. Zum kostenlosen Download stehen die Broschüren „Heuherbergentour M-V", „Hofläden und Hofcafés in M-V" sowie „Kirchenführungen in VP" auf der Internetseite bereit.

■ **AG Urlaub und Freizeit auf dem Lande,** Griebnitzer Weg 2, 18196 Dummersdorf, Tel. (038208) 6 06 72, Fax 6 06 73, www.landurlaub. m-vp.de.

Jugendherbergen

Die Übernachtung in Jugendherbergen setzt die beitragspflichtige **Mitgliedschaft in einem Jugendherbergsverband** voraus. Diese kann auch direkt in der JH erworben werden. Für Familien und Gruppen ist eine **schriftliche Anmeldung** unbedingt erforderlich. Einzelreisende sollten sich einen Tag vor Ankunft telefonisch ankündigen. Allgemeine Informationen zu den Jugendherbergen in Mecklenburg-Vorpommern erteilt:

● **Deutsches Jugendherbergswerk MV,** Charles-Darwin-Ring 4, 18059 Rostock, Tel. (0381) 77 66 70, Fax 7 69 86 82, www.djh-mv.de.

Auf Rügen selbst gibt es seit Juli 2011 drei Jugendherbergen, auf Hiddensee keine. Neu hinzu gekommen ist die JH Prora in einem Trakt des ehemaligen KdF-Gebäudes. Mit 400 Betten – alle Zimmer mit Meerblick! – ist dies die **längste und größte Jugendherberge der Welt.** Der dazu gehörige Jugendzeltplatz Prora wurde bereits 2009 eröffnet. Eine vierte JH findet man auf dem Festland am Strelasund in Stralsunds Ortsteil Devin.

● **JH Binz,** Strandpromenade 35, Tel. (038393) 3 25 97, Fax 3 25 96, http://binz.jugendherbergen-mv.de. Geschlossen: 23.12.–27.12., Ü/F, inklusive Bettwäsche ab 22,90 €.
● **JH Sellin,** Kiefernweg 4, Tel. (038303) 9 50 99, Fax 9 50 98. Geschlossen 24.12.–26.12., Ü/F inklusive Bettwäsche ab 25,50 €.
● **JH Prora,** Mukraner Straße, Gebäude 15, 18609 Prora, Tel. (038393) 6 68 80, Fax 66 88 22, http://prora.jugendherbergen-mv.de. Die längste Jugendherberge der Welt! Alle Zimmer haben Meerblick. Ü/F ab 23,50 €. Geschlossen 24.12.–26.12. Ein Zeltplatz ist angegliedert:
   Jugendzeltplatz Prora: Mukraner Str. 12, Tel. (038393) 13 38 80, Fax 13 39 95, http://jugendzeltplatz-prora.de. Großer Zeltplatz in Toplage direkt am Strand mit modernen Sanitäranlagen. Ü/F ab 13,90 €.
● **JH Stralsund-Devin,** Strandstr. 21, Tel. (03831) 49 02 89, Fax 49 02 91, http://stralsund.jugendherbergen-mv.de/. Geschlossen: 24.12.–26.12., Ü/F inklusive Bettwäsche ab 20,90 €.

Camping

Auf Rügen stehen, überwiegend an der Küste, zahlreiche **Camping- und Wohnmobilplätze** mit einer Gesamtkapazität für rund 15.000 Personen zur Verfügung. Auf **Hiddensee** dagegen ist **Campen grundsätzlich verboten.**

Die **Campinggebühren** sind sehr unterschiedlich, so dass sie im Einzelfall bei der jeweiligen Verwaltung erfragt werden müssen. Die meisten Plätze sind nur in der Saison, also von **April bis Oktober** geöffnet, einige wenige ganzjährig. Genaue Angaben zu den einzelnen Plätzen finden sich unter dem Stichwort „Unterkunft" in der jeweiligen Ortsbeschreibung.

Die Tourismuszentrale Rügen gibt ein leider lückenhaftes Regionalverzeichnis „Camping, Caravan, Wohnmobile" heraus, in dem 19 Camping- und Wohnmobilstellplätze verzeichnet sind.

Auch das **Campingplatzverzeichnis des VCFMV** für das ganze Bundesland beinhaltet nicht alle existierenden Plätze, sondern nur die seiner Verbandsmitglieder.

● **Verband der Campingplatzbetreiber M-V (VCFMV):** Pläterstraße 2, 18055 Rostock, Tel. (0381) 4 03 48 55, Fax 44 84 02, www.vcwmv.de.

Wohnmobile und Caravans

Während das klassische Zelten und auch der Wohnwagenurlaub ständig rückläufig sind, gewinnt der Urlaub mit dem Wohnmobil Jahr für Jahr neue Anhänger. Die Campingplatzbetreiber haben sich auf diese Klientel eingestellt und die nötigen Ver- und Entsorgungseinrichtungen geschaffen. Einige Plätze erheben für Chemietoiletten jedoch eine zusätzliche Gebühr.

Die Recht- oder Unrechtmäßigkeit des so genannten „freien Stehens" ist landesweit ein Dauerstreitpunkt. Grundsätzlich ist in Deutschland **wildes Campen verboten.** Erlaubt ist jedoch zu **parken** und mittels einmaliger Übernachtung seine Fahrtüchtigkeit wiederherzustellen. Dabei dürfen aber keine Campingstühle aufgestellt werden, da dies bereits als Campen zählt.

Rügen ist im Gegensatz zur westdeutschen Ostseeküste noch nicht so sehr mit „WoMo-Verbotsschildern" zugepflastert und das Stehen auf einem **Parkplatz fast überall möglich.** Viele Gemeinden und private Parkplatzpächter erlauben dies gegen eine angemessene Gebühr von durchschnittlich 5–10 € sogar offiziell.

Neben Park- und Campingplatz gibt es noch eine dritte Variante: die **Wohnmobil-Stellplätze** oder auch Reisemobilhäfen. Sie verfügen neben Stromanschluss auch über Ver- und Entsorgungseinrichtungen und bewegen sich preislich zwischen einfachem Parkplatz und Campingplatz.

Wohnmobil-Stellplätze

🟥 **Bergen,** *Caravanplatz Rügen,* Tilzower Weg 32, Tel. (03838) 40 42 55, www.wohnmobil-stellplatz-ruegen.de. Ganzjährig geöffnet. Ebener Platz für 20 Mobile auf Rasengittersteinen und Betonplatten hinter den Gebäuden eines Gebrauchtwagenhandels. Große, durch Blumenkübel unterteilte Parzellen, Brötchen- und Zeitungsservice, Kabel-TV-An-

schluss. Mietwagen und Fahrradverleih. Bushaltestelle 100 m, Stadtzentrum 1,5 km. Womo/Nacht 12 €, Dusche 0,50 €.

🟥 **Binz,** *Parkplatz Behrenwolt,* Proarer Chaussee 5, Tel. (038393) 26 61, www.behrenwolt.de. Ganzjährig geöffnet. Großer ebener Platz für ca. 40 WoMos mit Baumreihen am nördlichen Ortsausgang neben Tankstelle, WC/Du in der Tankstelle, auf dem Platz Stromanschluss, Ver-/Entsorgung, Trinkwasser; WoMo/Nacht 12,50 €.

🟥 **Dranske,** *Caravancamp Ostseeblick,* Seestr. 39a, Tel. (038391) 81 96, www.caravancamp-ostseeblick.de; März–Nov. Großer parzellierter Wiesenplatz ohne Schatten direkt am Wasser, Sanitärhaus mit Du/WC, Strom, Ver-/Entsorgung; WoMo/Nacht 4,70–6,70 € zzgl. 3,50–5,50 € p.P., Hund und Strom 2 €.

🟥 **Dranske/Nonnevitz,** *Wohnmobilhafen Küstencamp,* Nonnevitz 23, Tel. (038391) 93 90 70. Ganzjährig geöffnet. Stellplatz für 15 Mobile auf einem separaten Areal im Campingplatz. Geschotterter Untergrund, beleuchtet. 6 km bis Dranske. WoMo/Nacht inkl. 2 Pers. 12,50–14 €, Strom 2,90 €, Ver-, Entsorgung/Dusche frei.

🟥 **Dranske/Nonnevitz,** *Luigis Caravanserei,* Tel. (038391) 8 94 88, www.ruegen-holiday-fun.de, 15.März–Okt. Ebenes Wiesengelände mit Büschen und Bäumen mit 30 Stellplätzen. 600 m zum Strand. Mit Pizzeria (nur Juni–Aug.) Womo inkl. 2 Pers. und Strom 13,90–24,90 €, Chemie-Entsorgung 3,50 €, Dusche 1,50 €.

🟥 **Gingst,** *Haidhof,* Haidhof 2, Tel. (038305) 3 44, www.rwolf.de. Ganzjährig geöffnet. Kleiner, familiärer Platz für max. 15 WoMos auf ebener Wiese beim Hof, mit Wasch- und Duschraum, Waschmaschine, Strom, Ver-/Entsorgung; WoMo 5 €, Pers. 4 €, Strom 2 €, Entsorgung 2,50 €, Trinkwasser/Dusche/Hund je 1 €.

🟥 **Lauterbach,** *Im Jaich,* Tel. (038301) 80 90, www.im-jaich.de. Ganzjährig geöffnet. Ebener Platz für 15 Womos im Gelände der Wasserwelt direkt am Jachthafen. Sauna, Fitnesscenter, Sanitärhaus mit Waschmaschine, Trockner u.a., die man gegen Gebühr nutzen kann. Strom, Ver-/Entsor-

Wohnmobilstellplätze und Campingplätze

▲ Campingplatz
■ Wohnmobilstellplatz

1 Caravancamp Ostseeblick
2 Wiek
3 Hof Lüttkevitz
4 Küstenkamp
5 Wohnmobilhafen Küstencamp, Luigis Caravanserei
6 Parkplatz Kap Arkona
7 Drewoldke
8 Juliusruh
9 Stellplatz Am Dorfladen
10 Nipmerow
11 Parkplatz Königsstuhl
12 Stadthafen
13 Polchow

Map legend:
⚓ Yachthafen
⛳ Golfplatz

Map labels: Trelleborg, Kopenhagen · OSTSEE · Bornholm · ⚓ Lohme 9 · 10 · 11 · ★ Königsstuhl · JASMUND · 12 · ⚓ Sassnitz · Klaipéda (Litauen) · 96b Mukran · 23 Neu-Mukran · 24 · 25 · Schmale Heide · Prorer Wiek · 27 · 26 · Binz · 28 · 29 Sellin · 30 · 196 · 31 · Lancken-Granitz · Baabe · Göhren · Middelhagen · 32 · Gager · 33 · MÖNCH-GUT · 34 · 35 Thiessow · Bodden

gung, Wasser, keine Chemie-WC-Entsorgung, Wo-Mo/ Nacht 13–15 € inkl. Strom und Wasser, Dusche 1 €, Waschmaschine 3 €, Trockner 2 €, Sauna 8 €.

■ **Lietzow,** *Störtebeker-Camp,* Waldstr., Tel. (038302) 21 66, Fax 31 71, www.lietzow.net. 15.1–15.12. 60 Stellplätze mit Stromanschluss auf ebenem Gelände mit Baum- und Strauchbewuchs. Ver-/Entsorgung, Gasflaschentausch, Restaurant, Sanitärhaus mit WC/Du. WoMo/Nacht 19,50–28,50 €, inkl. 2 Erwachsene, 1 Kind und Strom.

■ **Lohme,** *Stellplatz Am Dorfladen,* Dorfstraße 9, Tel. (038302) 8 85 57. Ganzjährig geöffnet. 14 Plätze auf ebenem Grund in ruhiger Lage, Stromanschluss, Ver-/Entsorgung, Sanitärgebäude mit WC/Dusche, Wickelraum, Waschmaschine, Trockner. Fahrradverleih. WoMo/Nacht 12 €, Trinkwasser und Strom 1 €, Dusche 2 €, Toilette 0,50 €.

■ **Lohme/Hagen,** *Parkplatz Königsstuhl,* Tel. (038302) 94 12, www.lohme.de/caravan/parkplatz-fahrradverleih.html. Ganzjährig geöffnet. Mit Schotter verdichtete Stellplätze für 40 WoMos auf großem Parkplatz. Sanitärgebäude mit WC/Dusche (1.4.–31.10. 8–19 Uhr, sonst 10–16 Uhr), Strom, Ver-/Entsorgung, Gastronomie, kleiner Shop; WoMo 24 Stunden 8 €, Dusche 1 €, Trinkwasser und Entsorgung 2 €, Strom 2,50 €.

■ **Mukran,** *Parkplatz Königslinie,* Tel. (038392) 5 52 00. Ganzjährig geöffnet. Großer ebener Schotterplatz für ca 80 Mobile am Ende der Schmalen Heide direkt am Ufer mit Blick auf den Hafen von Neu Mukran. 500 m zum Badestrand, 100 m zur Skaterbahn, Womo/Nacht 5 €, (automatische Schranke), einige wenige kostenlose Stromanschlüsse, keine Ver-/Entsorgung.

■ **Poseritz,** *Gasthaus Lindenkrug,* Tel. (03807) 2 51, www.lindenkrug-poseritz.de. Ganzjährig geöffnet. Bei Besuch der Gaststätte Platz für 10 WoMos am Hotel/ Gasthaus Lindenkrug, WoMo 5 €, Ver-/ Entsorgung von Wasser möglich, keine WC-Entsorgung.

■ **Prora,** *Wohnmobil-Oase Rügen,* Tel. 01577 4 28 37 15, www.wohnmobilstellplatz-ruegen.de, April–Okt. 4 ha großer, 2009 eröffneter Platz für ca. 90 WoMos im Wald bei Prora ca. 5 km nördlich von

Binz. Hunde ausdrücklich willkommen. 15 Fußminuten zum Strand, gute Bus- und Bahnanbindung nach Binz. Mit Kiosk, Radverleih, WoMo/ Nacht 10–13 €, Strom 0,55 €/kWh, Trinkwasser, Entsorgung und Dusche jeweils 1 €.

■ **Putgarten,** *Parkplatz Kap Arkona,* Tel. (038391) 41 90, www.kap-arkona.de. Ganzjährig geöffnet. Separierter Teil des riesigen Parkplatzes am Kap Arkona. Ebener, geteerter Parkstreifen ohne Strom für ca. 30 WoMos ohne Baumbestand, nachts ruhig. Sanitäranlagen, Kiosk, Imbiss, Info-Stelle zum Kap Arkona; WoMo/Nacht 5 € inkl. Frischwasser.

■ **Sassnitz/Stadthafen,** im alten Hafen, Tel. (038392) 6 61 50 (Hafenmeister), www.stadthafensassnitz.de. Ganzjährig geöffnet, täglich 7–20 Uhr. Beleuchteter, gepflasterter Stellplatz direkt an der Kaimauer für ca. 10 Wohnmobile auf den Parkplätzen im Stadthafen. Parkgebühr 1,50 €/Std., max. 10 €, von 21–7 Uhr 8 € (beim Hafenmeister zahlen). Keine Ver-/Entsorgung.

■ **Seehof,** *Caravanplatz Seehof,* Seehof 5, Tel. (038309) 14 37, www.caravanplatz-seehof.de. Geöffnet April–Okt. Leicht abschüssiges Wiesengelände für ca. 30 WoMos in Alleinlage direkt am Wasser beim Ferien-Bauernhof. Mit Sanitäranlagen, Waschmaschine, Grillplatz, Ver-/Entsorgung; WoMo 7 €, Person 3,50–4,50 €, Hund 1,50 € Ver-, Entsorgung, Strom 0,50 €/kWh, Dusche 0,20 €/Min.

■ **Sellin,** *Reisemobilhafen,* Kiefernweg 4b, Tel. (038303) 9 27 70, www.reisemobilhafen-sellin.de. Ganzjährig geöffnet. Neuer, auf einer Anhöhe zwischen Buchen und Kiefern gelegener Platz mit

294h ph

Kurtaxe

Ein Reizthema, das von Urlaubern zu Recht häufig und heftig kritisiert wird. Während manches Ostseebad im Westen die vom preußischen Landtag 1893 erfundene Zwangsabgabe wieder abgeschafft hat, wurde sie auf Rügen und Hiddensee leider neu eingeführt. Dass den zuständigen Gemeindevätern dabei offensichtlich noch nicht einmal selbst ganz wohl ist, zeigen die variationsreichen Erklärungsversuche in den örtlichen Imagebroschüren, in denen dann öfters das eigentlich Wissenswerte, die Höhe der Abgabe, schamhaft versteckt oder gar verschwiegen wird.

Gebühren

Die Liste der kurtaxepflichtigen Orte und deren Gebühr ermöglicht es, die Sonderkosten in der Urlaubskasse zu kalkulieren und bei der Auswahl des Urlaubsortes zu berücksichtigen. Genannt ist der **Betrag pro Tag** für einen Erwachsenen. Kinder unter 13 Jahren sind kurtaxefrei, Jugendliche bis 18, Schüler, Studenten, Rentner, Behinderte und andere Gruppen erhalten Ermäßigungen. Bei längerem Aufenthalt gibt es Mengenrabatt.

50 exakt parzellierten Stellflächen auf Rasen und Split. WoMo/Nacht 12 €, Strom 0,50 €/Kwh, Ver-/ Entsorgung frei.

■ **Stralsund,** *An der Rügenbrücke,* Werftstr. 16/17, Tel. (03831) 29 39 15, www.caravan-center-dahn ke.de. Ebener, schattenloser umzäunter Kiesplatz für 60 Womos am Firmengelände von *Caravan Center Dahnke,* mit Strom, Wasser, Entsorgung, nur während der Firmen-Öffnungszeit. WoMo/Nacht 12 € inkl. Strom. Entsorgung, Trinkwasser 1 €.

■ **Wiek/Lüttkevitz,** *Hof Lüttkevitz,* Tel. (038391) 76 45 86, www.luettkevitz.com. Ganzjährig geöffnet. Kleiner ebener Schotter-, Wiesenplatz für ca. 5 WoMo bei einem Ferienhof. Frühstück, Halb- und Vollpension im Hof mögl. 6 € p.P. inkl. Strom, Wasser, Dusche, keine Entsorgung.

◁ Allein auf weiter Flur in der Nachsaison

Kurtaxe – Gebühren auf Rügen und Hiddensee

Die hier genannten Preise sollen als Vergleichswert und Richtlinie dienen. Sie zeigen das Maximum und das Minimum für einen Erwachsenen/Tag in der Hauptsaison (HS) und Nebensaison (NS)

Ort	Hauptsaison (HS)	Nebensaison (NS)
Baabe	2,30 €	1,00 €
Binz	2,60 €	1,50 €
Breege/Juliusruh	1,30 €	1,00 €
Dranske	1,00 €	0,50 €
Gager	1,00 €	0,50 €
Glowe	1,00 €	0,75 €
Göhren	2,30 €	1,00 €
Hagen	0,75 €	0,50 €
Hiddensee	1,50 €	1,00 €
Lancken-Granitz	1,20 €	ohne
Lohme	0,75 €	0,50 €
Middelhagen	1,50 €	0,75 €
Prora	2,00 €	1,00 €
Putbus/Lauterbach, Wreechen, Neuendorf	1,20 €	0,70 €
Putgarten	1,00 €	0,75 €
Sassnitz	1,00 €	0,50–0,80 €
Sellin, Altensien, Neuensien	2,30 €	1,20 €
Thiessow	2,00 €	1,00 €
Wiek/Bohlendorf	1,00 €	0,50 €

Klima und Reisezeit

Die Region um Rügen zählt großklimatisch gesehen zum Ostseeküstenklima, was sicher wenig überrascht. Ein wesentliches Merkmal dieses Klimas ist der häufige und schnelle Wechsel zwischen kontinentalen und maritimen Einflüssen, wobei letztere dominieren. Praktisch heißt das, dass **stabile Wetterlagen eher selten** sind und dass sich das Wetter schnell und gründlich ändert, von Trockenheit und Sonnenschein zu Wolken und Regen und umgekehrt. **Wind,** vorwiegend aus Westen, ist in unterschiedlicher Stärke fast immer da, völlig windstill ist es selten. Dafür ist die Luft besonders rein und frisch und durch ihren hohen Jodgehalt, den sie vom Meer mitbringt, auch sehr gesund. Insgesamt nennt man dies alles ein **bekömmliches Reizklima.**

Die **Lufttemperaturen** liegen im Jahresmittel bei 8 °C, wobei der Höchstwert von 19 °C im August, der Tiefstwert von 2 °C im Januar erreicht wird. Im Juli/August gibt es zuweilen heiße Perioden von bis zu 35 °C. Die Sonnenscheindauer beträgt im Jahresdurchschnitt 1850 Stunden (zum Vergleich: Essen 1003 Stunden). Rügen ist also **außerordentlich sonnig** und gehört mit dem Spitzenreiter, der Insel Usedom (1906 Stunden), zu den sonnigsten Regionen Deutschlands. Sonnenreichster Monat ist der Juli mit 271 Stunden (August 260), sonnenärmste sind Dezember und Januar mit je 38 Stunden.

Die durchschnittliche **Wassertemperatur** beträgt im August **18 °C**. Den meisten **Regen** gibt es mit 58 mm im August, den wenigsten im Februar mit 27 mm. Die Verteilung der Niederschläge ist auf Rügen jedoch regional außerordentlich verschieden. Relativ trocken sind z.B. das Mönchgut im Südosten und Hiddensee. Die **beste Reisezeit** sind die Monate Mai bis September.

Wetterinfo

● **NDR Info** sendet den offiziellen **Seewetterbericht** mit Wetterlage, Windvorhersagen, den Stationsmeldungen und den Seewarnnachrichten für die Nord- und Ostsee täglich um 0.05 Uhr, 8.30 Uhr und 22.05 Uhr auf den Mittelwellenfrequenzen 702 kHz und 972 kHz.
● **Internet:** www.mvwetter.de, www.wetteronline.de, www.meteomedia.ch (hier findet man die Wetter-Station auf Hiddensee).

Kleidung und Reisegepäck

Wind und Wetter

Gleich zu welcher Jahreszeit man an die Ostsee reist, es muss stets mit wechselhaftem Wetter gerechnet werden. Deshalb gehört beim sommerlichen Strandurlaub zu Bikini, Sonnenhut und Strandlatschen immer auch **solides Schuhwerk** sowie wärmende, **wind- und regendichte Kleidung** ins Gepäck.

Stärkerer und kühler Wind (meist Westwind) kann auch bei schönem Sommerwetter den Badespaß beeinträchtigen. Er wirbelt den feinen Sand auf, was in den Augen und zwischen den Zähnen als unangenehm empfunden wird. Zur Abwehr dieser Unbill sollte der Strandbesucher stets einen **Windschutz** mit sich führen, den man in zahlreichen Geschäften vor Ort erwerben kann.

Sonnenbrandgefahr

Vorsicht mit Sommersonnenschein am Strand! Durch die häufig wehende, an heißen Tagen als angenehm kühlend wahrgenommene Meeresbrise wird die intensive Strahlung auf der Haut nicht empfunden. **Kopfbedeckung** und **Sonnenschutzmittel** sind daher dringend angeraten.

Sport und Erholung

Aktivitäten am Meer

Der Mensch strebt zum Wasser, gleich, ob in Form von Bächen, Flüssen, Seen oder dem Meer. Von ganz besonderer Magie sind deshalb Inseln. Zu jeder Jahreszeit und bei jedem Wetter sind Strand und Meer der unangefochtene Mittelpunkt des Inselurlaubs. Alle Menschen zieht es dort hin, egal ob zum Baden, Sonnen, Surfen, Segeln, Tauchen, Angeln oder zum stillen Strandspaziergang, zum romantischen Sonnenuntergang, Strandpicknick oder zur lustigen Schiffspartie, die bei keinem Aufenthalt am Meer fehlen sollte. All dies bieten Rügen und Hiddensee, die mit ihren überaus abwechslungsreichen und gegensätzlichen Küstenlandschaften wahre Wasserparadiese sind, in denen jeder seine ganz persönlichen Vorlieben finden und ausleben kann.

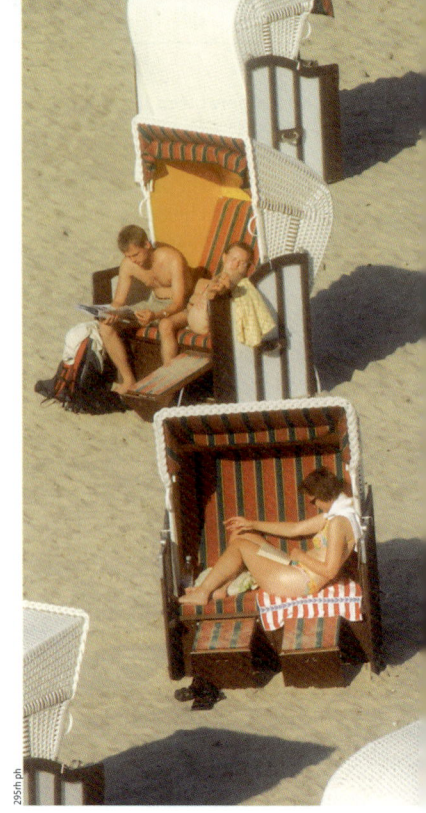

295h ph

Wasserqualität

Rügen und Hiddensee verfügen zusammen über rund **50 Strände und Badestellen,** deren Wasserqualität einer hygienischen Kontrolle unterliegt. Zwischen Mai und September werden alle

▷ Strandkörbe sind Schutzhütten

zwei Wochen Proben entnommen und analysiert. Die Ergebnisse veröffentlicht das Sozialministerium Mecklenburg-Vorpommerns in der jährlich erscheinenden Übersichtskarte „Badewasserqualität Mecklenburg-Vorpommern", die beim Landesfremdenverkehrsamt erhältlich ist.

2011 erhielt Rügen eine erneut die traumhafte Beurteilung: Alle Badestellen **„Zum Baden sehr gut geeignet".** Hiddensee erhielt ebenfalls durchweg die Höchstnote. Die jeweils **aktuellen Messergebnisse** erfährt man in der Badesaison bei den lokalen Tourist-Informationen. Die **Badewasserkarte** gibt es unter www.gaia-mv.de/badewasser.

Die schönsten Strände

Granitz und Mönchgut

Die beliebtesten und **meistbesuchten Badestrände** Rügens liegen **im Südosten** an der Außenküste der Granitz und des Mönchguts. Dank ihrer Lage sind sie von den meist vorherrschenden Westwinden geschützt, weshalb sich auch hier die großen Seebäder entwickel-

ten. Die Strände sind **feinsandig und breit** und fallen nur sanft ins Wasser ab, was besonders für Kinder von großem Vorteil ist.

Besonders schön und bei FKK-Freunden beliebt ist der kilometerlange **Große Strand,** der sich von Lobbe bis Thiessow erstreckt und dank seiner Länge auch in der Hochsaison viel Platz bietet.

Die unmittelbar bei den **Seebädern** Göhren, Baabe, Sellin und Binz gelegenen Strände sind im Sommer stark besucht und teilweise von **Strandkörben** belegt. Dennoch gibt es auch für Badetuchgäste genügend Platz.

Schmale Heide

Ein, wenn nicht *das* herausragende Strandparadies Rügens ist der Strand der Schmalen Heide. Die gesamte Nehrung **zwischen Binz und Mukran** ziert ein 10 km langer, sehr breiter und feiner Bilderbuchstrand, hinter lauschigem, schattenspendenden **Kiefernwald** und einem **Dünenstreifen** gelegen.

Schaabe

Von mindestens derselben Schönheit ist dieser Strand an der Außenküste der Schaabe, der 12 km langen Nehrung, die Jasmund mit Wittow verbindet. Durch seine Abgelegenheit **im Nordosten** ist er weniger besucht als die Schmale Heide bei Binz und etwas windreicher, dafür besitzt er aber den schöneren **Wellenschlag.**

Strand am Bakenberg

Versteckt und weniger bekannt, aber ebenfalls wunderbar ist der Strand, der sich **auf Wittow** ganz im Norden hinter dem Wäldchen Schwarbe versteckt. Er ist besonders bei **FKK-Anhängern** beliebt, durch seine Westlage jedoch häufig Wind ausgesetzt (Windschutz!).

Westküste

Im Vergleich zu den Traumstränden bescheiden sind die Strände von **Schaprode** und von **Suhrendorf** auf Ummanz an der Westküste.

Halbinsel Zudar

Klein und schmal, aber hübsch und still sind die beiden Strände auf der Halbinsel Zudar ganz im Süden. Fast nur Einheimische finden den Weg zum **Strand am Gelben Ufer** und **Palmer Ort.**

Boddengewässer

Die oft verschilften Ufer der Boddengewässer eignen sich nur an wenigen und kleinen Stellen wie am **Großen Jasmunder Bodden** bei **Banselvitz** zum Baden.

Hiddensee

Wunderbar **fein und weiß** ist der Hiddenseer Strand, der sich an der Außenküste nahezu **16 km** hinzieht und damit fast über die gesamte Insellänge reicht.

Segeln

Mit seiner außerordentlich zerfransten, vielgestaltigen Küstenlinie bieten Rügen und Hiddensee hervorragende Bedingungen für Segler, ob in stillen, friedlichen Boddengewässern oder auf der belebten offenen See. Rund **40 Sport-, Jacht- und Anlegerhäfen** bieten mit ihrer Ausstattung nicht nur Zuflucht vor schwerer See, sondern auch Versorgung, Reparatur sowie sonstigen maritimen Service.

Tankstellen sind in den Häfen Stralsund, Breege, Lauterbach, Sassnitz, Schaprode, Seedorf sowie Vitte und Neuendorf auf Hiddensee vorhanden.

Ein breites Angebot von **Bootsverleihstellen** und **Segelschulen** erschließen auch dem Anfänger und Nichtbootseigner die besonders schöne Möglichkeit, die Inseln vom Wasser aus zu entdecken.

Revierberatung

■ **Gewässer Greifswalder Bodden und Rügen:** *Herr Jaich*, Jaich-Marina Lauterbach, 18581 Lauterbach, Tel. (03801) 80 90, Fax 8 09 10.
■ **Gewässer Stralsund:** *Yachtschule Stralsund,* Norbert Thomas, Stralsund, Am Querkanal 3, Tel. (03831) 29 86 66, Fax 30 67 44.

Wichtige Rufnummern

■ **Wasser- u. Schifffahrtsamt Stralsund,** Wamper Weg 5, Tel. (03831) 24 90, www.wsa-stralsund.de.

■ **Wasserschutzpolizei Lauterbach,** Tel. (038301) 6 09 60.
■ **Wasserschutzpolizei Sassnitz,** Tel. (038392) 30 80.
■ **Wasserschutzpolizei Schaprode,** Tel. (038309) 14 17.
■ **Wasserschutzpolizei Stralsund,** Tel. (03831) 2 61 40.

Surfen

Surfer finden auf beiden Inseln ebenso zahlreiche wie unterschiedliche Bedingungen für ihre Leidenschaft. Im ruhigen Bodden lassen sich prima die ersten Versuche machen, in den Starkwindrevieren finden Könner ihre Herausforderung. Die besten, meist windigen und mit gutem Wellenschlag ausgestatteten Surfgrounds liegen an der **Südspitze des Mönchguts** um das Südperd bei Thiessow.

Die besten Surfreviere

Altenkirchen	Ostsee	SO-N	Welle 2 m
Dranske	Bodden	alle Richtungen	
Grabow auf Zudar	Bodden	O	keine Brandung
Grahler Fähre	Strelasund	SW-O	Stehrevier
Lobbe	Ostsee	NO-SO	100 m Stehbereich
Mukran	Ostsee	NO	Welle 3 m
Neureddevitz	Bodden	W-O-S	50 m Stehrevier
Nonnewitz	Ostsee	NW-O	Welle über 2,5 m
Polchow	Bodden	N+S	50 m Stehbereich
Rappin/Ralswiek	Bodden	abland. Wind	50 m Stehbereich
Schaprode	Bodden	S-N	Stehrevier & Speed
Suhrend./Ummanz	Bodden	S-N	Stehrevier & Speed
Thiessow	Bodden	NW-S	30 m Stehbereich
Wieck/Rügen	Bodden	SW-N	Stehrevier & Speed

Surfschulen

■ **Altefähr:** *Sail & Surf,* Am Fährberg 8, 18573 Altefähr, Tel. (038308) 3 03 60, www.segelschule-ruegen.de.

■ **Baabe:** Surf & Sail Baabe, Am Fischerstrand 1, 18586 Baabe, Tel. 0172 3 25 77 62, www.wind rider.de.

■ **Binz:** *Rügener Segel- und Surfschulen,* 18609 Binz, Tel. 0179 5 30 39 33.

■ **Dranske:** *Uni Surf Team Rügen,* Karl-Liebknecht-Str. 58, 18556 Dranske, Tel. (038391) 8 99 24, www.ustruegen.de.

■ **Glowe,** *Rügener Segel- und Surfschulen,* 18551 Glowe, Tel. 0174 3 16 24 71.

■ **Klein Zicker:** *Surf-Oase Klein Zicker,* Dörpstraat 2, 18586 Klein Zicker, Tel. (038308) 3 01 25, www.campingruegen.de.

■ **Suhrendorf:** *Windsurfing,* auf Camping Ostseecamp, 18569 Suhrendorf, Tel. (038305) 8 22 40, www.surfen-auf-ruegen.de.

■ **Thiessow:** *Sail & Surf,* 18586 Thiessow, Tel. (038306) 2 32 53, www.segelschule-ruegen.de.

■ **Wiek:** *Surf & Kite Camp,* Boddenstraße 1, 18556 Wiek auf Rügen, Tel. 0173 81 84, www.surf-kite-camp.de.

347 rh ph

Kite-Surfen

■ **Baabe,** *Kitesurfen Rügen,* Strandstraße 5, 18586 Baabe, Tel. (038303) 9 55 65, www.kitesurfen-rue gen.de.

■ **Dranske:** *Dr. Kite Surf und Kite Camp,* Am Ufer 14, 18556 Dranske, Tel. (038391) 8 98 98, www.doktor kite.de.

Uni Surf Team Rügen, Karl-Liebknecht-Str. 58, 18556 Dranske, Tel. (038391) 8 99 24, www.ustrue gen.de.

■ **Drewoldke,** *Fly a Kite,* 18556 Altenkirchen/ OT Drewoldke, Tel. (038391) 76 08 80, www.fly-a-kite.de, auf Campingplatz Drewoldke.

■ **Groß Banselvitz:** *Rügen-Kite,* Am Berg 1, 18528 Groß Banzelvitz, Tel. 0172 6 66 92 00, www.ruegen-kite.de.

■ **Suhrendorf,** *Kite-Island,* 18569 Suhrendorf, Tel. (038305) 8 22 40, www.kite-island.de, auf Camping Ostseecamp.

■ **Thiessow,** *Kitebase Kascha,* Hauptstraße 4, 18586 Thiessow, Tel. (038308) 3 03 60.

▷ Kite-Surfen bei Thiessow

Angeln

Auch Anhänger dieser stillen Sportart finden in den verschiedenen Gewässerarten See, Boddengewässer und Meer auf und um die beiden Inseln ein außerordentlich abwechslungsreiches Betätigungsfeld. Rügens Inselreich zählt zu den **besten Angelrevieren Europas.** Wenigstens elf verschiedene Fischarten von Aal, Barsch, Flunder über Hering und Meerforelle bis Plötz, Blei und Zander sind anzutreffen. Auf offener See kann man beim Kutterangeln auch Lachs, Wittling oder Steinbutt an den Haken bekommen.

Für das Angeln ist generell ein gültiger **Fischereischein** und der Erwerb einer **Angelerlaubnis** notwendig. Für das Angeln in Binnengewässern ist zusätzlich der Erwerb einer **Revierkarte** des Landesanglerverbandes erforderlich. Bodden, Wieke, Haffs u.a. gelten als Küstengewässer. Die Angelerlaubnis für Küstengewässer ist beim Landesamt für Fischerei, seinen Außenstellen sowie bei vielen Angelläden, Fremdenverkehrs- und Kurverwaltungen erhältlich. Die

Revierkarte bekommt man beim Landes- und Kreisanglerverband sowie in jedem größeren Ort.

Um es den Urlaubern noch einfacher zu machen, gibt es den so genannten **Touristen-Fischereischein** für alle Personen, die älter als 10 Jahre sind. Er kostet 20 €, wird einmal jährlich für max. 28 Tage vergeben, gilt für Ostsee und Binnengewässer und ist an zahlreichen Stellen erhältlich.

Informationen zu Bestimmungen, Revieren, Fischarten, Saisonzeiten und vielem mehr findet man auch unter der Internetadresse **www.ruegen.de/aktivitae ten/wassersport/angeln.html** oder im Angelführer Rügen, den es bei den örtlichen Tourist-Informationen gibt.

● **Landesamt für Fischerei,** Thierfelderstraße 18, 18059 Rostock, Tel. (0381) 4 03 50, Fax 4 00 15 10, www.lallf.de.
　Außenstellen:
　Lauterbach, Chausseestraße 15, Tel. (038301) 4 68,
　Sassnitz, Hafenstraße 12f, Tel. (038392) 3 50 49,
　Stralsund, Querkanal 6, Tel. (03831) 29 32 62,
　Wiek, Hauptstraße 30, Tel. (038391) 2 38.
● **Landesanglerverband M-V,** Siedlung 18a, 19065 Görslow, Tel. (03860) 5 60 30, Fax 56 03 29, www.lav-mv.de.
● **Kreisangelverband Rügen,** Bahnhofstraße 25, 18573 Altefähr, Tel. (038306) 7 53 68.

Ostsee-Angelfahrten
● **Angelwunder,** Wiek, im Hafen, Tel. 0170 2 45 51 05.
● **MS Alexander,** Karlstr. 1, Tel./Fax (038392) 3 52 25, www.hochseeangeln-ruegen.de
● **Angelservice,** Stralsund, Tel. (03831) 29 91 36.
● **Reederei Böttcher,** 18556 Breege/Juliusruh, Tel. (03839) 11 23 57.
● **MS Sundewind,** Schaprode, Tel. (038309) 14 13.

● **Angelparadies,** Dranske, Tel. (038391) 9 36 94, www.angelparadies-ruegen.de.

Tauchen

Auch Aquanauten und solche, die es werden wollen, finden in den Gewässern um Rügen und Hiddensee interessante Reviere. Das Kreidekliff unterhalb der Wasserlinie besuchen, zu Riffen und Bänken abtauchen oder abenteuerliche Wrack- und spannende Nachttauchgänge unternehmen – das Programm unter Wasser hat einiges zu bieten.

Tauchschulen

● **Stralsund/Dänholm:** *Taucherbasis,* Tel. (03831) 29 70 90.
● **Altenkirchen:** *Tauchbasis Arkona,* Tel. (038391) 1 29 22.
● **Sassnitz:** *Tauchbasis Sassnitz,* Tel. 0173 2 02 52 36, www.tauchbasis-sassnitz.de.
● **Sellin:** *Schöni's Tauchschule,* Tel. (038303) 8 62 76, www.schoenis-tauchschule.de.
● **Prora:** *Taucherbasis Rügen,* Tel. (038393) 24 06, www.tauchen-ruegen.de.

▷ Maritimes Motiv –
malerische historische Zeesboote

See-Kajak

Seit einigen Jahren gibt es die Möglichkeit, mit dem See-Kajak rings um Rügen unterwegs zu sein. Dafür wurden in Neuhof und Stahlbrode am Strelasund, in Gager, Göhren und Wiek insgesamt fünf See-Kajak-Stützpunkte geschaffen. Geführte See-Kajak-Touren um Rügen bietet:

■ **Gager:** *Seekajak-Zentrum Rügen,* 18568 Gager, Zum Höft, Tel. (038308) 3 48 80, www.seekajakzentrum.de.

Schiffsausflüge

Wer an Bord eines Ausflugsdampfers die rügensche Wasserwelt bei Kaffee und Kuchen erleben, eine Butterfahrt nach Polen oder einen Ausflug zur Nachbarinsel Usedom unternehmen möchte, hat saisonabhängig von allen Hafenorten aus zahlreiche Möglichkeiten. Das Angebot reicht von der halbstündigen Hafenbesichtigung über mehrstündige Rundfahrten bis zum großen Tagesausflug. Neben fahrplanmäßigen Rundfahrten bieten die Reedereien auch verschiedene Sonderprogramme wie Lampion- oder Tanzfahrten. Über das aktuelle Angebot informieren die Reedereien und lokalen Tourist-Informationen.

■ **Altenkirchen,** *MS Brigitte,* Tel. (038391) 1 21 87.
■ **Baabe:** *Masuch Touristik Reederei,* Tel. 0171 31 32 92,
   Zeese „Schwat Johann", Tel. 0173 8 50 54 58.
■ **Breege:** *Reederei Kipp,* Tel. (038391) 1 23 06.

032/fh ph

■ **Gager:** *Boddenreederei Rügen,* Tel. (038328) 83 89.

■ **Lauterbach:** *Reederei Lenz,* Tel. (038301) 6 18 96.

■ **Poseritz:** *Windjammer Reederei,* Tel. (038307) 4 05 55.

■ **Sassnitz:** *Kalinin Touristik,* Tel. (038392) 3 21 80, *Reederei Lojewski,* Tel. (038392) 3 51 36, *Reederei Ostseetour,* Tel. (038392) 31 50.

■ **Stralsund:** *Weiße Flotte,* Tel. (03831) 2 68 10.

■ **Vitte/Hiddensee:** *Reederei Hiddensee,* Tel. (038300) 2 10.

Umfassende Auskunft und **Informationen zu Anbietern,** Linien, Chartermöglichkeiten u.a. findet man im Internet unter **www.ruegen-schifffahrt.de.**

Wandern

Die klassische Variante eines Rügenurlaubs ist es, auf Schusters Rappen und auf den Spuren von *C. D. Friedrich, J. J. Grümbke, C. G. Carus* und anderen berühmten Rügenbesuchern die Insel zu durchstreifen. Eines der schönsten Wanderreviere sind der **Hochuferweg** im NP Jasmund von Sassnitz zum Königsstuhl und das Biosphärenreservat im Südosten Rügens. Doch auch alle anderen Inselteile und die autofreie Insel Hiddensee bieten zahlreiche sehr schöne Wandermöglichkeiten.

Auskunft zu Routen, Regionen, geführten Wanderungen, Wanderkarten und Sonstigem rund um das Thema „Wandern" findet man im Internet unter **www.wandern-auf-ruegen.de.**

Geführte Touren

Viele Tourist-Informationen und Kurverwaltungen, aber auch die Nationalparkverwaltung und Vereine veranstalten geführte Wanderungen. Die aktuellen Angebote erhält man direkt bei den genannten Einrichtungen. Einige besonders geschützte Naturregionen wie der **Bug** bei Dranske oder die **Insel Vilm** sind nur im Rahmen einer geführten Gruppe zu erleben.

■ **Geführte Wanderungen:**

Wanderfreunde Rügen e.V., Klaipedaer Str. 29, 18546 Sassnitz, Tel. (038392) 6 68 77.

Naturerlebnisverein Rügen, Zubzow 5a, 18569 Trent, Tel./Fax (038309) 2 01 26, www.naturerleb nis-ruegen.de (vom Nationalparkamt empfohlen).

Forstamt Rügen, Werder 3, 18546 Sassnitz, Tel. (038392) 2 27 61.

René Geyer, Bäckertrift 13, 18586 Lancken-Granitz, Tel. 0173 9 89 80 31, www.naturgeyer.de.

Reiten und Kutschfahrten

Rügen ist Reiterland, denn die Pferdezucht hat auf der Insel eine lange Tradition. Dies schlägt sich heute in den rund 30 Reiterhöfen, Pferdefarmen, Reit- und Fahrvereinen und ähnlichen Einrichtungen rund ums Pferd nieder, die der Liebhaber auf Rügen vorfindet. Erweitert wird die Möglichkeit, Rügen auf dem Rücken von Pferden zu entdecken, durch die vorhandenen Unterkunftsmöglichkeiten auf Bauernhöfen, die größtenteils für ihre Gäste Pferde halten und Reitmöglichkeiten bieten.

Eine Übersicht über alle Angebote und Adressen bietet die Broschüre „Reiten auf der Insel", die für 3,60 € bei der

Tourismuszentrale Rügen, Tel. (03838) 80 77 80, erhältlich ist.

Wem das freihändige „Steuern" eines edlen Rosses zu unbequem oder riskant erscheint, der kann sich mit der Kutsche gemütlich durch die Gegend schaukeln lassen. Adressen der Anbieter finden sich im Infoteil der Ortsbeschreibungen.

Golf

Auch Golffreunde finden auf Rügen ein Betätigungsfeld. Einen **9-Loch Public Course,** einen **18-Loch Challenge Course,** eine Golfschule mit Driving Range, Abschlagboxen und Übungsplatz für jedermann bietet die Golfanlage Schloss Karnitz.

In Alt-Mukran bei Sassnitz findet man einen landschaftlich **sehr schön gelegenen 9-LochPlatz,** dessen Bahnen entlang der Steilküste verlaufen.

Der Golf- und Landclub Wittow unterhält einen **6-Loch-Kurzplatz** am Bakenberg auf Wittow.

■**Golfanlage Schloss Karnitz,** Dorfstr. 11a, 18574 Karnitz, Tel. (038304) 8 24 70, www.insel golf-ruegen.de.
■**Golf- und Landclub Wittow,** Am Bakenberg, 18556 Dranske, Tel. (038391) 91 40.
■**Golfclub Sassnitz e.V.,** Marktstraße 2, 18546 Sassnitz, Tel. 0171 1 86 56 46, www.golfauf ruegen.de.

Tipps für Kinder

Bei schönem Wetter zählt für die Jüngsten das Buddeln, Backen und Plantschen am Strand zu den höchsten Vergnügungen. Doch die Ostsee ist nun mal nicht das Mittelmeer, und es muss auch im Sommer mit Tagen gerechnet werden, an denen der Wettergott allen den Strandspaß vermiest. Hier ein paar Tipps für

Kinder(s)pass

Der Kinder(s)pass ist eine bundesweite Initiative für familienfreundliche Erlebniswelten. Auf Rügen ist bereits die dritte Ausgabe dieses Hefts mit nun 60 Seiten erschienen, mit dem man Kinder in 17 Restaurants und 39 Freizeitattraktionen kostenlos zum Essen und Erleben mitnehmen kann. Das Ganze funktioniert nach dem System der Gutscheinbücher. Gegen Vorlage des jeweiligen Gutscheins aus dem Kinder(s)pass erhält man folgende Vergünstigungen: In Restaurants je Hauptgericht eines Erwachsenen ist ein Essen von der Kinderkarte bzw. eine Kinderportion für den Nachwuchs gratis. Das heißt: essen zwei Erwachsene, essen zwei Kinder gratis. Alle Getränke sowie Vor- und Nachspeisen werden nach Speise-/Getränkekarte abgerechnet. In Freizeiteinrichtungen kann je voll zahlendem Erwachsenen ein Kind kostenlos an den auf dem Gutschein aufgeführten Aktivitäten teilnehmen (maximal 2 Kinder bis 16 Jahre) Das Heft ist für 12,50 € erhältlich bei:

■**ars publica,** Markt 25, 18528 Bergen/Rügen, Tel. (03838) 80 99 90, Fax 80 99 77, www. kinderspass.de.

Ausflüge und Unternehmungen, zu denen sich in den jeweiligen Ortskapiteln nähere Erläuterungen finden.

Noch mehr Tipps findet man auf der Internetseite **www.ruegen.de/familie-ruegen.html.** Besonders günstige Angebote für Familien bietet auch der **Kinder(s)pass,** der für zahlreiche Restaurants und Freizeiteinrichtungen Gratis-Gutscheine für Kinder enthält.

Ozeaneum

Mit Ozeaneum besitzt Stralsund das größte und eindrucksvollste Spezialmuseum im gesamten Ostseeraum, das 2010 als Europas Museum des Jahres ausgezeichnet wurde. Ob die 40 teils gigantischen, bis zu 2,6 Millionen Liter fassenden **Aquarien,** die nachgebildete Kabine eines Forschungstauchboots, die Ausstellung „Riesen der Meere" mit Kolossen in Originalgröße oder das speziell für die Kleinen konzipierte „Meer für Kinder" mit **Spiel- und Erlebnisstationen** – das Ozeaneum bietet so viel Spektakuläres, dass man sich problemlos tagelang darin aufhalten kann.

Schmalspurbahn

Die Fahrt auf der 24 km langen Strecke mit der über 100 Jahre alten romantisch-nostalgischen Dampflokbahn **Rasender Roland** ist für Jung und Alt ein ganz besonderer Spaß und geradezu ein Muss, egal wie das Wetter ist (siehe auch Exkurs „Der Rasende Roland – mit 30 km/h durch die Rügenschen Wiesen").

Historische Handwerkerstuben

In Gingst gibt es interessant gestaltete **historische Werkstätten** traditioneller Handwerke vom Schuster über den Schneider und Frisör bis zum Weißnäher und Sattler zu besichtigen.

Aquamaris

Wer auch bei schlechtem Wetter nicht von den Schwimmflügeln lassen kann, ist in dem neuen **Erlebnisbad** in Juliusruh gut aufgehoben.

Tierpark

Der schön im Grünen gelegene **Zoo in Stralsund** zeigt auf 9 ha über 150 verschiedene Arten. Neben zahlreichen einheimischen Tieren kann man auch Exoten wie Löwen oder Affen beobachten. Infos unter www.freizeitpark-stralsund.de/zoo-stralsund.

Rügen Safari

Wie die Indianer: Kanu fahren, Bogen schießen, Lagerfeuer machen, im Tipi schlafen – die Rügen Safari bietet in Neuenkirchen-Tribbevitz ein spezielles Kinderprogramm, das zumindest kleinen Winnetous so schnell nicht langweilig wird.

▷ In die Unterwasserwelt mit der Tauchglocke oder eine Schiffsfahrt –
beides möglich an der Seebrücke Sellin

379rh ph

Eisenbahnmuseum

Das Eisenbahn- und Technikmuseum in Prora zeigt eine eindrucksvolle Sammlung von **alten Lokomotiven,** Feuerwehrautos und sonstigem mobilen Großgerät.

Museumshof

In einer sehr malerischen **historischen Hofanlage** in Zirkow kann man viel über das bäuerliche Leben auf Rügen zu Großvaters Zeiten erfahren.

Grümbke-Turm

Von der Plattform des **hölzernen Aussichtsturms** bei Neuendorf bietet sich ein unbeschreiblich schöner Panoramablick.

Pirateninsel

Spielen und toben im Warmen und Trockenen auch bei Sturm und Regen kann man in dem **Indoor-Spielplatz** Pirateninsel bei Putbus. Ob Riesen-Wabbelberg, Elektrokart, Trampolin, Hüpfburg und vieles mehr – in der großzügigen Halle findet sich für jeden etwas.

Saurierland

Schon immer übten die Urechsen eine ganz besondere Anziehungskraft auf Jung und Alt gleichermaßen aus. Hautnah sind Tyrannosaurus Rex und Co.

nun im **Dinosaurierland beim Schloss Spyker** zu bestaunen, das Kinder und Erwachsene zum aktiven Mitmachen animiert.

Störtebeker-Festspiele

Die spektakuläre Masseninszenierung in Ralswiek mit Schiffen, Pferden, Feuerwerk und Stunts unter freiem Himmel um den **legendären Piraten** *Klaus Störtebeker* ist ein unvergessliches Erlebnis für die ganze Familie.

Schiffstour

Rügen vom Wasser aus erleben kann man bei einer 11-stündigen, erlebnisreichen Tagesfahrt **rund um die Insel** ab Sassnitz jeden Sonntag in der Hochsaison.

Rügen Park

Ganz Rügen im Kindermaßstab 1:25 bietet der 40.000 m² große Rügen Park bei Gingst. Neben **über 100 Modellen weltbekannter Bauwerke** gibt es auch die Parkeisenbahn „Emma", einen Streichelzoo, ein SB-Restaurant sowie 15 weitere Fun- und Fahrattraktionen.

Schmetterlingspark

Wie im **Tropenparadies** fühlt man sich im Sassnitzer Schmetterlingspark. Aberhunderte filigrane bunte Flugwesen, die Jung und Alt gleichermaßen faszinieren, erfüllen mit ihren schillernden Flügeln

die **große Freiflughalle** dieses außergewöhnlichen Ausflugsziels.

Seepark

Eine **wunderbare Wasserwelt** mit mehr als 650 m² Wasserfläche, 100-m-Rutsche, Kinderparadies mit 3 Becken, Rutschen und Schiffchenkanal, Kinderanimation, Gastronomie und allerlei feuchtfröhliche Spaßgelegenheiten mehr bietet auch bei Schnee und Frost der Seepark im Inselparadies Sellin.

Rodelbahn

Auch ohne Schnee lässt es sich auf der **700 m langen Strecke** am Rugard in Bergen mit sieben Steilkurven, einer Dreierwelle, einem Jump und einem Aktionskreisel allerbestens rodeln. Die Schlitten sind bremsbare Zweisitzer, es können also auch die ganz Kleinen mit Papa hinabsausen.

Puppen- und Spielzeugmuseum

Nicht nur die Herzen kleiner Mädchen und Jungs lässt das Puppen- und Spielzeugmuseum **in Putbus** höher schlagen.

Seilgarten Prora

Wie Tarzan durch die Baumgipfel schwingen, können Kinder ab 5 Jahren im 40.000 m² großen Seilgarten von Prora. Neun Höhenparcours mit 80 Übungen bieten abwechslungsreiche Kletterabenteuer in freier Natur. Für die ganz

296rh ph

Kleinen steht ein schöner 100 m² großer Spielplatz mit Betreuung zur Verfügung.

Kindertheater

Das Theater Putbus bietet spezielle Vorstellungen für Kinder. *Birgit Schuster* betreibt in Teschwitz bei Gingst ein **Kinderpuppen-Theater.**

Familienhotel Villa Sano

Das Familienhotel Villa Sano in Baabe ist ganz auf die spezifischen Bedürfnisse von jungen Familien eingestellt. Zwei ausgebildete Betreuerinnen stehen für die Kleinsten und Kleinen ständig bereit. Das Freizeit-Team gestaltet täglich ein kindgerechtes Abenteuer. Zum Spielen und Toben gibt es einen Spielplatz und für Schlechtwetter ein Spielzimmer.

Tauchglocke Sellin

Bei Schlechtwetter einfach abtauchen. Eine spannende Expedition trockenen Fußes auf den Grund der Ostsee bietet die Tauchglocke an der Seebrücke Sellin. **Auf der 45-minütigen Tauchfahrt** kann man die Unterwasserwelt erleben und viel Interessantes über die Ostsee, ihre Bewohner, Besonderheiten und ihre Schutzbedürftigkeit erfahren.

⌃ Wasserbombe von der Seebrücke Sassnitz – für Groß und Klein der allergrößte Spaß

298th ph

Land
und Leute

◁ Hochufer bei Klein Zicker

Rügen – ein Überblick

Oh Land der dunklen Haine,
Oh Glanz der blauen See,
Oh Eiland, das ich meine,
Wie tut's nach Dir mir weh!
Nach Fluchten und nach Zügen,
Weit übers Land und Meer,
Mein trautes Ländchen Rügen,
Wie mahnst du mich so sehr!

E.M. Arndt, 1. Vers von „Heimweh nach Rügen", 1842

Wie soll man Rügen beschreiben? Rügen ist mit 974 km² Fläche die **größte Insel Deutschlands.** Die Gesamtlänge ihrer Küstenlinie misst 574 km. Die größte Ausdehnung von Nord nach Süd beträgt 51,4 km, die von Ost nach West 42,8 km. Kein Ort der Insel ist mehr als 7 km von der Küste entfernt. Insgesamt leben in vier Städten und 38 Gemeinden rund **70.000 Menschen** auf Rügen. Größte Stadt ist die Hauptstadt Bergen (14.240 Einwohner). Es gibt 56 km Sandstrand, 100 km Schiene, 53 Häfen, 7 Seebäder, 2 Nationalparks ...

Wohl alles wahr, aber man merkt sofort, dass man mit nüchternen Zahlen und Daten der Insel in ihrer Vielfalt alles andere als gerecht werden kann. Rügen ist einfach mehr, soviel mehr, dass es sich in seiner Ganzheit nur sehr ungenügend durch ein paar Fakten einfangen lässt.

Rügen, das ist ein großer Wurf der Schöpfung, dem man sich eigentlich nur poetisch nähern kann. Was hier die Natur im Zusammenspiel von Wind, Wasser, Gezeiten und Strömungen unter der Leitung des Meisters Zeit hervorgebracht hat, ist in seiner **großartigen Schönheit** ein wahres Meisterstück. Wild zerklüftete Küsten, stille Buchten und dunkle alte Wälder, endlose schneeweiße Bänder feinsten Sandstrandes, weiße Felsen im grünen Wasser, abgeschiedene Seen und tosende Brandung, urwüchsige Moore und sumpfige Wiesen, sanfte Hügel, schattige Haine, geschützte Täler und sturmumtoste kahle Kliffe, üppige Flora und karge Steinmeere ...

Und vom Menschen hinzugefügt: prähistorische Großsteingräber aus mächtigen Findlingsblöcken, prachtvolle Alleen, die grünen Tunneln gleichen, mittelalterliche Dorfkirchen, slawische Burgwälle, geduckte Fischerkaten, stolze Schlösser, einsame Leuchttürme, mondäne Seebäder, und eine kleine Dampflokomotive, die auf Gleisen im Puppenstubenformat die schönsten Gegenden durchschnauft.

Nicht umsonst ist Rügen geradezu zum **Synonym für die deutsche Romantik** geworden, die ihre Sehnsucht nach dem Einfachen und Reinen, dem Bäuerlichen und Heimatverbundenen hier stillen konnte. Die Natur als innige religiöse Empfindung, in der sich eine ungeheure Wahrheit offenbart, in der der Mensch schicksalhaft seinen Lebenszyklus durchschreitet.

Untrennbar ist der Name **Caspar David Friedrich** mit der Insel verbunden, dessen Landschaftsbilder in jedem deutschen Schulbuch zu finden sind. Den Spuren des großen Meisters folgten unzählige Kollegen, deren Strom bis heute nicht versiegt ist. In den 1920er Jahren avancierte Rügen und vor allem das benachbarte Hiddensee geradezu zum **Mekka der deutschen Geisteswelt.**

Kaum einer der Säulenheiligen der deutschen Kultur, der nicht hierher gepilgert wäre und dieser von den Göttern geküssten Insel nicht in großen oder kleinen Hymnen gehuldigt hätte.

Zu DDR-Zeiten war Rügen das mit Abstand beliebteste **Wunsch-Reiseziel** neben Hiddensee, das aber für Normalsterbliche praktisch nicht zu erreichen war. Vielen galt es geradezu als Lebensziel, einmal auf Rügen Urlaub machen zu können.

Auch im vereinten Deutschland rangiert Rügen unter den beliebtesten Reisezielen wieder ganz oben. Dies wird aber nur so bleiben, solange der breite Besucherstrom den Charme der Insel nicht beschädigt oder zerstört. Die **Tourismusindustrie** steht Gewehr bei Fuß, alle wirklichen oder durch sie geweckten Kundenwünsche nach normierten Freizeitvergnügungen sofort in Beton zu gießen. Jeder Rügenbesucher sollte sich darüber im Klaren sein, dass auch er Verantwortung dafür trägt, was mit diesem Kleinod in Zukunft geschieht. Denn werden normierte Urlaubsghettos nicht gebucht, werden sie auch nicht gebaut. Helfen Sie also mit, dass das Inselreich bleibt, was es heute noch ist – eine Perle der deutschen Ostseeküste.

Ein Postkartenidyll – die Blaue Scheune in Vitte

Landschaftsformen

Entstanden ist das pittoreske Schmuckstück in seiner heutigen Erscheinung vor rund 14.000 Jahren, als sich am **Ende der letzten Eiszeit** die Gletscher zurückzogen. Durch ihr Abschmelzen stieg der Wasserspiegel der Ostsee an und bildete eine Reihe voneinander getrennter Inseln.

Im Laufe der Jahrtausende wuchsen diese durch Sandanschwemmungen zusammen und bildeten zusammen das, was man heute Rügen nennt.

Auch heute ist die Ausformung noch nicht abgeschlossen. Würde der Mensch nicht eingreifen, Hiddensee wäre keine Insel mehr, sondern ein Teil Rügens wie Wittow und Jasmund.

Durch seine **stark zerfurchte Küstenlinie** sind Land und Meer aufs Innigste miteinander verflochten. Landzungen, Halbinseln, Bodden, Buchten, Randseen, Wieke, Wälle, Haken und Nehrungen formen die 570 km lange Küstenlinie, deren Umriss der Insel das Aussehen eines kleinen, flatternden Gespenstleins verleiht.

Ähnlich vielgestaltig wie die Küste sind die Landschaftsformen. Im Süden flach und landwirtschaftlich genutzt, steigt das Land langsam an, und sanfte Hügel prägen das Relief. Bis zu 16 m hoch erhebt es sich im Nordosten und fällt dann in schroffen Klippen steil zum Meer hin ab. Dazwischen haben Sandablagerungen Landbrücken gebildet und in sanftem Schwung kilometerlange, feinsandige Badeparadiese geformt. Lichte Kiefernwälder sichern das Schwemmland und bieten den Badegästen willkommenen Schatten.

Rügens Osten, die **Granitz,** ist stark hügelig und von großen Wäldern be-

standen. Auf **Jasmund** hat sich eine mächtige Kreideschicht an die Oberfläche geschoben und die weltbekannten Felsen am Königsstuhl geformt. Im Windland **Wittow** kann derselbe ungehindert über die baumlose Hochfläche pfeifen.

Eine Besonderheit ist der südöstliche Zipfel. Das **Mönchgut** ist die niederschlagsärmste Region auf Rügen. Sanfte Hügel, überzogen mit Heidelandschaften, ein endloses Band herrlichen Sandstrandes entlang der gesamten Außenküste und schilfbestandene Buchten am stillen Bodden prägen das Gesicht der Region. Der Zipfel gehörte einst dem Zisterzienserkloster Eldena bei Greifswald, was ihm seinen Namen verlieh. Durch die freiwillige Isolation der Klosterbrüder war das Mönchgut über Jahrhunderte vom *Muttland,* wie die Einwohner die Kerninsel nennen, abgeschnitten und entwickelte eine eigene Kultur und Tradition.

Die Ostseeküste Mecklenburg-Vorpommerns

Küstengeografie

Die Ostseeküste Mecklenburg-Vorpommerns ist außerordentlich vielgestaltig und abwechslungsreich. Über rund

▷ Steilklippen am Kap Arkona

040rh ph

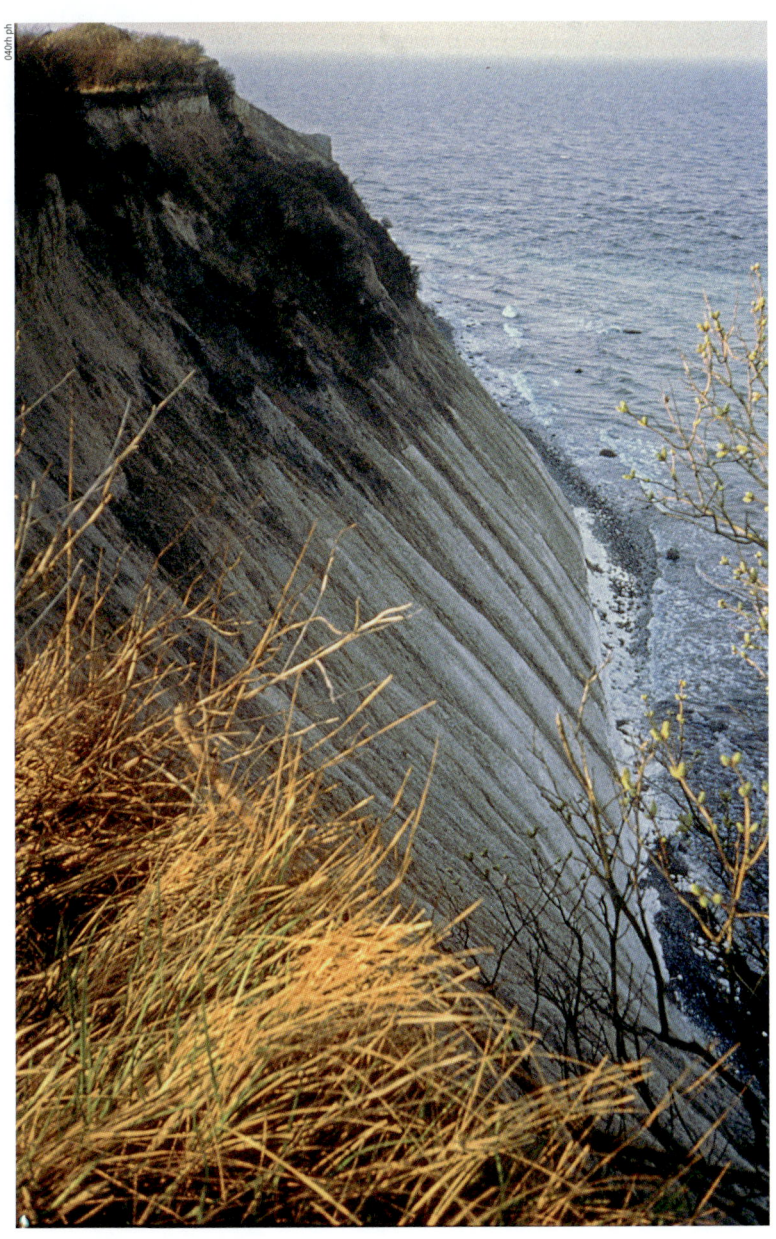

350 km erstreckt sich die Außenküste zwischen der Lübecker Bucht und Ahlbeck auf Usedom. Doch zusammen mit der stark gegliederten **Innenküste,** also den zahlreichen, Bodden, Buchten, Achterwassern, Wieken, Haffs, Nehrungen und Inseln ergibt sich eine Küstenlänge von **fast 1500 km.**

Die Herausbildung der vorpommerschen Küstenlandschaft, so wie wir sie heute kennen, begann erst vor rund 7000 Jahren und dauert bis heute fort. Erst damals erreichte der Meeresspiegel seinen heutigen Stand. In dieser Zeit bildeten sich auch die Steilufer heraus, die sich allerdings seither wesentlich verändert haben. Der Grund dafür sind die komplexen Abläufe, die man unter dem Begriff **Küstenausgleich** zusammenfasst: Die Steilufer werden abgetragen, das Material wird vom Meer weggespült, kilometerweit transportiert und an der Flachküste wieder abgelagert.

Der Sommerurlauber merkt hiervon nur wenig, aber der Strandwanderer im zeitigen Frühjahr ist oft erstaunt, welche **Zerstörungen** in nur wenigen Wintermonaten von den **Stürmen** angerichtet worden sind. Manchmal stürzen von den Kliffen am Kap Arkona auf Rügen oder dem Dornbusch auf Hiddensee über 100.000 Kubikmeter Landmasse ins Meer, die vom Wasser (Gezeiten gibt es an der Ostsee kaum) dann „aufgearbeitet" werden. Feines Material wird mit den Strömungen fortgespült, und vor den Kliffen bleibt nur der typische Geröllstrand zurück. Durch besonders heftige Stürme können aber auch größere Steinbrocken abtransportiert und an anderer Stelle am Ufer aufgeworfen werden. Auf diese Art und Weise sind beispielsweise die 3000 bis 4000 Jahre alten

299rh.ph

„Feuersteinfelder" auf der Schmalen Heide auf Rügen entstanden.

Kleine Kiesel und Sand werden über längere Strecken parallel zur Küste transportiert. Wo sich das Material ablagert, bilden sich so genannte **Sandhaken** wie z.B. Gellen und Bessin auf Hiddensee, die mehrere Meter pro Jahr weiter ins Meer hinauswachsen. Wachsen sie bis zum nächsten Landvorsprung oder bis zu einer Insel, so entsteht eine **Nehrung.** Bilderbuchhafte Beispiele dafür sind die Schaabe und die Schmale Heide auf Rügen. An anderer Stelle sind auf diese Weise ganze Inseln untereinander und mit dem Festland verwachsen, wie etwa die Halbinsel Fischland-Darß-Zingst, die einst aus drei einzelnen Inseln bestand. Vom Strand treibt Wind den feinen und trockenen Sand landeinwärts, wo er sich an den ersten Hindernissen ablagert und in Wällen zu **Dünen** aufhäuft.

Ein ganz anderes Bild bietet sich an den vor Wind und Wellen geschützten Binnenküsten der **Bodden und Achterwassern.** Hier dehnen sich lange Schilfgürtel aus, ein Paradies für seltene Vogelarten und Materialressource für die hübschen Rohrdächer der Häuser und Fischerkaten.

Küstenschutz

Seit Jahrhunderten bemühen sich die Küstenbewohner, die **Außenküste vor Abtragung und Zerstörung zu schützen.** Mit Steinwällen, Buhnen, Deichen, Wellenbrechern oder Aufspülungen versuchen sie, ihre Heimat vor den Urkräf-

Die „Zehn Gebote" des Küstenschutzes

1. Benutzen Sie nur die gekennzeichneten Strandzugänge und übersteigen oder beschädigen Sie keine Einzäunungen.

2. Bauen Sie keine Sandburg näher als 2 m am Dünenfuß.

3. Keine Äste von Büschen u. Bäumen abbrechen.

4. Benutzen Sie Steilufer nicht für Klettereien oder als Rutschbahnen.

5. Kein Feuer oder Rauchen im Küstenschutzwald.

6. Überqueren Sie Deiche nur an den gekennzeichneten Stellen.

7. Fangen oder beunruhigen Sie keine Tiere.

8. Pflücken Sie keine Blumen und Pflanzen.

9. Entsorgen Sie Ihren Abfall sachgerecht.

10. Befahren Sie nur die erlaubten Wege und parken Sie nur auf den ausgewiesenen Plätzen.

ten der See zu bewahren. Doch trotz aller Anstrengungen sind zwei Drittel der Außenküste Mecklenburg-Vorpommerns Abtragungsküste. Die Strömungen, insbesondere aber winterliche Sturmfluten nagen unaufhaltsam an den Ufern und spülen kontinuierlich Landmasse mit sich fort. Auch die mühevolle Bepflanzung der Stranddünen mit Strandhafer und das Anlegen von Küstenschutzwäldern können den Landverlust nur bedingt aufhalten.

Alle diese Maßnahmen dienen aber nicht nur dazu, Küstenrückgang zu vermeiden, sondern schützen auch die Bewohner vor Tod und Verderben. Verheerende Überschwemmungen forderten in der Vergangenheit immer wieder zahlreiche Menschenleben und zerstörten Haus und Hof. Darüber hinaus sind die verschiedenen Uferzonen wichtiger Lebensraum für vielerlei **seltene Tier- und Pflanzenarten.**

Um die Menschen zu schützen und die einzigartige Küstenlandschaft für die kommenden Generationen zu erhalten, ist es unerlässlich, die Schutzbestimmungen zu beachten.

Naturschutz

Mecklenburg-Vorpommern konnte sich als schwach besiedeltes und weitgehend industriefreies Bundesland seine Natur großflächig bewahren. Allein seine **13 ausgewiesenen Großschutzgebiete** nehmen über 15 % der gesamten Landesfläche ein. Nicht berücksichtigt sind dabei die vielen kleineren und kleinen Landschafts- und Naturschutzgebiete. Deutschlands nördlichstes Bundesland ist also ein Naturparadies, wie man es in Deutschland sonst nicht mehr findet.

▷ Strandvergnügen erster Wahl bieten die kilometerlangen Strände auf Rügen im Überfluss

Naturschonung und Naturschutz

Natur pur

Jeder Westbürger, der schon einmal in den Neuen Bundesländern unterwegs war, wird überrascht festgestellt haben, dass hier noch **großflächige, unberührte Naturparadiese** bestehen, wie man sie im „umweltbewussten" Westen nur selten oder gar nicht mehr antrifft.

Schon ein Blick auf eine Karte mit den Nationalparks macht deutlich, dass **in Sachen Natur der Osten dem Westen um Längen voraus ist** und das Land Mecklenburg-Vorpommern auf der Liste der naturnahesten und -reichsten Länder mit Abstand Platz 1 gebührt. Von insgesamt 13 ausgewiesenen Großschutzgebieten, die den strengen internationalen Kriterien eines **Nationalparks** entsprechen, liegen allein sieben auf dem relativ kleinen Gebiet der **Neuen Bundesländer.** Drei davon kann Mecklenburg-Vorpommern sein eigen nennen.

Viele **Tier- und Pflanzenarten,** die äußerst selten geworden oder gänzlich ausgestorben sind, haben in den unberührten, naturbelassenen Regionen Zuflucht gefunden. Biber und Adler, Kranich, Fischotter, Weiß- und Schwarzstorch, Kormoran und Kolkrabe sind nur einige der Tiere, die der moderne Mensch nur noch aus dem Fernsehen kennt.

Man fragt sich natürlich, wie es denn dazu kommen konnte, dass die arme DDR viel mehr intakte Naturräume besitzt als der reiche Westen, der doch seit vielen Jahren von Schlagworten wie „Ökologie" und „Umweltschutz" beherrscht wird und dafür auch erkleckliche Summen ausgibt. Die Antwort ist einigermaßen überraschend: Es war im wesentlichen jenes System selbst, das doch ohne den Protest von Bürgerinitiativen fürchten zu müssen, die Landschaft grässlich ruinieren konnte und dies auch tat, das aber an einer großen Schwäche der sozialistischen Planwirtschaft zu leiden hatte: **Geldmangel.** Es fehlte schlicht an den notwendigen Finanzen, um Flüsse zu begradigen oder das Straßennetz auszubauen und den letzten Winkel dem Menschen ökonomisch untertan zu machen, kurz – die Natur so intensiv zu erschließen und auszubeuten, wie dies im Westen geschah.

Außerdem fehlte die kapitalistische Profitgier der **Freizeitindustrie,** die im Westen nicht weniger skrupellos als die SED-Gerontokratie die schönsten Landschaften mit Hotelkomplexen, Freizeitparks, Golfplätzen und Jachthäfen zubetonierte.

So säumen im Osten Deutschlands noch herrliche uralte Alleen die Straßen, haben die großen Flussläufe **Elbe** und **Oder** noch ihre natürlichen Auen. Große Staatsjagden und Privatrefugien der Nomenklatura wie das Ostufer der **Müritz** oder die **Schorfheide,** einst von der Stasi streng bewacht und dem Volke versperrt, konnten sich so ihre Urwüchsigkeit bewahren.

Schließlich, auch wenn es fast pervers klingen mag, verdanken einige Großschutzgebiete ihre Existenz der menschenverachtenden Grenzpolitik. Innerhalb des gesperrten **innerdeutschen Grenzstreifens** war die Natur über Jahrzehnte vor menschlichen Eingriffen geschützt und sich selbst überlassen. Diesem Umstand verdanken beispielsweise der Nationalpark um den Brocken oder der Naturpark Elbtal ihre Existenz.

Rettung in letzter Minute

Vor allen Dingen aber, und das kann gar nicht genug betont und gelobt werden, verdanken wir die herrlichen Großschutzgebiete auf dem Gebiet der ehemaligen DDR dem selbstlosen Engagement und Einsatz weitsichtiger Menschen vor Ort. Bis zur letzten Sekunde bemühten sich **Naturschützer und Bürgerkommitees,** die politischen Freiräume zwischen Honeckersturz und Wiedervereinigung zu nutzen, um, ohne von den allmächtigen Wirtschaftslobbys des Westens be- und gehindert werden zu können, so viele Gebiete wie möglich vor den Übergriffen des großen Geldes in Sicherheit zu bringen. Nur wenige Wochen vor der Wiedervereinigung, am 12.9.1990, also buchstäblich in letzter Minute, gelang es, zumindest die wichtigsten und größten Refugien unter gesetzlichen Schutz zu nehmen. Fünf Nationalparks, sechs Biosphärenreservate und drei Naturparks konnten so gesichert werden.

Aber auch unsere Unterstützung ist gefordert! In die Gebiete, die früher nicht betreten werden durften, strömen jetzt **Besucherscharen.** Das Straßennetz soll im Hauruck-Verfahren ausgebaut werden. Neue Betonschneisen wie die **Ostseeautobahn A 20** werden durch die Landschaft getrieben. **Golf-Areale** werden in derartig schwindelerregender Zahl beantragt.

Aus Fehlern lernen

Es ist nicht zu leugnen, dass es einen massiven und berechtigten **Interessenskonflikt** zwischen **Ökonomie und Ökologie** gibt. Doch Bürger wie Planer sollten nicht kurzsichtig nach dem schnellen Geld schielen, sondern aus Fehlern lernen. Wie eifrig hat man anderswo alles „Alte" abgerissen, aus den Dörfern seelenlose Siedlungen gemacht. Wie gründlich hat man alle Alleen dem Verkehr geopfert, für wie viel teures Geld Flüsse und Bäche in zementierte Kanäle gezwungen, die nun regelmäßig mit verheerenden Folgen über die Ufer treten. Sie werden oftmals für noch mehr Geld wieder „krumm" gebaggert, es wird versucht, den Dörfern mit Umgestaltungsprogrammen wieder ein wenig Charme und Leben einzuhauchen.

Behutsamer Tourismus

Auch wir Besucher können helfen, dass nicht eben das unwiederbringlich zerstört wird, was wir vorgeben zu lieben. Denn ist es einmal verloren, ist es für immer verloren. Unsere Ansprüche und unser Verhalten haben einen wesentlichen Einfluss auf die weitere Entwicklung. Werden die künstlichen Plastikwelten der **industriellen Ferien- und Freizeitparks** nicht gebucht, dann werden sie auch nicht gebaut. Und wer es als unzumutbare Einschränkung empfindet, nicht in jeden Winkel mit seinem lärmenden Motorboot fahren zu dürfen, trägt dazu bei, dass die letzten ursprünglichen Naturräume zu **Wassersportzentren** mit Disco und Pommesbude umfunktioniert werden und Tiere wie Adler und Biber endgültig verschwinden.

Tragen Sie deshalb dazu bei, dass die herrlichen Naturlandschaften mit ihren gefährdeten Tier- und Pflanzenarten eine reelle Chance haben, auch noch von Ihren Enkeln besucht werden zu können!

Nationalpark Vorpommersche Boddenlandschaft

Praktisch die gesamte vorpommersche Boddenküste und die ihr vorgelagerten Inseln sind wegen ihrer naturräumlichen Einzigartigkeit und ihrer übergeordneten Bedeutung als Brut- und Rastplatz unzähliger Wasser-, Wat-, und Zugvogelarten unter besonderen Schutz gestellt. Flächenmäßig das größte Schutzgebiet ist der Nationalpark Vorpommersche Boddenlandschaft, der sich auf einer Fläche von mehr als 800 km² von der Halbinsel Darß/Zingst bis zur Westküste Rügens erstreckt und die Insel Hiddensee und die Halbinsel Bug auf Rügen einschließt. Die ständig sich verändernde Abtragungs- und Anlandungsküste mit ihren Strandseen, Lagunen, Steilküsten, Haken, Nehrungen und Windwatten wie die Moore und Brüche sind **Brutgebiet unzähliger Vogelarten** und einer der bedeutendsten Rastplätze für Zugvögel. Über 50.000 Kraniche versammeln sich hier im Frühling und Herbst und bieten ein überwältigendes Naturschauspiel.

Naturpark Rügen

Der noch immer leider nur im Aufbau befindliche Naturpark Rügen nimmt mit 770 km² von insgesamt 926 km² Inselfläche **nahezu die gesamte Insel** ein. Er soll die landschaftliche Perle vor weiterer hemmungsloser Zersiedelung bewahren.

Nationalpark Jasmund

Strengen Schutz genießt der flächenmäßig kleine Nationalpark Jasmund. Er bedeckt zwischen den Orten Sassnitz und Lohme eine Fläche von 30 km² und schließt die weltberühmte Steilküste mit ihren **Kreidefelsen** ein. In dem alten Rotbuchenwald, der über das gesamte **Stubnitzplateau** sein grünes Dach spannt, finden sich zahlreiche steinzeitliche Großsteingräber. Im Juni 2011 verlieh die **UNESCO** den Buchenwäldern im Nationalpark Jasmund den Status des **Weltnaturerbes.**

Biosphärenreservat

Einen besonderen Status besitzt der südöstliche Inselteil. Das Biosphärenreservat Südost-Rügen erstreckt sich zwischen Putbus und dem **Mönchgut** und schließt die **Granitz,** den **Rügischen Bodden** und die **Insel Vilm** ein. Das fast 23.500 ha große Schutzgebiet ist eines von weltweit 440 großflächigen Arealen, die dem UNESCO-Programm „Der Mensch und die Biosphäre" angehören.

Info/Führungen

Alle Großschutzgebiete unterhalten vor Ort **Informationszentren,** teilweise auch **Ausstellungen.** Über alle Schutzgebiete gibt es praktische Faltblätter, die neben einer genauen Karte des Territoriums auch wichtige Kurzinformationen

▷ Durch die Inselnatur führen zahlreiche Rad- und Wanderwege

Klein Zicker 7,3km
Thiessow 4,5km
Lobbe 3,7km

Zicker Höft 2,6km
Pfarrwitwenhaus 0,3km

Bushaltestestelle 0,3km

Rundwanderweg
Zicker Berge 7,8km

Rundwanderweg
Zicker Berge 7,8km

Fusswanderweg
Aussichtspunkt-Bakenberg 1,0km

Gager 1,8 km

kein Radweg

über die Besonderheiten des Gebietes enthalten. Dass die darauf eingezeichneten Totalreservate und vermerkten Beschränkungen und Verhaltensweisen unbedingt respektiert werden sollten, versteht sich von selbst. Ergänzt wird das umfangreiche Informationsmaterial durch thematische Faltblätter z.B. zu bestimmten Natur- und Lebensräumen, Lehrpfaden und Wanderwegen. Die einzelnen Verwaltungen bieten auch eigene Programme wie Führungen, Fahrradexkursionen, Tierbeobachtungen und Vorträge an. Unter Führung und Anleitung eines Experten die Naturparadiese zu durchstreifen, ist für den Laien sicherlich ungleich lehr- und aufschlussreicher, als auf eigene Faust und ahnungslos durch die Natur zu wandern. Die jeweiligen, nach Jahreszeit verschiedenen Angebote erfährt man bei:

■ **Nationalparkamt Vorpommersche Boddenlandschaft,** Im Forst 5, 18375 Born, Tel. (038234) 50 20, Fax 5 02 24, www.nationalpark-vorpommersche-boddenlandschaft.de.

■ **Nationalpark Jasmund,** Stubbenkammer 2a, 18546 Sassnitz, Tel. (038392) 3 50 11, www.nationalpark-jasmund.de.

■ **Nationalparkhaus Hiddensee,** Vitte, Norderende 2, Tel. (038300) 6 80 41, Fax 6 80 43, April–Okt. täglich 10–16 Uhr, Nov.–März täglich 10–15 Uhr.

■ **Amt für das Biosphärenreservat Südost-Rügen,** Blieschow 7a, 18586 Lancken-Granitz, Tel. (038303) 88 50, Fax 8 85 88, www.biosphaerenreservat-suedostruegen.de.

■ **Nationalpark-Zentrum Königsstuhl,** Am Königsstuhl, Tel. (038392) 66 17 66, Fax 66 17 40, www.koenigsstuhl.com, Ostern–31. Okt. täglich 9–19 Uhr, sonst 10–17 Uhr.

■ **Naturerlebnisverein Rügen,** Zubzow 5a, 18569 Trent, Tel./Fax (038309) 2 01 26, www.natur

erlebnis-ruegen.de, individuell gestaltete Exkursionen und Vorträge, von der NLP-Verwaltung empfohlen.

■ **NABU-Informationszentrum Rügen,** Rugardstraße 9c, 18528 Bergen, Tel. (03838) 20 97 10, Fax 20 97 09, www.nabu-ruegen.de.

Literatur

■ **„Die Ostsee – eine Natur- und Kulturgeschichte",** *Verlag Ch. Beck.* Sehr informatives Werk, mit der *Hansjörg Küster,* Professor für Pflanzenökologie an der Uni Hannover, den Ostseeraum von seiner Entstehung über seine Besiedlung bis zu seiner touristischen Erschließung in allen Facetten erklärt und beleuchtet. 357 Seiten, 100 Abbildungen, 7 Karten.

Die Geschichte Rügens

Offensichtlich hatten auch schon die Urbewohner Rügens ein Faible für schönes Wohnen. Wirft man einen Blick auf eine Ferien- und Freizeitkarte „Rügen", entdeckt man darauf Symbole, die in großer Zahl über die ganze Insel verteilt sind. Sie zeigen die Standorte steinzeitlicher Großsteingräber, bronzezeitlicher Hügelgräber und slawischer Burgwälle an.

Steinzeit

Rügen war schon in prähistorischer Zeit **stark besiedelt.** Die ältesten gefundenen Zeugnisse menschlichen Wirkens reichen bis in die **Altsteinzeit,** das Paläolithikum, zurück. Sie sind jedoch noch relativ spärlich. Das ändert sich schlagartig mit der **Jungsteinzeit,** dem Neolithikum, das vor rund 5.000 Jahren begann. Einen wahren Bevölkerungsboom muss die Insel damals erlebt haben. An Fundorten auf ganz Rügen konnten Archäologen Zeugnisse der damaligen Kultur in Fülle bergen. Allein im Grabungsfeld bei Lietzow am Jasmunder Bodden fand man über 20.000 Einzelstücke in der Erde. Sie waren so bedeutend, dass die Wissenschaftler sie nach dem Fundort **Lietzowkultur** tauften. Sie stellt den entwicklungsgeschichtlichen Übergang von der Jäger-und-Sammler-Zeit zur sesshaften Ackerbau-Zeit dar.

Aus dieser Kultur stammen die **Großsteingräber** oder Dolmen, von denen heute 54 erhalten sind. 1829 zählte der Heimatforscher *Hagenow* noch 236 dieser „Hünengräber" auf Rügen. Leider wurden sie von den Bewohnern häufig zerstört, die mit den schönen Findlingsblöcken Häuser und Straßen bauten. Einige der schönsten und besterhaltenen Dolmen auf Rügen findet man im Gräberfeld nahe des Dorfes Lancken-Granitz.

☑ Steinzeitliches Relikt –
Großsteingrab bei Lancken-Granitz

301rh ph

Bronzezeit

Aus der Nachfolgekultur haben sich etwa 1000 Grabstätten erhalten. Gewaltige, bis zu 10 m hohe und im Durchmesser 50 m messende **Erdhügel** schütteten die Menschen damals für ihre Toten auf. Überall ragen sie als baumbestandene Inseln aus den Feldern auf. Die eindrucksvollste Hügelgrabanlage sind die so genannten **Woorker Berge** beim Dorf Woorke, wo **14 mächtige Grabhügel** einen regelrechten Friedhof bilden.

Rugier

Im **2. Jh. v. Chr.** landeten **Ostgermanier** vom Stamme der Rugier auf der Insel und nahmen sie in Besitz. Von ihnen blieben bis auf den Inselnamen kaum Zeugnisse erhalten.

Die meisten der auf Rügen geborgenen prähistorischen Fundstücke sind im **Kulturhistorischen Museum** in Stralsund gesammelt und in Ausstellungen zu bestaunen.

Slawen

Im Laufe des 6. und 7. Jh. besiedelten slawische Stämme die Gebiete östlich von Elbe und Oder. Auf Rügen nahm der Stamm der **Ranen** den Platz der abwandernden germanischen Rugier ein.

Aus der slawischen Besiedlungszeit stammen die **Wallburgen.** 28 dieser ringförmigen Erdwälle liegen über die Insel verstreut. Innerhalb der Wälle lagen die slawischen Verwaltungszentren, Häuptlingspaläste und Tempel. Nach dem Fall ihres zentralen Heiligtums auf dem Festland im Jahre 1066 wurde die **Arkonaburg** auf Rügen, in der der Tempel ihres Hauptgottes Swantevit stand, religiöser Mittelpunkt der slawischen Stämme. Neben den Wallburgen erinnern zahlreiche **Orts- und Flurnamen** mit den Endungen -ow, -itz, -in und -gast an die Slawenzeit.

Dänen

Nach jahrzehntelangen, erfolgreichen Abwehrkämpfen gegen die **andrängenden Christen** fiel mit der Eroberung der Burg Arkona durch die Dänen am 15. Juni 1168 auch das letzte Rückzugsgebiet der Slawen, die Insel Rügen. Die anderen Burgen ergaben sich kampflos und die Bewohner unterwarfen sich widerstandslos den neuen Herren. Sofort begannen diese mit der Christianisierung der Insel. Der erste Rügenfürst unter dänischer Lehenshoheit, *Jaromar I.,* ließ Kirchen bauen und gründete das Kloster Eldena bei Greifswald.

Ab Mitte des 12. Jh. wurde die bis dahin rein slawische Bevölkerung von **deutschen Zuwanderern** nach und nach verdrängt: Die slawische Sprache verschwand im Laufe des 15. Jh. Das Mönchgut als klösterlicher Besitz wurde rein deutsch.

▷ Tradition und Brauchtum spiegeln sich in den verzierten Türen alter Kapitänshäuser wider

00 4rh ph

Pommern

Mit dem Tode des letzten Slawenfürsten, *Witzlaw III.,* im Jahre 1325 endete die Slawenzeit endgültig. Rügen fiel bis zu deren Aussterben 1637 an die Herzöge von **Pommern-Wolgast.**

1628 erreichte der **30-Jährige Krieg** Rügen und Hiddensee und verwüstete es schwer. Deutsche, dänische und schwedische Truppen besetzten und plünderten nacheinander die Inseln. So ließ *Wallenstein* die beiden damals sehr waldreichen Inseln praktisch kahlschlagen.

Schweden

1648 fiel im **Westfälischen Frieden** Rügen zusammen mit Stralsund und Vorpommern vertraglich an Schweden. Da ganz Pommern nach einem Erbvertrag eigentlich an Brandenburg hätte fallen müssen, versuchte Preußen mehrfach, aber erfolglos, sich sein Erbe gewaltsam anzueignen. 1678 landete der brandenburgische Kurfürst *Friedrich Wilhelm* auf Rügen und besetzte es, musste es aber bereits 1679 nach dem Frieden von St. Germain wieder an Schweden zurückgeben.

Im nächsten Krieg, dem so genannten Nordischen, okkupierten **Sachsen und Preußen** die Insel, die aber wiederum, diesmal nach dem Friedensvertrag von Frederiksborg, 1720 zurück an Schweden fiel und bis zum Beginn des 19. Jh. unter schwedischer Herrschaft blieb.

Preußen

Im Zuge der napoleonischen Eroberungszüge wurde Rügen auch franzö-

sisch beherrscht. Mit der Neuordnung Europas nach der endgültigen Niederlage Napoleons wurde auf dem **Wiener Kongress 1815** Rügen schließlich endgültig Preußen zugeschlagen.

20. Jahrhundert

Von 1945 bis 1952 gehörte Rügen zu **Mecklenburg,** dann zum Bezirk Rostock und im Zuge der Wiedervereinigung seit 1990 zum Bundesland **Mecklenburg-Vorpommern.**

Die Inselbewohner

„Hei! Kuck enmal drin! Hei! Kuck enmal drin!
Noch Oele, noch Oele, veel Oele noch drin!
Bist'n Super, sup ut, du Lumpenhund,
Bist'n Super, sup ut bett up den Grund!
Hei! Kuck he mal hin! Hei! Kuck he mal hin!
Nicks Oele, nicks Oele, nicks Oele mehr drin!"

(altes Hiddenseer Trinklied)

Vom **rauen Norden** sind sie geprägt, die Menschen auf den vorpommerschen Inseln. Von der gefahrvollen See und den kargen Böden, denen sie jahrhundertelang tagtäglich ihre Existenz abrangen. Von den dichten Wäldern und dunklen Sümpfen, die früher große Flächen bedeckten. Nordisches Klima und unbezähmbare Naturgewalten, **Abgeschiedenheit und Einsamkeit,** aber auch die harte Fron der Leibeigenschaft formten ihre Seelen, förderten Einsilbigkeit und kantig sture Charaktere. *„Das Ringen in harter Arbeit mit dem Boden und Wasser hat sie ruhig und bedächtig gemacht, zu einem fleißigen und kraftvollen Geschlecht, das lieber im Wirken als in Worten sich äußert"*, stellt der Historiker *Rudolf Pechel* fest.

Als wild, grausam und gewalttätig schildert der Geschichtsschreiber *Helmhold* (1125–1177) die Inselbewohner im hohen Mittelalter. Auch *Thomas Kanzow* sieht – wie er im 16. Jahrhundert in seiner „Pomerania oder Ursprunk, Altheit und Geschichte der Völker im Lande Pomern" bemerkt – nicht viel Gutes im Charakter der Insulaner: *„Es seint die Einwohner diese landes ein sehr zenckisch und mortisch folk, das es eben an jenen schyr wahr ist, wie das lateinische spruchwort lawtet: omnes insulares mali. Den im gantzen lande zu Pomern werden kein jahr so viel vom adel und anderen erslagen, als allein in diser kleinen insul. Wo die Rhugianer gehen oder reißen, haben sie einen schweinspies an der Seiten"*.

Andere schildern sie als *„mehr gutherzig und mehr simpel, nicht sehr fröhlich, sondern schwermütig"*. Ein *„aufgerichtet, trewe, verschwiegen Folck, das die Lügen und Schmeicheleien hasset"*, wird bemerkt. *E. M. Arndt*, selbst ein Rügianer, charakterisiert seine Landsleute als *„etwas träge und bequem, aber durchaus gutmütig und gerade"* und hebt *„ihre Fröhlichkeit, Tapferkeit und Treue"* hervor. Als *„treu wie Gold"* schätzt auch *Friedrich Wilhelm I.* seine pommerschen Untertanen ein.

Untertan waren sie länger und *„Unrecht dahn"* wurde ihnen mehr als anderen, wurde in diesem Winkel doch die **Leibeigenschaft später als anderswo** in

049rh ph

Deutschland **abgeschafft.** *„In diesem Lande ist die Verteilung des Grundbesitzes ein trauriges Unverhältnis, ja, die Insel Rügen hat in dieser Hinsicht nicht ihresgleichen"*, schreibt *E. M. Arndt*, der die Leibeigenschaft noch selbst erlebte, in seinen „Erinnerungen aus dem äußeren Leben".

Eduard Duller charakterisiert das Inselvolk 1807 wie folgt: *„Wenig geneigt, sich von Höheren was gefallen zu lassen, dabei emsig in Land- und Seearbeit; am alten Volksglauben noch mit großer Anhänglichkeit behaftet, und von der neueren Kultur wenig berührt, ja sogar nicht ohne Misstrauen und Abneigung dage-

⌃ Die Ruganer –
geprägt von harter Arbeit und bedächtig im Gemüt

gen". Bodenständig, gerade und unerschütterlich in Zuneigung wie in Abneigung, heimatverbunden und sesshaft seien sie, sagt man. Obwohl sie als **Seeleute** alle Meere dieser Welt befuhren, kehrten sie fast immer zurück in die vertraute und geliebte Heimat.

Beeindruckt von der ausgeprägten Heimatverbundenheit schreibt *Grümbke* 1805 in seinen „Streifzügen": *„Bei den Hiddenseern zeigt sich aber diese Vorliebe für ihr süßes Ländchen in einem so hohen Grad, dass sie es nirgendwo aushalten können, sondern immer wieder nach ihrer Insel zurückkehren. Man hat Beispiele, dass alte Seeleute nach vielen Jahren sich einfanden, um in die väterliche räucherige Torfhütte einzukriechen".*

Sind auch diese Beschreibungen nunmehr über 200 Jahre alt, grundlegendes hat sich daran bis heute nicht geändert.

Mit dem **Einsetzen des Fremdenverkehrs** drang in das bis dahin karge und ärmliche Leben der Inselbewohner eine **neue Einnahmequelle,** die ihnen heute einen relativen Wohlstand sichert. Ihr Verhältnis zu den „Berlinern", wie sie die Badegäste nennen, ist etwas distanziert und abwartend, aber keinesfalls unfreundlich oder gar ablehnend. Sie wissen sehr wohl, dass sie diesen Gästen Arbeit und Einkommen verdanken.

Zu **DDR-Zeiten,** als chronischer Mangel an Übernachtungsmöglichkeiten herrschte, mögen manche die Situation auch etwas ausgenutzt und schmerzhaft deftig zugelangt haben. Jedenfalls war das Verhältnis zwischen den Insulanern und den „Sachsen", wie die Feriengäste damals mit abfälligem Unterton auch tituliert wurden, oft wenig freundschaftlich. So mancher „Sachse" schilderte die Inselbewohner als Halsabschneider und grobe Bauern und laut Berichten von Zeitzeugen kam es nicht ganz selten sogar zu handfesten Auseinandersetzungen und Schlägereien.

Ich persönlich habe auf meinen zahlreichen ausgedehnten Erkundungsreisen auf Rügen verwurzelte, **hilfsbereite Menschen** kennengelernt, die mir stets zuhörten, Fragen beantworteten und freundlich Auskunft gaben. Und wer sie respektiert, der wird in ihnen Menschen kennen lernen, deren bedächtige und gelassene, ernsthafte und geradlinige Mentalität in diesen hektischen und neurotischen modernen Zeiten wohltuend und entspannend ist und von der mancher sicher etwas lernen kann. Wie der alte „Lüüd'snack" sagt: *„Die knarrenden Wagen gahn am allerlängsten".*

Die Küche der vorpommerschen Küste

Traditionelle Ess- und Trinkgewohnheiten

„Sup die full und frätt die dick und hol din Mul von Politik".

Der Ruf, ausgesprochen starke Esser und Trinker zu sein, eilt den Einwohnern des Landes Mecklenburg-Vorpommern seit alters voraus. *„Das Charakteristische an seiner Küche",* so der Kulturhistoriker *L. Fromm* 1860, *„ist nicht das Leckere und Zarte, sondern das Schwere und Massenhafte."* Ihre Zubereitung und

Frisch vom Bauern – regionale Esskultur auf Rügen

In den vergangenen Jahren ist das Genießen regionaler Produkte ein wichtiger und wesentlicher Bestandteil des Urlaubsvergnügens geworden. Nicht nur das klassische Souvenir steht als Mitbringsel im Mittelpunkt. Immer mehr ersetzen Geruch und Geschmack der Urlaubsregion die bekannten Andenken.

Das ist eine ganz wunderbare Entwicklung, zeigt sie einerseits doch, dass das **Bewusstsein für gute Nahrungsmittel** steigt und eine zunehmend breiter werdende Protestfront gegen Industriekost entsteht, andererseits fördert und unterstützt sie die Erzeuger vor Ort in ihrem Bestreben, möglichst Gutes und Gesundes zu produzieren und direkt an den Endverbraucher zu verkaufen.

Auf Rügen und Hiddensee bieten sich dem Verbraucher mittlerweile zahlreiche Möglichkeiten, regionale Produkte zu beziehen: Um wie viel erlebnisreicher und schöner ist es doch, den geräucherten Aal direkt aus dem Ofen beim Fischer zu kaufen. Und wer einmal den Obstbrand nicht im Discounter, sondern beim Besuch der kleinen Dorfdestille mit Verkostung erlebt hat, der wird neben dem qualitativ viel besseren Brand auch viele schöne Erinnerungen mit nach Hause nehmen.

Auch in der Gastronomie gewinnt der Gedanke und die Bewegung des **„slow food"** aus

regionalen Produkten immer mehr Anhänger – auch auf Rügen und Hiddensee. Wer hier in diesem Buch bei den Restauranttipps oder unterwegs den Hinweis „Regionale Esskultur" entdeckt, der kann sicher sein, dass hier nur qualitativ Hochwertiges auf den Tisch kommt. Neben dem Label „Regionale Esskultur", das derzeit 42 Adressen zu tragen berechtigt sind, haben sich Hersteller und Anbieter in dem Verein **„Rügen Produkte"** zusammengeschlossen, um die regionalen Produkte vom Honig über Fisch, Likör, Eier, Milch, Käse, Wurst und Geflügel, bis hin zu Spargel, Obstsäften oder auch die Kartoffel regional zu vermarkten. Die unter dem Gütesiegel **„Das Beste von Rügen"** zusammengeschlossenen Hersteller verkaufen nicht nur selbst und direkt, sondern organisieren auch inselweit spezielle Bauern- und Fischermärkte, auf denen ihre Spezialitäten erworben werden können.

Wo welcher Markt wann zu finden ist, zeigt die von dem Verein herausgegebene „Spezielle Rügenkarte".

■ **Rügen Produkte e.V.,** Industriestr. 7, 18528 Bergen, Tel. (03838) 20 36 60, www.ruegenpro dukte.de.

■ **Regionale Esskultur,** www.culinary-herita ge.com.

Zutaten wurden von der Armut der Bewohner und vom rauen Klima geprägt. Hauptnahrung waren **Kartoffeln und Kohl,** andere Gemüse waren wenig beliebt. Die dritte wichtige Zutat waren die

verschiedenen Produkte aus **Getreide,** das auf großen Flächen angebaut wurde.

Das Frühstück bestand meist aus **Milchsuppe.** Ein typisches Mittagessen, das stets aus einem Topf mit Holzlöffeln gegessen wurde, wobei die Kinder stehen mussten, waren beispielsweise geschnittener Kohl mit Gerstengrütze oder Pellkartoffeln mit Pökelsoße. Nachmittags wurde zu aus Gerste gebranntem Kaffee **Brot mit Schmalz** verzehrt, abends Pellkartoffeln mit Gerstensuppe und **Salzhering.** *„Dass die Menschenclasse weit stärker arbeitet, als vielleicht in jedem andren Staat, ist unleugbar,"* bemerkte 1801 ein Herr *Suckow*. *„Aber ebenso gewiss ist auch, dass er noch einmal so viele Speisen zum Unterhalt braucht als seine Mitbrüder in anderen Ländern."*

So spielte neben den pflanzlichen Produkten Fleisch eine wichtige Rolle, insbesondere **Geflügel** aller Art. Eine traditionsreiche Delikatesse ist die **Spickgans,** denn *„das Land hat sonst nichts Namhaftiges allein dass es viele und große Gänse gibt,"* wie *Thomas Kantzow* bereits 1537 feststellte. Es wurden aber auch wilde Gänse, Krickenten, Brachvögel oder andere der in großer Zahl vorkommenden Vogelarten gejagt.

Vor allem aber waren es die zahlreichen **Früchte des Meeres,** die die Inselküche ausmachten und bereicherten: Fisch aller Arten und nach allen Arten zubereitet. Ob Aal, Dorsch, Hering, Karpfen, Hecht oder Scholle, ob geräuchert, gegart, gebraten oder gedünstet, bei Fisch entwickelte jeder Inselteil seine eigenen Kreationen und Rezepte.

Wichtigstes flüssiges Nahrungsmittel ist **Alkohol,** vor allem in seiner hochprozentigen Form. Welchen Stellenwert er einnimmt, wird allein schon an der außerordentlich fantasiereichen Fülle der Ausdrücke für das Trinken deutlich: „kilken, bäkern, biknüllen, ünnerkröseln, antuten, inknöpen, störken, kniepen, bäkeln, bülgen, koemen, antüdern, ströpen". Dies ist nur eine Auswahl der mundartlichen Bezeichnungen für die allseits beliebte Kehlenspülung. Beklagt wurde dieser bedenkliche **Hang zum Hochprozentigen** seit jeher. Schon 1856 stellte der Ökonom *Vehse* bei seiner Untersuchung der wirtschaftlichen Verhältnisse des Landes resigniert fest, dass *„... man sich der Industrie noch nirgends genähert hat, es sei denn, unglücklicherweise in den zahlreichen Branntweinbrennereien."* Auch der industrielle Aspekt hat bis heute wenig an Aktualität verloren.

Hinweis für Restaurantbesuche

Wer mit Muße Essen gehen möchte, sollte relativ frühzeitig aufbrechen. Viele Restaurants schließen unverständlicherweise, auch in der Saison, ihre Küchen bereits **um 22 Uhr,** außerhalb der Saison sogar noch früher. Am besten erfragt man vorher telefonisch die Öffnungszeiten und erspart sich die Erfahrung, den Heimweg frustriert und hungrig antreten zu müssen, weil schon um halb zehn nirgends mehr etwas zu bekommen war.

▷ Fisch satt – das bietet die Rügener Küche

304rh ph

Essen und Trinken auf Rügen und Hiddensee

Leicht und erlesen ist die Inselküche sicher nicht. Kartoffeln und Fleisch sind noch immer wichtige Bestandteile, und Vegetarier werden es auf Rügen und Hiddensee nicht eben einfach haben. Doch wer die **handfeste, deftige Küche** liebt, wird feststellen, dass auch aus einfachen Zutaten schmackhafte und leckere Gerichte bereitet werden können. In Restaurants mit einheimischer Küche wird häufig auch eine breite Palette von **Wildgerichten** angeboten.

Lukullischer Höhepunkt der Inselküche ist jedoch zweifellos **Fisch,** der in zahlreichen Arten und Variationen immer frisch zubereitet wird. Praktisch jedes Restaurant, von der einfachen Gaststätte bis zum Gourmettempel, führt eine Auswahl an Fischgerichten. Wem weder Fisch noch die traditionelle Bauernküche mundet, für den steht heutzutage an jedem Ort das übliche „internationale" Angebot zur Verfügung, das vom Hamburger über Pizza bis zum Döner Kebab reicht.

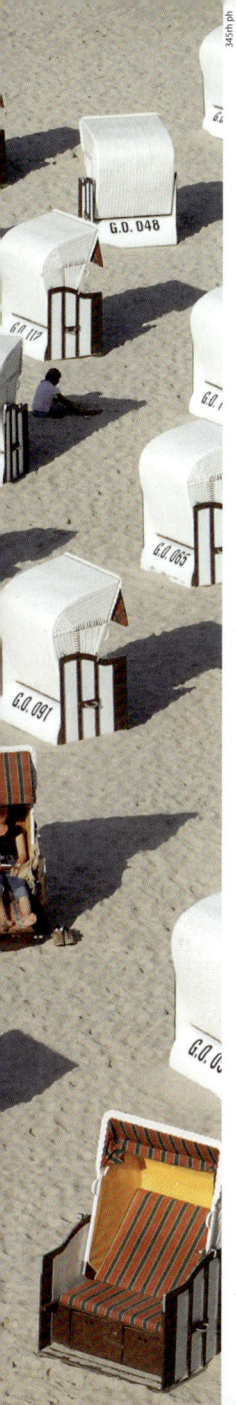

Anhang

Literaturtipps

Allgemeines

■ **Die Ostsee – eine Natur- und Kulturgeschichte,** Verlag Ch. Beck. Sehr informative Retrospektive, mit der Prof. *Hansjörg Küster* den Ostseeraum in all seinen Facetten erklärt und beleuchtet. 357 Seiten, 100 Abbildungen, 7 Karten.

Rad- und Wanderführer

■ **Die schönsten Radtouren auf Rügen,** BVA. 11 familienfreundliche Tagestouren jeweils mit Routenplan, Kilometerangabe, Tipps und Hinweisen zur Tour und Sehenswürdigkeiten.
■ **Wanderführer Rügen mit Hiddensee und Fischland-Darß-Zingst,** Bergverlag Rother, handliches Taschenbuch mit 50 auch für Ungeübte und Ältere geeignete Touren. Mit jeweiligen Tourenkarte 1:50.000 bis 1:75.000, dazu genaue Wegbeschreibung und ein Höhenprofil.
■ **Bikeline-Radkarte Rügen/Stralsund/ Hiddensee,** Verlag Esterbauer, 1:75.000 Zentrums- und Ortsplänen von Binz, Bergen, Putbus, Sassnitz, Putgarten, GPS-tauglich mit UTM-Netz.

Lesebücher

■ **Rügen, Ein Lesebuch,** Ullstein Verlag. Buntes, gebundenes Lesebuch mit zahlreichen Texten berühmter Rügenreisender aus Vergangenheit und Gegenwart.
■ **Hiddensee, Ein Lesebuch,** Ullstein-Verlag. Buntes, gebundenes Lesebuch mit zahlreichen Texten berühmter Hiddenseereisender von *Asta Nielsen* bis *Carl Zuckmayer* aus Vergangenheit und Gegenwart.

■ **Rügen, Sagen und Geschichten,** Edition Temmen. Einblick in die Mythen- und Sagenwelt der Insel.
■ **Elizabeth auf Rügen,** Ullstein-Verlag. Von *Elizabeth von Armin* 1897 verfasster historischer Reiseroman.
■ **Eine Fahrt nach Pommern und der Insel Rügen,** Edition Temmen. Historischer Reisebericht des Rügenfahrers *Heinrich Laube* von 1837.

Natur

■ **Rügen Strand & Steine,** Demmler Verlag. Beantwortet in 22 kurzen Texten Fragen wie „Woher kommt der Sand am Strand?" oder „Was ist eigentlich Schreibkreide?" und sonstigem, was man am Strand so findet. Gut für Eltern, die von ihren Kindern ständig gelöchert werden.
■ **Hiddensee A–Z,** Demmler Verlag. Alphabetisch aufgebautes, unterhaltsames Hiddensee-Nachschlagewerk, in dem man in knappen Texten zu Stichworten wie „Aschkoben" über „Hausmarken" bis „Zeese" allerhand über die Insel erfährt.
■ **Naturführer Insel Rügen und Insel Hiddensee,** Verlag E. Hoyer, Galenbeck.

Maritim

■ **Küstenhandbuch Mecklenburg-Vorpommern,** Delius Klasing Verlag. Handbuch mit Informationen zu allen Häfen an der Küste von M.-V. Mit jeweiliger Hafenskizze und Infos zu Lage, Ansteuerung, Liegeplätzen, Service, Versorgung und Sehenswertem.

Geschichte, Architektur, Kultur

■ **Paradiesruinen – Das KdF-Seebad auf Rügen,** Ch. Links Verlag, 140 S., 132 Fotos, Karten und Pläne. Die Geschichte des fast vergessenen „längsten Hauses der Welt", das auf Hitlers Befehl Rügen die größte Baustelle des Reiches bescherte und nie vollendet wurde. Jedem zu empfehlen, der sich für den im Wald der Prora verborgenen, gigantomanischen Kolossalbau interessiert.

■ **Rügens geheime Landzunge – Die Verschlusssache Bug,** Ch. Links Verlag, 176 Seiten, 178 Fotos und Pläne. Die unbekannte Geschichte der 80 Jahre hermetisch verschlossenen Halbinsel von der Schwedenzeit über den kaiserlichen Seefliegerstützpunkt und DDR-Torpedoboothafen bis heute, gelüftet und detailliert erzählt vom in Dranske aufgewachsenen Kenner und Gründungsmitglied der BI Bug *Marten Schmidt.*

■ **Dorf- und Stadtkirchen auf Rügen und Hiddensee.** Edition Temmen. Ein illustrierter Führer zu alten und neuen Sakralbauten.

■ **Hünengrab und Opferstein – Bodendenkmale auf der Insel Rügen,** Hinstorff Verlag. Sehr gute, detaillierte Beschreibung zahlreicher Bodendenkmale aller Epochen auf Rügen im Taschen-buchformat, von Hünengrab über Opferstein bis Wallburg, vorgestellt von der Ethnografin und ehemaligen Museumsdirektorin in Bergen *Ingrid Schmidt.* Für Interessierte ein Muss.

Reiseführer

■ **Ostseeküste Mecklenburg Vorpommern,** REISE KNOW-HOW Verlag, Bielefeld. Dieser kompakte Reiseführer hilft dabei, die Ostseeküste Mecklenburg-Vorpommerns zu erleben und die Schönheit ihrer Strände, Orte und Landschaften zu entdecken.

Hörbücher

■ **Mien Rügen** und **Auf nach Hiddensee,** Edition Albatros, www.frankfroehlich.de. Ein ebenso bunter wie interessanter Kessel Buntes mit Liedern und Texten zu den Inseln, Spieldauer je ca. 60 Minuten.

HILFE!

Dieser Reiseführer ist gespickt mit unzähligen Adressen, Preisen, Tipps und Infos. Nur vor Ort kann überprüft werden, was noch stimmt, was sich verändert hat, ob Preise gestiegen oder gefallen sind, ob ein Hotel, ein Restaurant immer noch empfehlenswert ist oder nicht mehr, ob ein Ziel noch oder jetzt erreichbar ist, ob es eine lohnende Alternative gibt usw.

Unsere Autoren sind zwar stetig unterwegs und versuchen, alle zwei Jahre eine komplette Aktualisierung zu erstellen, aber auf die Mithilfe von Reisenden können sie nicht verzichten.

Darum: Schreiben Sie uns, was sich geändert hat, was besser sein könnte, was gestrichen bzw. ergänzt werden soll. Nur so bleibt dieses Buch immer aktuell und zuverlässig. Wenn sich die Infos direkt auf das Buch beziehen, würde die Seitenangabe uns die Arbeit sehr erleichtern. Gut verwertbare Informationen belohnt der Verlag mit einem Sprechführer Ihrer Wahl aus der über 220 Bände umfassenden Reihe „Kauderwelsch". Bitte schreiben Sie an:

REISE KNOW-HOW Verlag
Peter Rump GmbH
Postfach 140666
D-33626 Bielefeld
oder per E-Mail an: info@reise-know-how.de
Danke!

Termine der Sommerferien

Bundesland	2013	2014	2015
Baden-Württemberg	25.7.–7.9.	31.7.–13.9.	30.7.–12.9.
Bayern	31.7.–11.9.	30.7.–15.9.	1.8.–14.9.
Berlin	20.6.–2.8.	10.7.–22.8.	15.7.–29.8.
Brandenburg	20.6.–2.8.	10.7.–22.8.	16.7.–28.8.
Bremen	27.6.–7.8.	31.7.–10.9.	23.7.–2.9.
Hamburg	20.6.–31.7.	10.7.–20.8.	16.7.–26.8.
Hessen	8.7.–16.8.	28.7.–5.9.	27.7.–5.9.
Mecklenburg-Vorpommern	22.6.–3.8.	14.7.–23.8.	20.7.–29.8.
Niedersachsen	27.6.–7.8.	31.7.–10.9.	23.7.–2.9.
Nordrhein-Westfalen	22.7.–3.9.	7.7.–19.8.	29.6.–11.8.
Rheinland-Pfalz	8.7.–16.8.	28.7.–5.9.	27.7.–4.9.
Saarland	8.7.–17.8.	28.7.–6.9.	27.7.–4.9.
Sachsen	15.7.–23.8.	21.7.–29.8.	13.7.–21.8.
Sachsen-Anhalt	15.7.–28.8.	21.7.–3.9.	13.7.–26.8.
Schleswig-Holstein	24.6.–3.8.	14.7.–23.8.	20.7.–29.8.
Thüringen	15.7.–23.8.	21.7.–29.8.	13.7.–21.8.

Register

Der Autor

Peter Höh, Jg. 1956, studierte nach handwerklicher Berufsausbildung Kommunikations- und Informationswissenschaften. Seit er als Schwabe im Berliner Exil im Herbst 1989 den Fall der Mauer miterlebte und unmittelbar danach seine erste große Rundreise duch den unbekannten deutschen Osten unternahm, ist er von der Unberührtheit und Schönheit Mecklenburg-Vorpommerns fasziniert.

Obwohl als Reisejournalist und Buchautor viel in der weiten Welt unterwegs, bereist er seither beruflich und in seiner Freizeit regelmäßig das stille Seenland und seine zauberhafte Küste. Denn warum in die Ferne schweifen, wenn man ein solches Naturidyll vor seiner Haustür hat. Als damaliger Student der Publizistik verfasste er 1990 bei REISE KNOW-HOW über die Neuen Bundesländer sein erstes Reisebuch. Seither sind von ihm neben dem vorliegenden Band bei REISE KNOW-HOW folgende Titel zu Mecklenburg-Vorpommern erschienen: „Ostseeküste Mecklenburg-Vorpommern" und „Usedom". Insgesamt hat er zahlreiche Reisebücher in verschiedenen Verlagen veröffentlicht. Daneben entstanden diverse Reisereportagen, die in namhaften Reisezeitschriften, Zeitungen und Fachpublikationen gedruckt wurden.